21世纪法学系列教材教学案例

房绍坤　郭明瑞 总主编

民事诉讼法学案例教程

(第二版)

史长青　何　燕　编著

北京大学出版社
PEKING UNIVERSITY PRESS

图书在版编目(CIP)数据

民事诉讼法学案例教程/史长青,何燕编著.—2版.—北京:北京大学出版社,2010.9

(21世纪法学系列教材教学案例)

ISBN 978-7-301-17769-3

Ⅰ.①民… Ⅱ.①史… ②何… Ⅲ.①民事诉讼法-案例-中国-高等学校-教材 Ⅳ.①D925.105

中国版本图书馆CIP数据核字(2010)第176378号

书　　　名:民事诉讼法学案例教程(第二版)

著作责任者:史长青　何　燕　编著

责 任 编 辑:孙战营

标 准 书 号:ISBN 978-7-301-17769-3/D·2689

出 版 发 行:北京大学出版社

地　　　址:北京市海淀区成府路205号　100871

网　　　址:http://www.pup.cn

电　　　话:邮购部62752015　发行部62750672　编辑部62752027

出版部62754962

电 子 邮 箱:law@pup.pku.edu.cn

印　刷　者:北京宏伟双华印刷有限公司

经　销　者:新华书店

730毫米×980毫米　16开本　26.25印张　471千字

2004年12月第1版

2010年9月第2版　2010年9月第1次印刷

定　　　价:49.00元

总　　序

法学是一门实用性很强的社会科学，法学教育应当紧密联系立法与司法实践，以培养学生分析和解决实际问题的能力。为实现这一目标，传统的法学教学方法、教学内容必须进行改革。目前，各高等法律院校广泛采用的案例教学法，就是众多法学教育改革措施中最为重要的一项。案例教学法的实施，促进了法学教学水平的提高，增强了学生的实践能力，是值得推广和倡导的一种教学方法。为配合案例教学的开展，我们在北京大学出版社的大力支持下，主编了“21 世纪法学系列教材教学案例”，并于 2003 年陆续出版。本套教材具有如下特点：

第一，体系新颖。本套案例教材以法学的基本理论为线索，就每个具体理论问题设案情简介、思考方向、法律规定、学理分析、自测案例五个部分，这一体例可以充分地体现实践、法律、理论的有机结合。

第二，内容简洁。本套案例教材力求以简洁的语言阐述问题，解析实例，说明法理，使学生能够一目了然。

第三，紧密结合法律规定。为避免案例教材脱离法律规定的现象，本套案例教材特别强调现行法的规定，并通过实例的解析帮助学生理解法律的规定，以增强学生掌握和运用法律的能力。

第四，具有启发性。本套案例教材在每个具体问题的设计上都包括有思考方向及自测案例，其目的就是给学生以充分的思考空间，启发学生运用理论与法律分析和解决实践问题。

为了适应新形势下法学案例教学的需要，配合北京大学出版社“21 世纪法学系列教材”的应用，体现法学教学改革的研究成果，我们对“21 世纪法学系列教材教学案例”进行了全面修订，使教材和案例相辅相成。本套丛书的修订版仍由房绍坤教授、郭明瑞教授担任总主编，同时约请具有丰富教学经验和较高理论水平的学者担任各分册的主编。由于我们编写案例教材的经验不足，加之司法实践经验的缺乏，书中不妥之处在所难免。

我们真诚希望广大读者批评指正，使本套案例教材能够更好地适用法学教学的需要。

房绍坤　郭明瑞

2010 年 3 月

前　言

本案例教程的特色：

其一，真实案例。本教程所选案例全部为现实生活中的真实案例，并特别甄选了媒体和民众比较关注的热点案件、对中国法治进程具有助推作用的新型案件以及颇具生活性和代表性的典型案件作为分析讨论的对象。

其二，面面俱到。本教程所选案例最大限度地覆盖了民事诉讼法学的所有内容。无论是高深艰涩的基础理论如民事诉讼目的论、价值论、诉权、诉讼标的等，还是位居边缘备受冷落的具体程序如非讼程序、涉外程序、涉港台程序，本教程都不遗余力地做了解析。

其三，直面当下。本教程的宗旨是抛开象牙塔思维，直面司法实践，解决当下问题。让读者既能够体会到现实的困惑和社会的复杂诡异，又能够伴随魅力无穷的法理剖析去领略拨云见日后的快感。

此外，本案例教程的编著者为常年工作在民事诉讼法教学科研一线的资深教师，对理论制度有深刻理解，对学生需求有切身体会。另外，编著者曾在司法部门工作数年，在案例剖析上能够贴近实践，不搞隔靴搔痒式的理论战。

本部案例教程的撰写分工：

史长青　烟台大学法学院副教授、法学博士：第1—19章；

何　燕　烟台大学法学院讲师、博士研究生：第20—34章。

编　者

2009年12月31日于黄海之滨烟台

前 言

目　　录

第一编　民事诉讼基本理论

第二编　总　　则

第三编　通常诉讼程序

第四编　特殊诉讼程序

第五编　非 讼 程 序

第六编　民 事 执 行

第七编　港、台民事诉讼程序

第一编　民事诉讼基本理论

第一章　民事纠纷解决机制

一、私力救济

私力救济指当事人认为权利遭受侵害，在没有第三者以中立名义介入纠纷解决的情形下，不通过国家机关和法定程序，而依靠自身或私人力量，实现权利，解决纠纷。其典型形态是自决与和解。通过私力救济伸张个人的正义，从司法角度来看当然不完美，也可能与司法正义冲突，但从社会角度而言却不能排除其存在之必要，它在一定情形下某种程度上具有正当性，有助于正义的实现。①

（一）案情简介

案例1

陈某民间收债案②

民间收债人陈某自1989年开始收债，接受事务基本在法院受案范围内，金额高至百万小至几千元，货款、借款、租金纠纷占绝大部分，当事

① 参见徐昕：《通过私力救济实现正义——兼论报应正义》，载《法学评论》2003年第5期，第26页。

② 本案例参见徐昕：《论私力救济》，清华大学2003年博士学位论文，第二章。

人一般在本地。陈不预收费用，追债成功后通常按实际追到金额四成收费。收债结果，和解终结占70%以上，强制收债低于5%，无法追收占25%。陈对业务有选择性，从不乱来，实施收债也有一定规则，以磋商为主，如威慑不起作用，则选择放弃。14年来陈收债近三百宗，既没有受到国家干预，也未遭报复。

（二）思考方向

陈某民间收债个案作为一种典型的私力救济形式，构成了公力救济（司法程序）的替代物。虽然没有获得法律的正式认可，但从其做法和效果看，几乎是一项令人满意的非正式制度安排。可以预见，民间收债经长期演化会成形成一定的习惯和规范，从而导向没有法律的秩序。

（三）法律规定

最高人民法院办公厅关于转发《关于停止办理公、检、法、司机关所属“讨债公司”登记注册有关问题的通知》的通知（1993.5.25）……

一、根据两院二部通知精神，各级工商行政管理机关自本通知下发后，应立即停止为公、检、法、司机关申办的“讨债公司”及类似企业登记注册。

二、对已经登记注册的（公、检、法、司机关开办或联办的“讨债公司”及类似企业）各级工商行政管理机关应通知其立即停止“讨债”业务，并按两院二部通知精神及企业登记管理的有关规定办理撤销、注销或变更事宜；不按本通知办理的，工商行政管理机关应依法吊销其营业执照。

国家经济贸易委员会、公安部、国家工商行政管理局关于取缔各类讨债公司严厉打击非法讨债活动的通知（2000.6.15）（下称“568号文”）……

一、取缔各类讨债公司，禁止任何单位和个人开办任何形式的讨债公司。对继续从事非法讨债活动，侵犯公司、法人和其他组织合法权益的，要坚决依法惩处。

二、各级工商行政管理机关要加强监督管理，对申请自营讨债业务的企业不予核准登记；对打着咨询服务、委托代理等名义从事讨债活动的企业要依法吊销其营业执照；未经登记注册的讨债公司，一经发现，立即坚决予以取缔。

三、各级公安机关要与工商行政管理等部门密切配合，采取有力措施，加大对非法讨债活动的打击力度。对采取恐吓、威胁或者其他方法干扰他人正常生活的讨债行为，公安机关要依据《中华人民共和国治安管理处罚条例》予以处罚；构成犯罪的，依法追究其刑事责任。

四、各新闻单位要积极配合有关部门，宣传国家关于取缔各类讨债公司的规定及非法讨债活动给社会造成的危害，发挥舆论的正确导向作用。

……

我国台湾地区"民法"第151条　为保护自己权利，对于他人之自由或财产施以拘束，押收或毁损者，不负损害赔偿之责。但以不及受法院或其他有关机关援助，并非于其时为之，则其请求权不得实行或其实行显有困难者为限。

我国台湾地区"民诉法"第537-1条　债权人依民法第一百五十一条规定押收债务人之财产或拘束其自由者，应实时声请法院为假扣押或假处分之裁定。

我国台湾地区"强制执行法"第5-2条　有执行名义之债权人依民法第一百五十一条规定，自行拘束债务人之自由或押收其财产，而声请法院处理者，依本法规定有关执行程序办理之。

前项情形，如债权人尚未声请法院强制执行者，视为强制执行之声请。

我国台湾地区"强制执行法"第132-2条　债权人依民法第一百五十一条规定拘束债务人自由，并声请法院处理，经法院命为假扣押或假处分者，执行法院得依本法有关管收之规定，管收债务人或为其他限制自由之处分。

（四）学理分析

当今社会，民事纠纷的解决途径主要划分为三类：私力救济、社会救济和公力救济。在国家出现以前，社会以私力救济作为解决纠纷的主要模式；国家出现之后，社会以公力救济作为解决纠纷的主要选择。公力救济对私力救济的替代包含两层含义：其一，现代国家禁止私力救济。即任何人对与其相关的或不相关的纠纷，都不得采用暴力、以违背相对方意愿的方式解决。其二，只有国家可以对当事人无法和平解决的纠纷采用强制性、暴力性的手段予以解决。由此可见，国家对私力救济的禁止，主要限于采用暴力手段的私力救济方式，而其他协商性的私力救济手段不在禁止之列；暴力或强制解纷手段为国家所独占。

目前，我国对于民间收债现象基本持否定和禁止态度。1988年6月25

日，最高法院、最高检察院、公安部、司法部联合通知规定“各级公、检、法、司机关，一律不准以任何理由、任何形式成立“讨债公司”及其他类似的企业。1993 年、2000 年又相继出台相关规定（详见“法律规定”部分），禁止开办讨债公司。虽然上述规定禁止的是成立收债组织，但显然并不意味着允许自然人收债，可以这样来理解，法律打击的矛盾虽直指讨债公司，但自然人为他人提供收债服务同样在打击的范围之内。①

现实中，民间收债的形式和手段多种多样，2000 年的 568 号文对民间收债的形式和手段作了列举，“雇请下岗、退休及其他社会闲散人员，采取上门催讨、死缠硬磨、跟踪或损坏债务人名誉等手段获取报酬；有的甚至以威胁、恐吓、哄骗、敲诈甚至绑架等暴力手段危害债务人的人身安全，谋取非法收益”。然而，上述手段仅“恐吓、敲诈、绑架”等暴力手段属于违法行为。

综上，民间收债本身并不涉及违法与否的问题，也不必定会损害社会秩序，直接涉及违法与否的是收债的手段。这些手段可能违反了社会治安管理规定，也可能构成犯罪，还可能完全在法律允许的范围内。因此对于民间收债不能一概禁止。本案中，陈某以个人名义实施收债行为，这种弱组织的非正式制度成功地规避了“禁止成立讨债公司”的法律条文，跨越了制度设置的障碍，且采用的收债手段基本适当，未直接违反法律规定，基本上没有体现出社会危害性②，属于在法律的夹缝中成功生存的介乎协商与强制之间的一种私力救济形式。

（五）自测案例

案例2

吃“霸王餐”被扣案③

2009 年 5 月，田某称为结交朋友，加深感情，且有事相商，特意邀请王某、张某到一家四星级饭店共餐。尽管只有一面之缘，王某、张某仍深信不疑，欣然前往。席间酒酣饭饱，气氛热烈之际，田某借口用王某

① 徐昕：《论私力救济》，中国政法大学出版社 2005 年版，第 235 页。

② 同上书，第 236 页。

③ 本案例参见 http://metc.gdut.edu.cn/minfa/anli/mf-Ch3-2.htm，2009-7-28 访问。

的手机出去打一个重要电话为由，就此一去不复返。王某、张某等待了二十多分钟后，方感事情不妙，不仅手机被骗，而且还要替田某支付三千余元的餐费，气愤之下，想乘机溜走。不料被饭店服务员扣留，要他们付清饭钱，否则不准离开。王某、张某二人以被田某邀请吃饭，自己也是受骗者，且身上未带现金为由拒付饭钱。双方争执不下。

问：饭店的扣人行为是否合法？为什么？

二、社会救济与公力救济的联动

公力救济是指利用国家公权力解决民事纠纷，其典型形态是民事诉讼。社会救济是依靠社会力量（第三者）来解决纠纷的方式，主要是基于纠纷主体的合意，请求第三者协助或主持纠纷解决。其典型形态是民间调解和商事仲裁。① 尽管社会救济自身也能够对纠纷的解决发挥巨大的作用，但由于其具有的非强制性特征，使得实践中许多独立的社会救济方式未能发挥出其应有的效力。因而社会救济与公力救济的联动应运而生。例如，人民调解领域中发展出来的大调解机制②、法院对人民调解协议合同性质的认可、诉讼调解的社会化（委托调解和邀请调解）、商事仲裁的司法支持与司法监督等，都属于社会救济与公力救济的联合运作，有效实现了社会救济的合意性与公力救济的强制性之间的优势互补。

---

① 有关私力救济、公力救济和社会型救济的比较分析，参见徐昕：《论私力救济》，中国政法大学出版社 2005 年版，第 321—322 页。

② 所谓“大调解”并非是一种严格的概念或法律制度，是我国世纪之交出现的一种多元化纠纷解决机制，不同时期、不同地区和不同类型的“大调解”反映出不同的时代背景和理念。具体表现为以下几种模式：一是司法行政或准司法大调解模式，以山东“陵县经验”为代表。二是党政统一领导下的以司法为核心的“大调解”模式。其典型代表有浙江省的“枫桥经验”、南通市的“大调解”和诉调对接、河北省石家庄市“三位一体”大调解、北京怀柔区“三调对接”。上述两种模式的“大调解”的共同特点是：一是由党政领导机构统一领导部署，促成了各权力机关和职能部门的协调；二是以解决处理纠纷或社会矛盾为中心，整合信访与各种解纷资源，具有社会转型期的时代特点；三是法院积极参与并处于核心地位；四是政府对调解事业投入增加；五是因地制宜，没有全国统一部署和规范。参见范愉：《纠纷解决的理论与实践》，清华大学出版社 2007 年版，第 546—549 页。

（一）案情简介

案例3

和县乌江司法所人民调解案①

2007年6月10日，乌江街道项羽路12号楼，因301室坐便器破裂而造成严重漏水，致使201、101室客厅墙面、地板、门框、吊橱大面积渗水，影响日常生活，经过装潢公司的评估，重新装修分别需要26000元和9000元，随即201、101两户向301户提出赔偿要求。而301认为201与101提出这么高的要求，明显是在敲竹杠。于是双方就发生了口角，互不让步。

乌江司法所所长知道这一信息后，立即赶到现场。了解到201、101是想把赔偿价提得高点，让301去砍价，又因为301态度太差，所以在价格上不肯让步，致使双方意见无法统一。第一次调解因双方刚发生口角，火气都比较大，因此不欢而散。司法所长决定先"冷"处理，然后分别单独找各方住户，与他们拉家常了解内心想法，同时用法律知识和社会公德耐心做他们的思想工作，劝他们换位思考以和为贵。经过司法所长真诚的工作，终使301认识到自身的问题，表示会好好跟201、101协商，共同解决问题。由于第二次准备工作做得充分，调解十分顺利，最后确定201、101赔偿金额分别为3000元和2000元。

两天后，201反悔，认为赔偿数额太低，向人民法院提起诉讼，请求确认调解协议无效，同时要求301赔偿1万元。

（二）思考方向

人民调解在程序启动上具有一定的主动性，即调解人员可以主动介入当事人之间的纠纷展开调解；在程序运作上具有反规范性，没有严格的程序操作规范；在调解基准上具有灵活性，不必严格遵守实体法，只要不违背法律禁止性规定即可；在效力上不具有强制执行力，人民调解协议仅具有合同效力。

---

① 本案例参见 http://www.chsfj.gov.cn/hx/News_View.asp? NewsID = 95，2009-7-26访问，作了改编。

（三）法律规定

《最高人民法院、司法部关于进一步加强新时期人民调解工作的意见》(2002.1.1)(略)

司法部《人民调解工作若干规定》(2002.9.11)(略)

《最高人民法院关于审理涉及人民调解协议的民事案件的若干规定》(2002.11.1)(略)

《中华人民共和国民事诉讼法》(下称《民事诉讼法》)第16条　人民调解委员会是在基层人民政府和基层人民法院指导下，调解民间纠纷的群众性组织。

人民调解委员会依照法律规定，根据自愿原则进行调解。当事人对调解达成的协议应当履行；不愿调解、调解不成或者反悔的，可以向人民法院起诉。

人民调解委员会调解民间纠纷，如有违背法律的，人民法院应当予以纠正。

（四）学理分析

人民调解的组织形式是人民调解委员会。根据《人民调解工作若干规定》，人民调解委员会的设立形式有四种：一是农村村民委员会、城市（社区）居民委员会设立的人民调解委员会；二是乡镇、街道设立的人民调解委员会；三是企业事业单位根据需要设立的人民调解委员会；四是根据需要设立的区域性、行业性的人民调解委员会。人民调解委员会的性质是群众性组织。人民调解委员会的任务：一是调解民间纠纷，防止矛盾激化；二是普法宣传教育，预防纠纷发生；三是向政府和所在单位汇报民间纠纷和调解情况。其工作原则包括依法调解原则、平等自愿原则和尊重当事人诉讼权原则。

人民调解委员会由委员三人以上组成，应当有妇女委员。乡镇、街道人民调解委员会委员由下列人员担任：（一）本乡镇、街道辖区内设立的村民委员会、居民委员会、企业事业单位的人民调解委员会主任；（二）本乡镇、街道的司法助理员；（三）在本乡镇、街道辖区内居住的懂法律、有专长、热心人民调解工作的社会志愿人员。担任人民调解员的条件是：为人公正，联系群众，热心人民调解工作，具有一定法律、政策水平和文化水平。乡镇、街道人民调解委员会委员应当具备高中以上文化程度。人民调解员任期3年，每3年改选或者聘任一次，可以连选连任或者续聘。

人民调解委员会根据纠纷当事人的申请，受理调解纠纷，当事人没有申请的,也可以主动调解,但当事人表示异议的除外。人民调解委员会调解纠纷,根据需要可以公开进行,允许当事人的亲属、邻里和当地(本单位)群众旁听。但是涉及当事人的隐私、商业秘密或者当事人表示反对的除外。人民调解委员会调解纠纷,应当在查明事实、分清责任的基础上,根据当事人的特点和纠纷性质、难易程度、发展变化的情况,采取灵活多样的方式方法,开展耐心、细致的说服疏导工作,促使双方当事人互谅互让,消除隔阂,引导、帮助当事人达成解决纠纷的调解协议。经人民调解委员会调解达成的、有民事权利义务内容,并由双方当事人签字或者盖章的调解协议,具有民事合同性质。当事人应当按照约定履行自己的义务,不得擅自变更或者解除调解协议。但是当事人因对方不履行调解协议或者达成协议后又后悔的,仍旧可以向人民法院提起诉讼。

本案中,司法所所长在纠纷发生后主动介入进行调解,反映的正是人民调解的主动性。这里需要注意的是司法所所长的身份,一般而言,司法所所长是县级政府派驻乡镇政府的司法助理员,可以担任乡镇、街道人民调解委员会委员,因此他是以人民调解员的身份介入纠纷的。本案调解达成调解协议后,201 反悔,诉至人民法院,请求确认调解协议无效并要求 301 赔偿 1 万元。对此人民法院应当受理。但是 201 有责任对其诉讼请求所依据的事实提供证据予以证明。如果不能证明调解协议无效,即不能证明调解协议违反了自愿原则和合法原则,那么调解协议就是有效的,从而具有合同效力,人民法院应当支持调解协议的内容,并在此基础上作出判决。由此可见,合法有效的人民调解协议虽然不具有直接的强制执行效力,但是其所具有的合同效力可以约束法院据此作出判决,然后通过判决取得强制执行力。

(五)自测案例

案例4

法院邀请社会人员协助调解案[①]

2008 年 6 月,某小区业主王某等 17 位购房户因延期交房、没有房

① 本案例参见:http://www.bokee.net/newcirclemodule/article_viewEntry.do? id = 2798173&circleId = 101762,2009-7-27 访问。

屋合格备案手续、房屋质量有瑕疵、配套设施不全等问题经与开发商多次协商不成，导致行为过激、矛盾激化、形成群诉，将辖区内某房产公司告上宿迁市宿豫区人民法院。

如果按法院诉讼程序规定，从立案、审结再到判决生效要历经数月，其间群访事件随时都会发生。为此，法院决定邀请宿豫区消协参与并先行调解。区消协接案后，及时与17户消费者见面，晓之以理，引导其以符合法律规定的方式，心平气和地去解决问题，并充分了解各户的不同情况，稳定了业主情绪，防止了矛盾激化。消协在法院允许的范围内，对业主合情合理的要求予以支持，对过份要求进行分析并耐心说服；对开发商则帮助一起分析此案利害关系，使开发商认识到此次事件一旦激化对他们的信誉将产生严重的影响。在消协和法院各自发挥专长、共同努力协作下，本来需要数月解决的案件，在庭前就使矛盾双方的分歧得到最大程度的弱化，仅用不到一周的时间，使本已激化的矛盾得到了快速有效的解决。在法庭上，由法官和消协同志主持调解，当场签订协议，27.6万元的赔偿款当日就发放到了消费者手中，配套设施也在一周内全部安装到位。

问：法院的上述做法是否合法？

案例5

沙平坝法院委托人民调解案①

2007年11月26日，沙平坝区人民法院立案庭收到了甘某的离婚起诉状，要求法院判令解除其与江某的婚姻关系。立案庭法官在征得甘某的同意后，将该案件移交给区司法局驻法院人民调解室进行调解。调解员接到移送函后，立即与江某取得了联系。经江某同意就相关纠纷进行调解后，调解员对双方做了耐心细致的调解工作。当天下午，双

①　本案例参见：http://old.cqspb.cn/ShowArticle.asp? ArticleID = 14284，2009-7-27访问。

方就离婚、共同财产的分割和子女的抚养等问题达成了协议。调解员将诉讼前调解移送函及调解协议书转回立案庭。经审查，立案庭制作了民事调解书并当场送达了双方当事人。

问：法院以何种方式实现了“诉调对接”？

案例6

法院对仲裁裁决的司法监督案①

申请人某市国土资源局，被执行人某投资发展公司。2004年10月，某市国土资源局向某市仲裁委员会提出申请，请求裁决：一是收回某投资发展公司闲置2年的土地120亩，二是某投资发展公司偿还土地出让金1656万元。

2005年2月，某市仲裁委员会经审理查明，2001年，某市国土资源局将180亩土地使用权出让给某投资发展公司建超市，使用期限50年，每亩土地出让金10万元。双方签订合同后，某市国土资源局给某投资发展公司办理了土地使用权证。某投资发展公司仅使用了60亩土地，建营业楼一座，其余120亩土地一直闲置。某市仲裁委遂裁决：某投资公司偿还某国土资源局土地出让金1656万元，国土资源局有权收回闲置的土地。

由于某投资公司在经营期间，因建营业楼及开业经营欠外债1亿元，营业楼和180亩的土地使用权因另案被法院查封。某投资公司早已处于歇业状态，法定代表人下落不明，无其他固定人员上班。某国土资源局请求人民法院强制执行该仲裁裁决。

对该仲裁裁决是否应该执行，有两种不同的意见。一种意见认为，由于某投资公司没有在执行程序中行使申请不予执行的权利，法院则无须对该裁决进行审查，应当执行该仲裁裁决。另一种意见认为，该裁决在

① 本案例参见：http://www.china-arbitration.com/news.php?id=1534，2009-7-27访问。

认定土地出让金数额上有明显错误，某国土资源局既然收回120亩土地，则不应再收取该土地的土地出让金，这是明显的“既打又罚”，况且，某国土资源局在没有收取全部的土地出让金的情况下，给某投资公司办理了土地使用权证，也是违反国家法律的。因此，对该裁决应不予执行。

问：法院对仲裁裁决的司法审查途径包括哪些？

第二章　民事诉讼目的

任何一个国家、任何一个时期的民事诉讼法都有其目的追求,这些目的有的侧重于私权保护,有的侧重于私法秩序维护,有的侧重于纠纷解决,以及程序保障、保护公共利益、维护法律安定、统一法律适用等等。不同的目的追求导致不同的民事诉讼制度设计,对于司法实践产生的影响主要表现为两个方面:一是司法能动还是司法消极;二是司法系统以实体判决为主要目标还是多种纠纷解决机制并重(如"多扇门"法院模式)。

(一) 案情简介

案例7

全国首例网络虚拟财产失窃案①

李某从2002年1月在大学读书期间,开始玩一个叫"红月"的网络游戏。至2003年初,他通过数千个小时的艰苦磨炼和上万元上网费用的付出,在游戏里积累和购买了几十种虚拟"生化武器",他的主ID(游戏中用户的账号)已经高达934级,在游戏中他已"修炼"成一位令人尊敬的魔法师。没想到的是,去年2月,他苦心"经营"的游戏装备却被另一玩家盗走。李某找到游戏运营商北极冰科技发展有限公司(以下简称"北极冰")进行交涉,但北极冰拒绝提供那名玩家的真实资料,并于去年6月10日和20日,擅自封存了李某的另两个账号,并删除了所有虚拟装备。

① 本案例参见:http://news.sina.com.cn/s/2004-12-21/02294579601s.shtml,2009-7-30访问。

多次交涉未果后，李某以游戏运营商侵犯了他的私人财产为由，向北京市朝阳区人民法院起诉北极冰，要求恢复丢失的游戏装备，升级他的游戏角色，给予经济、精神赔偿1万余元。

2003年8月27日、11月5日，北京朝阳区人民法院两次开庭审理了这起国内首例“网财失窃”案。2003年12月18日，北京市朝阳区人民法院经审理认为，玩家玩游戏时，获得游戏时间和装备的游戏卡均要用货币购买，所以这些虚拟的“武器装备”是有价值的无形财产。由于运营商没对这些虚拟物品尽到保护义务，所以应恢复李某所丢失的虚拟装备，并赔偿李某买爆吉卡、交通费等经济损失1560元。

对于一审判决当事双方均表不服，先后于2004年1月1日、1月6日提起上诉。12月16日，北京二中院经审理作出了维持一审法院判决的终审判决。

（二）思考方向

网络虚拟财产是否给予保护，在我国尚属法律空白。也就是说，“网络虚拟财产权”还没有上升为一项实体法上的权利。对于该项“权利”的保护请求，法院应否受理，受理之后如何审判，都与民事诉讼的目的直接相关。

（三）法律规定

《民事诉讼法》第2条 中华人民共和国民事诉讼法的任务，是保护当事人行使诉讼权利，保证人民法院查明事实，分清是非，正确适用法律，及时审理民事案件，确认民事权利义务关系，制裁民事违法行为，保护当事人的合法权益，教育公民自觉遵守法律，维护社会秩序、经济秩序，保障社会主义建设事业顺利进行。

（四）学理分析

有关民事诉讼的目的，历史上形成的学说主要有：私权保护说，认为民事诉讼的目的在于确定和实现实体权利；私法秩序维护说，认为民事诉讼的目的在于维护国家的私法秩序；纠纷解决说，认为解决纠纷即是民事诉讼的目的；程序保障说，认为民事诉讼的目的在于为当事人提供程序保障；法寻求说，认为民事诉讼的目的在于由法院和当事人经过诉讼程序共同寻求法的所在；多元说，认为私权保护说、私法秩序维护说和纠纷解决说都是民事诉讼的目的。① 此外，德国还将保护公共利益、维护法的和平、统一法律见解等作为民事诉讼的次要目的。

民事诉讼的目的有时候因案而异。② 在本案中，如果采私权保护说，则因为“网络虚拟财产权”这一实体权利根本不存在，因而谈不上实体权利的确定和实现。同时私权保护说主张司法的消极被动，不允许法院创设新的实体权利。因而最终的结果只能是不予受理或者驳回原告起诉。而如果采私法秩序维护说，因为该说主张司法的积极主动，允许法官造法，创设新的实体权利，对当前的私法秩序予以发展和完善。因而其结果是，法院不仅可以受理此案，而且可以判决保护原告的网络虚拟财产权，即通过个案的审判创设一项新的实体权利。本案中，北京朝阳区法院及其上诉法院实际上采用的就是维护私法秩序说的目的论，承认法官可以不完全囿于现行实体法秩序的局限，有权创设新的实体权利。当然，由于我国不是判例法国家，这一判决对于后续的同类案件没有法律上的拘束力，因而该实体权利的创设仅对于本案有效，对于其他案件没有法律效力。

（五）自测案例

案例8

斯特兰戴尔诉杰克逊，伊利诺斯州（Strandell v. Jackson, Ill.）③

利普（RIPPLE）巡回法官：

在这起上诉中，我们必须判决某联邦地区法院是否有权要求当事

① 关于各个学说的评析参见汤维建主编：《民事诉讼法学》，北京大学出版社 2008 年版，第 24—28 页。

② 参见汤维建主编：《民事诉讼法学》，北京大学出版社 2008 年版，第 27 页。

③ 本案例参见〔美〕斯蒂芬·B. 戈尔德堡等：《纠纷解决——谈判、调解和其他机制》，蔡彦敏等译，中国政法大学出版社 2004 年版，第 403—404 页。

人参与无约束力的简易陪审团审判①……托马斯·托宾(Thomas Tobin)以及伊斯戈瑞(Esquire)对因拒绝参加这样的程序而被判处刑事性藐视法庭的判决提起上诉……

[事实] 托宾先生代表亚力克斯·斯特兰戴尔(Alex Strandell)的父母对伊利诺斯州杰克逊县提起民权诉讼。该案涉及对斯特兰戴尔先生的逮捕、光身搜查、监禁以及斯特兰戴尔先生的自杀身亡……在审前会议上,联邦地区法院建议当事人同意进行简易陪审团审判……托宾先生告知联邦地区法院原告不同意进行简易陪审团审判,并且提起动议以推动案件进入审判。联邦地区法院命令证据开示于1987年1月15日结束,并准备对案件进行审判。

……

1987年3月23日,联邦地区法院再次与律师商讨案件和解的可能性……1987年3月26日,托宾先生向联邦地区法院表明不同意对其当事人的案件进行简易陪审团审判,然而他同意马上进入审判。他主张,简易陪审团审判将会要求开示受到保密特权保护的证词。联邦地区法院驳回了这一抗辩,并且命令当事人参加简易陪审团审判。

1987年3月31日,案件当事人及其律师按照命令参加对简易陪审团审判陪审员的甄选……托宾先生却谦恭地拒绝进行对陪审员的选择……法院因为托宾先生拒绝选择简易陪审团审判的陪审员而裁定他的行为构成刑事性藐视法庭……

① 简易陪审团审判,系美国诸多司法ADR中的一种,为1981年俄亥俄州北部地区联邦法院法官朗布罗斯(T. Lambros)所创立。这种程序与正式的审判最为相似,有法官、陪审员和其他法院工作人员参加,通常是在法院举行,一般是不公开的。审理首先按照普通诉讼程序进行,法官等参与人员的费用由公共资金支付。简易陪审团审判的目的,是为当事人提供一个进行简略辩论的、无拘束力的现实的审判实验;如果能够达成和解,则省去了正式审判的费用、时间和复杂过程。(该注释为编者自加)

[分析] ……

[结论] 我们断定(《联邦民事诉讼规则》)第16条这一标准不允许法院强迫当事人参加简易陪审团审判,因此联邦地区法院所作出的藐视法庭的判决被撤销……

问:简易陪审团审判等司法ADR机制在美国法院的普遍使用,反映的是一种什么样的诉讼目的观?

第三章　民事诉讼价值

公正与效率是民事诉讼程序的两大基本价值，也是我国人民法院确立的21世纪司法的两大主题。一般情况下，公正与效率可以在同一案件中和平共存。特殊情况下也会出现矛盾冲突，如为了实现效率价值有时会适当牺牲个案正义。而不同价值的平衡与取舍，就成为一项考验智慧和技巧的工作。

（一）案情简介

案例9

78本医书背后的故事：王朝珍诉忠县中医院医疗事故赔偿案①

1997年8月17日清晨，王朝珍背着四十多斤梨子准备到离家十几里路的乡场上卖。途中不慎跌倒。当天下午，王朝珍在丈夫周泽桂陪同下住进忠县中医院。医生诊断为左腿骨骨折后，立即为她进行了ENDER针内固定术、切开复位梅花髓内针固定术等手术。手术后的王朝珍左腿疼痛不已，高烧不退。出院后一直未能痊愈。1998年8月，王朝珍感觉左腿越来越不方便。周泽桂就带着她到重庆市新桥医院实施第二次手术。手术后，王朝珍的生活不能自理，行走、上厕所都要人帮忙。周泽桂背着妻子出院时，一个在新桥医院进修的年轻医生追上来说了一句话："你妻子本来不必做这次手术的。她的残疾可能与第一次

① 参见《今日说法："78本医书背后的故事"》（2006年12月27日），央视国际www.cctv.com；又参见"八年较真，一个农民自写的'医疗事故鉴定报告'"，http://www.tegao.net/？viewthread-36694，2009-7-30访问。

手术过程存在瑕疵有关,问题有可能出现在那个时候"。周泽桂相信了那位医生的话。回到忠县第二天,周泽桂就向当地卫生行政主管部门提出医疗事故鉴定的申请。鉴定结果是"手术方式选择正确,固定材料无错误,医疗事故不成立"。周泽桂不服,再次申请鉴定,结果依然是"不构成医疗事故"。

为了找出导致妻子残废的症结,1998 年底开始,周泽桂开始自学医书,此后 8 年间共抄骨科医书 70 本、自学医学专著 78 本。2001 年 11 月,自以为拿住医院"软肋"的周泽桂信心十足地向忠县人民法院提起了诉讼。但被法院判决败诉,原因是他拿不出强有力的医疗鉴定结果。周泽桂不服提起上诉,二审维持原判。后来,周泽桂又向重庆市二中院申请再审。重庆二中院受理其再审申请后,指定司法部司法鉴定中心进行鉴定。周泽桂抓住这次机会,运用多年自学的医疗知识,向司法部鉴定中心提交了一份长达 200 页的陈述报告,并在报告后附上这些证据的出处——书名、出版社、出版日期、第几页,一共 18 本医书,报告中,周泽桂准确指出了医院在手术中、用药、术后固定时的种种过失,有理有据,证据充分。

2005 年 9 月,司法部鉴定中心作出鉴定结论,认定"该医院在对王朝珍实施的诊治过程中存在着医疗过失,该过失与王朝珍目前的左下肢短缩、左膝关节僵直、活动受限之间存在着直接因果关系(属主要原因)"。

2006 年 5 月,重庆市第二中级人民法院根据司法部鉴定中心的鉴定结论,裁定"撤销原一、二审判决,发回原一审法院重审"。

2006 年 9 月 7 日,重庆市忠县人民法院重审后作出判决,"忠县医院在对王朝珍的诊治过程中存在着医疗过失……由医院赔偿王朝珍 69845.99 元"。

(二)思考方向

西方国家的谚语"迟来的正义是非正义"在本案中得以应验。诉讼的价值不仅在于实现正义,而且在于实现效率。正义与效率作为民事诉讼程序的两个基本价值,既是相互独立的,也是相互依存的,即有效率的正义和有正义的效率。

（三）法律规定

《民事诉讼法》第2条 中华人民共和国民事诉讼法的任务，是……保证人民法院查明事实，分清是非，正确适用法律，及时审理民事案件，确认民事权利义务关系，制裁民事违法行为，保护当事人的合法权益……

（四）学理分析

民事诉讼程序的价值主要有两个：公正和效率。公正是首要价值，具体表现为实体公正和程序公正两个方面。实体公正是民事诉讼程序的工具性价值或外在价值，其内容一是实现实体法的内容和精神；二是通过实体法的实现和改进，达到型构良好的实体法律秩序的目的。程序公正是民事诉讼程序的内在价值或目的性价值，并非所有的程序都是公正的程序，程序公正的指标主要包括以下几项：法官中立；当事人平等；程序参与；程序维持；程序公开。效率是诉讼程序的第二位价值，其追求的是以最小的投入谋求最大的产出。①

公正与效率虽然是两个相对独立的价值，但它们始终是互为依存的：离开公正谈效率，这个效率是毫无意义的，一味地追求解纷的速度和成本的节约并不能实现民事诉讼的目的，民事诉讼的目的是准确地、正当地、彻底地化解纠纷，这里面包含了必不可少的正当性价值。反之，如果没有效率，公正也无从谈起，正所谓"迟来的正义是非正义"。因此，公正和效率只有在同时兼顾的情况下才会实现其应有的价值。

本案凸现的问题有两个：一是程序设计的公正性即程序正义问题。根据2002年的《医疗事故鉴定条例》，医疗事故鉴定的申请应当向卫生行政部门提出，卫生行政部门认为需要进行医疗事故鉴定的，并由地方医学会进行鉴定。而医院、卫生行政部门、医学会三者之间总是存在着千丝万缕的联系，甚至有着一荣俱荣一损俱损的利害关系，因此常有人形容由卫生行政部门指定医学会鉴定，是"既当裁判员又当运动员"的制度设计，缺乏第三者中立这一程序正义的基本因素。二是效率价值问题，即当事人为获取正义付出了太过高昂的成本，包括精力、财力和时间。如果一审法院能够主动向当事人阐明医疗过错需要专家鉴定才能作为定案根据，并及时为其指定鉴定

① 关于公正价值与效率价值的详细阐述，参见汤维建主编：《民事诉讼法学》，北京大学出版社2008年版，第36—38页。

机构,那么当事人就不必在经历二审、再审和重审之后才获得应有的正义。这里不仅有当事人过于惨重的成本付出,也有司法资源的不当付出。

(五)自测案例

案例10

广东四会市法官莫兆军主审的民事欠款纠纷案①

2001年9月27日,广东四会市人民法院法官莫兆军开庭审理李兆兴告张坤石夫妇等4人借款1万元经济纠纷案,当时李持有张夫妇等人写的借条,而张辩称借条是由李与冯志雄持刀威逼所写的。莫兆军经过审理,认为没有证据证明借条是在受到威逼的情况下写的,于是认为借条有效,判决被告还钱。当年11月14日,张坤石夫妇在四会市人民法院外喝农药自杀身亡。

同年11月15日,四会市公安部门传唤了李兆兴、冯志雄两人,两人承认借条系他们持刀威逼张坤石夫妇等人所写,后二人分别被以抢劫罪判处7年和14年有期徒刑。2002年10月22日,莫兆军被四会市人民检察院刑事拘留,后又改为逮捕,涉嫌罪名是玩忽职守。

2003年12月4日,肇庆市中级人民法院作出一审判决,认为张坤石夫妇的死亡超出莫兆军的主观意志之外,与莫的审理案件行为无直接关系,莫不应对此负责任,判决莫兆军无罪。肇庆市人民检察院不服该判决提出抗诉。2004年6月29日广东省高级人民法院作出终审判决,维持一审作出的无罪判决。

问:莫兆军案反映了怎样的民事诉讼价值观?

① 本案例参见 http://informationtimes. dayoo. com/gb/content/2004-06/30/content_1610094. htm,2009-7-31 访问。

第四章　民事诉权

诉权，即可以为诉的权利，无论从基本人权的高度去审视，还是从具体诉权的层面去操作，都有一个权利的正当行使与滥用的问题。二者之间虽没有明确的界限，但至少可以从诉权的行使是否不当侵害了他人合法权益这一宏观角度予以把握。在微观运作上则需要考察诉权的行使是否具备相关的要件，具备要件者属于诉权的正当行使，不具备要件者则属于主观上或者客观上的诉权滥用。

（一）案情简介

案例11

佘律师诉广铁客运公司多收票款案①

2002 年 3 月，家住株洲市的律师佘某乘坐 K510 次列车从株洲前往长沙，补票时列车员收了其 7 元钱，其中票价 6 元、手续费 1 元。事后佘某了解到，按照国家的新规定，株洲到长沙的票价应为 5.5 元，但铁路部门还在按旧规定（6 元钱的标准）收费。于是他将该次列车所属的广铁客运公司诉至长铁法院，要求在湘、粤两省的主要媒体上向其赔礼道歉，退还多收的票款 0.5 元，赔偿其精神损失费 2 万元。

长铁法院立案庭在收到起诉书后了解到，事情发生后，广铁集团客运公司多次派员专程到株洲和佘某联系，对其监督行为表示感谢，对该次列车未按新规定多收票款的行为进行了整顿，将多收的票款退还，还聘请佘某担任客运公司的“路风监督员”。但佘拒绝接受客运公司的主

① 本案例参见新浪网：http://finance.sina.com.cn/x/20040729/0730909138.shtml，2008-8-10 访问。

动协商,执意诉至法院,长铁运输法院立案庭认为,佘某的诉讼请求隐含炒作成分,其行为属于滥用诉讼权,不符合诉讼经济原则和立法精神,遂裁定不予受理。佘某不服该裁定提出上诉,广铁中院经审理作出终审裁定:撤销一审法院不予受理的裁定;本案由一审法院立案受理。

(二) 思考方向

本案的关键所在是正当行使诉权与滥用诉权之间的界限问题。在数额畸小、实体上的损失受到一定补偿的情况下提起诉讼,是否就意味着诉权的滥用。解答上述问题需要了解诉权的意涵与诉权要件。

(三) 法律规定

暂无明确法律规定。

(四) 学理分析

诉权具有多义性的特征。人们比较认同的说法是,诉权是指当事人为维护自己的合法权益,要求法院对民事争议进行裁判的权利。①

关于诉权的内涵,不同国家在不同的历史时期有着不同的认识。"诉权"一词的原本含义是指"可以进行诉讼的权利",来源于罗马法的诉(actio)的制度,因此罗马法又被称为诉权法。在罗马法中,"诉权"是指"有权在审判员面前追诉取得人们所应得的东西"②。在古罗马,诉权是由法律、元老院决议、皇帝宪令以及裁判官告示等分别而明确地作出规定的。在罗马法初期,并非所有的案件都可以提交法院进行裁判,只有符合法律规定的、具有诉(请求权和诉权)的可能性的案件才能提交裁判③,即有诉才有救济。在德语中,"诉权"是指"可以为诉的权利"。《法国民事诉讼法》第30条规定,诉权,对于提出诉讼请求的人,是指"请求法官就该诉讼请求之实体听取其意见陈述,以便由法官裁判该请求是否有依据的权利";对于他方当事人,是指

① 江伟:《民事诉讼法》(第三版),高等教育出版社2007年版,第45页。

② 〔罗马〕查士丁尼著:《法学总论》,张企泰译,商务印书馆1993年版,第205页。

③ 参见〔日〕中村英郎著:《论民事诉讼制度的目的》,陈刚译,载《外国法学研究》1998年第4期。

"辩论此种诉讼请求是否有依据的权利"。在英美法中，与民事诉权比较相近的专门术语是"民事救济权（right of civil remedies）"、"诉诸司法的权利（right of access to courts）"等。诉诸司法的权利，即指国民利用诉讼程序处理案件的可能性。①

我国学者认为，诉权是一种救济权，是一种向法院的请求权，是国民平等享有的一种宪法基本权利，包含着程序内涵和实体内涵。程序内涵是指在程序上向法院请求行使审判权。这种意义上诉权的行使旨在启动诉讼程序和从程序上请求法院行使审判权。实体内涵是指保护民事权益或解决民事纠纷的请求，实际上是实体意义上的诉，构成了法院审判的对象和既判力的客观范围。②

民事诉权，在客观上，为法律上所规定的一切国民均享有的请求诉讼救济的权利。这种意义上的诉权仅仅处于抽象的静态的法律规定的层次，是一种观念上的诉权，可称为"客观诉权"或"法规诉权"；在主观上，只有具备法定的具体条件，特定的国民才能现实地拥有和行使诉权，此种意义上的诉权处于具体的动态的层次，是一种现实中的诉权，可称为"主观诉权"或"现实诉权"。③

尽管任何人都享有"法规诉权"，但是诉权并非任何人都能无条件享有的一种自由。④ 国民要实际地拥有诉权，即由"法规诉权"转变为"现实诉权"，必须具备一定的中介，这类中介就是法律规定的诉权要件。民事诉权要件包括两个方面：（1）主体方面要件（主观的要件），即当事人适格。（2）客体方面的要件（客观要件），即诉的利益。⑤

诉权的滥用，是指没有行使诉权的正当根据，而为非正当的目的行使诉权的情形。例如，诉权行使人不是真正为了维护自己的权益或某些法律上规定的社会权益而行使诉权的情形。比较典型的是，提起虚假诉讼、诈欺诉讼、故意损害他人名誉的诉讼等。目前对于如何制裁诉权滥用尚没有具体的制度规定。这一制度设计的难点在于应当如何把握正当行使诉权和滥用

---

① 参见〔美〕彼得·G. 伦斯特洛姆编：《美国法律辞典》，贺卫方等译，中国政法大学出版社 1999 年版，第 226 页。

② 参见江伟等：《民事诉权研究》，法律出版社 2002 年版，第 130—165 页。

③ 江伟等：《民事诉权研究》，法律出版社 2002 年版，第 166 页。

④ 参见〔日〕兼子一、竹下守夫：《民事诉讼法》（新版），白绿铉译，法律出版社 1995 年版，第 2 页。

⑤ 参见江伟等：《民事诉权研究》，法律出版社 2002 年版，第 168 页。

诉权之间的界限。①

本案中，佘某被列车员多收了0.5元票款，其合法权益受到侵害。佘某作为受害人属于适格当事人，符合诉权的主观要件；佘某所受物质损害虽然只有0.5元，但合法权益不分大小，小额权益也是权益，具有司法救济的必要性，符合诉权的客观要件，即具有诉的利益。由此，佘某提起诉讼的行为并不构成滥用诉权，而是正当行使诉权的行为，法院应当予以受理。

（五）自测案例

案例12

庆元民政局代死亡流浪汉行使诉权案②

2008年11月29日傍晚，庆元县农民胡某酒后驾驶三轮摩托车由菊水向县城方向行驶，途中撞伤一无名流浪汉，经送医院抢救无效死亡。公安机关通过骨龄鉴定，推断该无名男子年龄在75至80岁之间。同年12月19日，庆元县公安局交通警察大队认定胡某承担此次事故全部责任。此后不久，庆元县人民检察院以交通肇事罪对胡某提起公诉，法院判处其有期徒刑二年，缓刑三年。

在案件提起公诉的同时，庆元县人民检察院认为，根据国务院《城市无着落的流浪乞讨人员救助管理办法》的有关规定，民政部门作为社会救助的政府主管机关，承担着对流浪乞讨人员的保障义务，有责任为流浪乞讨人员提供法律救助、主张民事赔偿。于是，该院向县民政局发出民事督促起诉书，督促民政部门代死者亲属向县法院提起人身损害赔偿刑事附带民事诉讼。县民政局收到督促起诉书后，及时以原告身份向县法院递交诉状，为无名流浪汉代行民事诉权，要求法院判令胡某赔偿死者丧葬费、死亡赔偿金等相关费用。

---

① 江伟：《民事诉讼法》（第三版），高等教育出版社2007年版，第46页。

② 参见《检察日报》2009年2月17日第2版。http://newspaper.jcrb.com/html/2009-02/17/content_11477.htm，2009-7-27访问。

2月9日，在庆元县人民法院的主持调解下，县民政局和胡某就赔偿达成调解协议：被告胡某赔偿无名流浪汉丧葬费、死亡赔偿金等合计11.7万元，交由庆元县民政局提存管理。一旦确认被害人身份，赔偿款将交给其亲属。按司法部《提存公证规则》，该款项如超过20年无人领取，将被视为无主财产，大部分上缴国库。

问：民政局在本案中是否享有诉权？

案例13

空气污染案中的诉权之争①

王某与杜某系邻居关系，仅一墙之隔。2003年，杜某在其房屋院落内开设喷漆厂，杜某在生产过程中，因喷漆形成大量刺鼻气体经常飘落到左邻右舍。特别是王某家，只要杜某家中的喷漆厂营业，王某家中只得门窗紧闭，影响了王某及其家人的正常生活，为此双方经常发生纠纷。后双方协商未果，王某向法院提起诉讼，要求停止侵害、排除妨碍。

对该案的处理有以下两种意见：一种意见认为，因喷漆形成大量刺鼻气体飘落到王某家中是事实，对王某的生活也确实带来了一定的影响，因此对王某要求停止侵害、排除妨碍的诉讼请求依法应予支持。

另一种意见认为，对王某要求停止侵害、排除妨碍的诉讼请求依法不予支持。理由是：我国《大气污染防治法》规定有关空气污染应由环境保护行政机关处理，此案不属于人民法院受案范围，应驳回王某起诉。

问：你认为哪一种意见比较合理？

① 本案例参见中国法院网：http://www.chinacourt.org/html/article/200406/08/118980.shtml，2008-8-10访问。

第五章　民事诉讼模式

一般认为,两大法系具有风格迥异的民事诉讼模式。英美法系实行的是“以当事人为中心的诉讼模式”,即当事人主义;而大陆法系实行的是“以法官为中心的诉讼模式”,即职权主义。然而民事诉讼模式在世界范围内的发展却呈现交错发展和不断融合的趋势:19 世纪的民事诉讼法为当事人主义型,20 世纪的民事诉讼法则为职权主义型。如果说在第一阶段,是大陆法系国家采用了英美法系国家的当事人主义模式的话,那么,在第二阶段,则是英美法系国家向大陆法国家的职权主义模式靠拢。这种诉讼模式交互影响的发展,可以称为“诉讼模式的融合”。

(一) 案情简介

案例 14

金桂兰法官依职权调查证据案①

2007 年 8 月,金桂兰接手一起民间借款纠纷案。原告起诉被告欠6000 元钱,并提供一张有被告签名的借据。然而在庭审调查时,被告辩称钱早已还给原告,当时原告说借条被妻子洗衣服时洗了,所以没有把借条还给原告,但同时被告却提供不出任何证据。按原告出具的借条完全可以判决被告给付原告 6000 元钱。但细心的金桂兰却没有草率定案,费了很大周折,找到了 100 公里外已经与原告离婚的妻子付某,在其耐心劝说下付某出庭作证,说出了被告已经还清欠款的事实真相。原告无言以对,承认了错误,还给了被告一个清白。

---

① 本案例参见“金桂兰事迹”,http://news.cctv.com/special/daode/20070830/106877.shtml,2009-8-5 访问。

（二）思考方向

本案中法官依职权调查取证的做法，体现的是何种民事诉讼模式。我国的民事诉讼模式与两大法系的诉讼模式有何不同。民事诉讼模式的总体发展方向是什么。

（三）法律规定

《最高人民法院关于民事诉讼证据的若干规定》（以下称《民事证据规定》）（2002.4.1）第2条　当事人对自己提出的诉讼请求所依据的事实或者反驳对方诉讼请求所依据的事实有责任提供证据加以证明。

没有证据或者证据不足以证明当事人的事实主张的，由负有举证责任的当事人承担不利后果。

第15条　《民事诉讼法》第六十四条规定的"人民法院认为审理案件需要的证据"，是指以下情形：

（一）涉及可能有损国家利益、社会公共利益或者他人合法权益的事实；

（二）涉及依职权追加当事人、中止诉讼、终结诉讼、回避等与实体争议无关的程序事项。

第16条　除本规定第十五条规定的情形外，人民法院调查收集证据，应当依当事人的申请进行。

第17条　符合下列条件之一的，当事人及其诉讼代理人可以申请人民法院调查收集证据：

（一）申请调查收集的证据属于国家有关部门保存并须人民法院依职权调取的档案材料；

（二）涉及国家秘密、商业秘密、个人隐私的材料；

（三）当事人及其诉讼代理人确因客观原因不能自行收集的其他材料。

（四）学理分析

当事人主义和职权主义两大民事诉讼模式的分野主要表现为法官与当事人在以下两个问题上的权力划分：诉讼资料和证据资料由谁收集；诉讼程序的进行由谁主宰。如果上述两个问题的答案均为法官，则为绝对的职权主义；相反，答案均为当事人时，则为绝对的当事人主义。这种诉讼模式的划分主要出于理论研究的需要，世界上没有哪一个国家的民事诉讼模式是绝对的职权主义,也没有哪一个国家是绝对的当事人主义,而是处于两个极端之间或左或右的某个点上。

我国的民事诉讼模式,既不同于英美国家的当事人主义,也不同于大陆法国家的职权主义,可以称之为"干预主义"。首先,当事人对诉讼程序的启动、终结、变化和审理对象的确定,并不享有充分的处分权,法院在许多情况下都会实行职权干预;其次,在事实主张和证据收集问题上,我国并没有实行真正的辩论主义,而是"非约束性辩论原则";最后,在诉讼程序的选择和控制上,基本实行的是职权进行主义。①

本案中,法官依职权而非依申请对当事人没有提出的证据进行调查,并将其作为认定事实的根据,体现的正是一种"干预主义"的诉讼模式,即据此作出判决的证据不以当事人提供的证据为限,法官可以依职权调查取证。这种做法不论在英美法国家还是大陆法国家都是不提倡的,英美国家通过发现程序赋予当事人及其律师极为广泛的调查取证权,法官不涉足证据调查;大陆法国家则通过辩论主义约束法官对证据的职权调查。应当看到,我国 2002 年实施的《民事证据规定》已经严格限制了法官调查取证的范围,但近年来的司法实践显然有宽松适用该规定的迹象,本案例出现在全国"十杰法官"金桂兰的事迹中,就是一个明证。这种"干预主义"的做法虽然与理论上倡导的"当事人主义"的走向有所背离,但在实践中却取得了一定的成效,这一现象值得深思。带有强烈家长作风的"干预主义"固然有其自身的问题,但法官对当事人的境遇持冷漠态度的"当事人主义"则更易遭到当事人的反对,《民事证据规定》在实践中遭遇阻力已经证明了这一点。那么将当事人主义与法院职权主义结合起来的"协同主义"②是否会成为将来发展的方向,尚需更多的理论和实证研究。

---

① 参见汤维建主编:《民事诉讼法学》,北京大学出版社 2008 年版,第 67—68 页。

② 关于"协同主义"的更多解释,参见汤维建主编:《民事诉讼法学》,北京大学出版社 2008 年版,第 66 页。

（五）自测案例

案例15

刘翔肖像侵权案中的不准撤诉裁定

刘翔诉《精品购物指南》报社、北京精品卓越科技发展有限公司、北京中友百货有限责任公司肖像侵权纠纷一案，于2004年11月21日经海淀区法院立案受理，经过半年时间的审理，于2005年5月25日进行了公开宣判，不仅裁定驳回刘翔要求撤诉的申请，而且判决全部驳回了刘翔要求认定侵权并赔偿经济损失的全部诉讼请求。海淀区法院(2005)海民初字第2938号民事裁定书全文如下：

本院在审理原告刘翔与被告《精品购物指南》报社、北京精品卓越科技发展有限公司、北京中友百货有限责任公司肖像权纠纷一案中，原告刘翔于2005年5月18日以“根据审理情况，申请人认为依法可以确认被申请人《精品购物指南》报社使用申请人的肖像确未经申请人同意，而且申请人也未私自为被申请人作宣传”为由，向本院提出撤诉申请。

本院认为，刘翔申请撤诉理由涉及案件诉争事实，在法院尚未作出判决认定之前，其以未经法院判决认定的事实作为撤诉理由，有悖于撤诉限于对自身权利处分的原则，亦可能有损他人利益，故本院不予支持。依照《中华人民共和国民事诉讼法》第131条的规定，裁定如下：

不准原告刘翔撤回起诉，本案继续审理。

问：由本案的不准撤诉裁定探讨我国当前的民事诉讼模式。

第六章　诉

一、诉的识别

诉的识别，即对一诉与另一诉是否为同一诉的识别，这项工作主要通过诉的要素的对比来完成。要素相同的为同一诉，要素不同的则诉不同。

（一）案情简介

案例16

鲲鹏公司的两次诉讼是否为同一诉讼①

2005年5月25日，鲲鹏公司在山东省威海市中级人民法院起诉西港公司，请求确认双方签订的《房地产开发合作合同》有效，并要求西港公司办理合作项目的开工手续及缴纳相应费用。2005年5月26日，西港公司在山东省高级人民法院起诉鲲鹏公司，请求确认双方之间的《房地产开发合作合同》无效。山东省高级人民法院将前述两个诉讼合并为第5号民事案件，并于2005年7月11日，对该案进行了开庭审理。

2005年7月25日，鲲鹏公司又向山东省高级人民法院提起另外一个诉讼，即第8号民事案件，请求西港公司按照双方的《房地产开发合作合同》交付土地使用权。2005年8月24日，鲲鹏公司于举证期限届满前向法院提出《追加被告、变更诉讼请求申请书》，申请将第三人重点建设公司变更为被告，并请求判令西港公司与重点建设公司之间的《合作协议书》无效，由西港公司与重点建设公司承担连带赔偿责任。法院于2005年8月25日收到该申请书。

---

① 本案例参见法搜网：http://www.fsou.com/redirect/index.asp? url = http://law.chinalawinfo.com/newlaw2002/slc/slc.asp? db = cas&gid = 33621834，2008-8-10访问。

审理过程中，西港公司在答辩期内提出异议，认为本案与山东省高级人民法院（2005）鲁民一初字第5号民事案件系同一实质标的和同一合同事实再次起诉，一审法院受理本案属重复立案。鲲鹏公司一审期间对此答辩认为，本案为给付之诉，山东省高级人民法院（2005）鲁民一初字第5号案件为确认之诉，一审法院受理本案不属重复立案。

一审法院经审查认为，鲲鹏公司与西港公司、重点建设公司土地使用权纠纷一案（以下简称“第8号民事案件”），与2005年5月26日立案的西港公司诉鲲鹏公司房地产开发合作合同纠纷一案（以下简称“第5号民事案件”）主体相同，案件事实相同，法律关系相同。本案鲲鹏公司的诉讼请求应当在一审法院已经立案审理的西港公司诉其房地产开发合作合同纠纷一案（以下简称“第5号民事案件”）中提起反诉，申请追加第三人，一并审理解决，而没有必要就同一实质标的和同一合同事实再次起诉，鲲鹏公司再次起诉的行为既增加了当事人诉累，又造成法院诉讼资源的浪费，同时违反了一事不再理的原则。西港公司提出的异议成立。裁定驳回鲲鹏公司对西港公司、重点建设公司的起诉。

鲲鹏公司不服一审裁定，向最高人民法院提出上诉，最高人民法院经审理后裁定，撤销山东省高级人民法院（2005）鲁民一初字第8号民事裁定；指令山东省高级人民法院对本案进行审理。

（二）思考方向

本案的争执在于第8号民事案件与第5号民事案件是否为同一诉，涉及的是诉的识别问题。诉的识别需要看的是诉的要素，诉的要素相同，则诉相同，诉的要素不同，则诉不同。而诉的要素又存在不同的学说，从而导致了诉的识别的复杂性。

（三）法律规定

《民事诉讼法》第111条 人民法院对符合本法第一百零八条的起诉，必须受理；对下列起诉，分别情形，予以处理：

……

（五）对判决、裁定已经发生法律效力的案件，当事人又起诉的，告知原告按照申诉处理，但人民法院准许撤诉的裁定除外；

……

《最高人民法院关于适用〈中华人民共和国民事诉讼法〉若干问题的意见》(以下称《民诉法意见》)(1992.7.14)第152条 赡养费、扶养费、抚育费案件,裁判发生法律效力后,因新情况、新理由,一方当事人再行起诉要求增加或减少费用的,人民法院应作为新案受理。

第156条 在案件受理后,法庭辩论结束前,原告增加诉讼请求,被告提出反诉,第三人提出与本案有关的诉讼请求,可以合并审理的,人民法院应当合并审理。

(四) 学理分析

诉,是指当事人向法院提出的,请求特定的法院就特定的法律主张或权利主张(诉讼上的请求)进行裁判的诉讼行为。诉的要素,是指构成一个诉所应当具有的基本因素。

关于诉的要素,因认识角度的差异,有"二要素说"和"三要素说"两种观点。"二要素说"的观点认为诉的要素由"诉讼理由"和"诉讼标的"构成。"三要素说"则认为,诉的要素应由"诉讼理由"、"诉讼标的"和"当事人"构成。应当说,"三要素说"更有利于诉的识别和判断。

一个完整的诉是由当事人、诉讼标的和案件事实构成的。诉是从当事人的角度而言的,是原告基于实体(法)目的而针对被告提出的,所以诉的主体是原告和被告。诉讼标的为请求法院审判保护的实体(法)内容,体现了当事人提起诉讼的目的,所以诉的构成要素应当包含诉讼标的。至于案件事实,一方面使诉特定化,另一方面支持诉讼标的,所以案件事实也是诉的一个构成要素。①

通常情况下,判断一诉与他诉的区别,首先,就诉的主体进行判断。诉的主体不同,则诉不同,但诉讼继承的情况除外。本案中,鲲鹏公司在《追加被告、变更诉讼请求申请书》中,已将重点建设公司变更为被告,故本案与第5号民事案件的当事人并不相同。

其次,若诉的主体相同,则须根据诉讼标的进行判断。识别诉讼标的,通常情况下仅需依据诉讼标的具体的实体内容即可。再看本案,鲲鹏公司在第5号民事案件中的诉讼请求为确认之诉与给付之诉的合并之诉,确认之诉的诉讼标的是请求确认双方签订的《房地产开发合作合同》有效,给付之

---

① 江伟:《民事诉讼法学》,复旦大学出版社2002年版,第49页。

诉的诉讼标的是要求西港公司办理合作项目的开工手续及缴纳相应费用。而本案即第8号民事案件所提起的给付之诉的诉讼标的是，请求西港公司按照双方的《房地产开发合作合同》交付土地使用权，另外，鲲鹏公司在《追加被告、变更诉讼请求申请书》中将诉讼请求变更为，请求判令西港公司与重点建设公司之间的《合作协议书》无效，由西港公司与重点建设公司承担连带赔偿责任。由此，鲲鹏公司在第5号民事案件中的诉讼标的与本案即第8号案件的诉讼标的并不相同。

最后，在特定情况下还需结合具体的案件事实对诉进行识别。例如，甲从乙处借款5万元，后甲又拖欠乙货款5万元，乙若诉至法院，则构成两个诉。前诉与后诉的当事人相同；诉讼标的也相同，都是请求法院判令甲返还5万元；但两个诉讼标的各自所依据的具体事实却不同，一个是借款，另一个是拖欠货款。因此，当事人和诉讼标的均相同的情况下，还要结合案件事实才能准确地识别诉。本案与第5号民事案件的诉讼标的所依据的案件事实基本相同，都源于2003年3月25日签订的《房地产开发合作合同》及其效力。但是，在事实相同的情况下，若当事人或(和)诉讼请求不同时，诉仍不同。

综上，本案与第5号民事案件属于两个不同的诉，法院应当受理本案并进行审理。

（五）自测案例

案例17

10岁女儿状告父亲增加抚养费案①

10岁的婷婷(化名)在鄱阳县某小学读二年级。2002年1月，婷婷的父母因为感情不和闹至法院离婚，经法院审理判决，婷婷随母亲生活，父亲一次性支付抚养费1万元。由于母亲下岗后一直待业在家，随着婷婷年龄的增加，学习和生活支出令母亲感到难以维继，尤其是2007年以来物价上涨很快，母女俩的生活有了更大的困难。在婷婷得知父亲的工资在2007年又有大幅的增加后，向他提出了增加抚养费的要求，遭拒后，婷婷一纸诉状将父亲告上了鄱阳县人民法院，要求父亲将几年

① 本案例参见 http://news.hsw.cn/gb/news/2008-01/30/content_6799328.htm，2009-8-7访问。

前离婚判决的抚养费由1万元增至8.1万元。2008年1月23日,鄱阳县人民法院根据婷婷的实际需要,结合当地的生活水平及婷婷父亲的经济收入、承受能力等实际情况,依法作出判决:父亲增付女儿抚养费7.1万元。

问:2002年的抚养费之诉与2007年的抚养费之诉是否为同一诉?

二、诉的类型

根据原告希望获得的胜诉判决内容的不同,可以将诉划分为给付之诉、确认之诉和形成之诉三种类型。如果原告请求法院判决被告履行某种给付义务,则为给付之诉;如果原告请求法院判决确认某种法律关系或事实的状态,则为确认之诉;如果原告请求法院变更现存的法律关系状态,则为形成之诉。

(一) 案情简介

案例18

牟某诉北京仟家信股东资格确认案①

原告诉称:2006年8月,北京仟家信商贸有限公司(以下简称"北京仟家信")在原告不知情的情况下,非法冒用原告的姓名、假冒原告的签名,制作出《公司章程》、《股东会决议》、《股权转让协议》等虚假文件,并以此办理了工商变更登记,使原告被登记为北京仟家信公司的股东。事实上,原告既无成为北京仟家信股东的意思表示,也未参加过股东会议和实际出资,更未签署北京仟家信相关公司登记材料。故原告起诉来院,要求确认其不是北京仟家信的股东,北京仟家信办理相应的工商变更登记,并承担本案的诉讼费。

被告辩称:原告在北京仟家信的股东身份是工商登记认可的;原告授权工商企业登记中介服务机构代为办理其在北京仟家信的股权登

① 本案例参见中国法院网:http://www.chinacourt.org/public/detail.php? id = 281805&k_title = 确认之诉 &k_content = 确认之诉 &k_author,2008-8-10 访问。

记，并提交了身份证等变更登记所需的文件和材料，且公司名称和经营范围都是原告亲自选定的；原告不但参与了公司的经营管理，在上海成立了北京仟家信商贸有限公司上海分公司（以下简称"上海分公司"），而且还参与了北京仟家信的分红。故原告是北京仟家信的合法股东，请求法院驳回原告的诉讼请求。

北京朝阳区人民法院经审理后认为，根据《公司法》的相关规定，有限责任公司股东资格的确认，应当以工商行政管理部门对公司股东的登记为主要形式特征，即工商登记在股东资格认定时具有相对优先的效力。而签署公司章程、实际出资、取得出资证明书及实际享有的股东权利属于实质特征。当形式特征与实质特征的相关证据之间发生矛盾和冲突时，应当根据争议的具体构成，优先选择适用相应的证据作出认定。原告在庭审及质证时，多次发表明显不真实的陈述，有规避法律之嫌，故应当坚持公示主义和外观主义原则，以充分维护司法制度为宜。北京仟家信的答辩意见虽然缺乏相应的直接证据支持，但相关间接证据，比较接近客观事实，故对此答辩意见予以采纳。因此，依法驳回了原告的诉讼请求。

（二）思考方向

确认之诉分为积极确认之诉和消极确认之诉。实务中的股东资格确认之诉一般为积极的确认之诉，即由股东起诉公司要求确认其股东资格，而朝阳区人民法院受理的该起案件中，股东资格确认之诉属消极确认之诉，原告本人要求确认其不具有被告北京仟家信商贸有限公司的股东资格。提起确认之诉需要具备一定的条件，而消极确认之诉的条件则更加严格一些。

（三）法律规定

暂无法律规定。

（四）学理分析

根据诉的性质和内容可以将诉分为确认之诉、给付之诉和形成之诉。确认之诉不同于给付之诉和形成之诉，并不解决当事人之间的民事纠纷，即确认之诉提起之时，纠纷尚未产生，其价值在于明确当事人之间的法律关系，从而起到预防纠纷发生的作用。

确认之诉，是指原告向法院提出的要求法院对某种权利或法律关系是否存在予以判定的请求。确认之诉可分为积极确认之诉和消极确认之诉。积极确认之诉，是指原告要求法院确认他与被告之间存在某种法律关系的请求。消极确认之诉，是指原告要求法院确认他与被告之间不存在某种法律关系的请求。

确认之诉的提起并不是任意的，而是需要具备一定的条件，即确认利益。确认利益包括以下几个方面的内容①：

（1）关于确认之诉的客体，首先，必须是有争议的民事实体法律关系和民事实体权利。债权关系、物权关系、亲子关系、夫妻关系等均可为确认的客体。即使当事人与第三人之间的法律关系，如果原告因该项确认判决而能除去其私法上的危险状态，也有诉的利益。② 其次，原则上只能对“现在的”或“实际的”法律关系或权利，提起确认之诉。最后，原则上不得对“事实”提起确认之诉，但德国、法国、日本等国设立的确认文书真伪的诉讼除外。不过，原告提起确认文书真伪之诉，必须是原告就文书所证明的法律关系有法律上的利益存在为前提，否则其确认之诉不合法。

（2）提起确认之诉必须具备有效适当的条件：一是原告法律地位的不安定性及由此产生的诉的利益往往是由于被告的行为所致，例如，被告争夺或主张原告的权利或财产、被告将争讼财产所有权移转给第三人等。二是请求确认判决及其手段必须是适当的。首先，必须就法律允许的确认之诉的客体提起确认之诉；其次，某项法律关系必须是构成纠纷或诉讼核心的法律关系，而不能是其他纠纷或诉讼的前提问题，比如，在给付财产之诉中，就财产所有权不能单独提起确认之诉；最后，提起确认之诉时应当明确，是提起积极确认之诉，还是消极确认之诉。

一般而言，要求作出积极确认之诉具有更高的解决纠纷的实效性，虽然不能排除对某些案件来说，采用消极确认之诉也可能更为妥当。除了实效性的考虑之外，消极确认之诉有时具有攻击性，如确认债务不存在诉讼具有一种“强制起诉之机能”，或者具有一种先发攻击（先发防御）的性质。例如，当发生一起交通事故后，加害人在受害人未准备好证据的较早时期内，就以受害人为被告提起“确认损害赔偿债务不存在之诉”。作为防止这种强制起

---

① 参见江伟等：《民事诉权研究》，法律出版社 2002 年版，第 239—242 页。

② 参见陈荣宗、林庆苗：《民事诉讼法》，三民书局 1996 年版，第 340 页。

诉机能被滥用的对策之一就是，法律对于这种“确认不存在之诉”规定以更严格的确认利益之要件，并考虑让原告(债务人)就“因被告主张债权而给其造成何种不安或危险”作出积极的阐明。①

本案原告提起的是消极确认之诉，因为请求法院确认的是自己不存在某项资格，因而不具有强制起诉的机能，即不属于“恶人先告状”的情况。除此之外，本案原告提起诉讼是因为自己与对方当事人之间就股东资格存在与否发生了争议，而股东资格既可能使股东享受权利，也可能使股东承担义务，正是因为面临承担义务的风险，所以股东资格存在与否的不确定性使得原告的地位处于危险和不安状态，从而具备了诉的利益，原告可以提起消极确认之诉。

(五) 自测案例

案例19

黄某请求法院确认自己应当支付的交通事故损害赔偿数额案②

2004年1月12日，黄某驾驶摩托车驮带孙某与蒋某驾驶的轿车相撞，三人均受伤，两车均受损。交警作出的道路交通事故责任认定书认定，黄某对本起事故负主要责任，蒋某负次要责任，孙某无责任。事故发生后，黄某支付了抢险费、施救费600元，向蒋某、孙某先行给付了若干赔偿款。后蒋某和孙某继续向他主张医疗费。黄某认为自己已经超额给付，遂诉至法院要求确认其应赔偿的数额。

法院受理了这起由侵权人提起的诉讼。经法院主持调解，双方根据实际损失数额，结合公安机关所作的事故责任认定，协商同意由蒋某承担总损失的40%，黄某、孙某承担总损失的60%，确认蒋某应赔偿黄某各项损失30310.22元，应赔偿孙某各项损失26943.04元。

问：黄某提出的请求是否属于确认之诉？黄某在本案中是否具有诉的利益？黄某的起诉是否具有强制起诉的机能？

---

① 参见〔日〕高桥宏志：《民事诉讼法——制度与理论的深层分析》，林剑锋译，法律出版社2003年版，第318—319页。

② 本案例参见新浪网：http://news.sina.com.cn/c/2006-01-23/16348947998.shtml，2008-8-12访问。

三、诉的利益

诉的利益,法国称“利益”,德国称“权利保护必要”,奥地利称“诉讼前提”,日本称“诉之利益”,我国台湾地区兼有德国和日本的称谓。英美国家没有“诉的利益”的提法,而是通过救济法这个专门的法律领域来解决所有那些可以适当地提交到法院裁判的争议,从实用角度出发提出了“诉讼资格”理论,其实质与大陆法系的“诉的利益”理论相通。①

(一) 案情简介

案例20

郝某诉任某请求确认已支付医疗费案②

郝某系郑州市伊兰出租车公司司机。2004年11月13日,郝某驾驶出租车在街上拉活,当其在郑州航海路由东向西行驶至通往郑州交巡警八大队的路口时,发生了一场交通事故,郝某将郑州市民任某撞伤,后任某被送往医院住院治疗。经交警部门责任认定,郝某负事故的全部责任。任某在医院治疗期间共花费医疗费17297.51元,任某将自己看病的医疗票据交给了郝某后,郝某全额予以赔偿,赔偿后,郝某来到当初自己为汽车所投保的某保险郑州分公司,要求保险公司对自己进行理赔。却被保险公司告知,郝某当初在保险公司投保时,双方所签订的合同上有这么一个条款,投保人在向保险公司理赔时,必须出具司法机关的法律文书,以确认该案件已经结束,否则保险公司不予赔偿。保险公司说,自己这样做的目的,是为了防止投保人和受害人联手欺骗保险公司,进行虚假理赔。郝某无奈,于2005年10月25日以任某为被告诉至郑州市中原区人民法院,请求法院确认自己已经向被告任某支付医疗费17297.51元。

① 参见邵明:《论诉的利益》,载《中国人民大学学报》2000年第4期。

② 本案例参见河南法院网:http://hnfy.chinacourt.org/public/detail.php?id=53117,2008-8-12访问。

郑州市中原区人民法院经审查后认为，人民法院的诉讼活动旨在解决当事人之间存在的现实争议，并且所作出的裁判应当是明确的、可供执行的。该交通事故发生后，被告仅要求原告赔偿医疗费，在原告支付了医疗费后，被告已经将医疗费票据交付原告，原、被告之间围绕该道路交通事故而产生的争议已经解决完毕，双方不再存在需要法院解决的纠纷。原告起诉来院的目的是取得判决，作为证据，以满足保险公司合同条款的要求。当事人自行解决纠纷的方式符合法律的规定，并且节约了国家机关的诉讼成本和社会资源，值得鼓励，将法院的判决书作为合同理赔的必备条件，没有任何法律依据。如不能获得保险理赔，原告可依法对保险公司提起诉讼，要求解决，而不应提起本案这种毫无意义的确认之诉，这样的要求当然不应得到法院的支持。原告的起诉不属于人民法院受理民事案件的范围，应予驳回。依照《中华人民共和国民事诉讼法》第 108 第(4)项、第 140 条第 1 款第(3)项之规定，法院依法裁定驳回原告郝某的起诉。案件受理费 50 元，由原告负担。

（二）思考方向

原告起诉至法院的目的，是为了请求法院确认自己已经支付了医药费的事实，并以此作为保险理赔的证据。这里涉及的问题是，本案是否具有司法救济的必要性和实效性，即诉的利益。如果不具有诉的利益，法院应作出何种处理，则取决于对诉的利益的法律性质的认识。

（三）法律规定

暂无法律规定。

（四）学理分析

诉的利益，是指当事人所提起的诉中应具有的，法院对该诉讼请求作出判决的必要性和实效性。必要性是指法院有无必要通过判决来解决当事人之间的纠纷。例如，当事人之间的争议不是关于民事权利义务的争方，而是涉及伦理道理方面的争议，或者行政争议等，该争议就没有必要由法院作出民事判决加以解决。实效性是指法院能否通过判决实际解决该纠纷。尽管该争议属于民事权利义务的争议，但即使法院作出判决也不能实际解决争议时,该诉也不具有诉的利益。①

关于诉的利益的法律性质,日本学者认为,诉的利益是一个以"通过本案判决使纠纷得以实效性地解决"为内容,当当事人欠缺此种利益时,起诉则会遭到法院驳回的诉讼要件。与当事人适格一样,诉的利益是需要根据具体诉讼的状况,并紧密结合请求的内容来作出判断的诉讼要件,在这一点上,诉的利益与作为"与案件内容无关"之一般性事项的其他诉讼要件形成鲜明的对比。当然,也有观点认为,应当将诉的利益作为实体法性质的概念来予以把握,因此,当欠缺诉的利益时,法院不应当作出驳回起诉的判决,而应当作出本案判决或者与之相近性质的判决。②

诉的利益在理论上包括两个方面的内容,权利保护的资格和权利保护的利益。③

权利保护资格实际上是关于法院民事审判权的范围问题,如果该案不属于法院民事审判的范围,当事人所提起的诉就不具有权利保护的资格。由于权利保护资格问题涉及司法权在国家社会生活中的地位、司法权与其他权力的相互关系、司法权的内部分工、民事诉讼制度的目的等,因此,外国的民事诉讼法一般都没有对权利保护资格即民事审判权的范围作出明确的规定。在日本,宪法中只是规定涉及法律上的争议,日本法院可以行使裁判权。但对于何为"法律上的争议"却难以明晰。我国《民事诉讼法》也没有对民事审判权行使的范围作出明确的规定,只是大致指出凡涉及民事权利义务的争议,可由人民法院进行审判。

权利保护的利益所涉及的问题是,当事人所提起的诉尽管具有权利保护的资格,即属于法院民事审判的范围,但未必有必要对案件进行审判。从否定的角度看,不具有权利保护利益的情形有:(1) 当事人已经向法院提起诉讼后,又向同一法院或其他法院提起相同的诉讼;(2) 法院已经对该诉讼请求作出判决,但当事人又就同一诉讼请求提起诉讼(法律有明确规定的除外);(3) 法律规定在一定期限内不得起诉的案件,当事人起诉的;(4) 当事人之间存在仲裁协议,或案件正在仲裁审理中或已经作出仲裁裁决。

此外,不同的诉的类型对权利保护利益的要求有所不同:(1) 确认之诉

---

① 江伟:《民事诉讼法》(第三版),高等教育出版社 2007 年版,第 53 页。

② 参见〔日〕高桥宏志:《民事诉讼法——制度与理论的深层分析》,林剑锋译,法律出版社 2003 年版,第 280 页。

③ 参见江伟:《民事诉讼法》(第三版),高等教育出版社 2007 年版,第 53—56 页。

的权利保护利益要求，确认之诉的客体原则上是有争议的法律关系而不是事实，证书真伪的确认之诉例外；要求确认的法律关系是现在的而不是过去的和将来的法律关系。（2）给付之诉区分现在给付之诉和将来给付之诉。对于现在给付之诉，债务清偿期已经届满，即具有权利保护利益；对于将来给付之诉，只有在被告已经对将来要履行的义务发生争议即否定存在将来履行的义务时，原告的起诉才具有权利保护利益。（3）对于形成之诉，只要是法律明文规定可以变动的法律关系，当事人要求其变动，且该法律关系又实际存在的，就具有诉的利益。

本案中，法院认为原告提起的是毫无意义的诉讼，实际上是认为原告的起诉没有司法救济的必要性，即没有诉的利益。以原告的起诉不属于人民法院受理民事案件的范围为由驳回原告起诉，实际上是认为原告的起诉不具有权利保护资格。而更为具体的理由，应当是原告提起的确认之诉不具有确认利益，因为其请求的是对已经支付医药费事实的确认，而不是对法律关系的确认，其确认的目的不是防止与被告在将来发生纠纷，而是作为保险理赔的证据使用，因此不具有诉的利益。法院以裁定驳回原告起诉，是将诉的利益的法律性质认定为诉讼要件，而不是作为实体问题来处理的。

（五）自测案例

案例21

中国房地产报社诉栗某、中国房地产业协会请求确认协议有效案①

2006年8月7日，北京市石景山区人民法院进行了“一次蹊跷的庭审”。原告中国房地产报社请求确认其与被告栗某（中国房地产报社社长）、中国房地产业协会（中国房地产报主管部门）三方于今年3月签订的一份协议有效。协议约定社长栗某承包报社广告经营，每年营业收入除上缴中国房协5万元管理费、留20万元用于报社发展，剩余部分由栗某支配。该协议是对1998年6月中国房协一份类似的批复的确认与补充。开庭后，双方对对方的证据快速浏览，均无异议，原告律师偶尔

① 本案例参见网易：http://news.163.com/06/0816/10/2OL1IFFG0001124J.html，2008-8-10访问。

会替被告小声回答问题；双方证据证明结论一致；被告数次表示对原告的诉讼意见没有反驳意见，并且认为对方请求是合理的；被告要求法庭支持原告请求。

问：本案原告提起的诉讼是否具有诉的利益？

四、反诉

反诉，是指在本诉的诉讼程序（或诉讼系属）中，本诉的被告以本诉的原告为被告提起的与本诉相关的诉。反诉以本诉的存在为前提，无本诉即无反诉。但反诉又具有一定的独立性，它具备独立的诉的构成要件，与本诉是不同的两个诉，即使本诉撤回或终结，反诉仍可继续审理直至作出判决。反诉制度的目的在于，通过反诉与本诉合并审理，减少当事人的讼累，降低诉讼成本，便于判决的执行。

（一）案情简介

案例22

《满城尽带黄金甲》版权转让纠纷案[①]

2007年3月12日，北京新画面影业有限公司（以下简称"新画面公司"）和广东飞仕影音有限公司（以下简称"飞仕公司"）签订了版权转让合同，新画面公司将电影《满城尽带黄金甲》（以下简称《黄金甲》）的所有家庭音像制品的独家出版、复制、发行、销售、出租等权利有偿转让给飞仕公司独家专有使用，转让费为人民币550万元。双方约定合同签订后3日内原告向被告提供该片母带、DA88音轨带、版权证明书等所有授权文件，同时，飞仕公司一次性支付全部版权费用。3月14日飞仕公司称筹款需要时间，请求延期履行合同。3月16日飞仕公司的北方公

---

① 本案例参见中国法院网：http://www.chinacourt.org/public/detail.php?id=261183&k_title=合并审理&k_content=合并审理&k_author,2008-8-10访问。

司经理来到新画面公司要求先行支付母带，款项将在3月19日支付。在没有收到转让费的情况下，新画面公司于2007年3月16日向飞仕公司交付了母带、DA88音轨带等。飞仕公司在收到母带后，以母带有质量问题不符合合同约定为由，拒绝支付转让款，要求解除双方合同。

新画面公司诉至法院，以飞仕公司未履行合同为由要求其支付违约金165万元。开庭过程中，飞仕公司称，合同上要求新画面公司交付两套母带，新画面公司只交付了一套；交付的母带上不仅没带字幕；而且原本是10:9的播放格式变成了4:3。他们公司收到新画面公司的《黄金甲》母带之后，发现了母带质量不合格。因此飞仕公司提出反诉，要求与新画面公司解除合同，并且按照违约合同赔偿违约金110万元。法官宣布两案合并审理。

(二) 思考方向

提起反诉是被告享有的与原告的起诉权相抗衡的诉讼权利，但是反诉的提起却有着比起诉更多的限制条件，其原因在于反诉成立后一定要与本诉合并审理，正是两诉的合并审理，使得反诉的成立需要具备较为严格的条件。

(三) 法律规定

《民事诉讼法》第52条 原告可以放弃或者变更诉讼请求。被告可以承认或者反驳诉讼请求，有权提起反诉。

第59条第2款 授权委托书必须记明委托事项和权限。诉讼代理人代为承认、放弃、变更诉讼请求，进行和解，提起反诉或者上诉，必须有委托人的特别授权。

第126条 原告增加诉讼请求，被告提出反诉，第三人提出与本案有关的诉讼请求，可以合并审理。

第129条 原告经传票传唤，无正当理由拒不到庭的，或者未经法庭许可中途退庭的，可以按撤诉处理；被告反诉的，可以缺席判决。

《民诉法意见》第156条 在案件受理后，法庭辩论结束前，原告增加诉讼请求，被告提出反诉，第三人提出与本案有关的诉讼请求，可以合并审理的，人民法院应当合并审理。

第184条 在第二审程序中,原审原告增加独立的诉讼请求或原审被告提出反诉的,第二审人民法院可以根据当事人自愿的原则就新增加的诉讼请求或反诉进行调解,调解不成的,告知当事人另行起诉。

《民事证据规定》第1条 原告向人民法院起诉或者被告提出反诉,应当附有符合起诉条件的相应的证据材料。

第34条第3款 当事人增加、变更诉讼请求或者提起反诉的,应当在举证期限届满前提出。

《诉讼费用交纳办法》第18条 被告提起反诉、有独立请求权的第三人提出与本案有关的诉讼请求,人民法院决定合并审理的,分别减半交纳案件受理费。

第20条第1款 案件受理费由原告、有独立请求权的第三人、上诉人预交。被告提起反诉,依照本办法规定需要交纳案件受理费的,由被告预交。追索劳动报酬的案件可以不预交案件受理费。

第22条第1款 原告自接到人民法院交纳诉讼费用通知次日起7日内交纳案件受理费;反诉案件由提起反诉的当事人自提起反诉次日起7日内交纳案件受理费。

(四)学理分析

反诉是与本诉相关的诉讼,其提起除了满足一般的起诉条件外,还必须满足一定的特殊要件。这些要件包括:

(1)反诉须由本诉被告以本诉原告为被告向本诉法院提起。

(2)提出反诉的时间是在案件受理后,法庭辩论结束前(《民诉法意见》156条)。不过,最高人民法院的《民事证据规定》要求当事人应当在举证期限届满前提出反诉(第34条第3款),其理由可能是想保障对方证据答辩的权利。但这样一来,就限制了被告在答辩终结前提出反诉的权利。①

(3)反诉不属于其他法院专属管辖。如果反诉由其他法院专属管辖,则无法实现案件的合并审理。

(4)反诉能够与本诉适用同一程序。如果反诉不能与本诉适用同一种程序,就不能实行诉的合并审理。

(5)反诉请求与本诉请求或与本诉请求在防御方法上有牵连。如果本诉与反诉毫无牵连,就没有合并审理的必要性。我国《民事诉讼法》并未明

---

① 江伟:《民事诉讼法》(第三版),高等教育出版社2007年版,第67页。

确要求反诉的提起与本诉之间须有一定的牵连关系，但德国、日本的民事诉讼法均有明确规定。这种牵连关系在学理上可归纳为以下情形：

其一，反诉与本诉的诉讼标的属于同一法律关系或同一权利。

其二，反诉请求与本诉请求基于同一法律关系或同一原因事实。

其三，反诉请求与本诉请求互不相容或其中一个请求为另一个请求的先决问题。

前四个要件为形式要件，而最后一个要件为实质要件。五个要件同时具备时，反诉才得以成立。

本案中，原告以被告违约为由，要求被告承担违约金；被告则在开庭过程中以原告违约在先为由提出反诉，要求原告承担违约责任。很显然，被告提出的反诉完全符合反诉的形式要件，同时，原告的本诉请求与被告的反诉请求具有上述第二种情形中的牵连关系，即不论原告的违约金请求还是被告的违约金请求，都是基于同一版权转让合同而提出，符合反诉的实质要件。因此，被告提出的反诉成立，可以与本诉合并审理。

（五）自测案例

案例23

北方律师事务所诉文华尚佳公司律师费案①

北京市北方律师事务所（以下简称“北方所”）与北京文华尚佳教育科技有限公司（以下简称“文华尚佳公司”）签订委托代理协议。根据协议，该所作为文华尚佳公司与建行北京前门支行借款合同纠纷的二审代理人。双方约定，在二审案件判决、裁定或其他免除文华尚佳公司连带清偿责任文书送达之日，文华尚佳公司一次性支付北方所400万元律师费。2007年8月15日，法院终审免除了文华尚佳公司的连带清偿责任，但对方拒付律师费和利息。北方所诉至法院，要求文华尚佳公司支付律师费400万元及利益。

---

① 本案例参见中国法院网：http://www.chinacourt.org/public/detail.php?id=269737&k_title=诉讼标的&k_content=诉讼标的&k_author，2008-8-10访问。

文华尚佳公司反诉称，在签委托协议时，北方所主任庞某一直承诺亲自代理案件并开出了400万元的高价律师费。基于对他执业经验和执业能力的信任，公司才与北方所签订了代理协议。但之后，庞某没有亲自代理该案件，公司多次找他交涉，却始终无法与他取得联系。公司与建行纠纷标的是2500万，400万的代理费占到了诉讼标的的16%，如此高的代理费明显不合理。要求撤销双方之前签订的代理协议。

问：本案被告提出的反诉是否成立？

第七章　诉讼标的

诉讼标的,在国外还有"诉讼客体"、"诉讼对象"、"系争标的"、"诉讼物"等称谓。关于诉讼标的的内涵历来存在不同的学说,如旧实体法说、新诉讼标的理论、新实体法说、相对诉讼标的理论等。在我国的立法和实务中,诉讼标的指的是,民事当事人之间争议的、请求法院审判的民事实体法律关系或者民事实体权利。诉讼标的理论是民事诉讼最为核心的理论之一,直接影响着民事诉讼主管、管辖、诉的合并、诉的变更、重复起诉、既判力客观范围等多项诉讼理论和制度。

(一) 案情简介

案例24

毕某与湘潭包装工业公司物权保护纠纷一案①

2001年1月3日,毕某以自己的名义向银行贷款9万元,全部交给湘潭包装工业公司(以下简称"包装公司")使用。由于毕某贷款未及时归还被银行起诉,法院对毕某作出败诉判决后,毕某与包装公司达成《共同还款协议》,根据协议,由毕某偿还全部贷款,包装公司将其坐落在雨湖区的门面房交付给毕某,同时办理了产权转移登记手续,毕某取得该门面房的房屋所有权证书。对该房屋的产权问题,曾某向湖南省湘潭市岳塘区人民法院提出异议。毕某担忧该房屋被他人侵占,以包装公司为被告向湘潭市雨湖区人民法院提起诉讼,请求法院确认该房屋所有权属于原告毕某所有。

① 中国法院网:http://ws.chinacourt.org/public/paperview.php? id=206301,2009-12-3访问。

雨湖区人民法院经审理认为,原告从被告处取得该房屋的所有权有合法来源,被告已实际交付房屋,原告亦办理了该房屋的所有权证书,依法受法律保护,原告的诉讼请求法院予以支持。原告提出案外人对原告从被告处取得的财产提出异议,是被告与案外人的另一种民事法律关系,不属本案审理范围。2008 年 8 月作出判决:原告毕某已取得所有权证书的房屋属毕某所有的合法财产。2008 年 12 月,雨湖区人民法院决定对本案再审。再审查明,原审原、被告之间并未就抵债房屋的产权问题发生纠纷,原审被告对原告取得该房屋的产权并无异议。再审认为,法院不宜对原审原告已经取得的房屋所有权再作确认。原审原告以担忧房屋被他人侵占为由,将对该房屋产权既无异议又无侵占行为的原审被告诉到法院,缺乏事实根据和法律依据,存在诉讼不当。原审在当事人之间不存在物权纠纷的情况下判决原审被告承担败诉责任,处理不当,应予纠正。判决:撤销原审判决,驳回原审原告的诉讼请求。毕某不服,向湘潭市中级人民法院提出上诉。上诉法院经审查认为,双方当事人之间就房屋权属问题不存在民事权利义务争议,毕某提起的确认之诉,不属于《物权法》第 33 条规定的情形,不符合《民事诉讼法》第 108 条(一)、(四)项之规定,人民法院不必也不能按民事诉讼程序进行司法确认,毕某的起诉不属于人民法院受理民事诉讼的范围。至于案外人就该房屋对被上诉人主张买卖关系,属另外的法律关系,与上诉人无直接关联,本案中不予审查。因案外人与毕某或包装公司不存在共同的权利义务,没有同一的诉讼标的,故毕某认为案外人为必要共同诉讼人的主张不能成立。裁定:撤销再审民事判决;驳回上诉人毕某的起诉。

(二) 思考方向

本案所涉及的民事实体法律关系是争议房屋的所有权法律关系,所涉及的民事权利是争议房屋的所有权。因而本案的诉讼标的是争议房屋的所有权法律关系或争议房屋的所有权。本案原告的诉讼请求是请求法院确认原告对争议房屋具有所有权。这里需要思考的问题是:原告提出的确权请求是否属于人民法院受理案件的范围(主管);如果属于法院主管,那么当被告对原告的权利不存在争议时,原告是否具有诉的利益;如果原告因被告对其权利无争议而不存在诉的利益,那么法院应当作何裁判,以判决驳回诉讼请求还是以裁定驳回起诉。根据诉讼标的主宰法院审判对象的原理，需要思考的问题是：为什么法院只能就原告与被告之间的所有权确权请求进行审理，而不能一并审理案外人与被告之间的房屋买卖关系。根据必要共同诉讼理论，需要思考的问题是：案外人曾某提出的请求与原告毕某提出的请求是否属于同一诉讼标的。

（三）法律规定

《民事诉讼法》第53条 当事人一方或者双方为二人以上，其诉讼标的是共同的，或者诉讼标的是同一种类、人民法院认为可以合并审理并经当事人同意的，为共同诉讼。

共同诉讼的一方当事人对诉讼标的有共同权利义务的，其中一人的诉讼行为经其他共同诉讼人承认，对其他共同诉讼人发生效力；对诉讼标的没有共同权利义务的，其中一人的诉讼行为对其他共同诉讼人不发生效力。

第55条第1款 诉讼标的是同一种类、当事人一方人数众多在起诉时人数尚未确定的，人民法院可以发出公告，说明案件情况和诉讼请求，通知权利人在一定期间向人民法院登记。

第56条 对当事人双方的诉讼标的，第三人认为有独立请求权的，有权提起诉讼。

对当事人双方的诉讼标的，第三人虽然没有独立请求权，但案件处理结果同他有法律上的利害关系的，可以申请参加诉讼，或者由人民法院通知他参加诉讼。人民法院判决承担民事责任的第三人，有当事人的诉讼权利义务。

（四）学理分析

诉讼标的的理论之争主要发生在大陆法系国家，尤其是德国和日本。根据日本学者新堂幸司的见解，诉讼标的，是一个对应在本案判决主文中作出判断的最小基本单位——或者是以这个单位来识别、区分的具体事项——予以指示的概念，上述的具体事项必须通过诉来获得特定及表示。[①] 有关诉讼标的学说论争的主要议题包括：如何把握诉讼标的的范围；以何作

---

① 〔日〕新堂幸司：《新民事诉讼法》，林剑锋译，法律出版社2008年版，第216页。

为识别诉讼标的的基准。① 关于诉讼标的的理论之争主要表现为以下学说的交锋和演变。②

1. 旧实体法说。根据旧实体法说，诉讼标的是原告所主张的实体法请求权。其存在的问题主要有两个：第一，在确认之诉与形成之诉中，原告并未提出实体法上的请求权；第二，该学说在识别实体请求权竞合案件的诉讼标的时遭遇困境。

案例 A 甲乘坐公共汽车受伤，根据民法可以提出两个请求权，违反合同义务的请求权和侵权损害赔偿的请求权。根据旧实体法说，形成的是两个诉讼标的。那么甲在以违反合同义务的请求权获得胜诉判决后，还可以侵权损害赔偿请求权再次起诉获得胜诉判决。但这样的结果违反了民法上禁止双重给付的原则。

2. 新实体法说。新实体法说认为，多个请求权规范指向同一个法律后果时，应当归纳为一个统一的、构成诉讼中"诉讼标的"的请求权。从而产生实体法上的请求权与诉讼标的一一对应的理想结果。但这理想结果的实现以撼动实体法上的请求权竞合理论为前提。

3. 新诉讼标的理论。围绕着诉讼标的是否单单通过诉之申请就能充分确定，还是此外还必须借助于原告为论证他的申请而陈述的事实材料，又可以将新诉讼标的理论划分为一分肢说和二分肢说。两个学说的观点可以通过以下案例得以展现。

案例 B 原告申请法院判令被告支付 1 万欧元，其理由之一是与被告缔结的买卖合同，被告有义务支付所要求的款项；理由之二是基于支票，被告作为购买方为原告出具了支票，从而负有票据上的付款义务。问题是：原告是否可以主张两个请求权，这两个请求权是否分别构成两个诉讼标的。

---

① 〔日〕高桥宏志：《民事诉讼法——制度与理论的深层分析》，法律出版社 2003 年版，第 22 页。

② 参见〔德〕汉斯—约阿希姆·穆泽拉克：《德国民事诉讼法基础教程》，周翠译，中国政法大学出版社 2005 年版，第 86—92 页。

一分肢诉讼标的概念理论,以原告的申请和原告在他的诉中所追求的目标为导向,认为本案构成一个诉讼标的,即原告的数额为 1 万欧元的支付申请。但该理论并未忽视原告的陈述,即通过诉之申请本身不足以界定诉讼标的,则必须补充性地借助于原告为他的申请出具的理由。但一分肢诉讼标的理论将其仅仅视为“可对申请进行解释”的辅助手段。

二分肢诉讼标的概念理论认为,生活事实情况与诉之申请对确定诉讼标的而言同等重要。如果原告的申请和原告为论证该申请而陈述的事实群(生活事实情况)确定了诉讼标的,则虽然原告只提起了一个申请,但如果对之的理由是两个不同的生活事实关系,则涉及两个诉讼标的。其结论是:不同的生活事实情况也会导致不同的诉讼标的。因而上述案例中构成两个诉讼标的。

4. 相对诉讼标的概念理论。相对诉讼标的概念理论认为,对整个诉讼法不存在统一适用的诉讼标的概念,这一概念具有可变内容,这次可能具有一分肢的结构,另一次可能具有二分肢的结构。根据这一观点,在案例 B 中,基于票据义务的第二个诉在第一个主张买价请求权之诉的裁判发生既判力之前将被排除。在此之后,票据之诉将不受阻碍。

尽管存在上述学说之争,但大陆法系各国的司法实践大多固守于旧实体法说的理论,同时辅之以少量的变通做法。我国的立法和司法实践亦是如此。我国主要以当事人提出的实体法律关系作为识别诉讼标的的标准。由此,本案的诉讼标的就是毕某提出的争议房屋的所有权法律关系。该法律关系不仅构成当事人之间争执的对象,同时构成法院的审判对象。根据《民事诉讼法》第 3 条“人民法院受理公民之间、法人之间、其他组织之间以及他们相互之间因财产关系和人身关系提起的民事诉讼”,本案属于人民法院主管范围。但是,因被告对原告的所有权没有提出任何异议,原告的所有权并未受到来自被告的威胁,因而原告提出的确认之诉没有诉的利益,法院应当驳回原告起诉。根据诉讼标的主宰法院审判对象的原理,法院不能超出原告的所有权确权请求而对案外人与被告之间的房屋买卖关系进行审理。同时,所有权法律关系与上述房屋买卖关系分别构成两个诉讼标的,不符合必要共同诉讼关于诉讼标的是共同的这一要求,因而法院不能将案外人曾某追加为本案的必要共同诉讼人。

（五）自测案例

案例25

常某诉鑫园农资公司买卖纠纷案①

原告常某与被告鑫园农资公司之间有着长期的化肥买卖业务关系。2007 年 11 月 21 日，原告向被告预付货款 3 万元，被告出具收据一张，并约定利息为 900 元。之后原告分五次从被告处拉走化肥共计 19 吨。后双方因结算发生纠纷，诉至温县人民法院。原告称，其拉走的 19 吨化肥支付了部分货款，未支付货款为 28100 元，同预付货款及利息相抵后，被告尚欠原告 2800 元。另被告在原告处购火鞭款 80 元。请求判令被告偿还款项共 2880 元。

被告答辩并反诉称，原告从被告处拉走的化肥共计款项 35510 元，与原告预付款本息 30900 元相抵后，原告尚欠被告 4610 元。故提出反诉，请求判令本诉原告向本诉被告支付冲抵后尚欠货款 4610 元及利息。

问：本案的诉讼标的是什么？

① 本案例参见中国法院网：http://ws. chinacourt. org/public/paperview. php? id = 210116，2009-12-29 访问。

第八章　民事诉讼中的检察监督

纵观世界各国，检察监督的方式主要有三种：一是提起诉讼，主要针对社会公益案件；二是参与诉讼；三是提出抗诉。分别称为事前监督、事中监督和事后监督。我国民事诉讼法将检察监督定位于事后监督，即检察机关发现法院作出的已经发生法律效力的裁判确有错误或有其他违法情形时，以按照审判监督程序提出抗诉的方式进行监督。但实践中却曾经有过事前监督的尝试。检察监督的对象是法院和法官，监督的内容包括生效判决认定事实、适用法律以及适用法律程序有无违法情形，审判该案的法官有无渎职行为。

（一）案情简介

案例26

浦江县检察院诉良种场国有资产流失案①

2002 年 5 月底，群众不断向浦江县人民检察院举报，反映本县良种场擅自处置浦阳街道北小门巷 48 号的 13 间旧房，被人以畸低的拍卖底价买走，要求检察机关监督。

浦江县人民检察院民行科调查查明，浦阳街道北小门巷 48 号房地产系国有资产，由浦江县良种场使用。2000 年上半年，浦江县良种场打算处置该房地产。同年 5 月 24 日，浦江县土地估价事务所对该宗地块评估，估价为 572551.30 元，估价报告自估价期日起 6 个月内有效。同年 6 月 7 日，浦江县普信会计师事务所对该宗房产评估，估价为 446400

① 本案例参见中国法院网：http://www.chinacourt.org/html/article/200211/29/22208.shtml，2009-9-20 访问。

元,评估结论的有效期至2001年2月28日。6月14日,浦江县国有资产管理局行文批准浦江县良种场公开拍卖该宗房地产。

2002年4月14日,浦江县良种场在没有重新进行资产评估情况下,与金华一通拍卖公司签订合同,委托拍卖该宗房地产,并以原资产评估值为依据约定拍卖底价为62万元。

5月24日,金华一通公开拍卖该房地产。洪素琴和朱某、黄某、周某、潘某参加竞买。洪素琴付给朱某等4人每人2.5万元后,4人退出竞买,结果洪素琴以底价买得该房产。5月27日,洪素琴向金华一通缴清62万元后,与浦江县良种场签订了买卖合同。因洪素琴联合了其他18人合伙购买,合同买方实为洪素琴等19人。

6月7日,浦江县天正房地产估价事务所有限公司接受县财政局委托,对浦阳街道北小门巷48号房地产评估,以2002年5月20日作为估价基准时点,估价110.54万元,几乎比拍卖价高出一倍。

6月12日,浦江县人民检察院以检察长郭土华为法定代表人,民行科傅国方、于子青为委托代理人,向浦江县人民法院提起民事诉讼,将浦江县良种场、金华一通、购房者洪素琴等19人告上法庭。请求法院确认关于浦阳街道北小门巷48号房地产的买卖无效,依法制裁被告的民事违法行为。

审理中,被告一致反对检察院提起这起民事诉讼。洪素琴等19位购房者提出答辩称,《民事诉讼法》规定人民法院受理公民之间、法人之间、其他组织之间以及他们相互之间因财产关系和人身关系提起的民事诉讼,而且原告必须是同案件有直接利害关系的公民、法人或其他组织。主体平等是民事法律关系最基本的特征。本案中,检察院不可能与被告是平等的关系,而且检察院与被告之间不存在财产上的权利和义务,不存在直接的利害关系。浦江县良种场则直接提出,浦江县人民检察院作为原告参与民事诉讼,缺乏法律依据,属于诉讼主体不适格,请求法院驳回起诉。

浦江县人民检察院称,有侵害,就应有法律上的救济。当被侵害的对象是不特定的多数人、社会或国家,无法行政救济,也无法依照共同诉讼、集团模式提起诉讼,法律能够并且应当允许通过公益诉讼的途径寻求司法救济。《宪法》第12条第2款规定:“国家保护社会主义的公共财产。禁止任何组织或者个人用任何手段侵占或者破坏国家的和集体的财产。”人民法院、检察院的任务之一就是维护社会主义法制和社会秩序,保护社会主义全民、集体所有的财产。

经半年时间审理,2002年11月28日,浦江县人民法院对此案进行公开宣判,确认此次房地产买卖无效。

(二) 思考方向

关于检察机关作为原告提起民事诉讼事宜,至今没有明确的法律依据,本案只是检察机关在实践中的一种大胆尝试。这一尝试带给我们的思考是否应当赋予检察机关以民事起诉的权能,将检察监督权由事后监督向事前监督延伸。

(三) 法律规定

暂无法律规定。

(四) 学理分析

我国的检察监督原则是指,“人民检察院有权对民事审判活动实行法律监督”。具体包括两个方面的内容:其一,监督审判人员贪赃枉法、徇私舞弊等违法行为;其二,对人民法院作出生效判决裁定是否正确、合法进行监督。①

世界各国关于检察监督的方式主要包括以下三种:一是提起诉讼,即对涉及国家和社会公共利益的重大民事纠纷,检察机关可代表国家向法院提起民事诉讼;二是参与民事诉讼,在参与民事诉讼活动的过程中实施监督;三是提出抗诉,即检察机关认为法院作出的裁判有错误时,依法提出抗诉,使之获得纠正。这三种监督分别称作“事前监督”、“事中监督”和“事后监督”。我国民事诉讼法将民事检察监督定位为事后监督,即仅允许检察机关通过对生效裁判提出抗诉的方式对民事审判活动实行监督。

关于检察监督的方式能否由事后监督向事前监督延伸,学界和实务界

① 江伟:《民事诉讼法》(第三版),高等教育出版社2007年版,第36页。

一直存在不同认识。反对的观点主要考虑到当前缺乏明文规定,所以认为检察机关不能提起民事诉讼。也有学者认为不应随意剥夺国企的契约自主权。拿浦江这起案件来说,良种场作为一个企业法人单位,应当具有独立处分所支配财产的权利。如果检察机关以国有法人单位的财产处置不合理为由提起诉讼进行干预,显然会导致我国大量国有企业的契约自由权受到司法干预。①

更多的学者持肯定观点,认为对涉及国家利益、社会公共利益的民事案件,需要追究违法一方当事人责任而无人提起诉讼的,应规定检察机关可以提起诉讼。其理由如下:(1) 检察机关负有保护国家利益和社会公共利益的职责,而实践中又存在着国家和社会公共利益受到侵害却无人提起诉讼的现象。检察机关通过提起诉讼的方式将案件引入审判程序,既是履行自己的职责,同时也是对当事人诉权实现的保障。(2) 检察机关虽然不是民事主体,不享有实体意义上的诉权,但程序意义上的诉权在一定条件下能够与实体意义上的诉权分离,可以由非实体权利主体行使,所以由检察机关替代当事人行使起诉权从理论上说是能够成立的。(3) 不少外国的法律都规定检察机关在一定情形下可以提起诉讼,这些国家的实践表明赋予检察机关起诉权有利于维护国家的法律秩序。②

在法国,检察官有权在民事诉讼中,以主当事人(即原告)的身份提起诉讼,也可以作为从当事人参与诉讼。在英国,检察长为公益事项参与民事诉讼,对于涉及皇室权益等四类民事案件以必要的当事人身份参加诉讼。在美国,司法部代表政府行使诉讼权利,对涉及政府利益和公共利益的案件提起诉讼。引起众人关注的美国司法部起诉微软,就是典型案例。

在我国,检察机关提起民事诉讼的尝试始于 1997 年,河南省方城县检察院为追回流失的国有资产向本县法院提起民事诉讼,请求法院判决一项房屋买卖契约无效,法院最终判决支持了检察机关的诉讼请求。作为全国首例检察机关以国家代表的身份作为原告提起的民事诉讼案,引起最高人民检察院相关部门的重视,被评价为全国检察系统十年中八大事件之一,也为日后各地检察机关民事诉讼提供了范例。在此后几年发生的几十起“民事公诉”案中,各检察机关的诉讼活动大都采用了方城人民检察院的模式。但是这种尝试没有持续多久,2005 年,最高人民法院作出《关于要求各地法院

① 清华大学张卫平教授持此观点。参见《法制日报》2003 年 1 月 7 日。

② 李浩:《民事诉讼法学》,高等教育出版社 2007 年版,第 36 页。

不再受理检察机关作为原告提起的国有资产流失案件的批复》，批复指出，法院不再受理检察机关作为原告提起的国有资产流失案件。令检察机关提起民事诉讼的尝试陷入停滞。

从本案的情况看，检察机关提起民事诉讼确有必要。虽说国有资产局负有管理国有资产的职责，但其在处理国有资产流失问题上显得极其无力。而检察机关作为国家和社会公益的代言人，对国家和社会公共利益的保护是义不容辞的责任。总之，赋予检察机关民事起诉权，既有利于维护国家利益和社会公益，也是建设法治国家的必由之路。

（五）自测案例

案例27

民事抗诉引出一起诈骗案①

1999年11月18日，荣某与陈某经多次密谋，持伪造的借款合同与收款条，以陈某作为原告，向安阳市铁西区人民法院以借款纠纷起诉河南林州惠隆铝业有限公司（以下简称“惠隆公司”），称被告于1996年9月22日通过中间人袁某介绍，借其20万元，约定借款期限3年，月息20‰。陈某要求被告偿还借款及滞纳金。惠隆公司董事长杨某称不存在借款事实，也从来不认识陈某及借款中间人袁某。

惠隆公司为了澄清案件事实，申请法院对借款合同和收款条上公章的真实性及字迹与公章的先后顺序进行司法鉴定。经过鉴定，结论是公章为真实的，书写顺序也是先写内容后盖章。2007年9月17日，安阳市铁西区人民法院作出判决，认为借款合同和被告加盖本单位财务章的收条互相印证，被告应负担偿还定期借款及利息的义务。被告未能按照合同约定归还原告借款及利息，应对纠纷的形成负全部责任。原告的诉讼请求应予以支持。

① 该案例引自《今日安报》2008年3月28日第六版，网址：http://newpaper.dahe.cn/jrab/page/401/2008-03-28/06/6981206649590078.pdf，2009-9-20访问。

惠隆公司不服一审判决，遂提起上诉。二审审理期间，惠隆公司又申请对借款合同及收款条的书写时间进行鉴定。法院委托了西南政法大学司法鉴定中心予以鉴定，结论是无法得出结论。惠隆公司得知鉴定没有结果后，认为自己的上诉理由在现在的证据条件下无法得到二审法院的支持，就未到庭参加诉讼。安阳市中级人民法院遂依法裁定按上诉人惠隆公司撤回上诉处理，一审判决生效。

惠隆公司面临着被强制执行四十余万元财产的境地。无奈之下向安阳市人民检察院申诉，请求检察机关对本案提出抗诉。安阳市人民检察院民行处在听取了申诉人的情况介绍和申诉理由后，感到此案疑点较多，案情重大。经调卷审查和调查发现：

原来，荣某是安阳市开发区的一名法律工作者，1996 年其曾作为惠隆公司的法律顾问在该公司工作，后来他与惠隆公司的董事长杨某产生矛盾，在其离开该公司前，他偷出多张盖有惠隆公司公章和财务章的空白稿纸。1999 年下半年，荣某找到其多年好友陈某，利用其偷来的盖有公章的空白稿纸，伪造了惠隆公司借陈某 20 万元的借款合同及收款条，欲通过民事诉讼让惠隆公司还钱。荣某凭借其了解的法律知识，对陈某说只要印章是真实的，惠隆公司肯定败诉，并说这件事他不能出面，事成之后，好处两人都有份儿。

安阳市人民检察院认为：这是一起典型的利用民事诉讼进行诈骗的案件，原审法院判决依据的证据虚假，认定的事实错误。遂向安阳市中级人民法院提出抗诉。安阳市中级人民法院指定安阳市铁西区人民法院对此案予以再审，再审判决结果是：驳回原审原告陈继国的诉讼请求；原审案件受理费 9510 元由原审原告陈继国负担。

与此同时，检察机关依据法律规定将荣某、陈某以诈骗罪向安阳市文峰区人民检察院提请批准逮捕。2002 年 5 月 9 日，安阳市文峰区人民法院认定被告人荣某、陈某利用诉讼进行诈骗的事实存在，依法判处被告人荣某有期徒刑 8 年，并处罚金人民币 3 万元；被告人陈某有期徒刑 4 年，并处罚金人民币 2 万元。

问：本案中，检察机关抗诉的对象及内容是什么？

第二编　总则

第九章　民事诉讼基本原则论

一、诉讼权利平等原则

我国民事诉讼法上的当事人诉讼权利平等原则,是指民事诉讼当事人有平等的诉讼权利。人民法院审理民事案件,应当保障和便利当事人行使诉讼权利,对当事人在适用法律上一律平等。根据这一原则,立法上应当为双方当事人设定相同或对等的诉讼权利与义务,司法上应当给予双方当事人平等保护和平等对待。

(一) 案情简介

案例28

蔡某诉3721公司网络实名侵权因中途退庭按撤诉处理案①

原告蔡某称其承担某软件公司商用软件的开发工作,自2002年6月以来,该商用软件的许多用户反映计算机系统异常死机,经他检测发现是安装3721网络实名软件所致,于是2002年9月蔡某将3721告上

① 该案例参见北青网:http://bjyouth.ynet.com/article.jsp? oid=2040487,2009-10-2访问。

了法庭，指控网络实名软件“未经用户同意强行驻留内存”、“跟踪、监控用户行为，存在安全隐患”、“导致软件冲突”等，要求索赔70万元。

3721公司称，3721网络实名插件采用微软公开的技术原理和接口，必须经过用户同意才能安装，如果用户不喜欢，可以随时卸载。任何软件的运行都必须占用内存，这是常识。因此，不存在“未经用户同意强行驻留内存”的情况。另外，诸多权威计算机评测机构对网络实名软件也进行了详细的测试，并未发现网络实名软件存在监听系统端口、泄露用户信息等问题。

12月2日，北京朝阳区人民法院开庭审理了此案，在庭审过程中，原告提出的27项证据大部分被庭审法官以证据与本案无关，或不是合法证据而被否定。之后，原告未经法庭许可无正当理由中途退庭。法院最终裁定此案按原告撤诉处理，诉讼受理费11831元全部由原告负担。

开庭后次日晚，原告蔡某在接受部分媒体记者的采访时表示：“自己诉讼的目的已经达到，并不会再另行起诉。”

3721公司发言人指出，原告以无事实而起、擅退庭而终，带有非常明显的恶意诉讼倾向，是一种滥诉行为。

（二）思考方向

当事人诉讼权利平等包括立法上的静态平等和司法上的动态平等两个方面。本案涉及的是立法上的平等问题，即法律是否赋予了原、被告双方当事人同等或对等的诉讼权利和义务。被告未经法庭许可无正当理由中途退庭，法院可以缺席判决；而原告未经法庭许可无正当理由中途退庭，法院可以按撤诉处理。这显然不是一种诉讼权利同等或对等的制度设计。

（三）法律规定

《民事诉讼法》第8条 民事诉讼当事人有平等的诉讼权利。人民法院审理民事案件，应当保障和便利当事人行使诉讼权利，对当事人在适用法律上一律平等。

第129条 原告经传票传唤，无正当理由拒不到庭的，或者未经法庭许可中途退庭的，可以按撤诉处理；被告反诉的，可以缺席判决。

第130条 被告经传票传唤，无正当理由拒不到庭的，或者未经法庭许可中途退庭的,可以缺席判决。

(四)学理分析

当事人诉讼权利平等原则是民事诉讼的一项基础性原则,是体现民事诉讼法鲜明特色的一项基本原则。其理论基础主要表现为三个方面:一是民事实体法上的平等原则;二是宪法上的平等原则;三是程序公正的要求。[①]

当事人诉讼权利平等原则的内涵具体包括:(1)民事诉讼当事人具有平等的诉讼地位。即无论是原告、被告还是第三人,无论是实体权利的享有者还是实体义务的承担者,也无论是外国人还是本国人及无国籍人,不管其民族、性别、职业、社会出身、政治背景、宗教信仰、文化程度、经济状况差异和优劣,在民事诉讼中一律平等。(2)诉讼当事人双方所享有的权利及所承担的义务是同等的或对等的。(3)对当事人双方在适用法律上一律平等。(4)人民法院应当保障诉讼当事人双方平等权利的实现。

然而,考察我国《民事诉讼法》的有关规定可以看出,某些诉讼制度的建构并未遵循当事人诉讼权利平等原则。这些不平等的制度设计包括但不限于以下情形:(1)将按期提交答辩状规定为被告的一项诉讼权利,使原告无法有的放矢地行使其攻击防御权利。(2)在原告的撤诉问题上,被告没有发言权。(3)对于无正当理由拒不到庭或者未经法庭许可中途退庭的行为之处理因人而异,对于原告按撤诉处理,对于被告缺席判决。(4)法律对于原告变更诉讼请求的行为没有加以限制,这往往会加重被告防御的负担。

对于原、被告双方诉讼权利不平等的制度设计,不仅使双方当事人在诉讼过程中享有的诉讼地位有所差异,而且影响当事人实体权利的平等保障。例如,本案中,被告在法院作出按撤诉处理的裁定之后仍心存不甘,却又无能为力;而原告在撤诉裁定作出之后并未有丝毫挫败感,原告的实体权利没有受到任何影响,仍保留再行起诉的权利。被告的无力感和原告的优越感,正是制度设计上的不平等所致。在当事人未经法庭许可无正当理由中途退庭的情形,一项平等的制度设计应当是,无论原告还是被告均可对其作出缺席判决。据此,如果法院对于本案原告作出缺席判决,以证据不足判决驳回原告诉讼请求,那么,原告的优越感与被告的无力感都会消失。首先,该缺席判决作为实体判决能够阻止原告的再行起诉,使被告免遭不当骚扰;其

---

① 关于诉讼权利平等原则的理论来源,详见汤维建主编:《民事诉讼法学》,北京大学出版社 2008 年版,第 140—141 页。

次，缺席判决能够避免原告在举证失败面临败诉的情况下，以申请撤诉或中途退庭获取撤诉裁定，来逃避败诉判决；最后，该缺席判决明确了原、被告之间的实体权利义务关系状态，使纠纷得以彻底解决。

（五）自测案例

案例29

脱法袍女法官驳斥当事人引发角色定位之争①

2005年4月，韩某的6岁儿子被张家13岁的小儿子掐死后扔进一口井中。张家小儿子因此被劳动教养3年，法院另外判决张家赔偿韩浪15万余元，但韩某一分钱也没拿到。心生怨恨的韩某在去年11月25日，在公交车上把一斤浓硫酸泼向了张家的大女儿张某，张某被烧伤面积达15%，属三级伤残，同时还伤及另一名乘客。

2007年8月27日，北京市房山区人民法院以“以危险方法危害公共安全罪”，判处被告人韩某有期徒刑13年，赔偿两名受害人各项损失共计48万余元，其中，赔偿附带民事诉讼原告人张某医疗费、鉴定费共计36万元。

宣判后，韩某和张家父亲在法庭上起了争执。

坐在刑事附带民事诉讼原告人席上的张家父亲突然激动地嚷了一声：“判得太轻了！”

此话一出，韩某突然站起来，用戴着手铐的手指着他，瞪大眼睛尖叫：“（你们）活该！那是你应该的，是你害死了我的儿子。我儿子死了，我也让你女儿受伤，难受死你！”

韩某伤心地对记者说：“张家事后居然连句道歉的话也没对我说过。因为支付不起停尸费，我6岁的儿子在死亡半年后才下葬。”

在双方争执过程中，已经脱下法袍的主审女法官回到法庭，坐在旁听席上。

---

① 本案例参见：http://www.legaldaily.com.cn/bm/2007-08/30/content_690142.htm，2009-10-7访问。

当她听见张父解释，自己并不是不愿意支付韩某儿子的赔偿金，而是准备分批慢慢支付时，女法官忍不住站起身来驳斥："那你为什么一分钱都没有付过？你家不是还有两辆车吗？"

张父一听这话，把争吵的矛头对准了法官："你这样说，你是不是偏袒被告(人)？她泼硫酸还有理了？"

女法官提醒张父："你说这话，先问问自己的良心！"

"我脱下法袍也是个普通百姓，实在太生气了！"女法官对记者说。

问：本案中法官驳斥当事人的行为是否有违当事人诉讼权利平等原则？

二、法院调解原则

在我国，法院调解既是一种审理案件的方式，又是一种结案方式。法院调解贯彻的基本原则是自愿原则、合法原则以及查明事实分清是非原则。法院调解原则广泛适用于第一审程序、第二审程序和再审程序，但特别程序、督促程序、公示催告程序、破产还债程序和执行程序不适用调解原则。此外，调解不成的，应当及时判决，严禁久拖不决。

（一）案情简介

案例30

庞某等84人诉山西大同W公司火灾赔偿纠纷案①

庞某等84人及案外近两千个体经营户，与山西省大同市W公司的分支机构——大世界商场签订了租赁合同，从事服装、百货经营业务。2000年12月13日，因个体经营户杨某用电不当而引发火灾。

庞某等84人就火灾赔偿事宜与大世界协商不成后诉至山西省高级人民法院，请求大世界赔偿财产损失。山西高院一审判决：一、双方签订的租赁合同有效，继续履行；二、大世界赔偿庞某等84人724万余

① http://www.chinacourt.org/public/detail.php? id = 175997&k_title = 处分 &k_content = 处分 &k_author = ,2008-8-4 访问。

元。一审判决后，庞某等84人与大世界均不服，向最高人民法院提起上诉。最高人民法院审理后认为，一审判决认定事实不清，适用法律错误。大世界不是独立法人，不具备诉讼主体资格。2002年9月9日，最高人民法院裁定，驳回庞某等84人的起诉。

2002年11月4日，庞某等84人以W公司为被告，又向山西高院起诉，山西高院一审认为，火灾损失的核定应以公安机关的统计为准，而公安机关尚未对火灾损失作出核定，据此判决驳回了庞某等84人的诉讼请求。

庞某等84人不服一审判决，向最高人民法院提起上诉。最高人民法院民一庭组成合议庭审理后认为，一审判决认定事实不清，但二审法院不具备直接改判条件，本案只能发回重审或者调解解决。考虑到W公司是村办集体企业，案件的处理结果涉及村民集体组织的利益。同时，W公司强调火灾造成近2000户财产损失，本案如果处理不好，将会引起连锁反应。如将此案发回重审，不仅会增加当事人的讼累，还会形成社会不稳定隐患。

为此，合议庭决定全力以赴调解，彻底解决纠纷。2004年3月至4月间，合议庭先后4次为双方当事人调解。调解初期，当事人情绪对立，双方都有一些过激言行。如W公司提出，可以赔偿庞某等84人损失，但是赔偿后收回摊位，不允许继续经营等。对上述过激言论，合议庭及时制止并对双方予以了批评，进而缓解了矛盾。经合议庭反复、耐心地调解，双方激烈对立的情绪有所缓和，表示愿意作出适当让步。在W公司应支付庞某等84人多少补偿金的争议焦点上，合议庭在平衡双方利益的基础上，提出了最接近双方意愿的方案供当事人参考。合议庭为双方当事人分析各自提出的调解方案利弊，最终以W公司给付庞某等84人补偿金95万元达成一致意见。同时，W公司承诺为84户个体经营者联系贷款，解决今后继续经营的启动资金问题，并免收若干年摊位租金，允诺他们优先进入W公司新开发的新商楼进行经营。

（二）思考方向

根据《民事诉讼法》规定，法院调解以“自愿、合法”为原则。但对于“自愿”和“合法”的内涵未作具体规定，从而导致实务中理解的不同和做法的不一致。本案法官对于“自愿、合法”的理解是否妥适，做法是否得当，尚需理论上的解释和法理上的支撑。

（三）法律规定

《民事诉讼法》第9条　人民法院审理民事案件，应当根据自愿和合法的原则进行调解；调解不成的，应当及时判决。

第85条　人民法院审理民事案件，根据当事人自愿的原则，在事实清楚的基础上，分清是非，进行调解。

第86条　人民法院进行调解，可以由审判员一人主持，也可以由合议庭主持，并尽可能就地进行。

人民法院进行调解，可以用简便方式通知当事人、证人到庭。

第87条　人民法院进行调解，可以邀请有关单位和个人协助。被邀请的单位和个人，应当协助人民法院进行调解。

第88条　调解达成协议，必须双方自愿，不得强迫。调解协议的内容不得违反法律规定。

第89条　调解达成协议，人民法院应当制作调解书。调解书应当写明诉讼请求、案件的事实和调解结果。

调解书由审判人员、书记员署名，加盖人民法院印章，送达双方当事人。

调解书经双方当事人签收后，即具有法律效力。

第90条　下列案件调解达成协议，人民法院可以不制作调解书：

（一）调解和好的离婚案件；

（二）调解维持收养关系的案件；

（三）能够即时履行的案件；

（四）其他不需要制作调解书的案件。

对不需要制作调解书的协议，应当记入笔录，由双方当事人、审判人员、书记员签名或者盖章后，即具有法律效力。

第91条　调解未达成协议或者调解书送达前一方反悔的，人民法院应当及时判决。

第128条　法庭辩论终结，应当依法作出判决。判决前能够调解的，还可以进行调解，调解不成的，应当及时判决。

第155条　第二审人民法院审理上诉案件，可以进行调解。调解达成协议，应当制作调解书，由审判人员、书记员署名，加盖人民法院印章。调解书送达后,原审人民法院的判决即视为撤销。

《最高人民法院关于人民法院民事调解工作若干问题的规定》(以下简称《调解规定》)(2004 年 8 月 18 日公布)(略)

《最高人民法院关于进一步发挥诉讼调解在构建社会主义和谐社会中积极作用的若干意见》(2007 年 3 月 6 日)(略)

《最高人民法院关于建立健全诉讼与非诉讼相衔接的矛盾纠纷解决机制的若干意见》(2009 年 7 月 24 日)(略)

(四) 学理分析

自愿、合法进行调解作为民事诉讼法的基本原则,其含义有三:第一,人民法院受理民事案件后,应当重视调解解决;第二,要求人民法院对当事人多做思想教育工作;第三,法院调解要在自愿和合法的基础上进行,不能因为强调调解而违背自愿和合法的精神,调解不成的应当及时判决。坚持自愿、合法进行调解的原则必须反对两种倾向:一是忽视调解的意义,把调解工作看成可有可无;二是滥用调解,久调不决。①

从近年来学者的研究看,调解中"自愿"的涵义包括两个方面:一是进入调解程序的自愿;二是接受调解结果的自愿。与自愿调解形成鲜明对照的是强制调解,与上述两层涵义相对应,强制调解也分为进入调解程序的强制和接受调解结果的强制。现代国家的调解制度普遍反对接受调解结果方面的强制调解,而对于进入调解程序的强制则持不同态度。

我国在立法上明确反对接受调解结果方面的强制调解,要求"调解达成协议,必须双方自愿,不得强迫"②。却没有对调解程序的强制启动作出明确地否认,只是从正面规定"人民法院审理民事案件,根据当事人自愿的原则,在事实清楚的基础上,分清是非,进行调解"③。近年来更有司法解释允许对以下六类案件已经进入诉讼程序的案件强制启动调解程序,(1) 婚姻家庭纠纷和继承纠纷;(2) 劳务合同纠纷;(3) 交通事故和工伤事故引起的权利义务关系较为明确的损害赔偿纠纷;(4) 宅基地和相邻关系纠纷;(5) 合伙协议纠纷;(6) 诉讼标的额较小的纠纷。④ 由此说明,我国不是绝对反对强制

---

① 江伟:《民事诉讼法》(第三版),高等教育出版社 2007 年版,第 32—33 页。

② 《民事诉讼法》第 88 条。

③ 《民事诉讼法》第 85 条。

④ 《最高人民法院关于适用简易程序审理民事案件的若干规定》第 14 条。

调解的国家。

允许调解程序强制启动的国家和地区又分为以下三种情形：一是对某类案件实行调解前置，如日本、德国、我国台湾地区。二是对进入诉讼的案件实行普遍性的强制调解。如澳大利亚的强制指令调解机制，法庭根据法律赋予的职权可以强制要求当事人先行调解。加拿大许多省份实施的强制性法院附设调解，如在萨斯喀彻温省（Saskatchewan）高等法院（Queen's Bench）提起的所有民事案件除获得正式豁免之外必须进入调解程序。三是对进入审判程序的案件由法官依职权交付调解，如日本、韩国。①

对于调解中自愿与强制二者关系的正确理解应当是："调解制度无论怎样演变都不可能零距离接近审判，否则调解作为一种独立的纠纷解决方式就不复存在了。因此，强制性因素尽管在调解制度中多有出现，但必定有其不能逾越的界限，这个界限就是当事人对调解结果的最终决定权。"②

关于"合法"调解的内涵，通说认为，合法原则是指人民法院和双方当事人的调解活动及其协议内容，必须符合法律的规定。合法包括两层意思，即实体意义上合法和程序意义上合法。对于实体合法又存在两种解释：一种是调解协议的内容应当依据有关实体规定达成；另一种是调解协议的内容可以不依据实体法的具体规定，但不得违反法律中的禁止性规定。③ 大多数学者支持第二种解释，司法解释亦持同样态度。④

本案中，法官首先从社会秩序安定的角度出发，采用调解结案方式，以彻底解决纠纷，消除社会不稳定隐患。其次，鉴于本院不具备改判条件，而发回重审又会造成当事人的讼累，采用调解结案方式又是提高效率之举。但是，应当注意的是，本案法官决定采用调解方式实为职权之举，并未先行征求双方当事人的意见。

不过，法律也未绝对排除调解程序的强制启动。本案情形尤其适合调解程序的强制启动。因为双方当事人之间的对立情绪十分严重，如此水火不容的状态，显然不会主动请求调解，也很难同意法官的调解提议，因此，强制双方当事人坐在一起进行协商，实为不得已之举。更为重要的原因是，调

---

① 史长青：《调解制度中的强制性因素研究》，载《烟台大学学报》2007 年第 4 期，第 28 页。

② 同上，第 33 页。

③ 江伟：《中国民事诉讼法专论》，中国政法大学出版社 1998 年版，第 426 页。

④ 《调解规定》第 12 条（四）。

解程序启动后，尽管当事人起初冲突激烈，通过调解人的适当引导，冲突基本都能缓和，而当事人一旦不再受情绪的控制，抛弃恩怨，就事论事，大多都能获得良好的谈判结果。

本案中，尽管调解程序的启动带有一定的强制因素，但调解协议的达成完全是当事人自愿的结果，因此，从法理上并未违背自愿调解的原则。调解过程中调解人以耐心地说服教育为主要手段，不存在“以判压调”、“对判促调”等不适当做法，调解协议的内容也不存在“侵害国家利益、社会公共利益；侵害案外人利益；违背当事人真实意思的；违反法律、行政法规禁止性规定的”的情形①，因此符合“合法原则”。

（五）自测案例

案例31

徐某诉彭某损害赔偿纠纷二审调解撤诉案②

2006年11月20日上午，徐某在南京市水西门公交车站等候83路车，大约9时30分左右有2辆83路公交车同时进站。徐某准备乘坐后面的83路公交车，在行至前一辆公交车后门时，彭某第一个从公交车后门下车，徐某摔倒致伤，彭某发现后将徐某扶至旁边，在徐某的亲属到来后，彭某便与徐某亲属等人将徐某送往医院治疗，徐某后被诊断为左股骨颈骨折并住院治疗，施行髋关节置换术，产生了医疗费、护理费、营养费等若干损失。徐某后将彭某告上法院，称自己系被彭某撞伤，请求法院判令彭某赔偿损失13万余元。彭某称自己没有撞到徐某，扶起徐某并将其送至法院实属见义勇为。

2007年9月4日，鼓楼区法院一审宣判。法院认为，本案主要存在两个争议焦点。一、是否相撞；二、损失数额问题。法院认为本次事故

---

① 《调解规定》第12条。

② 参见彭宇案一审判决书（http://alha.blog.163.com/blog/static/29305220078833757987，2009-12-6访问）和江苏省高级法院院长在全国人大会新闻中心就“司法公正”问题接受中外记者的集体采访时的讲话（http://news.qq.com/a/20080315/004077.htm，2009-12-6访问）。

双方均无过错。按照公平的原则,当事人对受害人的损失应当给予适当补偿。因此,判决彭宇给付受害人损失的 40%,共 45876.6 元。原、被告对该判决均提出了上诉。南京市中级法院受理双方当事人的上诉后,做了大量的调解工作。最终双方当事人在二审期间达成了和解协议,并且申请撤回上诉,案件以和解撤诉而告终。

问:二审调解撤诉结案的法律后果是什么?其与二审调解结案有何区别?

三、辩论原则

在我国,辩论原则是指民事诉讼中当事人就争议的事实问题和法律问题有权在法院主持下进行辩论,说明论证本方主张的真实性合法性,并反驳对方当事人的意见与主张,以维护其合法权益的原则。① 辩论原则一方面确立了当事人在诉讼中的辩论权,使当事人通过行使辩论权,证明自己的主张,反驳对方的主张,保护自己的权益;另一方面,也使人民法院承担了保障当事人行使辩论权的义务,是审判公正性与合理性的内在要求。

(一) 案情简介

案例32

戴某诉张某中介费纠纷案②

张某是一位知名度较高的影视明星。2003 年底,戴某得知上海协和医院有意邀请张某做广告事宜,2004 年 1 月 7 日,戴某为此事与张某联系,告之张某有出任协和医院形象代言人的商业机会,并提出收取中介费 10 万元。为此,张某向戴某出具书面承诺一份,内容为“张某与上海协和医院之形象代言广告合约及合作成立后,即付给戴某人民币壹

① 汤维建主编:《民事诉讼法学》,北京大学出版社 2008 年版,第 151 页。

② 本案例参见中国法院网:http://www.chinacourt.org/public/detail.php? id = 157988&k_title = 辩论权 &k_content = 辩论权 &k_author = ,2008-8-4 访问。

拾万圆整作为劳务酬金”。2004 年 4 月，张某与协和医院签约，张某出任该医院的形象代言人并合作拍摄该医院企业形象广告。后二人因中介费事宜发生争议，戴某诉至法院。一审法院判决张某向戴某支付中介费十万元。

张某不服持原诉理由上诉，并且认为原审法院剥夺了其质证权、辩论权，请求撤销原判，并纠正原审程序违法之处。经询问，张某认为原审法院剥夺了其质证权、辩论权是指戴某在原审中提交的戴某与张某、吴某、谢某通话录音等证据，原审法院未组织质证。而戴某表示，他在原审中已撤回上述证据。

二审法院认为，未经质证的证据，不能作为认定案件事实的依据。由戴某在原审中提交的其与张某、吴某、谢某通话录音等证据，在原审中未经质证，不应予以采信。根据张某的承诺书、有关证人证言、协和医院声明以及双方当事人陈述等证据，可以认定戴某为张某提供了与协和医院订立合同的机会，并介绍了张某与协和医院会面，斡旋于双方之间的事实。戴某与张某已形成了居间法律关系。戴某履行了居间义务，张某即应按照承诺向戴某支付报酬。戴某在原审中撤回了其所列举的戴某与张某、吴某、谢某通话录音等证据，原审法院因此不再组织对上述证据质证，也并未剥夺张某的相关权利。综上，原审法院所做判决并无不当，应予维持。

（二）思考方向

本案中张某以自己的质证权和辩论权被剥夺而提出上诉，其中有关辩论权主张的基础是诉讼中的辩论原则。至于辩论原则的具体内涵，我国的解释与大陆法系国家的解释完全不同，下文将进行比较分析。张某的主张能否成立，首先，要澄清辩论原则及辩论权的含义；其次，也要明确辩论权发生和消灭的具体情形。

（三）法律规定

《民事诉讼法》第 12 条 人民法院审理民事案件时，当事人有权进行辩论。

第 50 条第 1 款 当事人有权委托代理人，提出回避申请，收集、提供证据，进行辩论，请求调解，提起上诉，申请执行。

第127条 法庭辩论按照下列顺序进行：

（一）原告及其诉讼代理人发言；

（二）被告及其诉讼代理人答辩；

（三）第三人及其诉讼代理人发言或者答辩；

（四）互相辩论。

法庭辩论终结，由审判长按照原告、被告、第三人的先后顺序征询各方最后意见。

第179条 当事人的申请符合下列情形之一的，人民法院应当再审：

……

（十）违反法律规定，剥夺当事人辩论权利的；

……

《最高人民法院关于适用〈中华人民共和国民事诉讼法〉审判监督程序若干问题的解释》（以下简称《审判监督程序解释》）第15条 原审开庭过程中审判人员不允许当事人行使辩论权利，或者以不送达起诉状副本或上诉状副本等其他方式，致使当事人无法行使辩论权利的，人民法院应当认定为民事诉讼法第一百七十九条第一款第（十）项规定的"剥夺当事人辩论权利"。但依法缺席审理，依法径行判决、裁定的除外。

《民诉法意见》第72条 证据应当在法庭上出示，并经过庭审辩论、质证。依法应当保密的证据，人民法院可视具体情况决定是否在开庭时出示，需要出示的，也不得在公开开庭时出示。

（四）学理分析

我国民事诉讼中的辩论原则是指，在人民法院主持下，当事人有权就案件事实和争议问题，各自陈述自己的主张和根据，互相进行反驳和答辩，以维护自己的合法权益。[①] 在我国，辩论原则主要包括以下内容：(1) 辩论权的行使贯穿于诉讼的整个过程；(2) 辩论的内容既可以是程序方面的问题，也可以是实体方面的问题；(3) 辩论既可以通过口头形式进行，也可以运用书面形式表达。[②] 以上关于辩论原则的阐释作为我国的通说，主要围绕当事人的辩论权展开。虽然要求法院充分保障当事人双方辩论的权利，但由于法院的保障行为仅仅是让当事人能够实施辩论行为，而没有使当事人的辩

---

① 江伟：《民事诉讼法》（第三版），高等教育出版社2007年版，第33页。

② 同上。

论结果形成对法院裁判的约束。因此,辩论权的相对义务就仅停留在被虚无化的保障行为这一层面。有学者称其为"非约束性辩论原则"①。

相对而言,大陆法系国家的辩论原则属于"约束性辩论原则",其基本内涵是:(1) 直接决定权利义务关系发生或消灭的事实(案件主要事实)须在当事人辩论中出现,法院才能将它们作为判决的基础。从这一要求中产生了当事人的主张责任。(2) 对方当事人无争议的案件主要事实,法院应当把它们作为判决的基础。法院原则上应受当事人在诉讼中作出的自认的约束。(3) 法院调查的证据只限于当事人申请调查的证据。这项内容并不那么绝对。② 综上,大陆法系国家的辩论原则是由当事人对形成判决所需要的事实和证据负责的原则,强调当事人所主张的事实和提供的证据对法院裁判的约束效力。

近年来,随着我国向市场经济和法治国家的转型,民事审判方式也作了相应的改革:(1) 强调事实应当由当事人引入诉讼,法院应针对当事人主张的事实进行审理;(2) 确立了诉讼上的自认制度,将诉讼上自认的事实排除出证明的范围;(3) 加强了当事人的提供证据的责任,缩小、限制了法院依职权调查取证的范围。在审判实务中,最高法院也通过对上诉案件的审理,强调法院不得认定未经当事人辩论的事实。③ 由此可见,我国当前的审判方式已经与大陆法系国家的辩论原则之内涵相当接近。

本案中,张某所言的质证权与辩论权被剥夺,指的是戴某在原审中提交的戴某与张某、吴某、谢某通话录音等证据,原审法院未组织质证。而戴某称,其在原审中已撤回上述证据。二审法院认为,原审法院因戴某撤回上述证据而不再组织质证,并无不当。

这里的问题是,当事人对已经提交法院的证据能否撤回?特别是当对方当事人要求对提交法院的证据进行质证的,法院能否允许该证据被撤回?对这一问题的回答需要从证据的属性谈起。一方面,证据具有作为实在物质的客观性和证明所指向或追求的真实性,另一方面证据又具有作为对抗武器的对抗性和党派性。不同法系或不同国家的证据制度都会同时体现这两个方面的属性,只是侧重点有所不同。一般来说,采取所谓"对抗制"(ad-

---

① 张卫平:《我国民事诉讼辩论原则重述》,载《法学研究》1996 年第 6 期。

② 李浩:《民事诉讼法学》,高等教育出版社 2007 年版,第 33 页。

③ 参见《信达公司石家庄办事处与中阿公司等借款担保合同纠纷案》,载《中华人民共和国最高人民法院公报》2006 年第 3 期,第 23 页。

versary system)的英美法系、尤其是美国民事诉讼中的证据制度就比较强调证据作为当事人的对抗武器而具有党派性、并较突出地体现证明作为对抗过程的侧面;与此相对,大陆法系中如德国民事诉讼的证据制度则在充分承认证据和证明所具有的对抗意义这一前提下,仍显得更加重视证据的中立性、客观性和通过证明来达到实体真实的另一侧面。①

日本实行的"证据共通原则"也体现了对证据客观性和中立性的适当侧重。具体是指,无论是哪一方当事人收集并提出的证据,其内容一旦呈示出来,即使对收集提出的当事人造成不利而有利于对方,该当事人也不能再将此证据收回或主张证据的提出无效。"证据共通"原则意味着证据的党派性只是在不改变其客观性的制约才能得到承认。②

反之,如果允许当事人撤回证据,该证据因不能作为定案根据,也就不必进行质证。但是,这种状况使对方当事人完全失去了对该证据质证和辩论的权利,却并未彻底消除该证据对法官心证的影响,进而影响判决结果。也就是说,这些证据虽然在判决书中并未明确载明为定案根据,但却潜在地、实质性地影响了判决的内容,从而与辩论原则的精神相抵触。

综上,如果证据一经提交法院是不可撤回的,那么,原审法院因戴某撤回相关证据而不组织质证,就是对张某质证权与辩论权的剥夺,亦即违反了辩论原则;如果证据在提交法院后是可以撤回的,那么,法院不组织质证的做法就没有违背辩论原则。本案一、二审法院显然坚持的是第二种观点,但笔者的意见倾向于第一种观点。

(五)自测案例

案例33

刘某诉谢某离婚纠纷案③

1991年4月,刘某与谢某经人介绍建立恋爱关系。1992年3月10

① 王亚新:《对抗与判定——日本民事诉讼的基本结构》,清华大学出版社2002年版,第164页。

② 同上书,第174页。

③ 本案例参见中国法院网:http://ws. chinacourt. org/public/paperview. php? id = 189423,2009-12-6访问。

日登记结婚。婚后二人感情不和，常有矛盾冲突。双方一起外出打工期间，谢某沉溺赌博，为此双方感情极度恶化。2005 年春谢某离开家乡外出打工，从此失去联系。2009 年刘某诉到法院，请求解除与谢某的婚姻关系。法院受理后依法对被告进行了公告传票传唤，但被告逾期未到庭参加诉讼，亦未提交答辩状。法院认为，被告经本院依法公告传票传唤未到庭参加诉讼，应视为其对质证、辩论权利的放弃。在对原告提供的证据予以审查后，认为原、被告双方感情确已破裂，遂判决：准予原告刘某与被告谢某离婚。

问：辩论权利的放弃会产生怎样的法律后果？

四、处分原则

处分原则是指民事诉讼当事人有权在法律规定的范围内自由处置自己的民事实体权利和民事诉讼权利。相对于刑事诉讼与行政诉讼而言，处分原则是民事诉讼的特有原则。民事诉讼中之所以贯彻处分原则，是因为作为民事诉讼审判对象的民事法律关系或民事实体权利原则上都具有可处分性。可以说，民事诉讼中的处分原则是以民法上的处分原则为基础和前提的。但二者并不完全等同，民事诉讼中的处分原则除了实体权利的处分之外，还包括诉讼权利的处分。

（一）案情简介

案例34

刘某诉旅游公司赔偿纠纷案①

刘女士报名参加了旅游公司组织的昆明、丽江三飞六日赴云南旅游团，在旅游过程中，因发生交通意外，刘女士受伤，旅游公司为刘女士支付了医药费。后刘女士起诉到一审法院，要求旅游公司支付治疗费及护理费 7131.55 元，返还团费 2330 元，诉讼费由旅游公司承担。

① 本案例参见中国法院网：http://www. chinacourt. org/public/detail. php? id = 315354&k_title = 调解 &k_content = 调解 &k_author = ,2008-8-4 访问。

一审判决刘女士胜诉，旅游公司不服，提出上诉。二审审理过程中，旅游公司从报纸上看到一起恶性入室抢劫案的报道，发现案发地点就是刘女士家，旅游公司遂将此情况告知承办法官，要求法官向刘女士家人核实此事，如此报道是真实的，旅游公司愿意从人道主义角度及对刘女士家人的同情出发放弃上诉请求，与刘女士家人调解解决纠纷。承办法官得知这一情况后，立即联系刘女士的女儿，得知刘女士及其丈夫因犯罪分子尾随入室抢劫，被犯罪分子杀害。因当事人不幸身亡，刘女士的儿女作为继承人参加诉讼。

开庭审理时，旅游公司基于对刘女士家不幸的同情，考虑到不再加重刘女士亲人的创伤，提出不在法庭上再与刘女士的儿女争执是非，直接与刘女士继承人协商给付赔偿款的数额。最后双方自愿达成旅游公司一次性给付赔偿刘女士住院医疗费、陪护费共计5000元整的协议，并当场执行。

（二）思考方向

诉讼法上的处分原则以私法自治原则为基础，是当事人私法上处分权在诉讼法上的延伸。但是应当注意的是，诉讼法在性质上属于公法，而公法上的权力是不允许当事人任意处分的。因此，诉讼法上的处分原则指的仅仅是当事人在诉讼过程中处分自己的私权利，具体包括实体权利和为实现实体权利而设立的诉讼权利。上述理解同时构成诉讼法上处分原则的界限。

（三）法律规定

《民事诉讼法》第13条　当事人有权在法律规定的范围内处分自己的民事权利和诉讼权利。

第51条　双方当事人可以自行和解。

第52条　原告可以放弃或者变更诉讼请求。被告可以承认或者反驳诉讼请求，有权提起反诉。

第179条　当事人的申请符合下列情形之一的，人民法院应当再审：

……

（十二）原判决、裁定遗漏或者超出诉讼请求的。

……

第207条 在执行中,双方当事人自行和解达成协议的,执行员应当将协议内容记入笔录,由双方当事人签名或者盖章。

一方当事人不履行和解协议的,人民法院可以根据对方当事人的申请,恢复对原生效法律文书的执行。

《民诉法意见》第58条 人民法院追加共同诉讼的当事人时,应通知其他当事人。应当追加的原告,已明确表示放弃实体权利的,可不予追加;既不愿意参加诉讼,又不放弃实体权利的,仍追加为共同原告,其不参加诉讼,不影响人民法院对案件的审理和依法作出判决。

(四)学理分析

根据我国法律规定,民事诉讼当事人有权在法律规定的范围内处分自己的民事权利和诉讼权利。当事人对其实体权利的处分权主要表现为:(1)诉讼主体在起诉时可以自由地确定请求司法保护的范围。(2)诉讼开始后,原告可以变更诉讼请求,可以扩大或缩小原来的请求范围。(3)在诉讼中,原告可以放弃诉讼请求,被告可以承认原告的诉讼请求;当事人双方可以达成或拒绝达成调解协议;在判决未执行完毕前,双方当事人可就实体问题自行和解。当事人对其诉讼权利的处分权表现为:(1)是否行使起诉权;(2)诉讼过程中,原告可以行使撤诉权,被告可以行使反诉权,原被告双方可以请求调解,双方当事人都有提供证据的权利、进行辩论的权利;(3)是否行使上诉权,是否申请法院再审,是否申请强制执行;(4)在执行过程中可以撤回申请。①

处分原则的重点在于对当事人诉讼权利自由支配的肯定和保障。在诉讼中,当事人对实体权利的处分总是通过其诉讼权利的处分来实现的。如本案中,旅游公司出于对刘女士家人的同情而请求与刘女士家人以调解解决纠纷,双方达成调解协议后,最终处分的是旅游公司的实体权利。

应当注意的是,处分原则并非是绝对的,世界各国普遍采纳"相对处分权主义",但关于边界的设置却存在两种立法模式。其一,是对普通民事权益争议的诉讼,由当事人行使完全处分权,但对涉及公益及在人事等特殊诉讼程序中则不容许由当事人对权利自由处分或限制其对某些权利的处分。其二,是原则上承认当事人对实体权利和诉讼权利的处分权,但总体上要求

---

① 参见江伟:《民事诉讼法》(第三版),高等教育出版社2007年版,第34、35页。

处分权在法律规定的范围内行使，并不以涉及利益的属性差异及程序的特殊性来决定限制范围。我国立法属于后者，要求处分原则以法律规定为边界，即当事人有权在法律规定的范围内处分自己的民事权利和诉讼权利①，但在有些司法解释中也会根据利益属性和程序特点决定处分原则的范围。如涉及身份关系的案件不适用自认。②

本案中，旅游公司主动放弃上诉请求，通过调解方式同意向刘女士家人赔偿损失5000元，其对自己诉讼权利和实体权利的处分，属于私益领域范围，同时也不违背我国法律的规定，因而完全符合处分原则的要求。

（五）自测案例

案例35

联通公司天津分公司诉孙某追索话费纠纷案③

2000年4月22日，联通公司天津分公司根据表明为孙某的身份证复印件，售出号码为13002250954的SIM卡一张，购买人并与联通公司签署了SIM130网入网用户登记表、通讯服务协议及入网须知。但使用该卡的手机自2000年5月至2000年9月共欠手机话费485.40元、滞纳金142.51元，合计627.91元。联通公司经向孙某追索话费不成，遂向天津市第二中级人民法院提起诉讼。孙某答辩称：其从未购买过联通公司的SIM卡。联通公司是依据我丢失的身份证复印件出售的SIM卡，故我不应对所发生的话费承担责任。

天津市第二中级人民法院经审理认为：联通公司与孙某订立的通信服务协议，系双方平等自愿订立，其内容不违反法律，系有效协议，予以确认。联通公司依约履行了义务，孙某接受了联通公司提供的服务系受益者，孙某未依约履行给付义务，应当承担民事责任。对于孙某提出的主张，因其没有提供身份证复印件丢失的证据，故本院不予支持。判决被告于判决生效之日起10日内给付原告话费及滞纳金627.91元。

---

① 《民事诉讼法》第13条。

② 《最高人民法院关于民事诉讼证据的若干规定》第8条第1款。

③ 本案例参见：http://www.chinalawedu.com/news/2003_12/5/1001332721.htm，2009-12-6访问。

孙某不服一审判决向天津市高级人民法院提出上诉,要求撤销原审判决,驳回联通公司的诉讼请求。二审法院经审查确认本案争议焦点为孙某是否购买了联通公司的SIM卡。联通公司认为孙某购买了号码为13002250954的SIM卡,并提供孙某的身份证复印件入网用户登记表为证。孙某则称自己从未购买联通公司的手机及SIM卡,并提供了身份证复印件曾丢失的证据。审理过程中,联通公司提出申请,表示放弃对孙某的诉讼请求,并愿承担一、二审的案件受理费。二审法院经审理认为:根据联通公司(移动电话入网须知)的规定,入网用户入网登记时,须向营业受理人员提供有效身份证(委托他人办理,经办人需带本人身份证原件及复印件)。联通公司现仅凭一份孙某身份证的复印件,主张孙某购买SIM卡和拖欠话费,依据不足。联通公司未能提供其他证据以证明其主张,因此,联通公司的诉讼请求不应支持。鉴于联通公司提出放弃对孙某的诉讼请求,系联通公司处分其诉讼权利,并不违反法律规定,应予准许。孙某关于联通公司在催要话费过程中给其造成损失,应赔礼道歉、赔偿损失的请求,系二审诉讼期间新提出的主张,二审法院不予审理。依据《民事诉讼法》第52条规定,判决:一、撤销天津市第二中级人民法院一审民事判决;二、准予中国联合通信有限公司天津分公司放弃对孙某的诉讼请求;一、二审案件受理费均由中国联合通信有限公司天津分公负担。

问:当事人在二审过程中能否放弃一审的诉讼请求?对于当事人放弃诉讼请求的行为,二审法院应作何处置?

五、诚实信用原则

民事诉讼中的诚实信用原则,是指法院、当事人以及其他诉讼参与人在审理民事案件和进行民事诉讼时必须公正和诚实、善意。我国《民事诉讼法》虽然没有明文规定诚实信用原则,但我国的司法实践一直都在自觉地适用这一原则。从世界各国的立法和司法现状看,诚实信用原则已经成为民事诉讼的一项基本原则。

（一）案情简介

案例 36

北大方正诉高术公司著作权侵权纠纷案①

2000 年，北大方正集团、北京红楼计算机技术研究所（以下简称“北大方正”）发现北京高术天力科技有限公司（以下简称“高术公司”）有销售盗版北大方正软件的行为。为获取证据，北大方正派出两位员工佯装成用户，在北京市国信公证处公证员的随同下，购买到了高术公司随机配备的盗版软件。2001 年 9 月，北大方正将高术公司等相关企业告上了法庭。

北京市第一中级人民法院一审肯定了北大方正等采取的“陷阱取证”方式，认为法律就此未为禁止，予以认可，遂判决支持方正的诉讼请求。高术公司不服提起上诉，北京市高院在二审中认为北大方正的取证方式并非获取侵权证据的唯一方式，且该取证方式有违公平原则，一旦被广泛利用，将对正常的市场秩序造成破坏，故对该取证方式不予认可，故在赔偿金额上做了改判。北大方正不服该判决向北京市高级人民法院申请再审，北京市高级人民法院经审查后作出驳回再审申请通知书。之后北大方正又向最高人民法院申请再审，最高人民法院裁定提审此案，最终判决认为北大方正的取证方式并无不正当性，其行为并未损害社会公共利益和他人合法权益。加之计算机软件著作权侵权行为具有隐蔽性较强、取证难度大等特点，采取该取证方式，有利于解决此类案件取证难问题，起到威慑和遏制侵权行为的作用，也符合依法加强知识产权保护的法律精神。

（二）思考方向

北大方正公司所采取的取证方法是否违反诚实信用原则，是决定本案胜负的关键问题，法院的一审、二审和再审判决对该问题分别作出了不同的

① 本案例参见法律快车网：http://ask.lawtime.cn/wenshu/pjqita/2007030145493.html，2008-8-8 访问。

回答,反映了不同的法官和法院在不同的时期对诚实信用原则的不同理解。由此可以看出,诚实信用原则并没有特别固定的内涵和清晰的界限,具有一定的模糊性,需要法官针对具体案件,考虑各种社会因素、衡量不同的社会利益价值,对是否违反诚实信用原则作出判断。

(三) 法律规定

目前尚无法律规定。

(四) 学理分析

诚实信用原则本是民法的基本原则,是市场经济活动中形成的道德规则,其要求人们在市场活动中讲究信用,恪守诺言,诚实不欺,在不损害他人利益和社会利益的前提条件下追求自己的利益。[①] 后来诚实信用原则被引入民事诉讼法领域,并在许多国家作为基本原则得以确立。如德国二战后就规定了一定范围内当事人的真实义务和法官阐明权。英国 1999 年 4 月实施的《民事诉讼规则》基本上确立了当事人的真实陈述义务,第 22.1-22.3 条规定,当事人的案情声明等需经事实声明确认。当事人若签署了事实声明,则比照证人作证可能承担虚假陈述之法律后果;而不签署的,则案情声明法庭将不予采纳。我国虽未在《民事诉讼法》上确立诚实信用原则,但司法实务中却早已对该原则予以认同。如"北大方正公司诉高术公司一案"的二审判决背后的依据就是诚实信用原则。

诚实信用原则在民事诉讼中具有重要的制度导向和规制意义。其对法官和法院的导向和规制主要体现为:(1) 对法官的自由心证进行控制。要求法官公开心证,即在判决书中应详细说明判决的理由。(2) 对法官的自由裁量进行控制。要求法官不得滥用自由裁量权。(3) 禁止突袭裁判,要求法官通过诉讼程序与当事人充分交涉,保障当事人的各种诉讼权利。其对当事人及诉讼参与人的导向和规制主要体现为:(1) 禁止滥用诉讼权利,如恶意或故意拖延诉讼,以突然提出诉讼请求、主张或证据为内容的诉讼突袭,恶意或故意拖延诉讼等。(2) 禁反言,如果当事人变更其诉讼行为会导致对方当事人遭到不公平的结果时,对其前后矛盾的诉讼行为应予禁止。(3) 禁止规避法律,即禁止利用法律漏洞取得某种权利,以达到不正当的诉讼目的。(4) 禁止做虚伪陈述或提供虚假证据。(5) 禁止妨碍对方当事人的诉讼活

---

① 梁慧星:《民法总论》,法律出版社 2001 年版,第 288 页。

动,包括妨碍对方当事人提供证据进行证明。(6) 禁止诉讼代理人越权代理或恶意侵害被代理人利益。①

本案中北大方正的取证行为有没有违反诚实信用原则,需作以下考量:第一,原告的取证方法是否违反公正原则;第二,原告的取证方法是否适当;第三,哪一种选择有利于加强对知识产权的保护;第四,认可这种取证方式是否会扰乱市场经济秩序。② 二审判决认为原告的取证方法取证方式并非获取侵权证据的唯一方式,是不适当的,有违公正原则和诚实信用原则,如果加以肯定必将扰乱市场经济秩序。再审判决则作了完全相反的认定,原告的取证方式并无不正当性,其行为并未损害社会公共利益和他人合法权益。针对计算机软件著作权侵权行为的隐蔽性强、取证难度大等特点,采取该取证方式,有利于解决此类案件取证难问题,有利于加强知识产权保护。

结合诚实信用原则的内涵进行分析,应当说,北大方正的取证方法也不构成对诚实信用原则的违反。第一,北大方正的取证行为并没有"损害他人利益和社会利益",不符合上述所列违反诚信原则的情形。高术公司称该取证方法侵权了其利益,但是高术公司所称的这一利益并非合法利益,而是以盗版获取暴利的利益,当然不应受到保护。第二,诚实信用具有相对性,无视被告的侵权行为,只看北大方正员工虚构单位与购买意向就认为其违背诚信原则,显然有失公平。况且北大方正的取证行为根本谈不上是"以恶报恶",其行为仍在合法的限度之内。第三,从社会效果上看,认可北大方正的取证方法并不会导致整个社会的诚信危机。相反,北大方正取证的方式主要针对软件侵权人实施,其证据揭露的恰好是被告盗版的事实,维护的正是交易安全和交易秩序。换言之,该取证方式只会造成侵权产品的交易不安全,而不会造成合法市场的交易安全。

综上,原二审判决对诚实信用原则和公平原则的理解有失妥当,而再审判决的认识则是值得赞同的。

---

① 参见江伟:《民事诉讼法》(第三版),高等教育出版社 2007 年版,第 35、36 页。

② 参见李浩:《利益衡量的杰作 裁判方法的典范——评"北大方正案"的再审判决》,载《人民法院报》2007 年 3 月 26 日。

（五）自测案例

案例37

张某诉北京正安达装饰工程公司挂靠经营合同纠纷案①

2002年7月1日，正安达公司收取张某装修保证金1万元。同年7月31日，正安达公司（甲方）与张某（乙方）签订《施工合作协议书》，其中约定……三、甲方如在收到抵押金后3个月内不能发包给乙方工程，则甲方全退还乙方保证金，双方自动解除合作协议。2002年9月14日，张某向正安达公司交纳工长押金1万元。2003年1月2日，张某向正安达公司交纳质量保证金1万元。2008年7月，张某得知正安达公司已被吊销营业执照，签订合同目的已无法实现，遂向法院提起诉讼，请求：判令解除张某与正安达公司签订的《施工合作协议书》；判令正安达公司退还工长押金1万元、质量保证金1万元、装修保证金1万元及家装工程尾款8125.70元。正安达公司辩称，收取张某工长押金、装修保证金、质量保证金情况属实，但张某主张权利已超过诉讼时效期间。2002年7月31日双方签订合作协议，自2003年1月2日公司收到质保金1万元后的三个月内，即2003年4月2日前，正安达公司未向张某发包工程，依照约定合作协议已经自动解除。自2003年4月2日起至2005年4月2日止，期满两年，张某从未向正安达公司主张权利。

法院经审理查明，正安达公司收取张某装修保证金、工长押金、质量保证金后，实际上将承包的家庭居室装修工程交由张某负责施工。因此，正安达公司在答辩状中关于"自2003年1月2日公司收到质保金1万元后的3个月内，即2003年4月2日前，正安达公司未向张某发包工程"的陈述意见，构成虚假陈述，违背了诚实信用原则，本院不予采信。判决：解除原告与被告签订的《施工合作协议书》；被告退还原告装修保证金、工长押金、质量保证金、装修工程款共计38125.70元。

---

① 本案例参见中国法院网：http://ws.chinacourt.org/public/paperview.php?id=59323，2009-12-6访问。

问：当事人在诉讼过程中是否负有真实陈述义务？对于当事人的虚假陈述行为应否给予制裁？

六、支持起诉原则

支持起诉原则，是指机关社会团体、企业事业单位对损害国家、集体或者个人民事权益的行为，可以支持受损害的单位或个人向法院起诉。所谓受损害的单位或个人，指的是侵权行为的直接受害者，也即与本案有直接利害关系，有权提起诉讼的原告。所谓支持起诉，指的是对受损害者给予道义上的支持以及法律上和物质上的帮助，鼓励其向法院起诉，而绝不能代替其行使诉权，以自己的名义向法院起诉。

（一）案情简介

案例38

检察院支持44户农民起诉国营苗圃合同纠纷案①

2000年8月17日，苍溪县林业局下属国营苗圃经石门乡政府协调，与王某等44户农民分别签订了《苗木种植合同》。合同约定，种苗户按每株0.6元在国营苗圃处购买优质合格桃苗栽培，国营苗圃负责嫁接等技术指导并按每株1.2元包销。收购时间为2001年10月至2002年4月30日。2000年10月，国营苗圃分两次卖给种苗户桃苗713600株。种苗户采取从信用社借款等方式先向国营苗圃交桃苗款284898元。2001年10月，种苗户要求国营苗圃按合同约定时间收苗未果。12月10日，国营苗圃以有困难为由，与种苗户补签协议约定：2002年1月底前，国营苗圃将种苗户嫁接的合格桃苗全部收回，并按每株1.20元人民币现金结算。但协议到期后，国营苗圃仍未按协议履行。

王某等44户农民似有上当受骗之感，在多次找苗圃未果的前提下，四处奔波，告状申诉，要求有关部门解决问题。但由于王某等44户农民意见不一，始终无法统一意向，有的甚至以无法胜诉、怕出诉讼费、

① 参见中国普法网：http://www.legalinfo.gov.cn/gb/news/2003-05/27/content_29123.htm，2009-7-27访问。

怕麻烦为由，采取静观等待态度。因此，该案一度成为“皮球”案，迟迟得不到解决。

2002年7月，苍溪县人民检察院控告申诉、民事行政检察干警在调查研究中了解到44户农民的苦衷后，依据有关法律，决定立即成立专案组。民事行政检察干警深入王某等44户农民家中，实地走访，逐一调查核实，决定支持他们提起民事诉讼。检察官还主动与苍溪县人民法院联系，终于启动了民事诉讼程序，并派检察员出庭支持民事诉讼。苍溪县人民法院经审理，于2003年1月8日作出判决：苍溪县林业局国营苗圃赔偿石门乡王某等44户农民经济损失254332.94元。

（二）思考方向

过去，对于侵犯与人民生活密切相关的水、电、气、粮等等诸多领域的民事行为，没有人站出来运用法律维护自己的民事权益。人们常常因其侵犯的利益落实到个人头上“小”，或是因为无力提起民事诉讼等原因，而放任了不少民事侵权行为的发生。透过此案例，不难看出本案的成功意义在于检察机关提起、支持、参与公益诉讼，以国家公诉的名义保护公民的合法权益，这无疑是保护民事公共利益的一个较好途径。

（三）法律规定

《民事诉讼法》第15条 机关、社会团体、企业事业单位对损害国家、集体或者个人民事权益的行为，可以支持受损害的单位或者个人向人民法院起诉。

（四）学理分析

根据《民事诉讼法》规定，支持起诉原则的适用必须具备特定的条件：(1) 支持起诉案件必须是侵权行为引起的民事纠纷，即加害人的行为侵犯了国家、集体或者个人的民事权益。如果不是民事侵权案件，而是一般的民事争议，当事人可以自行处分自己的诉权，无需机关、团体、企事业单位支持其起诉。(2) 有权支持起诉的主体只限于机关、团体、企事业单位，不包括个人，即个人不能成为支持起诉的主体。(3) 支持起诉的前提条件是利害关系人没有提起诉讼。如果利害关系人已经起诉，则不存在支持起诉的问题了。

关于支持起诉的方式,我国法律没有作出明确规定。实践中,支持受害者起诉的方式主要是启发和鼓励受损害的单位或个人向法院起诉,同时给予道义上、物质上和法律上的帮助。

近年来值得关注的一个现象是,支持起诉原则越来越多地成为检察机关监督和参与民事诉讼的手段。2001 年 10 月,最高人民检察院在《关于加强民事行政检察工作若干问题的意见》中,要求各级检察机关"对侵害国家利益、社会公共利益的案件,支持有起诉权的当事人向法院提起民事、行政诉讼"。在最高人民检察院的领导下,各级检察机关积极主动代表国家提起、支持、参与民事行政公益诉讼,运用司法手段保护国家和社会公共利益。在推进司法体制改革、强化法律监督职能方面进行了积极的探索和有益的尝试。

（五）自测案例

案例39

检察院支持芙蓉区五里牌街道办事处起诉陈家父子无因管理纠纷案①

2005 年 9 月 26 日清晨,位于长沙市火车站附近的晓园大楼突发大火。晓园大楼建筑面积达 3 万余平方米,大楼内分布着 12 家单位,十余个招待所。由于地处火车站附近,不少南来北往的旅客都会选择到晓园大楼内的招待所投宿。消防队员经过近 7 个小时的奋力扑救,将大火彻底扑灭。火灾造成一人死亡,19 人受伤、房屋受损等巨大财产损失,经济损失达 930 余万元。火灾发生后,五里牌街道在芙蓉区政府的支持配合下,投入了巨大的人力、财力对火灾事故进行善后处理,对受伤人员进行救助和安置,受害人得到了相应的补偿,为此支付 588 万余元的费用。据公安消防部门的责任认定,陈家父子的不当装修是导致小火酿成大灾的重要原因。鉴于五里牌街道不便以受害人的名义提起侵权之诉,但符合无因管理的特征,遂以无因管理为案由,请求法院判决陈家父子偿付相关费用。芙蓉区人民检察院指派两名检察员出庭支

① 本案例参见:http://www.hnjcy.gov.cn/newsShow.aspx? newsId = 4964,2009-12-6 访问。

持原告起诉。2007 年 7 月 20 日,法院一审判决原告胜诉,陈家父子对五里牌街道基于无因管理支出的必要费用承担 30% 的偿付责任,偿付原告 176 万余元。

问:本案中,检察机关支持起诉是否符合《民事诉讼法》规定的条件?

第十章 民事审判的基本制度

一、合议制度

合议制度,是指由三名以上为奇数的审判人员组成审判庭,以人民法院的名义,具体行使民事审判权,对民事案件进行审理并作出裁判的制度,也称为合议制。合议制度是相对于独任制度而言的。独任制度,是指由一名审判人员独立对案件进行审理和裁判的制度。合议制度与独任制度共同组成了我国有关审判组织的制度内容。我国《民事诉讼法》规定的审判组织有两种:合议庭和独任庭。

(一) 案情简介

案例40

熊某、李某诉程某股权转让合同纠纷案①

熊某、李某与程某多次协商,于2007年2月10日签订《股份转让协议书》。当前又就上述协议书中约定的债券、债务、管理、移交工作另签订《补充协议》。后双方在协议履行过程中发生争议,熊某、李某以程某为被告诉至望城县人民法院。望城县人民法院经审理认为,上述协议的签订无胁迫、欺诈等行为,双方系真实意思表示,且该协议内容不违反法律禁止性规定,属合法有效协议。诉讼中原告申请将请求判令被告继续履行协议约定义务、办理股东工商变更登记手续的诉讼请求变更为判决确认《股东转让协议书》、《补充协议》合法有效。按法律规定在法庭辩论终结后当事人不能变更诉讼请求,鉴于本案原告原诉讼请

---

① 本案例参见中国法院网:http://ws. chinacourt. org/public/paperview. php? id = 134145,2009-12-11 访问。

求本来就包含了请求确认《股东转让协议书》、《补充协议》合法有效的诉讼请求在内，原告申请变更诉讼请求并不是实质上的变更，而是减少部分诉讼请求，即减少请求判令被告继续履行协议约定的义务、办理股东工商变更登记手续的诉讼请求，对被告没有实质意义上的影响，当事人要求减少部分诉讼请求是对其诉讼权利的处分，只要不损害他人权利和国家利益，法院应予确认。据此判决：原告熊某、李某与被告程某签订的《股份转让协议书》、《补充协议》合法有效。

程某不服一审生效判决向长沙市中级人民法院申请再审。长沙市中级人民法院受理再审申请后，依法组成合议庭进行了审查。认为，再审被申请人在法庭辩论终结后向原审法院提交《变更诉讼请求申请书》，将"判令被告继续履行协议约定义务，办理股东工商变更登记手续"的诉讼请求变更为"判决确认《股份转让协议书》、《补充协议》合法有效"。再审被申请人原诉讼请求属于给付之诉，变更后的诉讼请求属于确认之诉，是两种不同性质的诉讼。原审法院以变更的诉讼请求与原诉讼请求有关联而没有送达副本、没有重新指定举证期限和开庭审理，径行判决，审判程序违法，剥夺了再审申请人的辩论权利。裁定：指令望城县人民法院另行组成合议庭对本案进行再审。

（二）思考方向

相对于独任庭，合议庭是我国民事诉讼中运用更为广泛的审判组织，适用第一审普通程序审理的第一审案件应当采用合议庭审理，第二审、再审以及发回重审的案件则一律组成合议庭审理，并且，发回原审法院再审和发回发审法院重审的案件应当另行组成合议庭，原先参与案件审判的法官不得成为新的再审和重审合议庭成员。

（三）法律规定

《中华人民共和国人民法院组织法》第 10 条 人民法院审判案件，实行合议制。

人民法院审判第一审案件，由审判员组成合议庭或者由审判员和人民陪审员组成合议庭进行；简单的民事案件、轻微的刑事案件和法律另有规定的案件，可以由审判员一人独任审判。

人民法院审判上诉和抗诉的案件，由审判员组成合议庭进行。

合议庭由院长或者庭长指定审判员一人担任审判长。院长或者庭长参加审判案件的时候，自己担任审判长。

《民事诉讼法》第10条　人民法院审理民事案件，依照法律规定实行合议、回避、公开审判和两审终审制度。

第40条　人民法院审理第一审民事案件，由审判员、陪审员共同组成合议庭或者由审判员组成合议庭。合议庭的成员人数，必须是单数。

适用简易程序审理的民事案件，由审判员一人独任审理。

陪审员在执行陪审职务时，与审判员有同等的权利义务。

第41条　人民法院审理第二审民事案件，由审判员组成合议庭。合议庭的成员人数，必须是单数。

发回重审的案件，原审人民法院应当按照第一审程序另行组成合议庭。

审理再审案件，原来是第一审的，按照第一审程序另行组成合议庭；原来是第二审的或者是上级人民法院提审的，按照第二审程序另行组成合议庭。

第42条　合议庭的审判长由院长或者庭长指定审判员一人担任；院长或者庭长参加审判的，由院长或者庭长担任。

第43条　合议庭评议案件，实行少数服从多数的原则。评议应当制作笔录，由合议庭成员签名。评议中的不同意见，必须如实记入笔录。

第86条第1款　人民法院进行调解，可以由审判员一人主持，也可以由合议庭主持，并尽可能就地进行。

第161条　依照本章程序审理的案件，实行一审终审。选民资格案件或者重大、疑难的案件，由审判员组成合议庭审理；其他案件由审判员一人独任审理。

第186条第2款　人民法院审理再审案件，应当另行组成合议庭。

《民诉法意见》第234条　适用公示催告程序审理案件，可由审判员一人独任审理；判决宣告票据无效的，应当组成合议庭审理。

第242条　人民法院受理破产案件后，应当组成合议庭进行审理。

《审判监督程序解释》第8条　人民法院受理再审申请后，应当组成合议庭予以审查。

《关于人民法院合议庭工作的若干规定》（2002年8月12日发布）

（四）学理分析

合议制度是民主集中制在我国民事审判活动中的体现。与独任制相比，合议制具有可以发挥集体智慧，克服单个审判人员个人认识的片面性和知识的局限性，防止个人专断，有利于提高案件审判的质量，更能体现审判的形式公正。合议制的缺陷在于提高了审理的成本，因此，以合议制为主的大陆法系国家也在探讨如何实现两种审理形式的互补。由于司法传统的原因，英美法系国家普遍采用独任制，特殊情形才采用合议制，如美国联邦最高法院审理案件时采用合议制形式。

在我国，合议庭的组成因审判程序的不同而有所不同。

（1）第一审程序中的合议庭，可以由审判员和陪审员共同组成，也可以全部由审判员组成。但不能全部由陪审员组成。人民陪审员依法参加人民法院的审判活动，除不得担任审判长外，同法官有同等权利，对事实认定、法律适用独立行使表决权。社会影响较大的以及当事人申请由人民陪审员参加合议庭审判的第一审民事案件，应当由人民陪审员和法官组成合议庭进行，但适用简易程序审理的案件和法律另有规定的案件除外。人民陪审员和法官组成合议庭审判案件时，合议庭中人民陪审员所占人数比例应当不少于1/3。

第二审法院发回原审法院重审的案件，原审法院应当按照第一审程序另行组成合议庭，原先参与过案件审理的审判人员不得成为重审合议庭的组成人员。

（2）第二审程序中的合议庭，必须全部由审判员组成，陪审员不能成为二审合议庭成员。其原因是，第二审法院除了对上诉请求进行审理并作出裁判外，还担负着对下一级法院的审判活动实施监督指导的任务。基于二审法院的这一性质和任务，人民陪审员不宜作为二审合议庭的组成人员。

（3）再审程序中的合议庭组成根据再审案件审理程序的不同而有所不同。根据《民事诉讼法》第186条，人民法院按照审判监督程序再审的案件，发生法律效力的判决、裁定是由第一审法院作出的，按照第一审程序审理，发生法律效力的判决、裁定是由第二审法院作出的，按照第二审程序审理，上级人民法院按照审判监督程序提审的，按照第二审程序审理。并且，人民法院审理再审案件无论按照第一审程序审理还是按照第二审程序审理，一律应当另行组成合议庭审理。

再审程序的合议庭在构成形式上实际上与原审程序并没有区别,原审程序的合议庭允许陪审员参加的,再审合议庭仍允许陪审员参加。再审程序合议庭的不同之处在于再审合议庭必须另行组成,即原来的审判人员不得作为再审合议庭的成员,以防止先入为主,保证再审的公正性。

合议庭是一个审判集体,由其中一名审判员担任审判长,负责合议庭的组织工作和对外代表合议庭。根据《民事诉讼法》规定,人民法院院长或者庭长参加合议庭审判案件时,由院长或者庭长担任审判长。院长或庭长不参加合议庭时,由院长或者庭长指定合议庭的一名审判人员担任审判长。但是,2000 年 7 月 28 日最高人民法院发布了《人民法院审判长选任办法(试行)》,开始在全国各级法院实行审判长制度,同时形成的是固定的合议庭。这种固定的合议庭有两方面的含义:一是指合议庭依各审判业务庭的需要和法官的数量而固定设置,无论有无具体案件正在审理之中,各个合议庭如同各个业务庭一样都客观地存在着;二是指合议庭的成员相对固定,由一个固定的审判长和两个或三个固定的法官组成一个固定的合议庭。这种固定合议庭突破了原合议庭的临时性质,使合议庭不再是因审判需要而设、因审判结束而撤的审判组织——它已经不是《人民法院组织法》和诉讼法意义上的合议庭了。①

本案中,长沙市中级法院在审查当事人再审申请时,依法组成合议庭进行审查,符合《审判监督程序解释》的规定,应当予以肯定。其审查结论是原审法院的审判程序违法,剥夺了再审申请人的辩论权利,应当再审,裁定:指令望城县人民法院另行组成合议庭对本案进行再审。该裁定要求再审程序应另行组成合议庭审理,值得肯定。但是,根据《民事诉讼法》第 181 条,因当事人申请裁定再审的案件应当由中级人民法院以上的人民法院审理。而望城县法院是基层法院,因而,长沙市中级法院对程某申请再审的案件裁定指令望城县法院再审的做法不符合《民事诉讼法》的规定。

---

① 参见张晋红:《审判长制度与合议制度之冲突及协调——兼论合议制度的立法完善》,载《法学评论》2003 年第 6 期。

（五）自测案例

案例41

岳某诉王某生命权、健康权、身体权纠纷案①

2007年10月19日9时许，岳某到王某经营的昆仑便利门市购物时，踩到地面的菜叶上滑倒摔伤，经登封市中医院诊断为左股骨转子间粉碎性骨折，住院12天，出院后仍需做牵引护理。岳某的伤情，经郑州公平法医临床司法鉴定所鉴定构成X(十)级伤残。岳某以王某和昆仑便利门市为共同被告诉至登封市人民法院，请求赔偿各项费用22510.70元。登封市人民法院一审判决被告向原告赔偿各项费用17279.65元。被告不服该判决提出上诉，其中一项上诉理由是一审程序违法，一审合议庭中的两位陪审员均与岳某或其代理人有利害关系，一审庭审前未告知合议庭成员，剥夺了上诉人申请回避的权利。

问：人民陪审员是否适用回避制度？

二、回避制度

民事诉讼中的回避制度，是指在民事诉讼中，审判人员以及其他可能影响案件公正审理的有关人员，在遇有法律规定的情形时，退出该案诉讼程序的制度。回避制度是体现程序公正的典型制度。通过回避制度，可以把存在的可能影响案件公正审理的法官和其他有关人员排除出审判的过程，以消除当事人疑虑，保证审判过程和审判结果的公正性。

① 本案例参见中国法院网：http://ws.chinacourt.org/public/paperview.php?id=206411，2009-12-11访问。

（一）案情简介

案例42

周某诉金某健康权纠纷案①

2008年11月9日上午11点，周某与金某参加了一个展销团队，同时在麻阳县汽车站推销被套。周某以46元的价格将一件被套卖给一位老人，金某得知后，走到周某摊位责怪其不该以低于约定好的50元1件的价格出售被套，双方遂发生争吵并厮打。周某受伤，花去医药费若干。双方为此达成赔偿协议三份，但在协议履行过程中发生争议。周某以金某为被告诉至株洲县人民法院。

株洲县人民法院于2009年5月13日立案受理后，依法由审判员陈某适用简易程序于同年6月9日公开开庭进行了审理。因原告周某在宣告判决之前对审判员陈某申请回避，经本院院长决定，本案改由代理审判员伍某适用简易程序于同年6月30日第二次公开开庭进行了审理。

（二）思考方向

审判人员及有关人员的回避分自行回避和当事人申请回避两种情形。当事人申请回避的情形应符合相应的条件，一是申请回避的方式；二是申请回避的时间；三是申请回避的法定情形。法院对当事人提出回避申请的，应当按照法定程序进行审查并作出决定。当事人对于法院作出的决定不服的，享有申请复议的权利。

（三）法律规定

《民事诉讼法》第10条　人民法院审理民事案件，依照法律规定实行合议、回避、公开审判和两审终审制度。

第45条　审判人员有下列情形之一的，必须回避，当事人有权用口头或者书面方式申请他们回避：

（一）是本案当事人或者当事人、诉讼代理人的近亲属；

① 本案例参见中国法院网：http://ws.chinacourt.org/public/paperview.php?id=173703，2009-12-11访问。

(二)与本案有利害关系;

(三)与本案当事人有其他关系,可能影响对案件公正审理的。

前款规定,适用于书记员、翻译人员、鉴定人、勘验人。

第46条 当事人提出回避申请,应当说明理由,在案件开始审理时提出;回避事由在案件开始审理后知道的,也可以在法庭辩论终结前提出。

被申请回避的人员在人民法院作出是否回避的决定前,应当暂停参与本案的工作,但案件需要采取紧急措施的除外。

第47条 院长担任审判长时的回避,由审判委员会决定;审判人员的回避,由院长决定;其他人员的回避,由审判长决定。

第48条 人民法院对当事人提出的回避申请,应当在申请提出的三日内,以口头或者书面形式作出决定。申请人对决定不服的,可以在接到决定时申请复议一次。复议期间,被申请回避的人员,不停止参与本案的工作。人民法院对复议申请,应当在三日内作出复议决定,并通知复议申请人。

第123条第2款 开庭审理时,由审判长核对当事人,宣布案由,宣布审判人员、书记员名单,告知当事人有关的诉讼权利义务,询问当事人是否提出回避申请。

第132条 有下列情形之一的,可以延期开庭审理:

……

(二)当事人临时提出回避申请的;

……

第179条 当事人的申请符合下列情形之一的,人民法院应当再审:

……

(八)审判组织的组成不合法或者依法应当回避的审判人员没有回避的;

……

《民诉法意见》第181条 第二审人民法院发现第一审人民法院有下列违反法定程序的情形之一,可能影响案件正确判决的,应依照民事诉讼法第一百五十三条第一款第(四)项的规定,裁定撤销原判,发回原审人民法院重审:

(1)审理本案的审判人员、书记员应当回避未回避的;

……

《最高人民法院关于审判人员严格执行回避制度的若干规定》(以下简称《回避规定》)(2000年1月31日发布)

(四)学理分析

回避制度是保障法官中立和审判公正的诉讼制度,而法官在何种情形下可能会有失中立或者可能导致审判的不公正，需要法律作出明确的规定。我国民事诉讼法规定的法定情形有三：(1) 是本案的当事人或者当事人、诉讼代理人的近亲属。近亲属通常是指配偶、父母、子女、兄弟姐妹、祖父母、外祖父母、孙子女、外孙子女。(2) 与本案有利害关系，这是指案件处理的结果会直接或间接地影响到法官或其他有关人员的利益。(3) 与本案当事人有其他关系，可能影响案件公正审理。对于何为“其他关系”，《回避规定》作出更加详细的列举性规定。

回避适用的对象首先是审判人员，包括审判员和陪审员，其次，是书记员、翻译人员、鉴定人、勘验人。将审判人员以外的人员也作为回避适用的对象，是由于他们虽然不是审判人员，但记录或提供与审判有关的信息，如果他们与当事人之间存在利害关系，同样也会影响案件的公正审理。

回避的方式可以是自行回避，也可以是申请回避。提出回避请求可以采用口头形式也可采用书面形式。提出回避申请的时间，原则上应当在案件开始审理时提出，但回避事由在案件开始审理后知道的，也可以在法庭辩论终结前提出。回避申请提出后，除案件需要采取紧急措施外，被申请人员在回避与否的决定作出前，应当暂停参与案件的审理工作。对当事人提出的回避申请，法院应当予以审查并在 3 日内以口头或书面方式作出决定。决定回避的权限依被申请回避人员的不同而异：院长担任审判长时的回避，由审判委员会决定；审判人员的回避，由院长决定；其他人员的回避，由审判长决定。

回避是保证审判公正的一项重要制度，相应地，当事人申请回避的权利也是一项重要的诉讼权利，因而在当事人的回避申请被驳回时，法律为其设置了相应的救济程序。即，申请人对决定不服的，可以在接到决定时申请复议一次。复议期间，被申请回避的人员，不停止参与本案的工作。人民法院对复议申请，应当在 3 日内作出复议决定，并通知复议申请人

审判人员及相关人员应当回避而未回避的，构成严重的程序违法。第二审法院发现此种情形时，应当裁定撤销原判，发回原审人民法院重审。同时，这也构成当事人申请再审的法定事由。

本案中，原告在宣告判决之前对独任审判员提出回避申请，在回避对象方面符合法律规定，但提出回避申请的时间是否符合法律规定却存在疑问。法定的申请回避时间最迟应在法庭辩论终结前，而本案原告是在宣告判决之前提出回避申请，这里的时间点不够清晰，如果是在法庭辩论结束后宣告判决前提出申请，是否应予准许，不无疑问。从违反回避制度的法律后果看，审判人员及书记员应当回避而未回避的，构成重审和再审的法定事由。

并且法律并未将回避问题规定为当事人的责问事项,即使当事人没有发现回避事由或者没有提出回避申请,只要确实存在应当回避的情形,审判人员及书记员就应当回避。换言之,应当回避的审判人员及书记员的审判活动并不因当事人未经申请而获得正当性。由此看来,即使当事人在法庭辩论结束后判决作出前发现回避事由并提出回避申请,法院仍应予以准允,并重新组成审判组织,对案件重新进行审理。

(五)自测案例

案例43

曾某诉张某、段某、欧阳某财产损害赔偿纠纷案①

2007年4月20日,曾某与张某、欧阳某三人共同出资273800元购买卡特320挖机一辆。2007年5月18日,段某加入合伙并签订《入股协议书》,约定挖机作价281400元分成三股,曾某与段某各占1/3,张某与欧阳某共占1/3。2008年3月3日,合伙人协商订立《承包协议书》,约定由曾某承租挖机并约定租期1年。曾某租赁挖机十余天后,张某、段某、欧阳某在未征得曾某同意的情况下将挖机卖给严某,曾某认为其合法权益受到侵犯,遂以张某、段某、欧阳某为被告诉至湘乡市人民法院。一审判决后,被告不服提出上诉。其中一项上诉理由是:原审程序不合法,原审法院在开庭之前告知的合议庭组成人员是马某、易某和龙某,而开庭审理时却临时变更了合议庭组成人员。

问:开庭之前告知的合议庭成员与开庭审理时的合议庭组成人员不一致时,是否侵犯了当事人申请回避的诉讼权利?

三、公开审判制度

公开审判制度,是指人民法院在审理民事案件时,应当将其审判活动向社会公开的制度。公开审判制度是诉讼民主化的表现。公开审判,一方面有助于诉讼公正的实现,另一方面有助于保障当事人的权利,以及增强当事

① 本案例参见中国法院网:http://ws.chinacourt.org/public/paperview.php? id=100369,2009-12-11访问。

人和社会对诉讼的认同感。

（一）案情简介

案例44

马某诉杜某离婚纠纷案①

马某与杜某于2001年5月28日登记结婚，二者均属再婚。婚后杜某带11岁的儿子鲁某与马某共同生活。婚后夫妻关系较好，马某对养子鲁某履行了抚养义务，现鲁某已成年，外出打工，并能独立生活。2008年3月18日至3月31日，马某患肺癌住院期间，杜某有时到医院看望，但未陪护过。2008年4月，马某诉至甘州区人民法院要求与杜某离婚，并分割夫妻财产。甘州区人民法院受理此案后，依法适用简易程序，不公开开庭进行了审理。原告马某及其委托代理人贺某，被告杜某及其委托代理人张某均到庭参加了诉讼。

（二）思考方向

公开审判是民事审判的基本制度，一般的民事案件的审理，都应当事先公开告示审判事项，公开审理的过程，以及公开审理的结果。但是，公开审判制度并非适用于所有民事案件。在一些特殊案件中，其秘密审理所保护的个别价值甚至高于公开审理所追求的程序公正价值，如个人隐私、国家机密的保护。

（三）法律规定

《中华人民共和国宪法》第125条 人民法院审理案件，除法律规定的特别情况外，一律公开进行。被告人有权获得辩护。

《人民法院组织法》第7条 人民法院审理案件，除涉及国家机密、个人阴私和未成年人犯罪案件外，一律公开进行。

《民事诉讼法》第10条 人民法院审理民事案件，依照法律规定实行合

① 本案例参见中国法院网：http://ws. chinacourt. org/public/paperview. php? id = 63652，2009-12-11访问。

议、回避、公开审判和两审终审制度。

第66条 证据应当在法庭上出示,并由当事人互相质证。对涉及国家秘密、商业秘密和个人隐私的证据应当保密,需要在法庭出示的,不得在公开开庭时出示。

第120条 人民法院审理民事案件,除涉及国家秘密、个人隐私或者法律另有规定的以外,应当公开进行。

离婚案件,涉及商业秘密的案件,当事人申请不公开审理的,可以不公开审理。

第122条 人民法院审理民事案件,应当在开庭三日前通知当事人和其他诉讼参与人。公开审理的,应当公告当事人姓名、案由和开庭的时间、地点。

第134条第1款 人民法院对公开审理或者不公开审理的案件,一律公开宣告判决。

《民诉法意见》第72条 证据应当在法庭上出示,并经过庭审辩论、质证。依法应当保密的证据,人民法院可视具体情况决定是否在开庭时出示,需要出示的,也不得在公开开庭时出示。

第154条 民事诉讼法第六十六条、第一百二十条所指的商业秘密,主要是指技术秘密、商业情报及信息等,如生产工艺、配方、贸易联系、购销渠道等当事人不愿公开的工商业秘密。

《最高人民法院关于严格执行公开审判制度的若干规定》(1999年3月8日)(略)

(四)学理分析

公开审判制度是诉讼文明和进步的标志。公开审判制度的意义在于将民事审判活动置于社会的广泛监督之下,通过社会的监督制约,保障审判的公正。公开审判制度具体包括以下内容:(1)人民法院应当在案件开庭审理前公告当事人的姓名、案由和开庭审理的时间、地点;(2)在开庭审理期间,除了法律有规定的以外,公民可以旁听案件的审理;(3)允许新闻媒体对案件进行采访报道;(4)人民法院应当公开宣告判决。

公开审理是公开审判制度的主要内容,根据公开审判制度的一般要求,人民法院在审理案件时应当公开进行,即人民法院在审理案件时允许诉讼参与人以外的公民旁听案件审理。但是,在一些特殊的案件中,如果允许其他公民旁听,就可能导致国家秘密、商业秘密的泄露,不利于个人隐私的保护，或者对社会产生其他消极影响。有鉴于此，我国《民事诉讼法》规定某些特殊的案件不公开审理，即不允许诉讼参与人以外的其他公民旁听审理过程。这些案件是：(1) 涉及国家机密的案件；(2) 涉及个人隐私的案件；(3) 离婚案件和涉及商业秘密的案件，当事人申请不公开审理的，可以不公开审理。但不公开审理的案件与公开审理的案件一样，都应当公开宣判。

本案是一起离婚案件，无论是否涉及个人隐私，只要当事人申请不公开审理，法院都可以不公开审理。

（五）自测案例

案例45

彭宇案中的媒体与司法：谁干涉了谁①

2007 年 7 月 6 日，彭宇案进入一审的第三次庭审。庭审前，彭宇找到“西祠胡同 · 南京零距离”的版主周桂华，对他讲述了自己“好心救人反被诬陷”的故事。媒体出身的周桂华出于职业敏感觉得这个选题很有典型性。于是在彭宇案第三次庭审前，南京十多家平面媒体和几家电视台的相关记者、编导收到了周桂华的短信报料。于是十多家媒体对该案进行了报道，而且报道角度几乎都站在彭宇的角度，质疑判决。

第三次开庭，彭宇请陈二春出庭作证。陈二春在出庭作证时，因受到徐寿兰说“在场的不是这个人，他在撒谎”的刺激，出来后有媒体记者问：“以后遇到这种事还会去做好事吗？”他感慨：“如果这种事情再持续下去，我要想一想。”陈二春感染了媒体和受众。“扶人却被判撞人赔钱南京小伙好心没好报”、“男子搀扶摔倒老太反成被告判赔 4 万”之类的报道相继刊发。指向明显：彭宇没有撞倒老太太，而只是把她搀起来了。

2007 年 9 月 3 日，南京鼓楼区人民法院就此案作出一审判决，推理认定徐寿兰系被告彭宇相撞受伤，酌定彭宇补偿徐老太损失的 40% 较为适宜，彭宇需给付 45876.36 元。这份判决书很快在互联网上流传起来。网民对判决的批判和质疑声此起彼伏。

---

① 本案例参见《南方周末》，2008 年 4 月 10 日。

于是，彭宇案中出现了一场饶有意味的对立：司法指责媒体渲染司法不公，媒体则暗示和质疑判决中的疑点。

南京法院系统认为：一些媒体为了炒作卖点和提高收视率，置社会责任、宣传纪律和职业道德于不顾，未对该案作全面、客观和真实的报道，擅自发布彭宇见义勇为受冤枉的不实报道和倾向性报道，严重误导了社会公众，严重影响了人民法院的审判工作和司法权威，挑战法律的应有尊严。

法院方面表示：由于媒体带有倾向性的报道，媒体和网民的态度一边倒，几乎都认为被告彭宇是见义勇为，彭宇做好事反而被人咬一口，法院判决冤枉了彭宇。很多不明真相的网友用激烈的言辞抨击和质疑法院审判不公，辱骂和威胁法官，并煽动网民为彭宇捐款以示支持。

法院列出了部分媒体的三大"罪状"：使很多人产生了"好人不能做、做好事要赔钱"的错误认识，引发了人们的道德危机感，影响了和谐社会的创建；使社会公众误认为司法不公，严重损害了司法的权威和公信力，影响了中国的法治进程；一些网民将我院部分电话、原告家庭住址及电话在网上公布，使法院正常的办公秩序被严重干扰。

而南京一位报道该案的记者则站在媒体角度阐述了他的疑问：宣判时法官上来的第一句话：我们的判决是经过本院合议庭会议合议的结果，这种简单的案件一般是不会合议的，我就震住了。该记者透露：宣判完，法院研究室主任跟我们讲，大家只要报一个判决结果，不要对判决书的内容作质疑。南京几乎所有媒体都到场了，记者们都明白这是话里有话。而且宣判离上次开庭等了两个月，一般判决绝不会等那么长时间的。整个过程都让我们不得不怀疑。在一些记者看来，判决没有厘清此间的诸多疑点。"你说，作为一个机密材料的笔录，怎么会丢了呢？同样，怎么能让外人拍呢？如果撇去一些确有倾向性的标题不谈，媒体只是将这些疑点暴露出来。"

问：司法独立与舆论监督的关系。

四、两审终审制度

两审终审制，是指民事案件经过两级人民法院的审理和裁判即告终结的制度。根据两审终审制度，当事人对第一审地方各级人民法院作出的裁判不服的，可以在法律规定的上诉期间内，向上一级人民法院提出上诉，上一级人民法院经过审理和裁判后，本案件的审理即宣告终结，裁判就此发生法律效力。当事人再不服的，不能再次提出上诉。已经生效的裁判确有错误的，可以通过审判监督程序获得救济。

（一）案情简介

案例46

邓某诉罗某承揽合同纠纷案①

邓某系南昌市欣荣纸品厂（个体工商户）经营业主，罗某系长沙市芙蓉区金建酒店用品商行（个体工商户）经营业主。2006年5月4日，邓某与罗某签订一份《订牌纸品购销合同》，由邓某向罗某提供纸品。2006年8月7日，罗某收取邓某质量保证金5000元。2006年5月4日至2007年1月8日，邓某与罗某一直保持着纸品的买卖关系。2006年10月12日，邓某向罗某送达一份调价通知函，罗某收到通知函后未书面回复邓某，也未表明同意或不同意调价。2007年1月8日，双方的来往账目结清。2007年1月16日，罗某要求邓某继续供货，此次供货后罗某未向邓某支付货款。后邓某以罗某为被告诉至芙蓉区人民法院。法院经审理认为，罗某于2007年1月16日支付给邓某的订货款应抵扣所欠货款，罗某向邓某收取的5000元质量保证金应返还给邓某。罗某辩称纸品存在质量问题，对该问题作如下分析认定：2006年5月4日至2007年1月8日期间，双方的合同义务已履行完毕，且罗某未提出反诉，因而罗某在本案中提出的有关请求，本院不予受理和处理；2007年1月16日至2月9日期间，关于纸品是否存在质量问题，罗某未提供相应证据，本院不能确认纸品存在质量问题。判决罗某向邓某支付货款并返还保证金共计37272元。

罗某不服一审判决上诉至长沙市中级人民法院，其中一项上诉理

---

① 本案例参见中国法院网：http://ws.chinacourt.org/public/paperview.php?id=127283，2009-12-12访问。

由是一审法院对上诉人要求被上诉人赔偿的反诉请求没有审理,是一审漏判。二审经审理后认为,罗某要求邓某承担赔偿责任的问题,因罗某在本案中未提起反诉,对罗某在本案中的提出的有关请求,本院不予受理和处理。判决驳回上诉,维持原判。

(二)思考方向

本案中,罗某提出的请求是否构成反诉是首先需要确认的问题。如果罗某的请求在一审中不构成反诉,二审中可否补充完善其诉的要件后再次提出反诉,一旦罗某在二审提出的请求符合反诉条件,二审法院应如何处理。如果罗某提出的请求在一审中符合反诉条件,但一审法院未予审理,属漏审漏判,那么二审法院对该漏审漏判的请求应如何处理。

(三)法律规定

《人民法院组织法》第12条 人民法院审判案件,实行两审终审制。

地方各级人民法院第一审案件的判决和裁定,当事人可以按照法律规定的程序向上一级人民法院上诉,人民检察院可以按照法律规定的程序向上一级人民法院抗诉。

地方各级人民法院第一审案件的判决和裁定,如果在上诉期限内当事人不上诉、人民检察院不抗诉,就是发生法律效力的判决和裁定。

中级人民法院、高级人民法院和最高人民法院审判的第二审案件的判决和裁定,最高人民法院审判的第一审案件的判决和裁定,都是终审的判决和裁定,也就是发生法律效力的判决和裁定。

《民事诉讼法》第10条 人民法院审理民事案件,依照法律规定实行合议、回避、公开审判和两审终审制度。

《民诉法意见》第182条 对当事人在一审中已经提出的诉讼请求,原审人民法院未作审理、判决的,第二审人民法院可以根据当事人自愿的原则进行调解,调解不成的,发回重审。

第183条 必须参加诉讼的当事人在一审中未参加诉讼,第二审人民法院可以根据当事人自愿的原则予以调解,调解不成的,发回重审。发回重审的裁定书不列应当追加的当事人。

第184条 在第二审程序中,原审原告增加独立的诉讼请求或原审被告提出反诉的,第二审人民法院可以根据当事人自愿的原则就新增加的诉讼请求或反诉进行调解,调解不成的,告知当事人另行起诉。

(四)学理分析

在审级制度方面,外国法院通常采用的是三审终审制,我国是少数采用二审终审制的国家之一。多重审级制度的优点在于:(1)通过多重审理,可以减少审判的错误,保障案件裁判的质量;(2)有利于上级裁判机关对下级裁判机关的监督,保障法律实施的统一性和完整性。多重审级制度的缺陷在于:(1)增加裁判机关和当事人的负担,提高了诉讼的成本;(2)由于多级审理和裁判,诉讼时间必然增加,不利于纠纷的迅速解决。① 由此可见,三审终审制的优点在于公正,缺陷在于低效率;两审终审制的优点在于高效率,缺陷在于公正有所欠缺。在设立审级制度的目标上,诉讼公正与诉讼效率似乎总是一对矛盾,诉讼公正要求尽可能多的审级,而诉讼效率则要求尽可能少的审级。设立审级制度,关键是要在诉讼公正与诉讼效率两者之间找到一个平衡点。②

我国两审终审的审级制度主要具有以下特点:一是初审法院与上诉审法院没有审判职能上的专业划分。除基层法院外,各级人民法院既可审理第一审案件,又是其下级法院裁判的上诉审法院。二是上诉审既是事实审,又是法律审。三是普遍上诉制度。《民事诉讼法》除了对上诉规定了相应的形式要件外,对上诉并无区别、限制,只要当事人不服一审裁判即可上诉。③

本案当事人罗某不服一审判决,向上一级法院提出上诉,即是对其法定上诉权利的行使,但在二审法院驳回其上诉维持原判后,罗某即使再不服,也不能再次提出上诉了,这体现的正是二审终审制的要求。此外,本案中需要特别关注的是反诉的审级保护问题。如果罗某的请求在一审中不构成反诉,二审中可以再次提出反诉,一旦罗某在二审提出的请求符合反诉条件,二审法院应当受理,但只能调解不能判决,调解不成的应当告知罗某另行起诉。这里的只调不判和另行起诉,即是对当事人享有的二审终审的审级利

---

① 参见张卫平:《民事诉讼法》,法律出版社2004年版,第75页。

② 参见杨荣新、乔欣:《重构我国民事诉讼审级制度的探讨》,载《中国法学》2001年第5期。

③ 参见常怡:《比较民事诉讼法》,中国政法大学出版社2002年版,第335—336页。

益的保护。如果罗某提出的请求在一审中符合反诉条件,但一审法院未予审理,属漏审漏判,那么二审法院应当在当事人自愿的基础上对该请求进行调解,调解不成的应当发回原审法院重审。重审适用第一审程序审理,作出的判决是可以提出上诉的判决。因而,这里的发回重审,同样也是对当事人享有的二审终审的审级利益的保护。

(五)自测案例

案例47

安徽沙河王酒厂破产管理人诉浙江嘉得莱控股集团公司等合同纠纷案①

沙河酒业合同纠纷案的一审早在2009年5月4日由阜阳市中级人民法院审结判决。一审的原告是安徽沙河王酒厂破产管理人。被告有五个,分别是:浙江嘉得莱控股集团股份有限公司,安徽沙河酒业有限公司,杭州福恒贸易有限公司,姜某,李某。2009年5月4日,阜阳市中级人民法院作出一审判决:一、解除安徽沙河王酒厂破产管理人与被告浙江嘉得莱控股集团股份有限公司签订的《产权交易合同》;二、浙江嘉得莱控股集团股份有限公司应于本判决生效后10日内支付安徽沙河王酒厂破产管理人人民币720万元;三、驳回安徽沙河王酒厂破产管理人的其他诉讼请求。一审判决后,原告安徽沙河王酒厂破产管理人不服,提出上诉。11月12日,由安徽省高级人民法院进行沙河酒业合同纠纷案的二审。上诉人安徽沙河王酒厂破产管理人提出的上诉请求是,请求法院判令:一、各被上诉人之间所签订的股权转让协议无效;二、各被上诉人依法返还属于安徽沙河王酒厂的全部资产。经与一审诉讼请求对比,上诉人的上讼请求中的第一条还在一审诉讼请求的范围之内,但第二条则是一审诉讼请求之外新提出的诉讼请求。

问:上诉人在上诉中提出超越一审诉讼请求的新的诉讼请求时,该新的诉讼请求能否成为二审法院的审理和裁判对象?

---

① 本案例参见中国新闻网:http://www.chinanews.com.cn/sh/news/2009/11-13/1964398.shtml,2009-12-12访问。

第十一章 管 辖

一、级别管辖

级别管辖，是指按照一定的标准，划分各级人民法院之间受理第一审民事案件的分工和权限。对于一个具体的民事案件而言，级别管辖是确定管辖的首要环节，即确定该案件属于四级法院中的哪一级法院管辖。级别管辖并不涉及某个具体的法院，只是解决不同级别的法院之间在受理第一审案件上的权限划分问题。

（一）案情简介

案例48

鞍山钢铁集团公司诉山西省金属材料总公司购销合同欠款纠纷案①

鞍山钢铁集团公司以山西省金属材料总公司欠付购销合同货款3755万余元为理由，向山西省高级人民法院起诉，要求被告支付所欠货款。山西省高级人民法院于2001年5月28日受理。2001年6月25日，被告山西省金属材料总公司在答辩期内提出级别管辖异议，认为：原告鞍山钢铁集团公司所主张的债权分别属不同的法人享有，母子公司均是具有独立法人资格的企业法人，其债权债务各自独立，应当分别起诉。如果独立主张债权，任何一家的债权均不足1000万元，按照山西省高级人民法院关于级别管辖问题的规定，则所有案件均应由太原市中级人民法院管辖。

① 本案例参见法搜网：http://www.fsou.com/html/text/fnl/1174625/117462596_1.html，2009-12-13访问。

山西省高级人民法院经审查认为：原告鞍山钢铁集团公司所主张的债权，是由其与被告签订购销合同，由其下属各生产单位具体实施而形成的。这些生产单位仅是原告内部核算单位，均不具备有独立法人资格。原告起诉符合级别管辖的立案条件，被告山西省金属材料总公司所提级别管辖异议不成立，应予以驳回。该院于2001年7月9日以通知的方式，告知被告山西省金属材料总公司其级别管辖异议不成立，要求其积极准备参加诉讼。

山西省金属材料总公司接此通知后，又提出应就级别管辖异议不成立作出裁定的异议。该院对此未予支持。

（二）思考方向

确定某一具体民事案件的级别管辖，其标准主要是标的额、案件性质和案件影响。本案中考虑的标准主要是标的额标准。但应注意的是，该标的额原则上应当是一个诉的标的额，而不是多个诉的标的额总和。此外还有一个重要的程序问题，一旦级别管辖异议不成立，应当用裁定还是用通知的形式驳回。

（三）法律规定

《民事诉讼法》第18条 基层人民法院管辖第一审民事案件，但本法另有规定的除外。

第19条 中级人民法院管辖下列第一审民事案件：

（一）重大涉外案件；

（二）在本辖区有重大影响的案件；

（三）最高人民法院确定由中级人民法院管辖的案件。

第20条 高级人民法院管辖在本辖区有重大影响的第一审民事案件。

第21条 最高人民法院管辖下列第一审民事案件：

（一）在全国有重大影响的案件；

（二）认为应当由本院审理的案件。

《民诉法意见》第1条 民事诉讼法第十九条第(一)项规定的重大涉外案件，是指争议标的额大，或者案情复杂，或者居住在国外的当事人人数众多的涉外案件。

第2条 专利纠纷案件由最高人民法院确定的中级人民法院管辖。

海事、海商案件由海事法院管辖。

第3条 各省、自治区、直辖市高级人民法院可以依照民事诉讼法第十九条第(二)项、第二十条的规定,从本地实际情况出发,根据案情繁简、诉讼标的金额大小、在当地的影响等情况,对本辖区内一审案件的级别管辖提出意见,报最高人民法院批准。

《最高人民法院关于当事人就级别管辖提出异议应如何处理问题的函》(1995年7月3日)(失效)

《最高人民法院关于案件级别管辖几个问题的批复》(1996年5月7日)(略)

《最高人民法院关于审理民事级别管辖异议案件若干问题的规定》(以下简称《级别管辖异议规定》)(2009年7月20日发布)(略)

(四) 学理分析

根据《民事诉讼法》规定,我国确定级别管辖实行的是"三结合标准",包括案件性质、繁简程度和影响范围。根据案件性质确定级别管辖的案件主要有重大涉外案件、海事、海商案件、专利纠纷案件、著作权纠纷案件、重大涉港澳台民事案件、证券虚假陈述民事赔偿案件以及不正当竞争民事案件等。但案件的繁简程度和影响范围标准却具有模糊性和不确定性,因而司法实践中通常以标的额作为确定级别管辖的标准。为了使级别管辖标准更具可操作性,根据《民诉法意见》各高级人民法院根据本地实际情况制定了本辖区各级人民法院分级受理第一审民事纠纷案件的级别管辖标准,报经最高人民法院批准后实施。

级别管辖恒定是级别管辖制度中的一个颇有分歧的问题。所谓管辖恒定,是指在某些情况下,以起诉为标准时点确定管辖后,即使诉讼中据以确定管辖的因素发生了变化,也不影响已经确定的管辖。管辖恒定包括地域管辖恒定和级别管辖恒定两种。关于级别管辖恒定的法律根据,一般认为是最高人民法院于1996年作出的批复,该《批复》指出,当事人在诉讼中增加诉讼请求从而加大诉讼标的金额,致使诉讼标的金额超过受诉法院级别管辖权限的,一般不再变动。但是当事人故意规避有关级别管辖等规定的除外。由于证明当事人存在规避级别管辖的故意往往非常困难,因此这一《批复》反而为实践中规避级别管辖的行为提供了法律根据。例如,某中级法院管辖一审案件的数额下限是1000万,原告为了使基层法院审理其案件,将其起诉的标的额由原本的1100万降低为900万，然后在基层法院受理此案后，再增加诉讼请求的标的额，使其恢复到1100万，从而规避了中级法院对该案的一审管辖。实际上，从大陆法系国家的管辖制度看，级别管辖恒定并不包括诉讼请求变更的情形，而是指标的物价值发生变化的情形。也就是说，标的物价值的变化不会导致级别管辖的变化，但诉讼请求的变更将导致级别管辖的变化。例如，要求给付股票的诉讼，起诉时的数额是按照当时的股票价格来计算的，在诉讼中有可能该股票的股价发生很大变化，为了诉讼安定性，显然不能依照股票的涨跌情形确定管辖法院。① 我国最高人民法院2009年作出的《级别管辖异议规定》，对于诉讼中原告增加诉讼请求金额致使案件标的额超过受诉人民法院级别管辖标准的情形开始有所考虑，但只是要求法院对于被告提出的管辖权异议予以审查并作出裁定，仅仅在审查方面更加慎重，至于这种情形是否仍旧属于级别管辖恒定，该司法解释没有作出明确回应。

本案中的级别管辖主要根据标的额确定，山西省高级人民法院经最高人民法院批准的受理第一审民事案件的标的额是1000万以上，原告提出的诉讼标的额是3755万余元，符合高级法院的管辖条件。但高级人民法院在驳回被告提出的级别管辖权异议时，用的是通知的形式，被告对此提出异议，认为应当用裁定驳回，但法院未予支持。关于用通知还是用裁定的问题，曾经存在两种不同的意见：

一种意见认为：《民事诉讼法》第38规定，“人民法院受理案件后，当事人对管辖权有异议的应当在提交答辩状期间提出。人民法院对当事人提出的异议应当审查。异议成立的，裁定将案件移送有管辖权的人民法院；异议不成立的，裁定驳回。”根据这一规定，不论当事人所提管辖异议是地域管辖异议还是级别管辖异议，不论该异议是否成立，都应以裁定形式予以处理。

另一种意见认为：《民事诉讼法》第38条虽然对管辖异议的处理作出了规定，但最高人民法院法函〔1995〕95号《关于当事人就级别管辖提出异议应如何处理问题的复函》中明确指出：“当事人就级别管辖提出管辖异议的，受诉法院应认真审查，确无管辖权的，应将案件移送有管辖权的法院，并告知当事人，但不作裁定。”该复函显然是针对级别管辖异议作出的特别规定，是对《民事诉讼法》第38条作出的具体解释，级别管辖异议不同于地域管辖异议，无需裁定。

---

① 张卫平：《民事诉讼法》，法律出版社2004年版，第86页。

上述两种意见实际上是对《民事诉讼法》第38条作出的不同解释,是一个级别管辖异议与地域管辖异议是否应给予同等对待的问题。第二种意见反映的是民事案件级别管辖异议的行政化处理模式,告知不以裁定而以通知形式,实际上剥夺了当事人追求进一步的程序救济权的机会,无法对通知进行上诉或者复议。因此,第一种意见更加符合程序保障原理。有鉴于此,最高人民法院于2009年7月作出的《级别管辖异议规定》,纠正了1995年的复函,明确规定:“被告在提交答辩状期间提出管辖权异议,认为受诉人民法院违反级别管辖规定,案件应当由上级人民法院或者下级人民法院管辖的,受诉人民法院应当审查,并在受理异议之日起15日内作出裁定:(一)异议不成立的,裁定驳回;(二)异议成立的,裁定移送有管辖权的人民法院。”

(五)自测案例

案例49

农行陕县支行诉三门峡惠能公司借款担保合同纠纷案①

2004年8月31日,农行陕县支行与三门峡惠能公司签订一份借款合同,约定:农行陕县支行向三门峡惠能公司发贷款8笔共10300万元。合同签订当日,农行陕县支行依约发放了贷款。该贷款到期后,农行陕县支行仅收回部分贷款,三门峡惠能公司拒绝偿还余款2200万元本金及619152.97利息。2005年9月9日,双方签订了第二份借款合同,约定:农行陕县支行向三门峡惠能公司发放借款8000万元。合同签订当日,农行陕县支行依约发放了贷款。鉴于三门峡惠能公司未按时归还贷款,2008年7月14日农行陕县支行以公证送达方式向三门峡惠能公司发送了《贷款提前到期通知书》,宣布贷款8000万元借款全部到期,要求三门峡惠能公司立即归还8000万元本金及利息1776452元。2007年4月16日,农行陕县支行与三门峡惠能公司签订第三份借款合同,约定农行陕县支行向三门峡惠能公司发放贷款800万元。合同签订当日,农行陕县支行依约发放了贷款。该笔贷款到期后,收回700万元,尚欠

① 本案例参见中国法院网:http://ws. chinacourt. org/public/paperview. php? id = 46171,2009-12-13 访问。

100万元未还。为追回上述贷款未还款项及利息，农行陕县支行向河南省高级人民法院提起诉讼，请求判令三门峡惠能公司立即偿还贷款本金10300万元和利息2395604.47元。被告三门峡惠能公司提出管辖权异议，以本案双方当事人的住所地及合同签订地均在陕县、借款合同约定由农行陕县支行住所地法院管辖为由，要求根据《民事诉讼法》第24条规定，将本案移送河南省三门峡市中级人民法院审理。

问：当事人可否约定案件的级别管辖法院约定？该案应否移送至三门峡市中级人民法院审理？

二、地域管辖

地域管辖，又称区域管辖或土地管辖，是指同级人民法院之间受理第一审民事案件的分工和权限，它是按照法院辖区与民事案件的隶属关系来划分的管辖。地域管辖在内容上包括一般地域管辖、特殊地域管辖、专属管辖、协议管辖、共同管辖和选择管辖。一个具体的民事案件在确定了级别管辖法院之后，接下来要做的是确定地域管辖，即在同属于该级别的所有法院中间确定一个具体的管辖法院。

（一）案情简介

案例50

韦唯诉《现代文明画报》社、王某名誉权纠纷案①

2004年，因《现代文明画报》上连载名为《韦唯的燃情岁月》的文章，著名歌手韦唯认为该画报社及作者王某侵犯了其名誉权，遂向北京市朝阳区人民法院提起诉讼，请求法院判令被告停止刊登《韦唯的燃情岁月》，向原告公开赔礼道歉，并赔偿原告精神损失费30万元。朝阳区人民法院受理此案后，被告《现代文明画报》报社及被告王某均在答辩

① 本案例参见中国法院网：http://www.chinacourt.org/html/article/200411/03/137442.shtml，2009-12-3访问。

期内对管辖权提出异议。被告《现代文明画报》报社认为,其住所地在北京市丰台区,要求将此案移送至有管辖权的人民法院审理。被告王某认为其住所地在上海市虹桥路,故此案应由上海市有管辖权的法院审理。北京市朝阳区人民法院经审查后认为:因侵权行为提起的诉讼,由侵权行为地或者被告住所地法院管辖。被告王某虽主张其住所地在上海市,但被告《现代文明画报》报社的住所地位于北京市朝阳区,对于两个以上法院均有管辖权的,原告可以向其中一个法院起诉,故朝阳法院对此案有管辖权,被告《现代文明画报》报社及被告王某提出的管辖权异议不成立。

(二) 思考方向

确定某一具体民事案件的地域管辖法院,首先应当考虑的是该案应当适用地域管辖中的哪一种管辖,是一般地域管辖、特殊地域管辖、专属管辖、协议管辖还是共同管辖。然后再根据具体的管辖原则确定具体的管辖法院。

(三) 法律规定

《民事诉讼法》第22条 对公民提起的民事诉讼,由被告住所地人民法院管辖;被告住所地与经常居住地不一致的,由经常居住地人民法院管辖。

对法人或者其他组织提起的民事诉讼,由被告住所地人民法院管辖。

同一诉讼的几个被告住所地、经常居住地在两个以上人民法院辖区的,各该人民法院都有管辖权。

第23条 下列民事诉讼,由原告住所地人民法院管辖;原告住所地与经常居住地不一致的,由原告经常居住地人民法院管辖:

(一) 对不在中华人民共和国领域内居住的人提起的有关身份关系的诉讼;

(二) 对下落不明或者宣告失踪的人提起的有关身份关系的诉讼;

(三) 对被劳动教养的人提起的诉讼;

(四) 对被监禁的人提起的诉讼。

第24条 因合同纠纷提起的诉讼,由被告住所地或者合同履行地人民法院管辖。

第 25 条 合同的双方当事人可以在书面合同中协议选择被告住所地、合同履行地、合同签订地、原告住所地、标的物所在地人民法院管辖,但不得违反本法对级别管辖和专属管辖的规定。

第 26 条 因保险合同纠纷提起的诉讼,由被告住所地或者保险标的物所在地人民法院管辖。

第 27 条 因票据纠纷提起的诉讼,由票据支付地或者被告住所地人民法院管辖。

第 28 条 因铁路、公路、水上、航空运输和联合运输合同纠纷提起的诉讼,由运输始发地、目的地或者被告住所地人民法院管辖。

第 29 条 因侵权行为提起的诉讼,由侵权行为地或者被告住所地人民法院管辖。

第 30 条 因铁路、公路、水上和航空事故请求损害赔偿提起的诉讼,由事故发生地或者车辆、船舶最先到达地、航空器最先降落地或者被告住所地人民法院管辖。

第 31 条 因船舶碰撞或者其他海事损害事故请求损害赔偿提起的诉讼,由碰撞发生地、碰撞船舶最先到达地、加害船舶被扣留地或者被告住所地人民法院管辖。

第 32 条 因海难救助费用提起的诉讼,由救助地或者被救助船舶最先到达地人民法院管辖。

第 33 条 因共同海损提起的诉讼,由船舶最先到达地、共同海损理算地或者航程终止地的人民法院管辖。

第 34 条 下列案件,由本条规定的人民法院专属管辖:

(一)因不动产纠纷提起的诉讼,由不动产所在地人民法院管辖;

(二)因港口作业中发生纠纷提起的诉讼,由港口所在地人民法院管辖;

(三)因继承遗产纠纷提起的诉讼,由被继承人死亡时住所地或者主要遗产所在地人民法院管辖。

第 35 条 两个以上人民法院都有管辖权的诉讼,原告可以向其中一个人民法院起诉;原告向两个以上有管辖权的人民法院起诉的,由最先立案的人民法院管辖。

《民诉法意见》第 4-32 条、第 34 条、第 35 条(略)

《最高人民法院关于在确定经济纠纷案件管辖中如何确定购销合同履行地的规定》(1996 年 9 月 12 日)(略)

《最高人民法院关于涉外民商事案件诉讼管辖若干问题的规定》(2002年2月25日发布)(略)

(四)学理分析

根据我国《民事诉讼法》规定,确定地域管辖的标准主要有两个:一是只以当事人所在地与法院辖区之间的联系作为标准;二是综合当事人所在地、案件诉讼标的、诉讼标的物、法律事实等多种因素与法院辖区之间的联系作为标准。按照第一个标准确定的管辖,叫做一般地域管辖;按照第二个标准确定的管辖,叫做特殊地域管辖。在大陆法系民事诉讼理论中,通常将当事人因为人或者物与特定法院的辖区有关联而产生的隶属关系,称为审判籍,并且规定案件由审判籍所在地法院管辖。

一般地域管辖以"原告就被告"为原则,即由被告所在地法院管辖。这一规定既能够遏制原告滥用诉权侵犯被告合法权益,也能够方便法院审理案件和执行判决。但在司法实践中,如果严格执行"原告就被告"原则,会出现不方便当事人诉讼和不方便法院审理和执行的情形,因此,《民事诉讼法》规定有某些特殊情形下适用"被告就原告"的特殊规则。

特殊地域管辖是根据多种因素确定的管辖,没有统一适用的原则,法律通过个案列举的方式对九类特殊案件的管辖逐一作了规定。

专属管辖是指法律明确规定特定类型的案件只能由特定的法院管辖,其他法院均无权管辖,当事人也不得通过协议变更的管辖制度。《民事诉讼法》规定的国内专属管辖主要有三类:(1) 因不动产纠纷提起诉讼,由不动产所在地人民法院管辖;(2) 因港口作业中发生纠纷提起的诉讼,由港口所在地人民法院管辖;(3) 因继承遗产纠纷提起的诉讼,由被继承人死亡时住所地或者主要遗产所在地人民法院管辖。司法实践中分歧较大的主要是"不动产纠纷"的界定,不动产纠纷包括不动产物权纠纷和不动产债权纠纷,这两种纠纷是否均由不动产所在地专属管辖,法律规定不明。我国台湾地区的做法是,将因不动产物权或其分割或经界涉讼者,规定由不动产所在地法院专属管辖;将其他因不动产涉讼者,规定为可以由不动产所在地法院管辖,但不是专属管辖。这种做法值得借鉴。

上述管辖制度在具体适用中往往会出现多个法院对同一起案件均享有管辖权的情形,这种情形叫做共同管辖。一旦出现共同管辖,当事人有权从多个享有管辖权的法院中挑选一个提起诉讼,这就叫做选择管辖。发生共同管辖和选择管辖的具体情形主要有以下三种:(1) 普通民事案件有两个以上被告,并且不在同一法院辖区内;(2) 特殊民事案件数个联结因素所在地法院都有管辖权,并且数个联结因素不在同一法院辖区内;(3) 案件中的同一联结因素涉及两个以上法院的辖区。

本案系名誉权侵权案件,属于九类特殊地域管辖案件中的一种,其确定管辖的联结因素有二,被告住所地和侵权行为地。本案中存在两个被告,其住所地分别是北京市朝阳区和上海市虹桥路;本案的侵权行为地位于北京,至于更为具体的地点案情中没有清晰表述。本案中的上述三个地点的法院都依法享有管辖权,数法院构成共同管辖,原告有权选择其中一个法院提起诉讼。本案原告选择的是北京朝阳区法院,因而北京朝阳区法院取得对本案的管辖权,被告的管辖权异议不能成立。

(五) 自测案例

案例51

湖南中联重科专用车公司诉敦煌市宏腾矿业公司买卖合同纠纷案①

2008年1月9日,湖南中联专用车公司与敦煌宏腾矿业公司签订《工业品买卖合同》一份,敦煌宏腾矿业公司向湖南中联专用车公司购买随车吊一台,双方约定:运输方式为买方委托卖方联系专业运输单位代办托运,运费8000元,由买方承担;交货地点,卖方在工厂(湖南常德中联灌溪工业园)将车辆交付给买方;本合同在履行过程中发生争议,由当事人协商,协商不成的依法向合同履行地人民法院起诉。合同签订后,湖南中联专用车公司将随车吊交付给敦煌宏腾矿业公司,在催讨货款未果后,湖南中联专用车公司向湖南省常德市鼎城区法院提起诉讼。被告敦煌宏腾矿业公司提出管辖权异议,以双方在履行合同过程中口头变更了交货地点为由,请求将案件移送至自己的住所地法院即青海省茫崖矿区法院处理。但被告未向法院提交证明"双方口头变更了交货地点"的证据,因而法院裁定驳回了被告的管辖权异议。被告不服该裁定提起上诉,二审法院裁定驳回上诉,维持原裁定。

---

① 本案例参见中国法院网:http://ws.chinacourt.org/public/paperview.php? id = 102210,2009-12-14 访问。

问：本案应当如何确定管辖法院？

三、裁定管辖

裁定管辖是指根据法院裁定所确定的管辖。裁定管辖是对法定管辖的补充。管辖的确定主要由法律加以规定，仅在特殊情形下根据法律规定无法确定管辖法院时，才通过法院的裁定来确定管辖。需要通过法院裁定确定管辖的情形主要有三种：移送管辖、指定管辖和管辖权转移。

（一）案情简介

案例52

西平县专探建筑公司清算组诉栾川县政府、栾川县发改委、栾川县田丰矿业公司侵权纠纷案①

1996年4月10日，专探建筑公司与栾川县有色金属工业公司签订一份协议，确认栾川县有色金属工业公司欠专探建筑公司资金6884944.72元。栾川县有色金属工业公司将其下属的下地选矿厂作价1260万元，整体出售给专探建筑公司。专探建筑公司以债权抵顶转让款，余款则以由专探建筑公司承担下地选矿厂相应债务的方式履行。栾川县政府批准了该协议。协议生效后，专探建筑公司经审计后向工商部门注册了企业资本为818万元的“栾川县永鑫矿业有限责任公司”。1996年12月30日，栾川县有色金属工业公司进入破产程序，破产清算组将栾川县永鑫矿业有限责任公司的资产列入破产财产，以720万元拍卖给洛阳三明实业有限公司。1998年7月3日，破产程序终结。2000年12月21日，破产清算组与洛阳三明实业有限公司签订协议将拍卖企业收回。2003年7月3日破产清算组解散后，该企业被移交给栾川县政府和发改委所有。2003年10月31日，栾川县经贸委将下地选矿厂所有资产划归田丰矿业公司经营管理。2006年1月12日，栾川

① 本案例参见中国法院网：http://ws.chinacourt.org/public/paperview.php?id=46730，2009-12-14访问。

县政府以县长办公会议的形式,解决专探建筑公司的债权问题。根据会议纪要,专探建筑公司与田丰矿业公司签订《债务承担付款协议书》。后双方就付款协议产生争议,专探建筑公司清算组以栾川县政府、栾川县发改委、栾川县田丰矿业公司为被告向河南省高级人民法院提起诉讼,请求判令:栾川县政府、栾川县发改委和田丰矿业公司返还企业或企业资产818万元,另赔偿经济损失2200万元。河南省高级人民法院于2006年11月15日作出《指定管辖函》,指令本案由许昌市中级人民法院进行审理。

（二）思考方向

本案涉及的管辖问题,首先,是级别管辖的确定。级别管辖的确定标准主要是争议的标的额。其次,是法定的级别管辖可否变通的问题。三种裁定管辖中的管辖权转移,就是对法定级别管辖的变通,换言之,法定级别管辖并不具有绝对性,其虽不允许当事人协议变更,但允许上下级法院之间根据需要进行调整。再次,上下级法院对级别管辖的调整应当采用何种方式,是以指定管辖或者移送管辖函的形式,还是采用裁定的形式。最后,上下级法院之间对级别管辖的调整是否会损害当事人的程序利益和实体权益。

（三）法律规定

《民事诉讼法》第36条 人民法院发现受理的案件不属于本院管辖的,应当移送有管辖权的人民法院,受移送的人民法院应当受理。受移送的人民法院认为受移送的案件依照规定不属于本院管辖的,应当报请上级人民法院指定管辖,不得再自行移送。

第37条 有管辖权的人民法院由于特殊原因,不能行使管辖权的,由上级人民法院指定管辖。

人民法院之间因管辖权发生争议,由争议双方协商解决;协商解决不了的,报请它们的共同上级人民法院指定管辖。

第38条 人民法院受理案件后,当事人对管辖权有异议的,应当在提交答辩状期间提出。人民法院对当事人提出的异议,应当审查。异议成立的,裁定将案件移送有管辖权的人民法院;异议不成立的,裁定驳回。

第39条 上级人民法院有权审理下级人民法院管辖的第一审民事案

件,也可以把本院管辖的第一审民事案件交下级人民法院审理。

下级人民法院对它所管辖的第一审民事案件,认为需要由上级人民法院审理的,可以报请上级人民法院审理。

《民诉法意见》第36条 依照民事诉讼法第三十七条第二款规定,发生管辖权争议的两个人民法院因协商不成报请它们的共同上级人民法院指定管辖时,如双方为同属一个地、市辖区的基层人民法院,由该地、市的中级人民法院及时指定管辖;同属一个省、自治区、直辖市的两个人民法院,由该省、自治区、直辖市的高级人民法院及时指定管辖;如双方为跨省、自治区、直辖市的人民法院,高级人民法院协商不成的,由最高人民法院及时指定管辖。

依前款规定报请上级人民法院指定管辖时,应当逐级进行。

第37条 上级人民法院依照民事诉讼法第三十七条的规定指定管辖,应书面通知报送的人民法院和被指定的人民法院。报送的人民法院接到通知后,应及时告知当事人。

《级别管辖异议规定》第4条 上级人民法院根据民事诉讼法第三十九条第一款的规定,将其管辖的第一审民事案件交由下级人民法院审理的,应当作出裁定。当事人对裁定不服提起上诉的,第二审人民法院应当依法审理并作出裁定。

第5条 对于应由上级人民法院管辖的第一审民事案件,下级人民法院不得报请上级人民法院交其审理。

第7条 当事人未依法提出管辖权异议,但受诉人民法院发现其没有级别管辖权的,应当将案件移送有管辖权的人民法院审理。

第9条 对于将案件移送上级人民法院管辖的裁定,当事人未提出上诉,但受移送的上级人民法院认为确有错误的,可以依职权裁定撤销。

(四)学理分析

裁定管辖是以法定管辖作为其适用的前提和基础。其中,移送管辖是对法定管辖的坚决维护,即法院在受理案件后,发现自己对案件并无管辖权,依法将案件移送有管辖权的法院审理。移送管辖可能发生在同级法院之间,也可能发生在上下级法院之间。

指定管辖可能是对法定管辖的维护,也可能是对法定管辖的变通,视具体情形而定。指定管辖主要发生在以下三种情形:(1)受移送的法院认为受移送的案件依法不属于本院管辖的,依法报请上级法院指定管辖。该情形下的指定管辖,是根据法定管辖作出的指定,可以看作是对法定管辖的维护。(2)有管辖权的法院由于特殊原因不能行使管辖权的,由上级法院指定管辖。这种情形下的指定管辖,显然是对法定管辖的变通。(3)人民法院之间因管辖权发生争议,协商解决不了的,报请他们共同的上级法院指定管辖。这种情形下,上级法院一般应当遵循法定管辖的原则,将案件指定给有权管辖的法院。这里的指定管辖也是对法定管辖的维护。

管辖权的转移则是对法定管辖的变通,具体是指经上级人民法院决定或者同意,将某个具体案件的管辖权转移给下级人民法院,或者由下级人民法院报请上级人民法院同意,将某个具体案件的管辖权转移给上级人民法院。管辖权的转移仅发生在上下级法院之间,是上下级法院对法定级别管辖视情况作出的调整。这种调整应当采用何种方式,《民事诉讼法》中未作明确规定,司法实践中多采用"函"的形式,如本案中采用的即是《指定管辖函》。但对于法院作出的"函",当事人不服时无法获得程序上的救济,不能上诉或者申请复议。有鉴于此,2009 年最高人民法院在《级别管辖异议规定》第 4 条明确规定,上级人民法院将其管辖的第一审民事案件交由下级人民法院审理的,应当作出裁定,当事人对裁定不服提起上诉的,第二审人民法院应当依法审理并作出裁定。

上下级法院之间转移案件的级别管辖权,尤其是上级法院将其管辖的案件交由下级法院审理时,往往会导致许多实践中的弊端。这样做一方面会给规避级别管辖留下可乘之机,另一方面,会弱化程序保障和损害当事人的利益。[①] 实践中许多上级法院为了掌控案件的终审权,也往往会采用下放级别管辖权的做法,从而给地方保护等不良现象的滋生提供了制度上的温床。本案就是一起上级法院将其有权管辖的案件交由下级法院审理的案件,其合理性值得思考。

---

① 参见李浩:《民事诉讼级别管辖存在的问题及其改进》,载《现代法学》1996 年第 4 期。

（五）自测案例

案例53

赵某诉某保险公司保险合同纠纷案①

赵某在与某保险公司签订一份人身保险合同后，因发生保险事故向某保险公司索赔，遭某保险公司拒付，遂向自己的住所地河南省颍县人民法院提起诉讼，请求判令某保险公司支付保险赔偿款。颍县人民法院受理此案后，被告某保险公司提出管辖权异议，其理由是：保险标的物是指保险合同权利义务共同指向的客体，保险事故只有发生在这些客体上，保险人才产生赔偿或履约义务，投保人才产生相应的权利。人的寿命和身体都不属物的范畴，不能称作保险标的物，只能是保险标的。因此，人身保险合同纠纷不存在保险标的物所在地法院管辖的问题，此案应当移送被告住所地漯河市汇源区人民法院管辖。颍县人民法院认为被告提出的管辖权异议理由不成立，裁定驳回管辖权异议。某保险公司不服该裁定，向河南省漯河市中级人民法院提出上诉。二审法院经审理后认为，《保险法》第12条仅对“保险合同标的”作了定义，“保险标的是指作为保险对象的财产及有关利益或者人的寿命和身体”，该法中没有出现“保险标的物”的表述，更未对两者在法律上进行区分。《民事诉讼法》第26条规定“因保险合同纠纷提起的诉讼，由被告住所地或者保险标的物所在地人民法院管辖”，这里所称的保险合同包括财产险和人身险。故原审法院依据保险合同确定管辖并无不当，上诉人上诉请求本院不予支持，裁定：驳回上诉，维持原裁定。

问：本案是否应当移送管辖？

---

① 本案例参见中国法院网：http://ws.chinacourt.org/public/paperview.php?id=73924，2009-12-18访问。

案例54

湖北钟格塑料管公司诉南昌市政工程公司合同纠纷案①

2006年12月5日,湖北钟格塑料管公司与南昌市政工程公司签订产品销售合同书一份,因合同履行发生纠纷,2008年11月10日,湖北钟格塑料管公司以南昌市政工程公司为被告诉至湖北省钟祥市人民法院,2009年4月16日钟祥市人民法院对此案进行了开庭审理,尚未判决。2009年3月23日,南昌市政工程公司以湖北钟格塑料管公司为被告并以同一合同向湖南省永顺县人民法院提起诉讼,请求追究被告的违约责任。湖北钟格塑料管公司向永顺县提出管辖权异议,认为上述两案是因同一合同引发的诉讼,不应由两个同级法院分别审判,永顺县法院属重复立案,应将案件移送给先立案的湖北省钟祥市人民法院。永顺县法院裁定驳回该管辖权异议,湖北钟格塑料管公司向湖南省湘西土家族苗族自治州中级人民法院提出上诉。二审法院经审理认为,两案虽案由不同,但均基于同一事实所诉,两案应由有管辖权的法院一并审理。湖北省钟祥市人民法院立案在先,永顺县人民法院应当将本案移送湖北省钟祥市人民法院审理。裁定:撤销永顺县人民法院驳回管辖权异议的裁定,本案由湖北省钟祥市人民法院管辖。

问:永顺县法院应否移送管辖?

四、协议管辖

协议管辖,又称约定管辖或合意管辖,是指当事人就第一审民事案件在纠纷发生前或纠纷发生之后,以书面的方式约定管辖法院。协议管辖是处分原则的体现,意味着当事人在法律规定的范围内可以自由地选择管辖法院。《民事诉讼法》规定的协议管辖包括国内民事案件的协议管辖和涉外民事案件的协议管辖,两种协议管辖适用的范围和条件有所不同,这里仅以国内民事案件的协议管辖作为讨论对象。

---

① 对案例参见中国法院网:http://ws.chinacourt.org/public/paperview.php?id=135646,2009-12-18访问。

(一) 案情简介

案例55

浙川县诚志网络公司诉郑州盈智星科技公司买卖合同纠纷案①

浙川县诚志网络公司与郑州盈智星科技公司签订买卖合同一份,合同第6条约定:"……如协商不能解决,以浙川县人民法院仲裁结果为准"。合同签订后,双方在合同履行过程中发生纠纷,浙川县诚志网络公司以郑州盈智星科技公司为被告向浙川县人民法院提起诉讼。浙川县人民法院受理此案后,被告郑州盈智星科技公司提出管辖权异议,认为合同第6条关于管辖法院的约定不明,应以约定无效处理,本案应当移送被告住所河南省郑州市金水区人民法院或者合同履行地河南省平顶山市湛河区人民法院审理。浙川县人民法院裁定驳回被告的管辖权异议。郑州盈智星科技公司不服该裁定向河南省南阳市中级人民法院提起上诉。二审法院经审理后认为,虽然上诉人与被上诉人在双方签订的"买卖合同"第6条约定的协议管辖条款中出现了"仲裁"字样,但没有约定向何地仲裁机关仲裁,相反双方在合同中明确约定选择"浙川县人民法院"解决,因此,该协议管辖条款有效,浙川县人民法院享有本案的管辖权。裁定驳回上诉,维持原审裁定。

(二) 思考方向

在管辖法院的确定上,协议管辖具有优先于法定管辖的效力。当事人之间达成协议管辖合同或条款的,以协议约定的法院为管辖法院;当事人之间达成的协议管辖合同或条款无效的,以及当事人之间没有约定的,适用法定管辖。尽管协议管辖具有适用的效力,但并非所有的案件都可以协议管辖,协议可以选择的法院也是相当有限的。此外,协议选择的管辖法院必须是明确的和单一的。

---

① 本案例参见中国法院网:http://ws.chinacourt.org/public/paperview.php?id=85513,2009-12-18访问。

（三）法律规定

《民事诉讼法》第25条 合同的双方当事人可以在书面合同中协议选择被告住所地、合同履行地、合同签订地、原告住所地、标的物所在地人民法院管辖，但不得违反本法对级别管辖和专属管辖的规定。

《民诉法意见》第23条 民事诉讼法第二十五条规定的书面合同中的协议，是指合同中的协议管辖条款或者诉讼前达成的选择管辖的协议。

第24条 合同的双方当事人选择管辖的协议不明确或者选择民事诉讼法第二十五条规定的人民法院中的两个以上人民法院管辖的，选择管辖的协议无效，依照民事诉讼法第二十四条的规定确定管辖。

（四）学理分析

《民事诉讼法》第25条是国内民事诉讼协议管辖的法律根据，其设定的协议管辖范围和条件较涉外民事诉讼协议管辖更加狭窄，也更加严格。[①] 国内民事诉讼协议管辖的适用范围和条件具体包括六个方面：(1) 协议管辖只适用于合同纠纷，当事人对于合同纠纷以外的其他民事、经济纠纷不得协议管辖。换言之，合同纠纷以外的纠纷必须适用法定管辖。(2) 协议管辖只能就第一审案件的管辖法院进行约定，对于第二审案件和再审案件，当事人不得协议约定管辖法院。换言之，第二审案件和再审案件必须按照法定方式确定管辖法院。(3) 协议管辖必须采用书面形式。换言之，国内民事诉讼协议管辖只有明示协议管辖这一种方式，不允许采用默示协议管辖的方式。(4) 当事人必须在法律规定的范围内选择管辖法院，包括原告住所地法院、被告住所地法院、合同签订地法院、合同履行地法院和标的物所在地法院。(5) 当事人约定的管辖法院必须明确且单一。如果所约定的管辖法院不明确，或者不唯一，则该约定管辖的协议无效。(6) 当事人选择管辖法院时，不得违反级别管辖和专属管辖的规定。

本案中，当事人达成的协议管辖条款明确约定“淅川县人民法院”为合同纠纷的管辖法院，但是该条款将法院的处理结果表述为“仲裁结果”。该案件为合同纠纷，淅川县人民法院为原告方的住所地法院，该协议管辖条款采用了书面形式，约定的管辖法院是明确且单一的，不违反级别管辖和专属

---

① 关于国内民事诉讼协议管辖与涉外民事诉讼协议管辖的比较，参见汤维建主编：《民事诉讼法学》，北京大学出版社2008年版，第194—195页。

管辖规定，完全符合上述六个法定要件。至于“仲裁结果”的表述，显属当事人对法院处理案件所采方式不甚了解，将“裁判结果”误写为“仲裁结果”，这一误解和误写，并没有影响管辖法院约定的明确性和有效性。因此，该协议管辖条款有效，淅川县人民法院享有本案管辖权。

（五）自测案例

案例56

农业银行陕县支行诉方大炭新材料公司保证合同纠纷案①

方大炭新材料公司是某贷款合同的保证人，与农业银行陕县支行签有保证合同一份。因贷款到期未还，农业银行陕县支行以方大炭新材料公司为被告向三门峡市中级人民法院提起诉讼，请求判令方大炭新材料公司承担保证责任。三门峡市中级人民法院受理此案件，方大炭新材料公司提出管辖权异议，认为本案应当由被告住所地法院管辖，请求将案件移送至兰州市中级人民法院审理，其法律根据是《中华人民共和国担保法若干问题的解释》第129条，“主合同和担保合同发生纠纷提起诉讼的，应当根据主合同确定案件管辖。担保人承担连带责任的担保合同发生纠纷，债权人向担保人主张权利的，应当由担保人住所地法院管辖”。三门峡市中级人民法院裁定驳回被告的管辖权异议，被告不服向河南省高级人民法院提起上诉。二审法院经审理认为，本案中借款合同和担保合同对争议解决均有明确约定，由贷款人（债权人）住所地法院管辖。该约定合法有效，因而三门峡市中级人民法院作为贷款人住所地法院享有本案的管辖权。裁定驳回上诉，维护原裁定。

问：本案中的协议管辖是否有效？

① 本案例选自中国法院网：http://ws.chinacourt.org/public/paperview.php?id=48424，2009-12-18访问。

第十二章　当事人与诉讼代理人

一、当事人的认定

当事人的认定是指在一个具体的诉讼案件中，决定实际上由何人担当诉讼上的当事人。当事人的认定具有重要的诉讼法意义。首先，认定当事人究竟为何人，是决定之后一系列的诸如诉讼的同一性、当事人诉讼能力认定、一般地域管辖、审判人员的回避、诉讼进程的终止以及判决的效力所及等问题的前提条件。其次，对于特定的诉讼案件而言，只有认定了当事人即原告、被告为何人之后，诉讼才能够继续进行，而且诉讼继续进行才有意义。

（一）案情简介

案例57

青木关煤矿194名职工诉青木关煤矿、何某拖欠工资纠纷案[①]

2001年9月，青木关煤矿的194名职工以青木关煤矿和作为当时煤矿承包人的何某为被告，向沙坪坝区法院提起诉讼，要求被告支付拖欠的工资。该194起诉讼中，包括以罗某、陈某、彭某三人的名义提起的诉讼。审理过程中，职工们授权张某（青木关煤矿职工）、李某（重庆某电子公司经理）为诉讼代理人。2001年11月30日，法院作出194份判决书，分别判令被告向原告支付拖欠的工资款。

---

① 本案例参见重庆新华网：http://www.cq.xinhuanet.com/news/2004-09/16/content_2878520.htm，2008-8-14访问。

2003年8月，何某找到正在重庆打工的罗某，问罗有没有告他。同时拿出一份沙坪坝区人民法院于2001年11月30日作出的民事判决书。判决书上，罗某是原告，被告是青木关煤矿和作为当时煤矿承包人的何某。判决书认定：罗于2001年9月提起诉讼，称2001年5月至7月在青木关煤矿上班期间，何某拖欠其工资797.40元。判决书显示：罗胜诉，何某支付拖欠款项，青木关煤矿承担连带责任。罗看到判决书后非常震惊，称早在2000年10月，他就和陈某、彭某等三人办理了停薪留职手续，外出务工，而判决书上所称的"2001年5月至7月"那段时间，他们根本就没在矿里上班。随后，何某又与陈、彭二人取得了联系。陈、彭的答复与罗某如出一辙。

得到三人的答复后，何某请求重庆市人民检察院对上述三份已生效的判决提起抗诉。2003年11月10日重庆市人民检察院向重庆市一中院提出抗诉。市一中院指示沙坪坝区法院对三起案件进行再审。审理中，罗某、陈某、彭某三人均出庭声明：何某不欠我们的工资，我们没告他。2004年5月10日，沙坪坝区人民法院认定：原审诉讼属冒名之诉，不符合法律规定的起诉条件；原审判决因当事人不适格、事实认定错误而予以撤销。同时，该法院驳回了冒用罗某等三人名义提起的诉讼。

（二）思考方向

当事人的认定解决的是"谁是本案当事人"的问题，需要在审查立案阶段作出答复。因此，对于谁是当事人往往只能借助外在形式进行认定，至于根据何种什么样的形式来认定，存在不同意见，由此形成当事人认定的诸多标准。但是，无论以何种标准认定当事人，都无法做到尽善尽美，尤其是以下两种情形最难解决：一是冒他人名义进行的诉讼；二是以死者名义进行的诉讼。

（三）法律规定

暂无相关法律规定。

（四）学理分析

关于当事人认定的标准，主要存在以下几种学说①：

（1）意思说。这种学说认为，诉状中所使用的姓名不过是在原告内心中被考虑之人的表示，因此在其内心中所考虑之人应当是当事人。

（2）行动说。这种学说主张，作出类似于当事人行为或者遭受类似于当事人待遇之人应当是诉讼当事人。

（3）表示说。这种学说认为，在诉状中，通过姓名、职业、住所等事项综合表示为当事人之人应当是诉讼当事人。

（4）适格说。这种学说将诉讼当事人定义为，“作为该诉讼应当解决的实体法上纠纷之主体而参加诉讼之人”，因此，当事人的确定应当按照“在诉讼上所表现出的征象之范围内，并且，在对其中的一切（征象）予以斟酌的基础上来把握被认为最适合于解决纠纷的实体法上纠纷主体”之方式来进行，换言之，将被认为最适合于纠纷解决之人确定为诉讼当事人。

（5）并用说。这种学说认为，应当同时并用各种标准来确定诉讼中的当事人，即对于原告的确定适用行为说，而对于被告的确定，则按照“原告的意思、当事人适格、诉状的表示”之顺序来作出判断。

（6）规范分类说。这种学说认为，应当将“在即将推进其后的诉讼程序之际，考虑‘何人为当事人’之行为规范的视点”与“回顾既已进行的程序之际，考虑‘该诉讼程序的当事人为何人’之评价规范的视点”自觉地予以分离，对于行为规范，应当采用提供明确性标准的表示说，而作为评价规范，应当将“适合于解决纠纷之人，并且，在‘可以让其随程序结果’之程度上被赋予参与程序机会之人”确定为诉讼的当事人。

（7）纠纷主体特定责任说。该学说主张，应当作为“在原告与被告之间如何分配特定真正纠纷主体之责任”理论的一环来把握当事人确定的问题。通常的纠纷主体特定责任由原告方承担，但是，在确因客观原因无法确定被告时，纠纷主体的特定责任转移至被告方，因此，可以允许原告以对被告之确定多少不甚明确的方式来提起诉讼。

表示说是通常情况下采用的学说。但是，在冒用他人名义进行的诉讼和以死者名义进行的诉讼中，适用表示说就会导致不应当成为当事人的人

① 参见〔日〕高桥宏志：《民事诉讼法——制度与理论的深层分析》，林剑锋译，法律出版社 2003 年版，第 131—134 页。

成为当事人。

以死者名义进行诉讼的场合，如果采用表示说，死者就会成为当事人，判决将会对死者作出。而死者并不具有当事人能力，没有作为当事人实施诉讼并承受判决结果的能力和资格。因此，诉讼中一旦发现诉状上记载的当事人在诉讼前就已经死亡的，就应当采用其他标准另行确定当事人。如果未能发现而对死者作出判决的，则法院的判决就成为"针对欠缺当事人能力之人作出的内容上无效"之判决，判决效力也不及于未参加诉讼的继承人。①

在冒用他人名义进行诉讼的场合，如果采用表示说，那么被冒用名义的人就成为当事人并承担判决结果。而这对于被冒用名义者是不公平的。不论判决结果实际上对被冒用名义者有利，还是不利，都不是被冒用名义者真正想要的结果，如同本案中被冒用名义的罗万中、陈兴明、彭建彬三人。但是判决一旦生效非经法定程序不得撤销。因此给予遭受不利益的当事人的救济途径只能是提起再审。本案冒用他人名义而作出的判决给被告何某造成了不利益，因此，被告有权通过再审程序撤销生效判决获得救济。

（五）自测案例

案例58

黄某冒名诉讼被驳回起诉案②

2005年9月28日，安徽省宣城市泾县的驾驶员关某，在泾县驶往浙江台州市的高速公路上快速行驶时，遇到前方堵车，因其采取措施不及，与停靠在路边的两辆货车分别相撞，造成自己车损、人伤的交通事故。该事故后经交警部门认定，关某应负事故的全部责任。关某受伤后，被鉴定为IX(九)级伤残。因他伤势较重，就将身份证件等交给他特别授权的委托代理人，于2006年初在宣城市泾县人民法院向其车主黄某提起赔偿诉讼，后在法官的主持下调解结案。

① 参见〔日〕高桥宏志：《民事诉讼法——制度与理论的深层分析》，林剑锋译，法律出版社2003年版，第140页。

② 本案例参见安徽法院网：http://www.ahcourt.gov.cn/gb/ahgy_2004/fczs/userobject1ai8650.html，2009-12-18访问。

2006年6月底，宣城市宣州区人民法院收到了关某特别授权的委托代理人与车主黄某一道交来的关某的起诉状，要求与之发生相撞的两辆货车分别投保了第三人责任险的两家保险公司，在第三人责任险限额内承担无过错赔偿责任。一审法院公开开庭审理后，依法判决两家保险公司各自赔偿关某41480.5元的损失。宣城市的一家保险公司则认为，在他家投保的车辆驾驶员并无过错，本公司不该承担赔偿责任，遂向宣城市中级人民法院提起上诉。市中院在庭审中查明，本案原告关某并没有提起诉讼，而是黄某利用关某原先放在委托代理人处的有关证据材料，假冒关某的名义填写了授权委托书，书写了诉状，签名后向法院提起诉讼；因此，该诉讼并非是关某的真实意思表示，而是黄某假冒所为。市中院依据庭审查明的事实，依法裁定驳回了实际起诉人黄某以关某的名义提起的诉讼。

问：冒名诉讼的情形下应如何认定当事人？

二、当事人适格

当事人适格的概念和相关理论主要来源于大陆法系国家的德国、日本。在日本，当事人适格是指，当事人对于作为诉讼标的之特定的权利或法律关系可以实施诉讼并请求本案判决的资格。① 换一个角度而言，当事人适格也可以被理解为，“为了使纷争有效且适当地获得解决而应在何人之间进行诉讼”的问题，而为了解决该纠纷，适当地被选出的当事人就具有当事人适格。兼子教授对当事人适格之概念的论述如下：“在何人成为当事人时，法院以本案判决方式来对‘请求的妥当与否’也即‘作为诉讼标的之法律关系的存在与否作出确定’才是必要且有意义的，而诉讼标的的利害关系人接受确定该请求存在与否之判决的资格就被称为当事人适格。”②

---

① 〔日〕新堂幸司：《新民事诉讼法》，弘文堂1998年版，第188页。

② 〔日〕兼子一：《民事诉讼法体系》，酒井书店1954年版，第158页。转引自〔日〕高桥宏志：《民事诉讼法——制度与理论的深层分析》，林剑锋译，法律出版社2003年版，第206页。

（一）案情简介

案例59

北大师生诉松花江污染案①

2005年11月13日，中国石油天然气集团公司所属中国石油天然气股份有限公司吉林分公司双苯厂（101厂）的苯胺车间因操作错误发生剧烈爆炸并引起大火，导致100吨苯类污染物进入松花江水体，导致江水硝基苯和苯严重超标，造成整个松花江流域严重生态环境破坏。

2005年12月7日，北京大学法学院三位教授及三位研究生向黑龙江省高级人民法院提起了以三种自然物（鲟鳇鱼、松花江、太阳岛）和六位自然人作为共同原告的环境民事公益诉讼，要求法院判决被告赔偿100亿元人民币用于设立松花江流域污染治理基金，以恢复松花江流域的生态平衡，保障鲟鳇鱼的生存权利、松花江和太阳岛的环境清洁的权利以及自然人原告旅游、欣赏美景和美好想象的权利。黑龙江省高级人民法院立案庭以口头方式拒绝受理此案。

（二）思考方向

本案是以自然物和自然人作为共同原告提起的一起公益诉讼。因为我国现行法律并未承认公益诉讼这一诉讼形态，相应地，在当事人的条件方面也不允许以自然物作为原告，对于自然人原告也规定了比较严格的条件。因此，本案原告显然不符合现行法的规定，属不适格当事人。但是，本案的意义不在于个案的胜负，而在于引发全社会对当事人适格问题的深刻思考。

（三）法律规定

暂无相关法律规定。

（四）学理分析

当事人适格概念的提出，是以采纳程序当事人（或形式当事人）概念为

① 本案例参见天涯社区网：http://www.tianya.cn/publicforum/Content/free/1/431736.shtml，2008-8-13访问。

前提的。针对形式当事人的内容空洞而作出的质问,“究竟何人应当作为当事人”。在形式当事人概念的前提下,当事人适格起到的是适当过滤的作用,让“应当作为当事人”的人继续进行诉讼直到作出实体判决,让“不应当作为当事人”的人退出诉讼。但我国现行《民事诉讼法》采纳的是利害关系当事人的概念,因而当事人适格的概念即使已被学者引入我国,但在实务上并不能发挥其原有的功效。当事人适格理论即使在实务中有所运用,也只是起到一个门槛的作用,让“应当作为当事人”的人进入诉讼,把“不应当作为当事人”的人直接拦在法院的大门之外。本案中北大教授及学子提起的诉讼之所以被拒绝受理,其中一个可能的原因就是当事人不适格理论作为诉讼“门槛”的运用。

当事人适格属于诉讼要件之一,原告起诉缺乏这一要件时,诉讼会遭到法院驳回。但当事人适格是诉讼要件还是本案问题,即用诉讼判决还是用本案判决,存在争议。而在德国,严格区分当事人适格与诉讼实施权。应当说其诉讼实施权与日本的当事人适格是同一内涵。而德国的当事人适格指的是当事人是客观上的(真正的)权利义务主体,不具有当事人适格者,诉无理由驳回。而诉讼实施权指的是主观上的(当事人自己声称的)权利义务主体或者属于诉讼担当人,具体是指依照自己的陈述没有实体权利,而是主张了他人的权利的人,并且既未根据法律也不是根据授权获得了诉讼实施权,则他提起的是不合法的诉。无诉讼实施权,诉不合法驳回。①

当事人适格的作用在于筛选出“应当作为当事人”的人,因而必须设定一个筛选的标准,即当事人的适格的标准。在现代国家,当事人适格的范围有不断扩张的趋势,因而其标准也随之经历了由管理权标准向诉的利益标准发展演变的过程。

实体法上的权利主体对作为争执标的的财产权一般享有管理权或处分权,因此,民事主体在就诉讼标的所涉权利义务关系提起的诉讼中,都是适格当事人。第三人对于他人实体法上的权利或法律关系有权进行诉讼的场合,亦属适格当事人。但是管理权标准有很大的局限性,不能适用于确认之诉和形成之诉。在确认之诉中,当事人是否适格应根据原告对请求确认的权利或法律关系是否有法律上的利益来决定;在形成之诉中,当事人是否适

---

① 参见〔德〕奥特马·尧厄尼希:《民事诉讼法》,周翠译,法律出版社 2003 年版,第 104—105 页;〔德〕罗森贝克、施瓦布:《德国民事诉讼法》,李大雪译,中国法制出版社 2007 年版,第 286—287 页。

格则通常根据法律来确定。

诉的利益标准在一定程度上弥补了管理权标准的局限性。诉的利益是原告请求司法救济的利益。原告认为自己的一项应当受法律保护的利益面临危险或不安时,就会提起诉讼并谋求对自己有利的判决,原告请求法院保护的这种利益就是诉的利益。诉的利益学说与管理权学说的不同之处在于,无论当事人对于请求法院承认和保护的权利是否有管理权,只要有诉的利益,该当事人仍然被认为是正当当事人。

本案中提起诉讼的北大教授和学子,如果以管理权标准进行判断,应根据当前的实体法,六个自然人原告并不享有法律上的权利,也就谈不上管理权或处分权问题,因此,属不适格当事人。而如果以诉的利益标准进行判断,因松花江被污染后,六原告的旅游、欣赏美景和美好想象的利益的确受到损害,并且松花江污染给全社会带来的巨大损害有目共睹,社会公共利益的确需要维护,在行政救济不利或不足够的情况下,司法救济就具有了必要性。可以说,以诉的利益作为判断标准,六个自然人原告乃至三个自然物原告就有了成为适格当事人的可能性。由此可见,诉的利益标准较之管理权标准扩大了当事人适格的范围。

(五)自测案例

案例60

高富浪父母诉余某、赵某等损害赔偿纠纷案①

2006年7月28日中午,为了对甘川交界的若尔盖湿地进行环境考察和环保宣传,一支由甘肃绿驼铃环保志愿者组织发起的“2006年甘肃省大学生绿色营”的20人小分队沿着甘川交界的黄河艰难地跋涉着。下午1时左右,队伍抵达四川省若尔盖县麦西乡境内的黄河北岸后开始休整。其间,队长小林、队员小余及导游三人见这里水势平缓,遂下河向距北岸约70米远的河心岛游去。从小岛返回的时候,队友小余因体

① 本案例参见:http://news.qq.com/a/20080314/000203_1.htm,2009-12-18访问。

力不支，无法下水被困岛上。无奈之下，导游只好先游回北岸寻找帮手。这时，高富浪主动要求过河救人。然而，在救助队友返回的过程中，游在最后的高富浪突然出现险情，被河水冲走。

2007年，高富浪的父母——高维军、李清莲以小余、小余的父亲、甘肃绿驼铃环保志愿者组织的协调人赵中、中国人寿保险股份有限公司兰州市分公司（以下称"人寿保险兰州分公司"）为被告向兰州市城关区人民法院提起诉讼。高维军夫妇通过其委托代理人袁万高（高富浪的舅爷）向法院诉称：高富浪牺牲后，导致其母亲李清莲精神失常，请求法院依法判令被告共同承担精神损失及死亡赔偿金10万元。

城关区人民法院在对此案审理后认为，小余已年满18岁，作为完全民事行为能力人可以承担民事责任，将其父列为被告属主体不适格。同时，高维军夫妇认为赵中系"绿驼铃"的组织者，但双方提供的证据均不能印证其主张，因此将赵中列为本案被告，主体也不适格。据此，城关法院于2007年10月作出裁定，驳回了高富浪父母的起诉。

接到一审裁定后，高维军夫妇的委托代理人袁万高向兰州市中级人民法院递交了上诉状。上诉人认为，小余虽已成年，但其正在上学阶段，其经济来源完全依靠其父，因此应该将其父列为被告。同时，赵中作为活动组织者，理应承担责任。而保险公司作为高富浪的保险人，也应向高富浪的父母理赔。

兰州中院审查后认为，高富浪的行为属见义勇为，小余作为受益人应该承担适当的补偿责任，鉴于其没有经济来源，其父应垫付补偿，而赵中自己负有举证责任，此案应从实体上进行审理。遂裁定：撤销了城关区人民法院的一审裁定，指令城关区人民法院对此案进行审理。

问：一审法院对于当事人适格的判断是否正确？

三、当事人能力

当事人能力，亦称当事人诉讼权利能力或称诉讼法上的权利能力，是指能够成为一般民事诉讼当事人所必需的诉讼法上的能力或资格。当事人能力是相对于一般意义上的诉讼而言抽象出来的一种资格或能力，属于诉讼主体要件中的抽象要件。也就是说，有当事人能力者有资格成为任何民事案件的当事人，没有当事人能力者则在任何民事案件中都不能成为当事人。

（一）案情简介

案例61

兰州岷山制药厂诉甘肃新科工贸有限公司借款纠纷案①

中国银行甘肃省分行与甘肃新科工贸有限责任公司（以下简称“新科公司”）签订了一份借款合同，兰州岷山制药厂（以下简称“制药厂”）为新科公司提供了保证。1996年2月，因新科公司到期未能偿还借款，中国银行甘肃分行即从保证人制药厂账户中划走借款本息共计334869.89元。1996年4月15日，制药厂与新科公司就该笔扣款达成借款合同和还款计划。新科公司履行了部分还款义务，仍欠275628.11元。1999年3月10日，制药厂向兰州市中级人民法院提起诉讼，要求新科公司偿还借款，并赔偿经济损失。兰州市中级人民法院于1999年4月7日立案受理了本案，新科公司作为被告参加了诉讼，其公章也在使用。1999年6月11日一审开庭时，新科公司出庭应诉，举证其于1999年6月8日收到吊销营业执照的处罚决定书，并表示其不申请复议。之后，制药厂请求追加新科公司股东为被告，请求法院对新科公司组织清算。1999年6月29日，兰州市中级人民法院以新科公司被吊销营业执照，本案无明确被告为由，裁定驳回制药厂起诉。制药厂不服，上诉至甘肃省高级人民法院。

（二）思考方向

新科公司能否成为本案被告涉及的是当事人能力问题，有当事人能力者才能成为当事人。新科公司是否具有当事人能力关键在于其是否具有民事主体资格。新科公司在诉讼中被吊销营业执照，那么其民事主体资格是

① 本案例参见最高人民法院《关于人民法院不宜以一方当事人公司营业执照被吊销，已丧失民事主体资格为由，裁定驳回起诉问题的复函》（法经〔2000〕23号函）。

否存在，这一实体问题的澄清具有重大的诉讼法上的意义。

（三）法律规定

《民事诉讼法》第49条 公民、法人和其他组织可以作为民事诉讼的当事人。

法人由其法定代表人进行诉讼。其他组织由其主要负责人进行诉讼。

《民诉法意见》第40条 民事诉讼法第四十九条规定的其他组织是指合法成立、有一定的组织机构和财产，但又不具备法人资格的组织，包括：

(1) 依法登记领取营业执照的私营独资企业、合伙组织；

(2) 依法登记领取营业执照的合伙型联营企业；

(3) 依法登记领取我国营业执照的中外合作经营企业、外资企业；

(4) 经民政部门核准登记领取社会团体登记证的社会团体；

(5) 法人依法设立并领取营业执照的分支机构；

(6) 中国人民银行、各专业银行设在各地的分支机构；

(7) 中国人民保险公司设在各地的分支机构；

(8) 经核准登记领取营业执照的乡镇、街道、村办企业；

(9) 符合本条规定条件的其他组织。

第41条 法人非依法设立的分支机构，或者虽依法设立，但没有领取营业执照的分支机构，以设立该分支机构的法人为当事人。

第42条 法人或者其他组织的工作人员因职务行为或者授权行为发生的诉讼，该法人或其组织为当事人。

第44条 在诉讼中，一方当事人死亡，有继承人的，裁定中止诉讼。人民法院应及时通知继承人作为当事人承担诉讼，被继承人已经进行的诉讼行为对承担诉讼的继承人有效。

第45条 个体工商户、农村承包经营户、合伙组织雇佣的人员在进行雇佣合同规定的生产经营活动中造成他人损害的，其雇主是当事人。

第46条第1款 在诉讼中，个体工商户以营业执照上登记的业主为当事人。有字号的，应在法律文书中注明登记的字号。

第48条 当事人之间的纠纷经仲裁机构仲裁或者经人民调解委员会调解，当事人不服仲裁或调解向人民法院提起诉讼的，应以对方当事人为被告。

第49条 法人或者其他组织应登记而未登记即以法人或者其他组织

名义进行民事活动，或者他人冒用法人、其他组织名义进行民事活动，或者法人或者其他组织依法终止后仍以其名义进行民事活动的，以直接责任人为当事人。

第50条前半句　企业法人合并的，因合并前的民事活动发生的纠纷，以合并后的企业为当事人。

第51条　企业法人未经清算即被撤销，有清算组织的，以该清算组织为当事人；没有清算组织的，以作出撤销决定的机构为当事人。

《最高人民法院关于人民法院不宜以一方当事人公司营业执照被吊销，已丧失民事诉讼主体资格为由，裁定驳回起诉问题的复函》（法经[2000]23号）（略）

《最高人民法院关于企业法人营业执照被吊销后，其民事诉讼地位如何确定的复函》（法经[2000]24号）（略）

（四）学理分析

诉讼法上的当事人能力与民法上的民事权利能力有着密切的联系。通常情况下，诉讼主体会同时具备当事人能力与民事权利能力，但在个别情况下诉讼主体可能只具备当事人能力而不具有民事权利能力。换言之，有民事权利能力者一定有当事人能力，但是，有当事人能力者不一定都有民事权利能力。例如，《德国民事诉讼法》第50条规定："（1）有权利能力者，有当事人能力；（2）无权利能力的社团可以被诉；在诉讼中，该社团具有有权利能力的社团的地位。"《日本民事诉讼法》第28条规定："当事人能力、诉讼能力以及无诉讼能力人的法定代理人，除本法另有规定外，依照民法及其他法律的规定。对于为诉讼行为而必要的授权，亦同。"第29条规定："非法人的社团或财团，有一定的代表人或管理人的，可以以其名义起诉或被诉。"我国台湾地区"民事诉讼法"第40条规定："有权利能力者，有当事人能力。胎儿，关于其可享受之利益，有当事人能力。非法人之团体，设有代表人或管理人者，有当事人能力。中央或地方机关，有当事人能力。"而我国《民事诉讼法》则笼统地规定，"公民、法人和其他组织可以作为民事诉讼的当事人"，没有具体阐明当事人能力与民事权利能力之间的关系。

判断当事人能力之有无需要区分自然人、法人和其他组织分别进行。

自然人的当事人能力始于出生，终于死亡。我国《民事诉讼法》未承认胎儿的当事人能力。死者当然不具有当事人能力。

法人的当事人能力始于成立，终于撤销或解散。法人作为当事人需要注意以下问题:(1) 法人与清算组织的关系。企业法人的消灭需要先对其债权债务进行清算,然后办理注销登记。进入清算程序后,法人的资格虽未消灭,但已失去了诉讼实施权,无论是起诉还是应诉,都由清算组织作为当事人。二是企业被吊销营业执照时如何确定当事人。企业被吊销营业执照的,不影响其当事人能力,该企业仍可成为当事人(详细阐述见下文)。三是企业法人未经清算即被撤销,有清算组织的,以该清算组织为当事人;没有清算组织的,以作出撤销决定的机构为当事人。①

具有当事人能力的其他组织,是指合法成立、有一定的组织机构和财产,但又不具备法人资格的组织,包括私营独资企业、合伙组织、法人分支机构等九种情形(《民诉法意见》第 40 条)。

本案涉及的是法人被吊销营业执照后是否仍具有当事人能力的问题。法人的营业执照是工商部门签发的公司注册登记的法定证书,法人自成立时起取得法人资格,而法人的成立则以取得营业执照为其标志。法人的营业执照是法人合法存在的身份证明,是诉讼活动中证明其主体资格和当事人身份的主要证据。法人是否具有法人资格的直接表现形式就是是否拥有合法的营业执照。

但是,对于吊销企业法人营业执照的法律后果如何,其取消的究竟是企业的营业资格,还是连同其法人资格一并取消?国家工商行政管理局与最高人民法院在这一点上的意见是不一致的。国家工商行政管理局的工商企字(1999)第 173 号《国家工商行政管理局关于企业登记管理若干问题的执行意见》第 10 条规定:“企业被吊销营业执照的,其法人资格或经营资格终止。”国家工商行政管理总局《关于企业法人被吊销营业执照后法人资格问题的答复》(工商企字[2002]第 106 号)中也作了同样的规定:“根据《公司登记管理条例》第 3 条和《企业法人登记管理条例》第 3 条和第 25 条的规定,企业法人营业执照是企业法人凭证,申请人经登记主管机关依法核准登记,领取企业法人营业执照,取得法人资格。因此,企业法人营业执照被登记主管机关吊销,企业法人资格随之消亡。”

而最高人民法院则一直认为工商行政管理机关发放、收缴《企业法人营业执照》的行为,不具有绝对的确立或消灭企业法人资格的效力。最高人民法院曾连续下发法经[2000]23 号函和法经[2000]24 号函,强调企业法人被吊销营业执照后至被注销登记前,该企业法人仍应视为存续,可以自己的名

① 《民诉法意见》第 51 条。

义进行诉讼活动。其中23号函针对的就是最高人民法院对于甘肃省高级人民法院对本案请示的答复："吊销企业法人营业执照，是工商行政管理局对实施违法行为的企业法人给予的一种行政处罚。根据《中华人民共和国民法通则》第40条、第46条和《中华人民共和国企业法人登记管理条例》第33条的规定，企业法人营业执照被吊销后，应当由其开办单位（包括股东）或者企业组织清算组依法进行清算，停止清算范围外的活动。清算期间，企业民事诉讼主体资格依然存在。本案中人民法院不应以甘肃新科工贸有限责任公司（以下简称"新科公司"）被吊销企业法人营业执照，丧失民事诉讼主体资格为由，裁定驳回起诉。本案债务人新科公司在诉讼中被吊销企业法人营业执照后，至今未组织清算组依法进行清算，因此，债权人兰州岷山制药厂以新科公司为被告，后又要求追加该公司全体股东为被告，应当准许，追加的股东为共同被告参加诉讼，承担清算责任。"

笔者认为，吊销营业执照的目的在于停止公司的营业，不允许其继续新的经营活动。吊销营业执照导致公司被强制解散，公司解散后残留的债权债务和公司剩余财产必须进行清算。而要进行清算，公司的法人资格就是必要的主体条件。因此，吊销营业执照的后果应只是取消公司的营业资格，而不应同时将其法人资格一并取消，法人资格的取消必以公司清算完结并办理注销登记为条件。而且，法院作为裁判机关，也有权在案件审理中对当事人的主体资格作出自己的认定，即便是行政机关已经作出认定或决定的，也要接受法院的司法审查。因此，最高人民法院的意见值得赞同，即公司被吊销法人营业执照后，至清算程序结束并办理工商注销登记前，公司的法人资格保留，仍旧具有当事人能力。

（五）自测案例

案例62

胡某、尹某诉谭某、物贸分公司、鸿翔公司联营合同纠纷案①

2002年9月29日，尹某某与物贸分公司签订合同，双方合作承制

① 本案例参见中国法院网：http://ws. chinacourt. org/public/paperview. php? id = 100818，2009-12-19访问。

益阳发电公司三块大型广告牌，双方各投资10万元。后因广告牌未制作，双方又于2003年3月16日签订一份《合同书》，约定为做好益阳发电公司的业务经营工作，尹某某将投资做广告牌的10万元仍作全方面业务合作经营的投资资金。业务经营中所收回的资金，先归还尹某某的借款，再付本阶段投资资金及各方应得利润。合同由物贸分公司主管单位鸿翔公司签名盖章予以鉴证。合同履行过程中双方发生争议，尹某某以谭某、物贸分公司和鸿翔公司为被告诉至益阳市赫山区人民法院，请求终止合同协议，返还投资款，分配利润。诉讼过程中，尹某某因病去世，其妻胡某、其子尹某申请作为原告参加诉讼，法院予以允许。一审判决：《合作协议书》终止履行，谭某返还胡某、尹某投资款144743元，驳回原告要求利润分配的诉讼请求。谭某不服提出上诉，其中一项理由是：一审审理程序违法，胡某、尹某不是本案适格主体。

问：胡某、尹某应否成为本案的当事人？

四、当事人的诉讼能力与法定诉讼代理人

诉讼能力，又称诉讼行为能力，是指当事人能够通过自己的行为亲自行使诉讼权利，履行诉讼义务的能力。有当事人能力者不一定具有诉讼行为能力。法定诉讼代理人，是指根据法律规定而取得代理权，代理无诉讼能力的当事人进行诉讼的人。法定诉讼代理是保障无诉讼能力的当事人实施诉讼进而实现其诉讼权利和实体权利的一项制度。

（一）案情简介

案例63

小玉诉小嘉损害赔偿纠纷案①

2007年8月9日晚上6点多，8岁的小嘉骑着一辆自行车由北向南

① 本案例参见中国法院网：http://www.chinacourt.org/public/detail.php? id = 310087&k_title = 法定代理人 &k_content = 法定代理人 &k_author，2008-8-14 访问。

行至小区5号楼前，恰遇刚从自家汽车下来的5岁的小玉，小嘉的自行车与小玉身体接触，将小玉撞倒，造成小玉受伤。后交警到现场处理，但因事故现场破坏，交警无法认定事故责任。小玉受伤后，被父母带到儿童医院治疗，经诊断为车撞伤、软组织挫伤、头皮裂伤；背部挫伤、脑震荡，需观察、护理、随诊。小玉的父母为此花费了医药费、交通费，还因孩子受伤后对其进行陪护而误工并影响部分收入。小玉的父母称，孩子受伤遭受了巨大的痛苦，但小嘉的家长却不赔偿他们的损失。为此，小玉的母亲作为孩子的法定代理人将小嘉告上了法院，要求赔偿医药费、营养费、交通费、误工费、精神损失费共计8698.03元。

小嘉的父母在法庭上表示，不同意原告的诉讼请求，对原告提供的部分损失的证据也不予认可。北京市丰台区人民法院审理后，判决小嘉父母赔偿原告小玉医疗费、交通费、营养费、护理费等经济损失共计2676.87元；驳回原告小玉其他诉讼请求。

（二）思考方向

本案中的侵害人小嘉与受害人小玉作为侵权法律关系的主体，具有当事人能力，有资格成为本案的原告和被告。但是，二人又都属于民法上的无行为能力人，在诉讼法上不具有诉讼行为能力，不能亲自实施诉讼行为，需要由其监护人作为法定诉讼代理人代为实施诉讼。由此可见，法定诉讼代理是专门为有当事人能力而无诉讼能力的自然人设计的一项制度。

（三）法律规定

《民事诉讼法》第57条　无诉讼行为能力人由他的监护人作为法定代理人代为诉讼。法定代理人之间互相推诿代理责任的，由人民法院指定其中一人代为诉讼。

第179条　当事人的申请符合下列情形之一的，人民法院应当再审：

……

（九）无诉讼行为能力人未经法定代理人代为诉讼或者应当参加诉讼的当事人，因不能归责于本人或者其诉讼代理人的事由，未参加诉讼的；

……

《民诉法意见》第67条　在诉讼中，无民事行为能力人、限制民事行为能力人的监护人是他的法定代理人。事先没有确定监护人的，可以由有监护资格的人协商确定，协商不成的，由人民法院在他们之间指定诉讼中的法定代理人。当事人没有民法通则第十六条第一、二款或者第十七条第一款规定的监护人的，可以指定该法第十六条第四款或者第十七条第三款规定的有关组织担任诉讼期间的法定代理人。

（四）学理分析

诉讼能力是当事人亲自实施诉讼的能力。有当事人能力者不一定具有诉讼行为能力。对于自然人来说，有完全民事行为能力的人才具有诉讼行为能力，无民事行为能力人和限制民事行为能力人都不具有诉讼行为能力。法人和其他组织的诉讼行为能力从该法人或其他组织合法成立时具有，到该法人或其他组织被撤销或解散时终止。

具有诉讼能力是诉讼行为有效的要件。没有诉讼能力的人实施的诉讼行为和针对无诉讼能力的人所实施的诉讼行为都是无效的。因此，不具有诉讼能力的当事人无法亲自实施诉讼行为，只能通过法定代理人或者法定代理人委托的诉讼代理人进行诉讼活动。但是，无诉讼能力的人实施的诉讼行为不能简单地加以撤销。如果其法定代理人对其诉讼行为予以追认的，该诉讼行为则从一开始就是有效的。

法人诉讼代理是为无行为能力的人在法律上设立的一种代理制度，具有以下特点：(1) 代理权产生的基础特殊。非基于本人或代理人的意志产生，而是基于法律规定产生，法定诉讼代理权以民法上的亲权和监护权为产生基础。(2) 代理对象特殊。法定诉讼代理是专门为无诉讼行为能力人设立的一项制度，因此法定诉讼代理人只能代理无诉讼行为能力人进行诉讼。(3) 代理人的范围特殊。法定诉讼代理人的范围只限于对被代理人享有亲权和监护权的人，其他人不能担任法定诉讼代理人。本案中，小嘉和小玉都是无诉讼能力人，虽然诉讼是以二人的名义进行，但诉讼活动只能由其监护人即父母作为法定诉讼代理人代为进行。

为了充分有效地保护被代理人的合法权益，法定代理人的代理权基本不受限制，即凡是被代理人享有的诉讼权利，他都有权代为行使，凡是被代理人应履行的诉讼义务，他都有权代为履行。法定诉讼代理人既可以代理当事人处分诉讼权利，也可以代理当事人处分实体权利。法定诉讼代理人所为的一切诉讼行为，均应视为被代理人本人所为的诉讼行为，与被代理人本人所为的诉讼行为产生同等效力。尽管如此，法定代理人在诉讼中的地位仍是诉讼代理人，而不是当事人。就如本案中，小玉的父母和小嘉的父母分别代理小玉和小嘉实施全部的诉讼活动，包括提出或反驳诉讼请求、主张事实、提供证据以及进行辩论等。但最终判决上记载的权利义务仍旧由小玉和小嘉来享有和承担。之所以判令小嘉的父母向小玉进行赔偿，并非是将小嘉的父母作为被告，而是基于民法上的有关规定，即“无民事行为能力人、限制民事行为能力人造成他人损害的，由监护人承担民事责任”①。

（五）自测案例

案例64

植物人离婚案②

原、被告于1991年1月18日结婚，1991年11月19日生育一子名许某。自1993年起，被告热衷搓麻将后，双方经常发生矛盾。1995年，被告离家出走。1999年8月12日原告被220V电流击中后一直处于植物人状态。原告的法定代理人以原告的名义向上海市长宁区人民法院提起诉讼要求与被告离婚。

长宁区人民法院受理此案后，委托司法部司法科学技术研究所对原告的精神状态进行鉴定及行为能力评定。2000年5月24日出具鉴定结论：被鉴定人许某在本案中应评定为无民事行为能力。法院确定原告之母滑某为原告的法定代理人。因被告下落不明，法院于2000年5月25日向被告公告送达民事起诉状副本及开庭传票，被告在公告期限届满后未到庭应诉。

上宁区人民法院作出缺席判决，认为被告热衷搓麻将且彻夜未归。1995年，被告离家出走，现经本院公告查找又确无下落。原告于1999年8月12日被220V电流击中，处于植物人状态时，被告仍未出现，根本未尽妻子义务，应认定为原、被告的夫妻感情确已破裂。现原告要求与被告离婚。原告的法定代理人在本案中对原、被告所生之子抚育权问题未提出主张，考虑到原告目前系无行为能力人，故本院对子女抚育

---

① 《民法通则》第133条。

② 本案例参见：http://finance.ce.cn/law/alk/msal/200708/14/t20070814_12471079.shtml，2008-11-24访问。

权问题不予处理。关于原告、被告的夫妻共同财产及住房问题，原告法定代理人明确表示在被告尚未出现时不予分割，日后另行主张，可予准许。准许原告被告离婚。

问：无诉讼能力人能否作为原告提起离婚诉讼？

第十三章　共同诉讼和第三人诉讼

一、共同诉讼

共同诉讼,是指当事人一方或双方为两人或两人以上的诉讼,也称主观的诉的合并。在我国,共同诉讼区分必要共同诉讼和普通共同诉讼两种形态。诉讼标的是同一的,对于共同诉讼人全体必须合一确定的共同诉讼,为必要共同诉讼;诉讼标的为同一种类,法院为了诉讼经济而合并审理并经当事人同意的共同诉讼,为普通共同诉讼。

(一) 案情简介

案例65

曹某诉申某借款纠纷案①

曹某与曹某某系兄妹关系,曹某某与申某曾系夫妻关系。2005年2月22日,申某与曹某某夫妻关系存续期间,申某向曹某借款5000元,并约定借款利息为月息1分5厘,借款期限为1年。2005年2月22日至2008年2月22日,申某按双方约定支付了利息,2008年2月22日之后申某未再支付利息,亦未偿还本金。2008年4月30日,曹某某与申某离婚。2009年7月,曹某以申某为被告向安阳市安阳县人民法院提起诉讼,请求判令申某偿还本金5000元及利息。被告申某辩称,原告起诉的债务是被告与其前妻曹某某婚姻关系存续期间所欠债务,故应追加曹某某为共同被告。此外,该债权已经超过诉讼时效,请求驳回原告诉讼请求。

---

① 本案例参见中国法院网:http://ws.chinacourt.org/public/paperview.php?id=148164,2009-12-19访问。

法院经审理认为,被告向原告借款的事实清楚,证据充分。被告辩称应追加曹某某为共同被告,本院认为被告是该债权的债务人之一,是否起诉曹某某属原告的诉讼权利,不属于法院依职权追加当事人的情形,故对被告的辩解理由不予采纳。被告另称原告起诉已超过诉讼时效,因被告按约定偿还原告利息至2008年2月22日,故原告主张债权的诉讼时效已于2008年2月22日中断。判决:申某偿还曹某借款5000元及利息1275元。

(二)思考方向

共同诉讼以诉讼标的是否有必要作合一确定为标准,划分为必要共同诉讼和普通共同诉讼。必要共同诉讼又以全体利害关系人是否有必要共同参与实施诉讼为标准,划分为固有的必要共同诉讼和类似的必要共同诉讼。由此可见,法院依职权必须追加当事人的情形必然发生在固有的必要共同诉讼中。至于普通共同诉讼和类似的必要共同诉讼都不以追加当事人为必要。

(三)法律规定

《民事诉讼法》第53条 当事人一方或者双方为二人以上,其诉讼标的是共同的,或者诉讼标的是同一种类、人民法院认为可以合并审理并经当事人同意的,为共同诉讼。

共同诉讼的一方当事人对诉讼标的有共同权利义务的,其中一人的诉讼行为经其他共同诉讼人承认,对其他共同诉讼人发生效力;对诉讼标的没有共同权利义务的,其中一人的诉讼行为对其他共同诉讼人不发生效力。

《民诉法意见》第43条 个体工商户、个人合伙或私营企业挂靠集体企业并以集体企业的名义从事生产经营活动的,在诉讼中,该个体工商户、个人合伙或私营企业与其挂靠的集体企业为共同诉讼人。

第46条第2款 营业执照上登记的业主与实际经营者不一致的,以业主和实际经营者为共同诉讼人。

第47条 个人合伙的全体合伙人在诉讼中为共同诉讼人。个人合伙有依法核准登记的字号的,应在法律文书中注明登记的字号。全体合伙人可以推选代表人;被推选的代表人,应由全体合伙人出具推选书。

第50条后半句 企业法人分立的,因分立前的民事活动发生的纠纷,以分立后的企业为共同诉讼人。

第52条　借用业务介绍信、合同专用章、盖章的空白合同书或者银行账户的，出借单位和借用人为共同诉讼人。

第53条　因保证合同纠纷提起的诉讼，债权人向保证人和被保证人一并主张权利的，人民法院应当将保证人和被保证人列为共同被告；债权人仅起诉保证人的，除保证合同明确约定保证人承担连带责任的外，人民法院应当通知被保证人作为共同被告参加诉讼；债权人仅起诉被保证人的，可只列被保证人为被告。

第54条　在继承遗产的诉讼中，部分继承人起诉的，人民法院应通知其他继承人作为共同原告参加诉讼；被通知的继承人不愿意参加诉讼又未明确表示放弃实体权利的，人民法院仍应把其列为共同原告。

第55条　被代理人和代理人承担连带责任的，为共同诉讼人。

第56条　共有财产权受到他人侵害，部分共有权人起诉的，其他共有权人应当列为共同诉讼人。

第57条　必须共同进行诉讼的当事人没有参加诉讼的，人民法院应当依照民事诉讼法第一百一十九条的规定，通知其参加；当事人也可以向人民法院申请追加。人民法院对当事人提出的申请，应当进行审查，申请无理的，裁定驳回；申请有理的，书面通知被追加的当事人参加诉讼。

第58条　人民法院追加共同诉讼的当事人时，应通知其他当事人。应当追加的原告，已明确表示放弃实体权利的，可不予追加；既不愿意参加诉讼，又不放弃实体权利的，仍追加为共同原告，其不参加诉讼，不影响人民法院对案件的审理和依法作出判决。

（四）学理分析

我国《民事诉讼法》将共同诉讼区分为必要共同诉讼与普通共同诉讼，但在理论上和实务上又有必要对必要共同诉讼进一步划分为固有的必要共同诉讼和类似的必要共同诉讼。

固有的必要共同诉讼，是指当事人一方或者双方为二人以上，其诉讼标的是同一的共同诉讼。它要求共同诉讼人必须一同起诉或应诉，未一同起诉或应诉的，法院必须依职权予以追加；对于该同一的诉讼标的，法院必须对全体共同诉讼人作合并审理和合一判决。固有的必要共同诉讼的认定，以共同诉讼人享有或承担的共同权利义务的不可分性为识别标准。换言之，如果实体法在某些情形下允许各个利害关系人可以独立行使或承担属于全体利害关系人的权利义务，就不再属于固有的必要共同诉讼，如连带债权债务的情形。

类似的必要共同诉讼，是指数个利害关系人对同一诉讼标的既可以选择一同起诉或应诉，也可以选择由部分利害关系人起诉或应诉，其他利害关系人不作为当事人实施诉讼。但一旦选择一同起诉或应诉，法院必须对同一诉讼标的作合并审理和合一判决。而选择由部分利害关系人起诉或应诉的，则诉讼结果对其他未参加诉讼的利害关系人同样有效，其他利害关系人不得就该同一诉讼标的再行起诉或应诉。它与固有必要共同诉讼的区别在于全体利害关系人不必一同起诉或应诉，并在当事人选择不一同起诉或应诉的情形下不发生当事人不适格的问题，法院亦不必依职权追加当事人。如数人针对同一婚姻关系提起的该婚姻关系无效、撤销该婚姻关系、确认婚姻关系成立或不成立的诉讼；股份有限公司的股东提起的撤销股东大会决议的诉讼。

普通共同诉讼，指的是当事人一方或双方为两人以上，诉讼标的是同一种类，法院认为可以合并审理并且当事人也同意合并审理的共同诉讼。普通共同诉讼中包含多个诉讼标的即多个诉，是一种客观上的诉的合并。普通共同诉讼是一种可分之诉，与必要共同诉讼的合一确定不同的是，普通共同诉讼必须分别确定，即对各个诉讼标的分别作出判决。

本案中，申某与曹某某在婚姻关系存续期对外所欠债务构成夫妻共同债务，并且是连带债务。虽然这里仅存在一个债权债务法律关系，但债权人曹某可以选择向全体连带债务人主张债权，也可以选择向连带债务之一主张债权。这种情形即为类似的必要共同诉讼，两个债务人是否一同应诉，取决于债权人的选择或者共同债务人自己的选择，法院不必依职权追加未参加诉讼的债务人为共同诉讼人。

（五）自测案例

案例66

董某诉东风南充汽车公司、郭某道路交通事故财产损害赔偿纠纷案①

2006年6月6日，郭某持与所驾车辆不符的驾驶证驾驶由东风南

① 本案例参见中国法院网：http://ws.chinacourt.org/public/paperview.php? id = 127630，2009-12-19 访问。

充汽车公司生产的货车，在郑焦晋高速公路上因制动突然失灵，与董某驾驶的自卸车相接，致董某的自卸车损坏，损失费若干。董某以郭某和东风南充汽车公司为共同被告诉至河南焦作中站区人民法院，请求被告赔偿损失。原告诉称：被告南充公司生产的车辆存在重大质量缺陷，是造成事故的主要原因，被告郭某违反《中华人民共和国道路安全法》，持与驾驶车辆不符的驾驶证驾驶机动车，且未履行行车前的检车义务，对本次事故亦有过错，二被告的行为对原告构成共同侵权，应当共同承担民事赔偿责任。中站区人民法院经审理支持董某的诉讼请求，判决被告东风南充汽车公司承担所有损失费的70%，计29641.50元；被告郭某承担所有损失费的30%，计12703.50元。

问：本案为必要共同诉讼还是普通共同诉讼？

二、第三人

在我国，诉讼中的第三人，是指对原告和被告争议的诉讼标的主张独立的请求权，或者虽然没有主张独立的请求权，但案件的处理结果与其有法律上的利害关系，而参加到正在进行的诉讼中去的人。我国《民事诉讼法》将第三人区分为有独立请求权第三人和无独立请求权第三人两种形态，而这两种第三人在诉讼中的地位完全不同。

（一）案情简介

案例67

朱某诉锐隆莲公司、潘某买卖合同纠纷案①

2005年10月，朱某经锐隆莲公司法定代表人潘某介绍，向永昌福利钢铁厂（法定代表人王某）出售铁矿石。2005年12月7日，朱某、王某及潘某三人签订一份《协议书》，约定王某欠朱某矿石款共计人民币

① 本案例参见中国法院网：http://ws.chinacourt.org/public/paperview.php? id = 1723，2009-12-20访问。

1374000元,双方商定用生铁分两次抵清,其中2005年12月抵300吨,2006年1月抵442.7吨,并对抵款生铁的单价、结算价及质量扣款等进行了约定。生铁由潘某负责销售,装货销售时直接联系王某发货,王某欠朱某的矿石款由潘某负责偿还,在扣减损失后款项共计1225455元,于2006年1月30日前还清。如有违约承担违约金10万元。协议签订后,朱某收到矿石款30万元。后因生铁掉价,王某没有履行拉生铁给潘某销售的合同条款。朱某认为,该协议系当事人对债务转移的约定,债务人由王某变更为潘某,并得到了债权人的同意,故潘某有义务向朱某支付余款,潘某系锐隆莲公司的法定代表人,其行为代表公司,故锐隆莲公司与潘某共同承担偿付责任。2006年5月,朱某以锐隆莲公司和潘某为被告诉至云南省昆明市中级人民法院,请求判令两被告支付欠款925455元,违约金10万元。

昆明市中级人民法院受理此案后,认为案外人王某与本案的处理结果有法律上的利害关系,故依照《民事诉讼法》第56条第2款规定,通知王某为本案的无独立请求权第三人参加诉讼。法院经审理后认为,该协议不具有债务转移的性质,债务人王某未按合同约定将生铁交付给潘某以抵偿债务,其所负债务并未清结,故仍应向朱某支付欠款,并承担违约责任。判决:驳回原告朱某对被告潘某及被告锐隆莲公司的诉讼请求;由第三人王某向原告朱某支付欠款925455元,并支付违约金10万元。

(二)思考方向

第三人是原告和被告之外的参加到诉讼中的广义上的当事人,因其参与诉讼的目的和在诉讼中所处的地位不同而区分为有独立请求权第三人和无独立请求权第三人。所谓诉讼目的不同,前者主张了独立的请求权,后者没有主张独立的请求权,但因案件处理结果与其有利害关系而参加诉讼;所谓诉讼地位不同指的是有无完全的当事人的诉讼权利,前者处于原告地位,享有完全的当事人的权利,后者处于辅助诉讼的地位,不享有完全的当事人的权利。

（三）法律规定

《民事诉讼法》第56条　对当事人双方的诉讼标的，第三人认为有独立请求权的，有权提起诉讼。

对当事人双方的诉讼标的，第三人虽然没有独立请求权，但案件处理结果同他有法律上的利害关系的，可以申请参加诉讼，或者由人民法院通知他参加诉讼。人民法院判决承担民事责任的第三人，有当事人的诉讼权利义务。

《民诉法意见》第65条　依照民事诉讼法第五十六条的规定，有独立请求权的第三人有权向人民法院提出诉讼请求和事实、理由，成为当事人；无独立请求权的第三人，可以申请或者由人民法院通知参加诉讼。

第66条　在诉讼中，无独立请求权的第三人有当事人的诉讼权利义务，判决承担民事责任的无独立请求权的第三人有权提出上诉。但该第三人在一审中无权对案件的管辖权提出异议，无权放弃、变更诉讼请求或者申请撤诉。

第97条　无独立请求权的第三人参加诉讼的案件，人民法院调解时需要确定无独立请求权的第三人承担义务的，应经第三人的同意，调解书应当同时送达第三人。第三人在调解书送达前反悔的，人民法院应当及时判决。

第159条　有独立请求权的第三人经人民法院传票传唤，无正当理由拒不到庭的，或者未经法庭许可中途退庭的，可以对该第三人比照民事诉讼法第一百二十九条的规定，按撤诉处理。

第160条　有独立请求权的第三人参加诉讼后，原告申请撤诉，人民法院在准许原告撤诉后，有独立请求权的第三人作为另案原告，原案原告、被告作为另案被告，诉讼另行进行。

第162条　无独立请求权的第三人经人民法院传票传唤，无正当理由拒不到庭，或者未经法庭许可中途退庭的，不影响案件的审理。人民法院判决承担民事责任的无独立请求权的第三人，有权提起上诉。

第176条　双方当事人和第三人都提出上诉的，均为上诉人。

（四）学理分析

有独立请求权第三人与无独立请求权第三人虽然都属于我国的第三人制度，但这两种第三人是完全不同的两种制度。有独立请求权第三人以原告身份参加诉讼，提起的是一个新的诉——第三人参加之诉，其所提出的独立请求既对抗本诉原告，也对抗本诉被告，认为本诉的原告和被告均侵害了自己的权利，因此在第三人参加之诉中将本诉的原、被告均置于被告的地位（见图 13-1）。

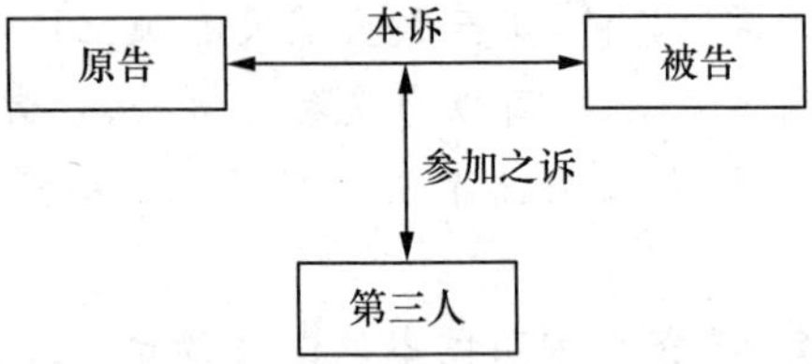

图 13-1　有独立请求权第三人诉讼地位图

无独立请求权第三人没有对本诉诉讼标的主张自己独立的请求权，即无独立请求权第三人不是作为本诉诉讼标的的法律关系主体，其与本诉当事人之一存在另外一个法律关系，因两个法律关系具有的牵连性，使得该第三人与本诉处理结果产生法律上的利害关系，即使该第三人的权利增加或权利减少。无独立请求权第三人参加的是他人的诉讼，没有提起一个新的诉讼，因而其在诉讼中不享有完全的当事人的诉讼地位，在一审中无权对案件的管辖权提出异议，无权放弃、变更诉讼请求或者申请撤诉，仅在判决令其承担民事责任的情况下才有权提出上诉。无独立请求权第三人参加诉讼可以自行申请，法院也可以依职权通知其参加。根据当前的法律和司法实践，无独立请求权第三人又分为两种情形：一是作为辅助本诉一方当事人的无独立请求权第三人，可以称之为“辅助型第三人”；二是独立承担民事责任的无独立请求权第三人，可以称之为“被告型第三人”（见图 13-2）。这两种情形的划分主要是从判决结果角度进行的，辅助型第三人仅在于辅助本诉当事人进行诉讼，法院不会判令其承担民事责任；而被告型第三人参加诉讼不仅仅在于辅助本诉一方当事人实施诉讼，法院最终会判仅其承担民事责任。被告型第三人的问题在于，对判令承担民事责任的第三人没有给予完全的当事人的诉讼地位，违反程序保障原理；法院依职权通知第三人参加诉讼，亦与诉讼上的处分原则相悖。①

---

① 关于无独立请求权第三人制度的完善，参见汤维建主编：《民事诉讼法学》，北京大学出版社 2008 年版，第 224 页。

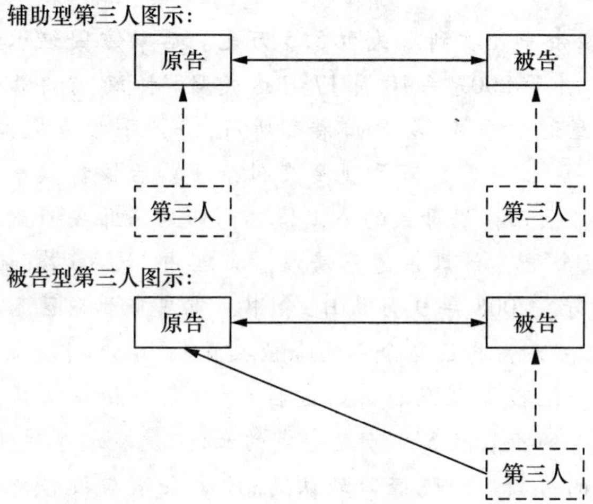

图 13-2　辅助型第三人与被告型第三人对比图

本案中,法院依职权通知王某作为无独立请求权第三人参加诉讼,并最终判令由该王某向原告承担民事责任,从判决对王某的处理情况看,王某应当属于"被告型第三人"。但是,从实体法律关系角度,尚需对王某在诉讼中应处的诉讼地位作重新思考:王某应当是本案的无独立请求权第三人还是本案的被告?原告以债务转移为根据向转移后的债务人潘某主张权利,但法院认为债务转移不成立,原告仍应向原债务人王某主张权利。由此可见,本案只涉及一个实体法律关系即买卖铁矿石欠款法律关系,根据法院最终认定的事实,该法律关系的权利人是朱某,债务人是王某,潘某及锐隆莲公司不是该法律关系的主体。因此,王某并不是与本诉处理结果有利害关系的无独立请求权第三人,而是本诉的唯一被告。

(五) 自测案例

案例68

原告余甲、第三人孙某与被告余乙合伙协议纠纷案①

余甲与孙某曾系夫妻关系。余甲与余乙系兄妹关系。1996 年 8 月

① 本案例参见中国法院网:http://ws.chinacourt.org/public/paperview.php?id=144266,2009-12-19 访问。

29日，余乙在余甲处收到人民币5.5万元。后双方因继承母亲遗产一事发生纠纷，并于2007年10月17日达成调解协议：余甲配合余乙办理母亲遗产房屋过户手续，房屋归余乙所有；房产手续办完，余甲将房屋交付余乙后，余乙将5.5万元现金交付余甲。后该协议未履行。2007年12月11日余乙根据母亲的公证遗嘱向四川省雅安市雨城区人民法院起诉，要求余甲交付母亲遗产房屋。审理中，双方达成调解协议，后余甲仍未履行。2008年9月9日，余甲向重庆市北碚区人民法院提起诉讼，称5.5万元系自己与余乙的合伙投资款，请求判令余乙返还该投资款并要求分配投资利润。诉讼过程中，孙某申请参加诉讼，并称：原告给被告买房的投资款5.5万元有我的血汗，是我起早摸黑劳动挣的，我应分得我的份额。法院经审理认为，原告余甲与被告余乙之间不构成合伙关系，判决：驳回原告余甲的诉讼请求；驳回第三人孙某的诉讼请求。

问：孙某在本案中处于何种诉讼地位？

第十四章　群体诉讼和公益诉讼

一、群体诉讼

一般而言，群体诉讼是为了解决多数人纠纷而设计的一种特殊的当事人诉讼制度。在解决多数人纠纷方面，世界各国所采用的群体诉讼制度各不相同，如美国的集团诉讼、德国的团体诉讼、日本的选定当事人制度以及中国的代表人诉讼等。在我国，诉讼代表人是指由人数众多的一方当事人推选出来，代表该方当事人进行诉讼的人。我国的诉讼代表人制度是以共同诉讼制度为基础，兼收诉讼代理制度之机制后建构而成。

（一）案情简介

案例69

中小股民诉大庆联谊虚假陈述民事赔偿案①

大庆联谊石化股份有限公司（以下简称“大庆联谊”）的主发起人是大庆联谊石油化工总厂，始建于1985年7月，属乡镇企业。1996年下半年，大庆联谊石油化工总厂将其所属的助剂厂和污油净化厂经评估的生产经营性净资产折价入股，并联合大庆市油脂化工厂、大庆市大同区林源建材公司三家单位共同发起，以定向募集方式开始筹建股份制企业。

为申报公司上市，谋取巨额募集资金，大庆联谊石油化工总厂通过地方有关行政管理部门和中介组织，进行一系列弄虚作假、欺诈包装活

---

① 本案例参见：“赵清：大庆联谊案案情及诉讼过程”，http://business.sohu.com/20061221/n247189286.shtml 2009-7-26 访问，http://futures.money.hexun.com/1945598.shtml，2009-7-26 访问。

动。大庆联谊首先策划了一系列的倒签日期行为。大庆市体改委向黑龙江省体改委请示成立大庆联谊石化股份有限公司，将请示时间由1996年下半年倒签为1993年9月20日。1997年3月20日，黑龙江省体改委以黑体改复[1993]495号文批复同意大庆市体改委的请示，落款时间由1997年3月20日倒签为1993年10月8日。大庆市工商局向大庆联谊公司颁发营业执照，将颁发时间由1997年1月倒签为1993年12月20日。为了满足上市条件的要求，大庆联谊编制了股份公司1994年、1995年、1996年的会计记录。此外，大庆联谊将大庆市国税局一张400余万元的缓交税款批准书涂改为4400余万元，以达到上市条件。上述虚构利润、虚假文件内容载入了大庆联谊1997年4月26日公布的《招股说明书》和随后公布的《上市公告书》中。

股票上市后，大庆联谊继续从事违法行为。大庆联谊在1997年年报中虚增利润2848.89万元。此外，大庆联谊在招股说明书中承诺将募集资金投入四个项目，在1997年年报中亦称“公司四个募股资金项目投入情况良好”。经查，大庆联谊的募集资金均未投入上述四个项目，而是用于其他用途，属典型的募集资金违规使用行为。

大庆联谊的主承销商申银万国证券有限公司在为大庆联谊编制发行上市申报材料时，对有关文件的真实性、完整性未作认真核查，致使申报材料含有重大虚假信息。

为大庆联谊公司上市提供审计的哈尔滨会计师事务所、提供法律意见书的万邦律师事务所在知情的情况下，为大庆联谊公司出具了内容虚假的审计意见书、法律意见书。

针对以上违反证券法规的虚假陈述行为，中国证监会于2000年3月31日分别发布了(2000)16号、(2000)15号、(2000)17号处罚决定。

2002年1月11日，最高人民法院发布了《关于受理证券市场因虚假陈述引发的民事侵权纠纷案件有关问题的通知》(以下简称《通知》)，该《通知》颁布后，以郭锋为首席律师，成员包括宣伟华律师、赵清律师等人的律师团受北京、上海三名投资者的委托，率先于2002年1月18日向哈尔滨市中级人民法院递交了状告大庆联谊股份有限公司及其他被告虚假陈述民事侵权的起诉状。法院于2002年1月24日正式受理此案，从而使该案成为《通知》颁布后第一起人民法院正式受理的证券民事索赔案件。

随后,律师团不断接到来自全国各地股民的代理委托。2002 年 3 月 28 日,律师团受第二批共 679 名原告的委托授权,将起诉材料再次送至哈尔滨市中级人民法院。

诉状中涉及被告共 15 个,其中第一被告是大庆联谊,第二被告是申银万国证券股份有限公司,第三被告是哈尔滨会计师事务所,另外 9 名自然人被告是大庆联谊的董事、经理,其余 3 名是会计师事务所的会计师。

2002 年 10 月 10 日,哈尔滨市中级人民法院开庭审理了 3 名股东的民事索赔案。2003 年至 2004 年,哈尔滨市中级人民法院先后多次开庭审理了该案,2004 年 8 月,经过两年多的调查、审理,哈尔滨市中级人民法院就大庆联谊案作出一审判决:大庆联谊、申银万国被判赔偿投资者,456 位胜诉原告获赔金额 878.5 万元。

大庆联谊、申银万国以及五位投资人不服,向黑龙江省高级人民法院提起上诉。上诉案件共计 98 件,涉及股民 564 人,诉讼标的额八百余万元。

2004 年 12 月 23 日,黑龙江省高级人民法院对大庆联谊案作出终审判决,除 3 起案件改判以外,其余均维持原判。判决大庆联谊赔偿金额约为 883.7 万元,并承担案件受理费 20.6 万元,第二被告上市推荐人申银万国则对 433 起赔偿金额为 608 万元的案件承担连带责任。

(二)思考方向

因证券市场虚假陈述引发的民事侵权损害赔偿诉讼是比较典型的群体诉讼,根据最高人民法院 2002 年和 2003 年的有关司法解释,受害人可以选择单独诉讼或共同诉讼方式提起诉讼,原告人数众多的可以推选二至五名代表人。诉讼代表人经所代表原告的特别授权,方可代表原告参加开庭审理,变更或者放弃诉讼请求、与被告进行和解或者达成调解协议。

(三)法律规定

《民事诉讼法》第 54 条 当事人一方人数众多的共同诉讼,可以由当事人推选代表人进行诉讼。代表人的诉讼行为对其所代表的当事人发生效力，但代表人变更、放弃诉讼请求或者承认对方当事人的诉讼请求，进行和解，必须经被代表的当事人同意。

第55条 诉讼标的是同一种类、当事人一方人数众多在起诉时人数尚未确定的，人民法院可以发出公告，说明案件情况和诉讼请求，通知权利人在一定期间向人民法院登记。

向人民法院登记的权利人可以推选代表人进行诉讼；推选不出代表人的，人民法院可以与参加登记的权利人商定代表人。

代表人的诉讼行为对其所代表的当事人发生效力，但代表人变更、放弃诉讼请求或者承认对方当事人的诉讼请求，进行和解，必须经被代表的当事人同意。

人民法院作出的判决、裁定，对参加登记的全体权利人发生效力。未参加登记的权利人在诉讼时效期间提起诉讼的，适用该判决、裁定。

《民诉法意见》第59条 民事诉讼法第五十四条和第五十五条规定的当事人一方人数众多，一般指十人以上。

第60条 依照民事诉讼法第五十四条规定，当事人一方人数众多在起诉时确定的，可以由全体当事人推选共同的代表人，也可以由部分当事人推选自己的代表人；推选不出代表人的当事人，在必要的共同诉讼中可由自己参加诉讼，在普通的共同诉讼中可以另行起诉。

第61条 依照民事诉讼法第五十五条规定，当事人一方人数众多在起诉时不确定的，由当事人推选代表人，当事人推选不出的，可以由人民法院提出人选与当事人协商，协商不成的，也可以由人民法院在起诉的当事人中指定代表人。

第62条 民事诉讼法第五十四条和第五十五条规定的代表人为二至五人，每位代表人可以委托一至二人作为诉讼代理人。

第63条 依照民事诉讼法第五十五条规定受理的案件，人民法院可以发出公告，通知权利人向人民法院登记。公告期根据具体案件的情况确定，最少不得少于三十日。

第64条 依照民事诉讼法第五十五条规定向人民法院登记的当事人，应证明其与对方当事人的法律关系和所受到的损害。证明不了的，不予登记，当事人可以另行起诉。人民法院的裁判在登记的范围内执行。未参加登记的权利人在诉讼时效期间内提起诉讼，人民法院认定其请求成立的，裁定适用人民法院已作出的判决、裁定。

第65条 依照民事诉讼法第五十六条的规定，有独立请求权的第三人有权向人民法院提出诉讼请求和事实、理由，成为当事人；无独立请求权的第三人，可以申请或者由人民法院通知参加诉讼。

《最高人民法院关于受理证券市场因虚假陈述引发的民事侵权纠纷案件有关问题的通知》(2002 年 1 月 15 日发布)

《最高人民法院关于审理证券市场因虚假陈述引发的民事赔偿案件的若干规定》(2003 年 1 月 9 日发布)

(四) 学理分析

群体诉讼与共同诉讼有着天然的联系①，我国的代表人诉讼制度以及日本的选定当事人制度都是以共同诉讼为基础建立起来的。但是，群体诉讼的发展势必要挣脱共同诉讼的窠臼，追求属于自己的制度目标——诉讼经济、为小额多数受害人提供救济、遏制大企业侵权行为等。在世界各国的群体诉讼制度中，最能体现上述制度目标的当属美国的集团诉讼制度，但受到质疑最多的也是美国的集团诉讼制度。我国的代表人诉讼制度在虽然在实现上述目标方面还远远不够，但至少在诸多问题上(如当事人适格、被代表人利益保护等)没有遭到太多质疑。

我国的代表人诉讼区分为人数确定的代表人诉讼和人数不确定的代表人诉讼两种形态。其主要区别可见表 14-1。

表 14-1　两种代表人诉讼形态表

人数确定的代表人诉讼	人数不确定的代表人诉讼
当事人一方人数众多(一般 10 人以上)	当事人一方人数众多(一般 10 人以上)
起诉时当事人人数已经确定	起诉时当事人人数尚未确定
具有共同的或同一种类的诉讼标的	只能具有同一种类的诉讼标的
全体推选代表人，部分推选代表人，推选不出代表人的亲自参加诉讼或另行起诉	在已经登记的当事人中产生代表人：选定→商定→指定

大庆联谊案所涉人数众多，提起诉讼的人数已达 682 人，但一定还有受大庆联谊虚假陈述损害但未提起诉讼或者根本不知道诉讼正在进行的股民。但法院没有按照人数不确定的代表人诉讼进行处理，即没有采用公告、登记程序。亦未按照人数确定的代表人诉讼处理，没有要求当事人推选代

① 关于群体诉讼与共同诉讼的区别，参见汤维建主编：《民事诉讼法学》，北京大学出版社 2008 年版，第 229 页。

表人代为实施诉讼。而是采用共同诉讼的形式分组进行审理。这一做法显然是最高人民法院2002年和2003年两个有关证券市虚假陈述的司法解释导向的结果。从社会稳定的角度出发,最高人民法院要求各级法院在受理证券市虚假陈述损害赔偿案件时,“应当采取单独或者共同诉讼的形式予以受理,不宜以集团诉讼的形式受理”。这一导向显然与群体诉讼制度的总体目标相悖离,可以看作是社会转型期间维稳的权益之计。

(五)自测案例

案例70

六千余股民诉东方电子证券民事赔偿案①

1997年1月21日,烟台东方电子信息产业股份有限公司在深圳证券交易所上市,代码000682,简称:“东方电子”。2001年7月,中国证监会对东方电子展开调查。9月7日,东方电子披露正在接受证监会调查。9月14日,《证券日报》发表《东方电子:财务数据真实吗?》一文,最早揭露东方电子的虚假陈述行为。2002年4月18日,东方电子发布因重大会计差错可能导致经营业绩下滑的《风险预警公告》。2002年11月11日,烟台市人民检察院以烟检刑诉(2002)134号《起诉书》,指控隋元柏、高峰、方跃犯有提供虚假财会报告罪而提起公诉,2003年1月17日,烟台中级人民法院以(2002)烟刑二初字第67号《刑事判决书》,对被告隋元柏、高峰、方跃作出认定其有罪的一审刑事判决,认定三人犯有提供虚假财会报告罪,分别对隋元柏判处有期徒刑2年并处罚金人民币5万元、对高峰被判处有期徒刑1年并处罚金人民币2.5万元、对方跃判处有期徒刑1年缓刑1年并处罚金人民币5万元。在法定的10天上诉期限内,三人均未上诉,故该刑事判决于2003年1月28日起生效。

① 本案例参见:http://stock.hexun.com/2008-03-16/104498058.html,2008-8-26访问;http://finance.sina.com.cn/roll/20030212/0736309922.shtml,2008-8-26访问。

从2003年2月8日开始，截至诉讼时效到期后的2005年1月27日，青岛市中级人民法院共受理了涉及全国二十多个省区市的6989名投资人提出的2716个案件，涉案标的额为4.42亿元。此案经过长达四年半的审理，最终原被告双方达成调解协议。2006年7月，东方电子借公布股权分置改革方案之机提出了自己的调解意见，并获得股东大会通过。这次赔付确定东方电子集团以其持有的东方电子股票来赔偿原告损失，股票以每股6.39元计价，依据青岛市中院确定的股民的实际差额损失数额确定赔偿股票数量。截至2007年12月30日，除了134名不在赔偿范围内的投资人主动撤回起诉以及30名因交易资料不齐等原因尚未达成调解协议的投资人外，其余案件全部以调解方式结案，调撤率为99%。

问：调解结案后，没有起诉的受害股民可否向法院提起诉讼获得赔偿？

二、公益诉讼

公益诉讼，是指在公共利益被侵犯时，有关主体向法院提起诉讼，寻求司法救济以保护公共利益。公益诉讼主要涉及两大问题，一是何为公共利益；二是谁有权利或有职责提起诉讼的问题。第二个问题尤为重要。我国当前面临的就是谁有权提起公益诉讼的问题。

（一）案情简介

案例71

王英诉富平春酒厂赔偿纠纷案①

1997年，河南省舞阳市教师王英的丈夫因过量饮用"富平春"酒引发胰腺炎而死亡。王英遂以富平春酒厂为被告诉至河南省漯河市中级人民法院，请求法院判令富平春酒厂赔偿丈夫死亡造成的损失，并在生产的白酒标签上标示"饮酒有害健康"等内容。1998年底，河南省漯河

① http://finance.sina.com.cn/hy/20090218/22485872827.shtml，2009-7-26访问。

市中级人民法院一审判决:驳回王英的诉讼请求。王英遂向河南省高级人民法院提起上诉。1999 年 4 月,省高院终审判决:驳回上诉,维持原判。

尽管官司打输了,但王英没有停止过对白酒标签的质疑。她不惜举债 20 万元,写了两米多高的上访材料,历时 8 年逐级上访,只为在酒包装上打上"过量饮酒有害健康"字样,以警示消费者。

最终,国家质检总局采纳了她的建议,要求从 2006 年 10 月 1 日起,饮料酒标签上必须标示"过度饮酒有害健康"的警示语、"孕妇和儿童不宜饮酒"的劝说语。

(二) 思考方向

王英的诉讼请求中包含明确的公益内容,即要求法院判令在白酒包装上明确标示"饮酒有害健康"字样。本案虽以"驳回原告诉讼请求"的败诉判决而告终,但这毕竟是一起典型的公益诉讼案件。本案的败诉判决并非意味着原告关于公益的主张是错误的,而是因为我国根本未建立起公益诉讼制度,当前的法律只准许与案件有直接利害关系的主体提起诉讼,并不允许某主体为了公共利益而非自己利益提起诉讼。

(三) 法律规定

暂无法律规定。

(四) 学理分析

公共利益并非是一个宏观抽象的概念,它涉及一个国家、社会中每个个体的利益,甚至涉及整个人类的生死存亡问题。公共利益的保护已经越来越受到人们的重视,为了有效保护公共利益,不仅要靠国家政府的管理和干预行为,更要依靠每个公民和社会团体的力量。因此,许多国家都在依靠政府职能之外,允许公民和社会团体提起公益诉讼。

公益诉讼相对于传统诉讼而言有其自身的特殊性,公共利益的主体是不确定的公众,这样就带来了什么样的主体可以提起公益诉讼的问题。在我国,根据《民事诉讼法》第 108 条规定,提起诉讼的原告必须是与本案有直接利害关系的公民、法人、其他组织。但公益案件中往往没有直接利害关系人，即使存在少数利害关系人，其起诉的目的也不仅在于维护其自身利益，更侧重于对公共利益的保护。如环境污染案件。由于受到上述法律规定的限制，为了公益而提起的诉讼因不符合起诉条件，而被拒之于法院大门之外。从而导致公共利益有损害而无救济的情形在中国屡见不鲜。

从其他国家的经验看，许多国家都赋予检察机关提起公益诉讼的权利，有些国家还将公益诉讼的起诉权赋予公民和相关社会团体，即所谓“私人检察官”。这些做法在维护社会公共利益方面起到了非常明显的效果，值得我们借鉴。

（五）自测案例

案例72

葛锐诉郑州铁路分局案①

1998年10月6日，郑州市民葛锐在郑州火车站高架候车室如厕时，管理人员要求他交纳0.3元的如厕费。葛锐认为，旅客买了火车票，火车站理应为旅客提供包括如厕在内的治安、卫生、候车休息等相应服务及场所，但管理人员执意收费。无奈之下，葛锐只好交费如厕。1998年10月29日，葛锐向郑州市二七区人民法院提起诉讼，要求郑州铁路分局向他赔礼道歉，并退回0.3元如厕费。这场官司隐含着消费者对带有垄断性质的铁路部门的服务的质疑和挑战，受到社会各界的广泛关注。

在一审判决中，二七区人民法院认为，河南省物价局根据国务院颁布的《城市市容和卫生管理条例》，批准了郑州铁路各分局在候车室收取0.3元如厕费的收费项目，因此判决葛锐败诉。葛锐不服，上诉至郑州市中级人民法院，并称，财政部和国家计委1993年联合颁布的“152号文件”已明令取消火车站“站内厕所收费”项目。郑州铁路分局则辩称，铁道部曾下文解释，“站内厕所收费”是指站台厕所收费，不包括候

① 本案例参见：http://www.cyol.net/gb/zqb/2001-03/16/content_185690.htm，2009-7-26访问。

车室内的厕所。葛锐向法庭提交了财政部综合司、国家计委价格司下发的《关于明确“站内厕所收费”涵义的复函》:“站内厕所”,包括进站通道、候车室及站台等处的厕所。对此,郑州铁路分局认为,此属部门解释,不具有法律约束力。郑州市中级人民法院在审理中认为,郑州火车站高架候车室在郑州火车站范围之内,候车室内的厕所收费是违反行政法规的。法院最后判决葛锐胜诉。

问:本案中,通过私益诉讼实现了怎样的公益目的?

第十五章　民事诉讼证据

一、证据资格与证明力

证据能力,又称为证据资格,证据的可采纳性、适格性、允许性,是指证据能够被法官采信,作为认定待证事实依据所应具备的条件。证明力,也称证据价值、证据力、证明度,是指证据对待证事实的说服力和可信度。证据能力是证据的法律属性,即证据能力的有无受法律控制;证明力是证据的自然属性,证明力的大小完全由证据与待证事实之间的关联性大小所决定,原则上与法律无关。

(一) 案情简介

案例73

张某诉昆明市海口车车加油站、贾某、谢某民间借贷纠纷案①

张某称,2005 年 8 月 30 日,张某借给昆明市海口车车加油站(以下简称“车车加油站”)2 万元用于购油,该款由当时任车车加油站出纳的谢某向张某出具了收条,收条主要内容是:“今收到张某借款贰万元整,用于购油;收款人谢某;2005 年 8 月 30 日”。由于车车加油站一直未向张某偿还借款,张某遂向昆明市西山区人民法院提起诉讼,请求判令车车加油站还款,同时要求车车加油站的负责人贾某和出纳谢某承担相应的民事责任。车车加油站称没有向张某借款,2 万元的收条是谢某出具,应当由谢某承担还款义务。诉讼过程中,谢某为证明自己出具收条

① 本案例参见中国法院网:http://ws. chinacourt. org/public/paperview. php? id = 51039,2009-12-21 访问。

的2万元系车车加油站所借,自己出具借条系职务行为,向法庭提交了一份录音证据。该录音证据是贾某与其妻到谢某家做客时,谢某用录音笔自行录制的。在录音中,当谢某的丈夫提出"我为什么要扯张某的2万元,因为这东西是比较明的,是经谢某的手"时,贾某并未因此否认,在谢某说"钱是你们拿着用于购油了"之后,贾某随即说系谢某在任期范围内履行职责。一审法院根据该录音证据和收条认定车车加油站与张某之间存在借款法律关系,贾某与谢某不是借款法律关系主体。判决:车车加油站偿还张某借款2万元,驳回张某其他诉讼请求。

车车加油站不服该判决向昆明市中级人民法院提出上诉,主要的上诉理由是:谢某在原审中出示的录音证据与本案无任何关联性,录音证据的来源不合法,取证手段不合法。虽然录音中涉及借款2万元,但未明确就是本案中所涉及的2万元。谢某在车车加油站工作很长时间,发生过多次借款给车车加油站的事实,但均已经了结或记账在册,恰恰这2万元款项无任何账上记载。由于上诉人车车加油站在上诉中未提出相反证据证明录音证据是非法方式取得的,二审法院对其不诉请求未予支持,判决:驳回上诉,维持原判。

(二)思考方向

本案中的录音证据能否被法院采信,成为判决中认定事实的根据,需要进行以下两个步骤的审查。第一步是看该证据是否具有证据能力,证据能力是证据成为定案根据的资格和前提条件,因而必须首先进行审查判断。如果该证据具有证据能力,则进行下一步审查;第二步是看该证据的证明力有无和证明力大小。最后,法院根据该证据的证明力状况,作出该证据所要证明的事实是否成立的判断。

(三)法律规定

《民事证据规定》第68条 以侵害他人合法权益或者违反法律禁止性规定的方法取得的证据,不能作为认定案件事实的依据。

第69条 下列证据不能单独作为认定案件事实的依据:

(一)未成年人所作的与其年龄和智力状况不相当的证言;

(二)与一方当事人或者其代理人有利害关系的证人出具的证言;

（三）存有疑点的视听资料；

（四）无法与原件、原物核对的复印件、复制品；

（五）无正当理由未出庭作证的证人证言。

第70条　一方当事人提出的下列证据，对方当事人提出异议但没有足以反驳的相反证据的，人民法院应当确认其证明力：

（一）书证原件或者与书证原件核对无误的复印件、照片、副本、节录本；

（二）物证原物或者与物证原物核对无误的复制件、照片、录像资料等；

（三）有其他证据佐证并以合法手段取得的、无疑点的视听资料或者与视听资料核对无误的复制件；

（四）一方当事人申请人民法院依照法定程序制作的对物证或者现场的勘验笔录。

第77条　人民法院就数个证据对同一事实的证明力，可以依照下列原则认定：

（一）国家机关、社会团体依职权制作的公文书证的证明力一般大于其他书证；

（二）物证、档案、鉴定结论、勘验笔录或者经过公证、登记的书证，其证明力一般大于其他书证、视听资料和证人证言；

（三）原始证据的证明力一般大于传来证据；

（四）直接证据的证明力一般大于间接证据；

（五）证人提供的对与其有亲属或者其他密切关系的当事人有利的证言，其证明力一般小于其他证人证言。

（四）学理分析

按照先证据能力后证明力的审查判断顺序，需要先行确定本案中的录音证据是否具有证据能力。证据能力的判断标准主要有三个：真实性、关联性和合法性。从我国实践看，最为关键的标准是取得手段的合法性。我国有关证据能力的规则曾经有两个，一是1995年《最高人民法院关于未经对方当事人同意私自录音取得的资料能否作为证据使用问题的批复》，二是2001年《民事证据规定》第68条。1995年的批复中指出："证据的取得首先要合法，只有经过合法途径取得的证据才能作为定案的根据。未经对方当事人同意私自录制其谈话，系不合法行为，以这种手段取得的录音资料，不能作为证据使用。”该批复对于录音证据的证据能力的要求过于严格，实践中绝大多数录音证据都是在未取得被录音者同意的情况下录制的，因而该批复导致大部分录音证据丧失证据能力。2001 年《民事证据规定》在此基础上放宽了包括录音证据在内的所有证据的证据能力条件，只要不是以侵害他人合法权益或者违反法律禁止性规定的方法取得的证据，都具有证据能力。这一规则代替了 1995 年的规则，体现了大陆法国家不同于英美法国家在证据能力方面一贯的宽松态度，即除了以非法手段取得的证据之外，当事人提交的以及法院调查收集的证据都被视为有证据能力，一律交由法庭对证据的证明力进行审查判断。这一做法反映了大陆法国家对职业法官的高度信任。与此相反，英美法国家规定了诸多限制证据能力的规则，如传闻证据排除规则、意见证据排除规则、非法证据排除规则、最佳证据规则等等。这种大量限制证据能力的做法，反映了英美法国家对陪审团这一外行法官的不信任。

根据后法优于前法的法律适用规则，本案应当适用 2001 年《民事证据规定》来确定录音证据的证据能力。本案中录音证据的取得，是谢某在自己家中录制，没有采取任何侵害贾某权利的手段。贾某亦未提供任何证明该录音证据取证手段不合法的证据；并且该录音证据经法院委托鉴定后，未发现有伪造、剪辑等迹象。综上，该录音证据本身具有真实性、取得手段具有合法性，与待证事实当然存在关联性，因而具备了证据能力。

关于该录音证据的证明力，主要从录音内容上进行审查。该录音中，当谢某的丈夫提出“我为什么要扯张某的 2 万元，因为这东西是比较明的，是经谢某的手”时，贾某并未因此否认，在谢某说“钱是你们拿着用于购油了”之后，贾某随即说系谢某在任期范围内履行职责。上述录音内容所指向的事实是“谢某经手的借张某的 2 万元借款属职务行为而非个人行为”，贾某对该事实的承认使得该录音证据的证明力已经达到令法官形成心证的高度盖然性的证明标准，该事实足以认定。经过上述分析可以看出，一、二审法院作出的判决是完全正确的。

（五）自测案例

案例74

程某诉北京九龙飞扬公司侵犯著作权纠纷案①

程某称，自己是专业作家，历经12年创作了36万字的作品《忘忧的阳光》，2006年8月15日向九龙公司投稿，并将作品手写原稿交给九龙公司，2007年4月至12月，多次询问九龙公司要求签订出版合同或退书稿，均遭拒绝。2008年3月至9月又向九龙公司提出退稿和补偿经济损失的要求，无果。程某认为，九龙公司长期占有其书稿不还，导致其作品丧失出版的最佳时机，也无法自行使用该作品，该行为侵犯了其著作权。2008年9月，程某向北京市朝阳区人民法院起诉，请求判令九龙公司返还《忘忧的阳光》手写稿，若书稿丢失，赔偿经济损失36万元；支付2006年8月15日至今既不通知又不签订出版合同的经济补偿金10800元；赔偿精神损害抚慰金6000元。为证明九龙公司的行为构成著作权侵权，程某提交了以下证据材料：1. 书稿收条；2. 证人王某的证言，王某称见过程某的手写稿；3. 证人程某某的证言，称程某交付九龙公司的是其唯一的手写书稿；4. 方格稿纸一份，用来写书稿的空白稿纸；5. 人民文学出版社书稿登记卡，证明其先前向人民文学出版社投稿时用的是手写稿。

九龙公司对上述证据的质证意见是：证据1，不持异议；证据2、4、5真实性无异议，但认为与本案无关；证据3，真实性持有异议，理由是程某某与程某具有亲属关系。

法院就上述证据的认证意见是：证据3，由于程某某与程某系亲属关系，程某某证言的证明力较弱，仅凭该证言不足以证明程某交给九龙公司的书稿系统一的手写书稿。证据2仅仅涉及见过程某的手写稿，没有涉及程某交付九龙公司的稿件是否是手写稿的内容，与本案缺乏关系性。证据5虽然可以证明程某向人民文学出版社投稿时用的是手

---

①　本案例参见中国法院网：http://ws. chinacourt. org/public/paperview. php? id = 47406，2009-12-21访问。

写稿，但该证据依然缺乏足够证明力，难以证明九龙公司收到的是手写稿且是唯一手写稿。

九龙公司为了证明其收到的书稿系不是手写书稿而是打印书稿，向法庭提交了以下证据材料：证据6，《忘忧的阳光》打印书稿共128页。

程某对证据6的质证意见是：证据6是不真实的，不是其交付九龙公司的书稿。

法院对证据6的认证意见是：证据6是真实的，理由是：第一，从举证责任看，程某提交了证据1证明九龙公司收到了书稿，现九龙公司提交了书稿，程某认为此书稿不是自己交付的书稿，但不能提出证据证明；第二，从盖然性看，九龙公司为本案临时拼凑一个书稿或者使用别人书稿的可能性较小；程某不能当庭回答自己所称书稿中的主人公、具体情节等内容，此情况与常理不符。综上，认定证据6就是程某交付九龙公司的书稿。

法院认为，九龙公司不予出版的行为并无不当，不构成对程某著作权的侵犯；九龙公司留置程某唯一书稿的事实不成立。判决：九龙公司退还程某《忘忧的阳光》打印书稿；驳回程其他诉讼请求。

问：试分析本案证据的证明力状况。

二、本证与反证

（一）案情简介

案例75

程某诉李某、王某房屋买卖合同纠纷案①

在原告程某诉被告李某、王某房屋买卖合同纠纷一案中，两被告系夫妻关系。原告诉称，2004年12月原、被告约定，被告将其位于红专路

① 本案例参见中国法院网：http://ws.chinacourt.org/public/paperview.php? id = 195844，2009-12-21访问。

与姚寨路交叉口的房屋一套卖给原告。双方口头约定,由原告付清按揭后,一次性按原购房合同付清被告已付房款 14 万元,并办理过户手续。双方口头约定后,2004 年 12 月被告将房屋交给原告,并将该房的银行按揭手续一并交付,约定由原告每月向银行缴纳商品房按揭款。被告接手房屋后进行了装修,并按月缴纳按揭。2008 年 8 月,原告交清按揭款,被告拒不协助原告办理房屋过户手续,原告故此向河南省郑州市金水区人民法院提起诉讼,请求判令被告履行口头约定,判令被告协助将诉争房屋过户至原告名下。被告辩称,原被告之间从来没有任何形式的买卖协议;原告缴纳的房屋按揭贷款是房租,被告从来不知亦未同意原告对房屋进行装修。

原告为支付其起诉请求提交如下证据:1. 被告向开发商购买争议房屋的《房屋买卖合同书》复印件一份,证明被告已付商品房价款为 14 万元;2. 房屋位置及结构照片四张,证明房屋位置结构;3. 房屋照片六张,证明房内结构;4. 工商银行存折一份,证明原告已交付房屋按揭款;5. 录音材料一份;6. 短信一条,证据 5、6 用来证明原被告之间存在买卖房屋的约定。

二被告对上述证据的质证意见是:对证据 1 的真实性无异议;对证据 2、3 中的房屋位置无异议,对房内装修表示未经被告同意且被告一直处于未知状态;对证据 4 的真实性无异议,但表示该款项系房租;对证据 5,认为系原告侄子和妻子偷录,且录音不清晰,不能核对文字,也不能证明存在房屋买卖约定;对证据 6 短信的真实性无异议,但被告在该短信中并未同意要卖房给原告。

被告为支持其答辩意见,提供以下证据:1. 房产证一份;2.《房屋买卖合同书》一份;3. 抵押合同一份;4. 担保贷款合同一份;5. 房贷银行证明一份;6. 委托银行代收按揭贷款本息协议一份;7. 契税证、借款回单、首付款发票、财产保险单、行政事业收费发票各一份;8. 还款明细打印件一份。证据 1—7 用来证明争议房屋所有手续均系被告办理,房屋现为被告所有;证据 8 用来证明原告替被告缴纳的按揭款抵作房租。

原告对上述证据的质证意见是:对证据 1—8 的真实性无异议,但认为上述证据只证明了房屋未过户前的现状,不能证明原被告之间不存在买卖该房屋的约定。

法院经审理后认为，原告称其与被告之间存在房屋买卖关系，但原告提供的证据仅证明原告在争议房屋居住期间对房屋进行了装修并每月向银行缴纳按揭贷款的事实，该事实并不能说明原被告之间存在房屋买卖关系，故对原告的诉请不予支持。判决驳回原告诉讼请求。

（二）思考方向

本案中原告提出的诉讼标的是房屋买卖法律关系，支持该法律关系成立的主要事实是买卖房屋的事实。该事实由原告承担证明责任，那么原告提出的用以证明该事实成立的证据均为本证，被告提出的用以证明该事实不成立的证据均为反证。本证的证明力须达到证明标准，方能免去证明责任带来的败诉风险负担；而反证的证明力只要动摇了本证证明力，使其达不到证明标准，致案件事实陷入真伪不明状态即可摆脱败诉风险。

（三）法律规定

《民事证据规定》第73条 双方当事人对同一事实分别举出相反的证据，但都没有足够的依据否定对方证据的，人民法院应当结合案件情况，判断一方提供证据的证明力是否明显大于另一方提供证据的证明力，并对证明力较大的证据予以确认。

因证据的证明力无法判断导致争议事实难以认定的，人民法院应当依据举证责任分配的规则作出裁判。

（四）学理分析

区分本证与反证的标准是举证人与证明责任的关系，它与举证人在诉讼中处于原告还是被告的诉讼地位无关。原告和被告在诉讼中都可能提出本证。例如，在原告要求被告偿还借款的诉讼中，原告主张存在借款事实而被告予以否认，原告对借款事实负证明责任，故原告提出的用以证明借款事实存在的借据为本证；如被告一方面承认借款事实，另一方面主张借款已还清，则应由被告对债务已清偿的事实负证明责任，被告提出的由原告出具的还款收据同样为本证。

应当注意的是，本证与反证系是针对同一事实而言。当事人就同一事实所提供的证据，在其证明功能上，要么是本证，要么是反证。本证和反证的对立是当事人诉讼地位对立的真实写照，正是当事人诉讼地位的对抗性，决定了他们所提供证据或攻击性（本证）或防御性（反证）特征。

反证的作用在于削弱、动摇本证的证明力。因此，在负证明责任一方当事人提出本证，并使事实的认定发生不利于对方当事人变化时，对方当事人才有提出反证的必要。反证通常在本证之后提出，但也不排除先行提出的可能。对先行提出的反证，一般无调查的必要。

区分本证与反证的实践意义在于：首先，这两种证据在证明标准上存在重大区别。本证是负有证明责任的一方当事人提出的，为了使所主张的待证事实被法院确认，本证一般必须达到使法官确信该事实很可能存在的程度，即达到高度盖然性的证明标准。反证则不同，只要动摇了法官对待证事实的确信，使待证事实陷于真伪不明的状态，就已经达到目的。其次，明确调查证据的顺序。在本证与反证都已提出的情况下，法官应先调查本证，如果本证的证明力很弱，明显达不到证明标准，就没有必要再对反证进行调查。最后，法院在对系争事实进行判断时，可以衡量本证与反证的证明力度。若本证的证明力明显大于反证的证明力，法官就可以作出本证所要证明的事实存在的判断；若反证的证明力明显大于本证的证明力，法官就可以作出本证事实不存在的判断；若本证与反证的证明力相当，法官无法作出所证明的事实存在与否的结论时，可以依照证明责任规则判决本证方承担不利的诉讼后果。

本案中，原告对于其主张的房屋买卖事实负有证明责任，但其所提供的本证的证明力远未达到高度盖然性的法定证明标准，此时，无需审查被告所提出的证明房屋买卖事实不存在的证据的证明力，即使被告所提反证的证明力极小或无证明力，也不妨碍法院作出原告败诉的结论。应当注意的是，本案中被告提出了一项附加理由的否认，即被告承认交付房屋给原告居住的事实，但认为该事实构成的是租赁法律关系而不是买卖法律关系。为证明租赁而提交的证据8，其目标仍在于证明买卖事实不成立，因而属于反证。由于租赁事实不是本案的诉讼标的的基础事实，不产生证明责任分配问题，即被告无需对租赁事实承担证明责任，证据8因而不属于本证，即使其达不到证明标准，亦不会承担败诉结果。

（五）自测案例

案例76

袁某诉赵某、中山大饭店借款合同纠纷案①

在原告袁某诉被告赵某及中山大饭店借款纠纷一案中，原告诉称，2007年8月13日被告赵某向原告借款人民币1,000,000元，月息1.2分，由被告博爱县中山大饭店提供担保。后赵某拖延不还，在原告催促下，赵某又书写一份证明，承诺在2008年11月底连本带息付请。但至今未还借款，担保人亦不履行担保责任。故向河南省焦作市山阳区法院提起诉讼，要求二被告还款付息。

被告赵某未答辩。被告中山大饭店答辩称，原告所称借款事实不存在，中山大饭店亦未提供担保。原告曾与赵某协商合伙做生意但未成功。请求驳回原告诉讼请求。

原告为支持其诉讼请求，提出如下证据：被告赵某出具的借条及证明各1份，以此证明被告赵某向原告借款1,000,000元及中山大饭店提供担保的事实。

被告赵某未出庭质证。被告中山大饭店的质证意见是：因代理人未见到单位负责人，无法核实有关情况，不发表意见。

二被告未提交任何证据。

法院经审理认为，被告赵某向原告借款，事实清楚，证据确凿，双方形成借款合同关系。原告要求被告返还借款，支付利息，依法应予支持。原告与被告中山大饭店之间未明确约定保证方式，中山大饭店依法应按照连带责任保证承担保证责任。判决被告赵某返还原告借款1,000,000元并支付利息；被告中山大饭店承担连带清偿责任。

问：在没有反证只有本证的情况下，法院该如何认定事实？

---

① 本案例参见中国法院网：http://ws. chinacourt. org/public/paperview. php? id = 141457，2009-12-22访问。

三、直接证据与间接证据

根据证据与案件主要事实之间的关系，证据可分为直接证据和间接证据。直接证据是指能够单独证明主要案件事实的证据，间接证据是指不能单独直接证明案件主要事实，而需要与其他证据相结合经过推理才能证明案件主要事实的证据。

（一）案情简介

案例77

黄某诉袁某民间借贷纠纷案①

黄某与袁某系儿女亲家。2003 年 7 月，由袁某出面、黄某出钱，向袁某所在单位购买了两个套间 8 间房屋，房屋产权登记在袁某名下。2003 年 9 月，黄某将房屋装修后予以出租。2006 年 12 月，双方就房屋产权问题发生争议，经湖南省隆回县人民法院判决确认，诉争房屋属袁某所有。黄某拒不腾退房屋，袁某申请法院强制执行。在强制执行中，袁某向黄某出具证明一份，内容为："我于 2003 年 7 月借黄某人民币贰万捌仟元，另加办理房产证办证叁佰元，共计贰万捌千叁佰元整未还是实。袁某，2007 年 6 月 28 日"。黄某遂将房屋交付给袁某。后袁某未向黄某偿付借款，黄某向隆回县人民法院提起诉讼，请求判令袁某返还借款本金，并按口头约定支付利息 23089 元。

原告为支持自己的诉讼请求，提出如下证据：1. 袁某出具有借款证明，证明袁某向黄某借款本金为 28300 元；2. 罗双元的证言，称其在场见证了袁某和黄某关于利息的口头约定，"2003 年 9 月，黄某提出要装修房屋，就对袁某说，如果你要房屋，就把购买房屋的钱退还给我，利息按银行贷款 3 倍计讨。袁某当即表示，若未将房屋产权证上的姓名变更过来，同意从拿钱买房那天起按银行贷款利息 3 倍计付"。3. 蒲某的证言，称在场见证了袁某与黄某之间关于按银行贷款利息 3 倍计付的

① 本案例参见中国法院网：http://ws. chinacourt. org/public/paperview. php? id = 145616，2009-12-22 访问。

口头约定。

被告对上述证据的质证意见是：对证据1的真实性没有异议；对证据3的真实性有异议，指出蒲某系原告妻子，该证据不足采信；对证据2的真实性有异议，并指出该证言系孤证，无其他证据佐证，不能成为定案依据。

被告袁某未提出相反证据。

本案一、二审在认证和认定事实方面有所不同。一审法院对黄某提供的证据予以采信，认定借款事实及3倍利息的约定均存在。二审法院对黄某提供的证据1予以采信，对证据2、证据3未予采信，认定借款事实存在，3倍利息的约定不存在。二审法院对证据2、3不予认证的理由是：证人蒲某系黄某妻子，与本案有直接利害关系，其证词不能单独作为认定事实的依据。证人罗某虽证明袁某曾于2003年9月口头承诺向黄某按银行同期贷款利率的3倍支付借款利息，但袁某于2007年6月28日出具的书面借款证明未承诺支付借款利息，无论按证据形成的先后时间，还是按证据的形式，均应将书面借款证明作为认定事实的依据，并据此认定黄某与袁某之间未约定利息。

（二）思考方向

本案的争议焦点是，双方当事人是否就借款利息作过按银行贷款利息3倍计付的口头约定。本案涉及的证据共三份，证据1仅涉及本金的约定，无利息约定；证据2和证据3涉及利息的约定。在对上述证据进行审核判断时，需要分清该证据为直接证据还是间接证据，其在证明案件主要事实方面有何不同。

（三）法律规定

《民事证据规定》第77条 人民法院就数个证据对同一事实的证明力，可以依照下列原则认定：

……

（四）直接证据的证明力一般大于间接证据；

……

(四)学理分析

区分直接证据和间接证据的主要意义在于判断证据的证明力大小。一般而言,针对同一事实的数个证据中,直接证据的证明力大于间接证据。究其原因,是因为直接证据与待证事实之间存在直接的关联性,其证明力之大已经达到法定证明标准,因而能够完全证明待征事实;而间接证据与待证事实之间的关联性是间接的,其证明力较小尚未达到法定证明标准,对于待证事实仅能起到部分证明作用。

单独的间接证据不能证明待证事实,需要与其他证据结合后方能完成对待证事实的证明。间接证据证明案件事实的原理是:根据经验法则,借助逻辑推理的功能,通过间接事实推知主要事实。运用间接证据证明案件事实时,通常应当遵循以下规则:其一,单独用间接证据证明案件事实时,需要达到一定的数量,所谓的孤证不能定案,就是针对间接证据而言的。其二,间接证据之间应当排除内在的矛盾性。其三,全部间接证据要能够形成一个证明体系,由该体系能够推导出一个较大可能性的事实结论。

间接证据对于主要事实的间接推理主要存在两种形态,一是锁链型,指的是把数个间接证据表示的事实用一条直线连接起来以推导要征事实的推理,例如,从间接事实 A 推导出间接事实 B,再根据间接事实 B 认定要证事实。二是放射型,指的是在互不联系的数个间接证据各自都能够推导要证事实的情形下适用的推理。一般情况下,锁链型的间接证据数量越多则推导出要证事实为真的概率就越低,而放射型的推理中证据数量与概率的关系却恰恰相反。①

本案中的三份证据均为直接证据。证据 1 直接指向借款事实,足以证明借款事实存在。证据 2 直接指向借款事实及利息约定事实,在证人证言真实性得以保障的前提下,该证人作为在场见证人,其证言足以证明借款事实及利息约定事实的存在。本案中,对方当事人袁某虽质疑该证人证言的真实性但未提出任何相反证据。根据《民事证据规定》第 72 条第 1 款,一方当事人提出的证据,另一方当事人提出的相反证据不足以反驳的,人民法院可以确认其证明力。因此,证据 2 应当予以认证。证据 3 因为证人是与当事人有亲属关系的人,其有利证言不能单独作为定案依据,但与证据 2 相结合后可

---

① 王亚新:《对抗与判定——日本民事诉讼的基本结构》,清华大学出版社 2002 年版,第 202 页。

以作为定案依据。

本案二审在对证据1和证据2的审查判断中认为，证据1产生的时间在后，证据2产生的时间在前，证据1是书面证据，证据2是言辞证据，所以证据1的效力优先于证据2，并对证据2起到替代作用，据此作出对证据1予以认证，对证据2不予认证的结论。笔者认为这一结论有误。因为：证据1和证据2所针对的待证事实有所不同，证据1针对的是借款事实中的本金，证据2针对的是借款事实中的利息。二者不存在矛盾冲突，没有必要在二者之间选择一个，而应当分别予以认证。

（五）自测案例

案例78

邵某诉赛天力体育设施厂人身损害赔偿纠纷案①

2007年10月15日8时左右，赛天力厂职工邵某某上班期间，在位于生产车间西门口的院子西侧仰面摔倒，当天送往医院治疗，经诊断为重型颅脑损伤。赛天力厂为邵某某办理了住院手续。10月16日赛天力厂通知邵某某的弟弟邵某到医院看望，医院让邵某交纳手术费用，邵某未交，因无人签字，致使邵某某无法手术，医院经保守治疗，邵某某在2007年10月17日病情恶化死亡。2008年12月，邵某诉至河南省新乡市红旗区人民法院，请求判令赛天力厂支付丧葬费3000元、死亡赔偿费196205.20元、医疗费2689元、存放尸体费25200元、精神损害抚慰金5万元。

本案的争议焦点是，邵某某是因工作摔伤致死，还是干私活摔伤致死。

原告为证明在工作中摔伤的事实提供如下证据：1. 病历1套，第2页记载的是赛天力厂一男青年送邵某某入院时的陈述，证明邵某某是在厂里受伤；2. 对李某的调查笔录1份，证明邵某某是抬东西往后退时踩到钢管上摔倒的；3. 孙某的调查笔录1份，证明邵某某是在车间抬东西时摔伤的。

---

① 本案例参见中国法院网：http://ws.chinacourt.org/public/paperview.php?id=214794，2009-12-22访问。

被告为证明邵某某干私活摔伤的事实，提供证据如下：1．安监局的文件1份，证明死者不是在工作中摔伤的，安监局认定邵某某未从事生产活动，该事件不是安全生产事故；2．安监局对袁某、王某、赵某、郭某四职工的询问笔录及安监局拍的照片，证明死者是在工作前修理自行车摔伤的。

经庭审质证，被告对原告提出的证据提出异议，因证人李某和孙某未出庭作证，且该二人在案发第一时间并不在现场，医生不是目击证人，亦不能证明邵某某是在何状态下受伤，因此，对于原告提供的证据法院不予认证。对于被告提交的安监局的文件和资料，原告提出异议但未提供相反证据予以否认，法院对该证据予以认证。

法院最终作出的事实和责任认定是，邵某某在上班时间，未从事生产活动之前，自行摔倒在自行车旁。对于邵某某摔伤后死亡这一损害后果，邵某某作为完全行为能力人未尽注意义务，自身存在重大过失，应承担60%的责任；赛天力厂未对职工工作期间进行安全教育，疏于管理，应承担30%的责任；邵某在医院没有配合医院对邵某某进行手术，以无钱为由未在医院准备手术时签字，致使邵某某错失最佳治疗时间，应承担10%的责任。以上原因共同造成了邵某某的受伤和死亡结果。

问：本案原、被告提供的证据分别是直接证据还是间接证据，其在证明待证事实方面发挥了怎样的证明作用？

四、民事诉讼证据种类

民事诉讼证据种类，亦即民事诉讼证据的立法表现形式，对此各国的规定有所不同。我国将民事诉讼证据划分为七类：书证；物证；视听资料；证人证言；当事人陈述；鉴定结论；勘验笔录。大陆法国家将证据种类称为“证据方法”，主要包括五类：证人；当事人；鉴定人；书证和需要检验的物品。英美法国家则主要将证据分为四类：证人证言；传闻；书证；实物证据。

（一）案情简介

案例79

王某诉永鑫建筑公司、刘某雇员受害赔偿纠纷案①

在王某诉永鑫建筑公司、刘某雇员受害赔偿纠纷一案中，原告王某诉称，被告永鑫建筑公司承建“福田舒布洛克”砖厂工程后，将该工程的单纯凝土工程分包给被告刘某施工。2008年原告在刘某的施工队打工期间，因下雪，工地又无防护措施，从四米高的钢管架上摔下致伤。请求判令二被告赔偿各种费用14410.50元。二被告辩称，原告所称工地没有防护网致使其从四米高的钢管架上摔下不是事实，被告属合法施工，且现场真实高度仅为2.4米。原告的损害结果与被告无因果关系，不存在侵权一说。

原、被告对如下事实无争议：2008年1月10日，原告在二被告承建的“福田舒布洛克”砖厂工地打工期间摔伤。

本案争议焦点是：原告请求赔偿的各项费用有无事实和法律依据。

原告为支持其请求，提供证据如下：1. 鹤壁市第一人民医院门诊收费票据2张，用以证明原告因伤支付的医疗费；2. 鹤壁众益司法鉴定中心[2008]临鉴字第073号法医临床司法鉴定意见书1份，用以证明原告支付的医疗费合理，医疗终结期限为1个月左右，医疗终结期限内需二人陪护的事实；3、王勇陪住证1份；4、鹤壁市阳光科技出具的王勇工资表1份；5、鹤壁市开发区鹤鑫电脑商行出具的证明1份；6、交通费票据362元；7、鹤壁众益司法鉴定中心出具的鉴定费发票1张。

二被告对上述证据的质证意见是：对证据1有异议，认为原告2008年2月2日已经出院，证据1与本案没有关联性，费用不应由被告承担。对证据2有异议，该鉴定书第2页显示，2008年2月2日出院时诊断的是颈部椎间盘突出，2008年4月10日检查的是腰、骶椎间盘突出，出院后腰椎间盘突出与本案没有任何关系，该鉴定结果与本案没有关联性。

---

① 本案例参见中国法院网：http://ws.chinacourt.org/public/paperview.php? id = 130440，2009-12-22访问。

对证据3的真实性有异议,且只提交了王勇一人的陪住证,没有提交魏棉的陪住证。对证据4有异议,认为王勇的收入证明不具有真实性,上面盖的是发票专用章,形式不合法,也没有出具个人所得税证明。认为证据5没有在举证期限内提交,不予质证。对证据6的真实性有异议。对证据7有异议,认为鉴定的是伤残等级,原告不构成伤残,与本案无关。

被告永金公司未提交证据。

被告刘某提交的证据如下:1. 鹤壁市第一人民医院住院收费专用票据1张,用以证明被告承担了治疗义务并交纳了医疗费;2. 鹤壁市第一人民医院出院证1份,用以证明原告被诊断为头皮血肿、外伤性头痛、软组织挫伤,没有伤及到颈椎和腰椎;原告是在痊愈后办的出院手续,被告不应承担原告出院后的任何费用;3. 鹤壁市第一人民医院放射科报告书1份,用以证明原告的腰椎没有受伤;4. 张秀陪住证1份,用以证明原告在住院过程中是由张秀护理的;5. 证明1份,用以证明:原告称颈部疼痛,医院让原告做牵引治疗,原告没有治疗就痊愈出院,因此被告不承担赔偿责任;6. 鹤壁市鹤武工程建设监理公司出具的证明1份,用以证明:在施工中已经采取了防护措施,并且符合安全施工标准;7. 照片4张,用以证明:在施工中采取了各项安全防护措施,原告受伤完全是个人的疏忽大意造成的,因此被告无需承担责任;8. 鹤壁市第一人民医院门诊收费专用票据1张,用以证明:出院后承担的复查医疗费。

原告对上述证据的质证意见是:证据1、8与本案无关联,该票据并非是原告所主张的内容。对证据2的真实性无异议,对被告所主张的内容有异议,属断章取义。对证据3有异议,该报告书没有加盖印章,不能证明出自何机构以及是否由有资格人员出具。对证据4的真实性异议,认为该陪住证并非外科所出具,没有加盖外科的小印章。对证据5有异议,该医生非骨科医生,而是神经外科医生,且未出庭作证。对证据6的真实性有异议,首先,该证据不具备法定形式要件,作为单位出具的证明未经法定代表人签字。其次,鹤壁市鹤武工程建设监理公司与本案存在利害关系。对证据7有异议,不能证明是事发现场的照片,且从照片上看也没有任何防护网或其他防护措施。

法院经审理认为:原告提交的证据1作为书证,形式、来源合法,可以证明原告支出医疗费的情况,予以采信。证据2作为鉴定结论,系由本院委托法定鉴定部门作出，程序合法，被告没有足以反驳的相反证据和理由，本院确认其证明力，予以采信。证据3陪住证由医疗机构出具，并能与出院证、住院费票据相印证，予以采信。证据4不符合工资表的形式要件，不具有合法性和客观性，不予采信。证据5与证据3相印证，予以采信。证据6有部分票据存在连号现象，有1张为安阳市的发票，合理部分予以支持。证据7系鉴定费用，予以采信。

被告刘某提交的证据1、2、3、8由医疗机构出具，作为书证，形式、来源合法，内容客观，并能相互印证，予以采信。证据4张秀陪住证上加盖的印间为“神经外科”，与住院收费票据上显示的“外二病区”不一致，不予采信。证据5作为证人证言，证人未出庭作证，不予采信。证据6的出具单位与二被告有利害关系，且证是内容与发生事故的事实不符，不予采信。证据7作为视听资料，摄制时间不详，且不能证明被告的主张，不予采信。

法院认为，被告刘某雇佣原告施工，形成雇佣关系，原告在施工过程中摔伤，雇主无论有无过错均应承担赔偿责任。被告永鑫公司在明知的情况下将工程分包给没有资格的刘某，应当承担连带赔偿责任。判决：被告刘某赔偿原告医疗费、误工费、住院伙食补助费、护理费、营养费、交通费、鉴定费等共计6357元；被告永鑫公司承担连带赔偿责任。驳回原告其他诉讼请求。

（二）思考方向

根据证据种类的不同，首先，当事人或者法院进行调查收集的方法手段会有所不同，如书证和视听资料的收集手段具有极大的差异性。其次，不同的证据种类，具有各自不同的形式要件，如公文书证须有出具单位加盖的公章，证人必须出庭作证等。最后，针对不同的证据种类，法院所采用的证据审核判断规则也各不相同。

（三）法律规定

《民事诉讼法》第63条 证据有下列几种：

（一）书证；

（二）物证；

（三）视听资料；

（四）证人证言；

（五）当事人的陈述；

（六）鉴定结论；

（七）勘验笔录。

以上证据必须查证属实，才能作为认定事实的根据。

第68条 书证应当提交原件。物证应当提交原物。提交原件或者原物确有困难的，可以提交复制品、照片、副本、节录本。

提交外文书证，必须附有中文译本。

第69条 人民法院对视听资料，应当辨别真伪，并结合本案的其他证据，审查确定能否作为认定事实的根据。

第70条 凡是知道案件情况的单位和个人，都有义务出庭作证。有关单位的负责人应当支持证人作证。证人确有困难不能出庭的，经人民法院许可，可以提交书面证言。

不能正确表达意志的人，不能作证。

第71条 人民法院对当事人的陈述，应当结合本案的其他证据，审查确定能否作为认定事实的根据。

当事人拒绝陈述的，不影响人民法院根据证据认定案件事实。

第72条 人民法院对专门性问题认为需要鉴定的，应当交由法定鉴定部门鉴定；没有法定鉴定部门的，由人民法院指定的鉴定部门鉴定。

鉴定部门及其指定的鉴定人有权了解进行鉴定所需要的案件材料，必要时可以询问当事人、证人。

鉴定部门和鉴定人应当提出书面鉴定结论，在鉴定书上签名或者盖章。鉴定人鉴定的，应当由鉴定人所在单位加盖印章，证明鉴定人身份。

第73条 勘验物证或者现场，勘验人必须出示人民法院的证件，并邀请当地基层组织或者当事人所在单位派人参加。当事人或者当事人的成年家属应当到场，拒不到场的，不影响勘验的进行。

有关单位和个人根据人民法院的通知，有义务保护现场，协助勘验工作。

勘验人应当将勘验情况和结果制作笔录，由勘验人、当事人和被邀参加人签名或者盖章。

《民事证据规定》中的相关规定（略）

（四）学理分析

本案中涉及的证据种类包括：书证、鉴定结论、证人证言、视听资料、当事人陈述。

书证是以文字、符号、图形等所记载的内容或表达的思想来证明案件事实的证据。本案当事人提供的书证最多，具体包括收费票据、出院证、陪住证、工资证明、车票等。书证的收集尤其重视形式要件的完备。如果是单位出具的，必须有该单位加盖的印章，如果是个人出具的，必须由该个人签字或盖章。以此来保障书证在形式上的证据效力。至于书证在内容上的证据效力或者证明力，则由法官负责审核判断。法官可以借助的证明力判断规则主要有：公文书证的证明力大于私文书证；处分性书证的证明力大于报道性书证；特别书证的证明力大于普通书证；原件的证明力大于复印件，等等。

鉴定结论是鉴定人运用专业知识、专门技术对案件中的专门性问题进行分析、鉴别、判断后作出的结论。在我国，鉴定必须交由法定鉴定机构及有资格的鉴定人员按照法定程序进行。当事人对鉴定结论持有异议的，必须提出证据证明该鉴定结论存在以下情形的方可申请重新鉴定：（一）鉴定机构或者鉴定人员不具备相关的鉴定资格的；（二）鉴定程序严重违法的；（三）鉴定结论明显依据不足的；（四）经过质证认定不能作为证据使用的其他情形。本案中，被告刘某虽对鉴定结论表示异议，但未提出相反证据，亦未申请重新鉴定，该鉴定结论因程序及内容合法完备而被法院采信。

证人在我国是指向法院陈述所知案件事实的当事人以外的第三人。证人向法院所作的有关案件事实的陈述，称为证人证言。证人应当出庭作证，接受当事人的质询，但证人确有困难不能出庭的除外，何为“确有困难”，《民事证据规定》第56条作了具体列举，以防司法实践中作扩大解释。证人无正当理由不出庭作证时，我国目前尚无强制证人出庭的法律规定，但会产生该证人证言的证明力降低的法律后果，即“无正当理由未出庭作证的证人证言，不能单独作为认定案件事实的依据”。本案中被告刘某提供的证人因未出庭作证，其证言未被法院采信。

视听资料是利用录音、录像、电子计算机储存的资料和数据来证明案件事实的证据。视听资料的提出原则上应提交原始载体，但因其极易伪造，在审查判断上有着较为严格的规则，即“存有疑点的视听资料，不能单独作为认定案件事实的依据”。本案中被告刘某提供的照片不能说明拍摄的具体日期，其本身的真实性受到质疑，因而未被法院采信。当然，照片是否属于视听资料,这一直都是一个有争议的问题。

当事人陈述是当事人在诉讼中就案件事实向法院所作的陈述。在我国,当事人陈述也是一类证据。但这类证据与其他证据的相对独立性不同,当事人陈述不能单独作为定案根据,需要由其他证据佐证。即“当事人对自己的主张,只有本人陈述而不能提出其他相关证据的,其主张不予支持。但对方当事人认可的除外”。本案中,双方当事人都各自提出了有利于己方的事实陈述,但这种陈述仅在有证据支持或者被对方承认的情况下才会得到法院支持。

(五) 自测案例

案例80

章林周诉王铁侵权赔偿纠纷案①

2002 年 11 月 19 日,王铁与岳金合伙购得一超强型液压挖掘机,总价款 803000 元,首付款 323000 元,从交通银行贷款 480000 元。因还贷困难,2003 年 5 月,王铁与岳金将该机以 700000 元的价格卖给章林周与王铁,由王铁出具书面证明一份,内容是:“兹证明王铁和章林周两人合伙购买勾机壹台,下欠交通银行贷款本金 28 万元每月两人共还款 41500 元,还清后勾机产权归两人”。之后,王铁与章林周合伙经营,还清贷款。2008 年 7 月 10 日,王铁将该机以 455000 元的价格卖给他人。章林周得知后,向王铁索要卖机款,遭到拒绝,遂诉至魏都区人民法院,请求判令王铁赔偿损失。

一审庭审中,王铁提交书面《证明》一份,称该证明由王铁本人书写由章林周签字,用以证明章林周于 2008 年 2 月 25 日收到王铁现金 225000 元,挖掘机产权归王铁所有,章林周放弃挖掘机任何权利。章林周对该证明提出异议,称证明上的签字不是自己所签,并申请鉴定。2009 年 1 月 6 日,河南检苑司法鉴定中心作出鉴定意见书,结论是:1.《证明》右下方的“周”字,无法作出鉴定结论;2.《证明》右下方的

① 本案例参见中国法院网:http://ws.chinacourt.org/public/paperview.php?id=207210,2009-12-24 访问,当事人姓名做了改动。

"周"上部相邻字迹,无法认定是否"林"字。王铁对该鉴定表示异议,申请重新鉴定。2009 年 4 月 2 日,在法院技术室工作人员主持下,双方当事人协商选择北京华夏物证鉴定中心作为重新鉴定机构。2009 年 6 月 1 日,王铁撤回重新鉴定的申请。2009 年 6 月 9 日,王铁自行委托河南公专司法鉴定中心进行鉴定,2009 年 6 月 18 日,该鉴定中心作出司法鉴定意见书,结论是:我们倾向认为,落款日期为 2008 年 2 月 25 日、内容为"收到王铁现金人民币 225000 元整,章林周放弃挖掘机任何权利"的《证明》右下角处签名笔迹"林周"是章林周所写。章林周对该鉴定结论表示异议,认为其程序违法,实体错误。法院经审查后认为,该鉴定结论是在诉讼中被告撤回重新鉴定申请后单独委托鉴定机构所作的鉴定意见书,不是公开进行的鉴定,有的样本字迹原告已在作出该鉴定前的质证中予以否认,且 2008 年 2 月 25 日《证明》中关于"挖掘机产权归王铁所有,章林周放弃挖掘机任何权利"的内容与原告提交的录音证据内容相互矛盾,故对该鉴定意见不予确认。判决被告王铁赔偿原告章林周挖掘机损失 227500 元。

问:法院应当如何对鉴定结论进行审核判断?

第十六章　民事诉讼证明

一、证明对象

证明对象,又称待证事实、要证事实、证明客体、证明标的等,是指需要运用证据加以证明的案件事实。成为证明对象的条件:(1) 有争议的事实;(2) 具有法律意义;(3) 不属于免证事实;(4) 主要事实需要当事人主张。应注意的是,并非所有的事实都需要证据加以证明,在我国,众所周知的事实、自然规律及定理、推定的事实、预决的事实、公证的事实以及自认的事实,无需举证证明,即所谓的"免证事实"。

(一) 案情简介

案例81

林某、黄某、吴某诉仁溪村委会建设工程施工合同纠纷案[①]

林某、黄某、吴某诉仁溪村委会建设工程施工合同纠纷一案中,原告诉称,2003 年 11 月 16 日,被告与原告签订一份《合同书》,主要内容:1. 被告将仁溪村环镇路路面水泥施工承包给原告,由原告垫资施工;2. 路面施工验收后,被告按每平方米 67 元付款给原告;3. 付款方法是,路面竣工验收后付给工程款的 50%,其余 50% 工程款在 2006 年底付清,50% 的工程款每周年按月利率 1.5% 计算一次利息。合同签订后,原告按照设计图纸完成路面施工,并于 2004 年 2 月 25 日经有关部门验收为合格。但被告只支付了部分工程款,至今尚欠 396200 元未付。故诉至闽清县人民法院,请求判令被告偿付剩余工程款,并支付利息。

---

① 本案例参见中国法院网:http://ws. chinacourt. org/public/paperview. php? id = 215902,2009-12-24 访问。

被告辩称,1. 2003 年 11 月 16 日原告与被告签订的《合同书》属无效合同。2. 仁溪村的道路管辖权上起旗峰村开关站,下至乾上村、车乾村道路界址。原告将乾上村、车乾村管辖的道建设费用也算在仁溪村道路建设费用中,违背事实的客观性。3. 原告利息计算有误。4. 结算和欠款没有事实依据。

原告为支持其诉讼请求,提供证据如下:1. 合同书一份,以此证明:原、被告双方就路面工泥施工所约定的权利义务;工程全部由原告垫资修建议的事实;以及关于利息的约定。2. 协议书(复印件)、决算确认书一份,以此证明:工程于 2004 年 2 月 25 日通过验收合格的事实;工程决算价款为 626362 元。3. 欠条一份,以此证明:截止 2009 年 7 月 18 日,被告欠原告工程款 435000 元的事实,现仍欠工程款 396200 元。

被告对上述证据的质证意见是:对证据 1 的真实性无异议,但对证明对象有异议,该证据的内容不合法,不能作为证据。对证据 2 的真实性无异议,但对证明对象有异议,该证据内容是在违规操作的情况下形成的,不具有合法性。对证据 3 的真实性无异议,但对证明对象有异议,被告欠原告 435000 元没有事实依据。

被告未提供证据。

法院经审理后认为,被告对原告提交的证据 1、2、3 的真实性无异议,对其真实性予以认定。但被告对证据 1、2、3 的证明对象有异议。本院认为,证据 1、2、3 都有被告的法定代表人签字,并加盖被告的公章,其来源合法,与本案存在关联性,完全符合证据的真实性、关联性和合法性特征,并且能够互相印证,被告亦未提出相反证据予以反驳,因此对证据 1、2、3 予以认定,作为认定本案事实的依据。

判决被告支付原告工程款 396200 元。

(二)思考方向

作为证明对象的事实以实体法事实最为重要,实体法事实又分为主要事实(法律要件事实)、间接事实和辅助事实。主要事实是最终要证明的事实,是直接指向案件诉讼标的的事实。本案的诉讼标的是建设工程施工合同关系,因而需要证明的主要事实是:原、被告订立合同的事实;原告是否履行合同约定的施工义务的事实;被告是否履行了合同约定的付款义务的事实。

(三) 法律规定

《民事证据规定》第8条 诉讼过程中,一方当事人对另一方当事人陈述的案件事实明确表示承认的,另一方当事人无需举证。但涉及身份关系的案件除外。

对一方当事人陈述的事实,另一方当事人既未表示承认也未否认,经审判人员充分说明并询问后,其仍不明确表示肯定或者否定的,视为对该项事实的承认。

当事人委托代理人参加诉讼的,代理人的承认视为当事人的承认。但未经特别授权的代理人对事实的承认直接导致承认对方诉讼请求的除外;当事人在场但对其代理人的承认不作否认表示的,视为当事人的承认。

当事人在法庭辩论终结前撤回承认并经对方当事人同意,或者有充分证据证明其承认行为是在受胁迫或者重大误解情况下作出且与事实不符的,不能免除对方当事人的举证责任。

第9条 下列事实,当事人无需举证证明:

(一) 众所周知的事实;

(二) 自然规律及定理;

(三) 根据法律规定或者已知事实和日常生活经验法则,能推定出的另一事实;

(四) 已为人民法院发生法律效力的裁判所确认的事实;

(五) 已为仲裁机构的生效裁决所确认的事实;

(六) 已为有效公证文书所证明的事实。

前款(一)、(三)、(四)、(五)、(六)项,当事人有相反证据足以推翻的除外。

(四) 学理分析

证明对象包括严格证明的对象和自由证明的对象,以及“证明”的对象和释明的对象。严格证明的对象和“证明”的对象,即争讼案件的实体法事实,是主要的证明对象,也是通常意义上的证明对象。[①] 自由证明的对象和

① 邵明:《民事诉讼法学》,中国人民大学出版社2007年版,第267页。

释明的对象,通常包括程序法事实。有些情况下,法规和经验法则也会成为证明对象。

实体法事实类型图:

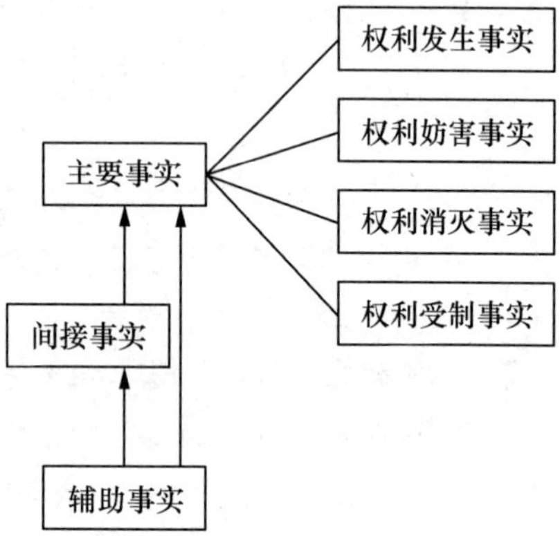

主要事实,又称法律要件事实或要件事实、直接事实,是直接导致某项民事法律权利产生、变更、消灭、妨碍或受制的事实。又可以划分为权利产生事实、权利妨碍事实、权利消灭事实和权利受制事实。[①] 主要事实是直接支持原告诉讼请求的事实,也是被告用来直接推翻原告诉讼请求的事实。

间接事实,不能直接导致某项民事法律权利产生、变更、消灭、妨碍或受制,但能够用来推导或证明"主要事实"是否存在。间接事实的主要作用在于,没有直接证据证明主要事实时,只能运用间接证据证明间接事实,然后由多个相关的间接事实形成一个事实逻辑链条,最终证明主要事实的存在。

辅助事实,又称补助事实,一般是指用以证明证据能力有无或证明力大小的事实。如刑讯逼供的事实、证人与当事人有利害关系的事实。辅助事实的主要作用在于,通过瓦解证据进而瓦解间接事实或主要事实。

本案中,原告为支持自己的诉讼请求,提出了以下三项主要事实:原、被告订立合同的事实;原告已履行合同约定的施工义务的事实;被告未履行合同约定的付款义务的事实。被告对这三项事实均有争议,因而该三项事实就成为本案的证明对象。原告提出的证据 1《合同书》,属直接证据,能够直接证明原、被告之间订立合同的事实;证据 2 工程决算确认书,属直接证据,能够直接证明原告已经妥适履行合同约定施工义务的事实;证据 3 欠条,属

---

① 具体分析参见邵明:《民事诉讼法学》,中国人民大学出版社 2007 年版,第 270—271 页。

直接证据，能够直接证明被告未完全履行合同约定的付款义务的事实。综上，由于原告圆满完成了对证明对象的证明，因此获得胜诉判决。

（五）自测案例

案例82

黄某诉某中学、张某、李某承揽合同纠纷案①

2001年，安某以口头协议方式承包某中学面粉厂六间房屋施工工程，但未进行屋顶铺毡浇油工作。2002年6—8月，黄某为该面粉厂六间房屋屋顶进行了铺毡浇油工作。2007年黄某向召陵区法院起诉，请求判令某中学支付工钱1800元。某中学在该案答辩状中称，"原告于2002年8月来我方找防水活干，我方原任领导看其从较远的项城而来，身着烂衫，又为一名残疾人，极为可怜，就令其为我方教学楼顶、西楼办公楼楼顶、面粉厂平房顶及个别教师住房房顶铺毡浇油，以防漏雨，总工程计价7400元。原告所提1800元的我方面粉厂工程款已在总工程内含，我方不予另行复算"。后原告对此案申请撤诉，法院裁定准许。2008年黄某以同一事由再次向召陵区法院起诉，请求判令某中学偿付面粉厂房顶浇油工钱1800元。

原告为支持其诉讼请求，提供如下证据：1. 被告在2007年的诉讼中提交的答辩状，用以证明：被告对"原任领导令原告为面粉厂房顶浇油，应由被告支付工钱"事实构成自认。2. 某中学2003年3月27日出具的证明（复印件）一份，用以证明：原告为某中学面粉厂房顶实施了铺毡浇油工作。3. 某中学支付修理学校东院平房顶前房檐款项700元发票（复印件）1份。4. 某中学支付教学楼顶、西办公楼顶及个别教师住房屋顶铺毡浇油款6600元发票（复印件）1份。5. 证据3、4用来证明：某中学的以上款项并不包括面粉厂房顶浇油工钱。6. 证人田某的证言，称曾与原告一起找某中学要工钱，用以证明诉讼时效未超过。

被告的答辩意见是：对原告主张的1800元工钱数额没有异议，亦承

① 本案例参见中国法院网：http://ws. chinacourt. org/public/paperview. php? id = 71180，2009-12-24访问。

认未向黄某支付该1800元工钱，但主张该1800元工钱已含在建面粉厂工程款内支付给了安某，安某承包的面粉厂六间房屋施工工程包含屋顶浇油工作，原告承揽的是安某的活，学校不应再给原告工钱。

法院经审理认为，某中学于2001年将本校面粉厂房屋施工工程承包给安某，安某并未进行房顶铺毡工作，双方于2001年5月进行工程款结算，结算的记账凭证中没有记载"房顶铺毡浇油"项目。2002年6—8月，原告为面粉厂房顶进行了铺毡浇油工作，该事实由某中学在另一案件的答辩状中进行了自认。故本院认定原告与被告在面粉厂房顶铺毡浇油项目上存在承揽关系。被告辩称原告进行的该铺毡浇油工作系承包安某的活，因其未提供充分证据，本院不予采信。被告辩称安某的工程款中已含有面粉厂房顶铺毡浇油工钱，属另一个法律关系，本院不予处理。判决：被告支付原告工钱1800元。

问：被告在另一案件中作出的自认，是否构成本案中的免证事实？

二、证明责任

对于证明对象或要件事实，由谁提供证据来证明，若证明不了则由谁承担什么后果，这就是证明责任问题。证明责任因其功能和作为判决程序的正当性原理，而被称为"民事诉讼的脊梁"。① 证明责任，又称举证责任、立证责任，包含有两个方面的内涵：行为意义上的证明责任和结果意义上的证明责任。《民事证据规定》第2条的规定即反映了证明责任的两种内涵："当事人对自己提出的诉讼请求所依据的事实或者反驳对方诉讼请求所依据的事实有责任提供证据加以证明"，此为行为意义上的证明责任，或称"提供证据责任"。"没有证据或者证据不足以证明当事人的事实主张的，由负有举证责任的当事人承担不利后果"，此为结果意义上的证明责任，或称"证明责任"、"说服责任"、"实质证明责任"、"客观证明责任"、"确定责任"、"证明的必要性"等。下文陈述中不加特别说明时，"证明责任"即指结果意义上的证明责任，"提供证据责任"即指行为意义上的证明责任。

---

① 邵明：《民事诉讼的脊梁》，载何家弘主编：《证据学论坛》第2卷，中国检察出版社2001年版。

(一) 案情简介

案例83

李某诉丁某民间借贷纠纷案①

李某诉丁某民间借贷纠纷一案中,原告李某诉称,2001年10月25日,丁某借李某13000元,并承诺年底还清,但年底丁某未还借款,经多次催要后仍拒绝偿还,故诉至郑州市中原区法院,请求判令被告丁某偿还借款13000元。

被告丁某辩称,2001年10月25日被告曾经给李某打过一张13000元的欠条,并以郑州市中原区前进路的一套房子的房产证作为抵押。但2001年11月至2002年10月被告分11次向李某还清了这笔款项。2002年10月25日李某之妻刘某为其出具了收条一张。

原告为支持其诉讼请求,提交证据如下:丁某于2001年10月25日出具的欠条1张,丁某作为抵押的房屋产权证书1册,用以证明13000元的欠款事实存在。

被告对上述证据的真实性无异议,但主张已经还清了该笔欠款,并提供证据如下:1. 杜军、王伟、王宁的证言,用以证明丁某分四次归还李某欠款10000元;2. 李某之妻刘某出具的收条,用以证明13000元欠款已还清。

原告对上述证据的质证意见是:1. 三名证人中只有王宁一人出庭作证,而其证明的却是2000年夏天替丁某向李某还款5000元,与本案争执标的无关联。另外两名证人未出庭作证,其证言不足采信。2. 对原告之妻刘某出具的收条的真实性有异议,申请鉴定。法院委托郑州市中级法院司法技术处进行鉴定,结论为:检材中“10月1日前”的“10月”是“1月”;落款时间“2002年”右边的“2”为添加字迹。

一审法院判决:丁某偿还李某欠款13000元。

---

① 本案例参见中国法院网:http://ws.chinacourt.org/public/paperview.php?id=63457,2009-12-24访问。

丁某不服一审判决上诉至郑州市中级人民法院。称一审所采鉴定结论为2002年右边的“2”未发现改动，为添加字迹。这份鉴定是先定论，后找依据，因为鉴定书是2003年6月19日作出的，但所依据的页码纸上的日期是03-7-16，所以该鉴定没有法律效力。请求改判。

二审法院在审理中，就收条中“2002年右边”的“2”是谁添加一事征求双方当事人意见，是否同意再次鉴定，双方当事人均不同意鉴定。二审法院认为，李某既无证据证明2002年右边的“2”是由丁某改动，也没有证据证明是由丁某添加；鉴定结论亦未表明“2”是由丁某添加或改动，并且对“10月1日前”的“10月”是“1月”，“10月”是谁改动的也未进行鉴定，因此该鉴定结论不能推翻李某之妻刘某收到丁某还款13000元的事实。该收条真实有效，二审予以认定。判决：撤销一审判决，驳回李某的诉讼请求。

李某不服二审判决，向郑州市中级法院申请再审。郑州市中级法院在再审中查明的事实与原审相一致。但再审法院认为，李某主张的13000元的欠款事实有丁某出具的欠条及房屋所有权证书足以证实，应予认定。丁某辩称已还清欠款，并提供李某之妻刘某所写收条为证。但刘某所写字条经司法鉴定，结论是有添加字迹，且丁某的欠条和房屋所有权未均未收回，由此该字条不能证明丁某已经归还欠款。再审中丁某申请对字条重新鉴定，再审法院认为该鉴定结论是依据文检仪器检验而得出，该鉴定结论依据无明显不足，故不准许重新鉴定。判决：撤销二审判决，维持一审判决。

丁某对再审判决不服，向河南省高级法院申请再审。河南省高级法院再审后认为，李某与丁某之间借款关系明确，丁某以李某之妻刘某出具的字据说明欠款已还清的理由不成立。首先，从字据的内容分析，“今丁某还13000元，2002年10月1日前还清，把房本归还。刘某，2002年10月25日”。如果丁某已经还款，刘某不会在收条里再写明“2002年10月1日前还清，把房本归还”字句。字据落款时间为2002年10月25日，而双方约定还款时间为2002年10月1日前还清欠款，此写法不符合常理，更不能证明丁某已偿还了该欠款。其次，李某诉至法院时仍持有丁某出具的13000元欠条和抵押的房屋所有权证。其三，证人王宁在一审出庭作证时称2000年夏天替丁某向李某还款5000元，而本案借款发生在2001年10月25日，其证言不能采信。其四，丁某作为刘某出具收条持有人，应该承担对收条的改动或添加的证明责任，若不能证明该收条改动或添加系刘某所为，则不利后果应当由丁某承担。判决：维持原再审判决。

（二）思考方向

证明责任意味着在要件事实真实不明时由负有证明责任的当事人承担不利后果，那么证明责任的分配就成为关键问题，分配给谁，谁就背负了败诉风险。证明责任分配的标准原则上按照罗森贝克的法律要件分类说进行，有些情况下，会通过法律对证明责任倒置的情形作出具体规定。个别情况下，也会赋予法官根据公平原则和诚实信用原则分配证明责任的自由裁量权。本案为借贷合同纠纷，不属于特殊情形，其证明责任分配是按照法律要件分类说进行的。

（三）法律规定

《民事诉讼法》第64条第1款　当事人对自己提出的主张，有责任提供证据。

《民事证据规定》第2条　当事人对自己提出的诉讼请求所依据的事实或者反驳对方诉讼请求所依据的事实有责任提供证据加以证明。

没有证据或者证据不足以证明当事人的事实主张的，由负有举证责任的当事人承担不利后果。

第4条　下列侵权诉讼，按照以下规定承担举证责任：

（一）因新产品制造方法发明专利引起的专利侵权诉讼，由制造同样产品的单位或者个人对其产品制造方法不同于专利方法承担举证责任；

（二）高度危险作业致人损害的侵权诉讼，由加害人就受害人故意造成损害的事实承担举证责任；

（三）因环境污染引起的损害赔偿诉讼，由加害人就法律规定的免责事由及其行为与损害结果之间不存在因果关系承担举证责任；

（四）建筑物或者其他设施以及建筑物上的搁置物、悬挂物发生倒塌、脱落、坠落致人损害的侵权诉讼，由所有人或者管理人对其无过错承担举证责任；

（五）饲养动物致人损害的侵权诉讼，由动物饲养人或者管理人就受害人有过错或者第三人有过错承担举证责任；

（六）因缺陷产品致人损害的侵权诉讼，由产品的生产者就法律规定的免责事由承担举证责任；

（七）因共同危险行为致人损害的侵权诉讼，由实施危险行为的人就其行为与损害结果之间不存在因果关系承担举证责任；

（八）因医疗行为引起的侵权诉讼，由医疗机构就医疗行为与损害结果之间不存在因果关系及不存在医疗过错承担举证责任。

有关法律对侵权诉讼的举证责任有特殊规定的，从其规定。

第5条 在合同纠纷案件中，主张合同关系成立并生效的一方当事人对合同订立和生效的事实承担举证责任；主张合同关系变更、解除、终止、撤销的一方当事人对引起合同关系变动的事实承担举证责任。

对合同是否履行发生争议的，由负有履行义务的当事人承担举证责任。

对代理权发生争议的，由主张有代理权一方当事人承担举证责任。

第6条 在劳动争议纠纷案件中，因用人单位作出开除、除名、辞退、解除劳动合同、减少劳动报酬、计算劳动者工作年限等决定而发生劳动争议的，由用人单位负举证责任。

第7条 在法律没有具体规定，依本规定及其他司法解释无法确定举证责任承担时，人民法院可以根据公平原则和诚实信用原则，综合当事人举证能力等因素确定举证责任的承担。

（四）学理分析

证明责任作为一项败诉风险负担一直伴随着负有证明责任的一方当事人，但这并不意味着该方当事人一定会败诉，其仅在案件审理终结、法官穷尽所有的证明手段仍不能对争议事实之真伪形成心证，即真实处于真伪不明状态时，才会承担败诉后果。证明责任这一制度设计的最大作用，就在于当案件事实处于真伪不明时引导法官作出判决。

证明责任分配的理论学说大致分为两大类：一类是分析证明对象的性质，确定哪些事实由哪一方当事人加以证明。如消极事实说和外界事实说。第二类统称为法律要件分类说，包括因果关系说、通常事实说、最低限度事实说、特别要件说。罗森贝克的证明责任分配理论被称为规范说，也属于法律要件分类说这一大类。

罗森贝克的证明责任分配原则是,“如果没有一定的法规可以适用,则无法获得诉讼上请求效果的当事人,应就该法规要件在实际上已经存在的事实予以主张和举证”,“简而言之,各当事人应对其有利自己的规范要件加以主张和举证”。罗森贝克进而将所有的实体法规范分为两大类:一类是能够产生某种权利的规范。这些规范被称为“基本规范”或“请求权规范”、“主要规范”、“通常规范”。另一类规范是与产生权利规范相对应的,妨碍权利产生或使已经产生的权利复于消灭的规范,具体包括权利妨碍规范、权利消灭规范和权利受制规范。以后罗森贝克又将权利受制规范并入权利妨碍规范之中,将所有规范只分为三类。

罗氏在对实体法规范作了上述分类之后,便对适用上述规范所要求的事实的证明进行分配。主张权利存在的人,因为要求适用关于权利产生的规范,因此,应就权利产生的法律要件事实举证。相应地,否认权利存在的人,应对妨碍该权利的法律要件举证;主张权利消灭的人,应对权利已经消灭的法律要件事实举证;主张权利受制的人,应对权利受制的法律要件事实举证。①

大陆法系国家大都以罗森贝克的规范说作为分配证明责任的一般原则,我国也是如此。《民事证据规定》正是以罗氏的证明责任分配理论对合同纠纷、侵权纠纷及劳动纠纷中的证明责任作了分配,当然在个别特殊侵权案件中也有不符合罗氏证明责任分配理论的,被称为“证明责任倒置”。如新产品制造方法发明专利引起的专利侵权诉讼中有关侵权行为证明责任的倒置、环境污染引起的损害赔偿诉讼中有关因果关系证明责任的倒置、工作物致人损害侵权诉讼中有关主观过错证明责任的倒置、共同危险行为致人损害的侵权诉讼中有关因果关系证明责任的倒置、医疗行为引起的侵权诉讼中有关因果关系和主观过错证明责任的倒置。此外,在法规定的情况下,人民法院可以根据公平原则和诚实信用原则,综合当事人举证能力等因素确定证明责任的分配。

在具体的诉讼中,当事人关于证明责任的分配大致可以表述为“谁主张,谁证明”,即不管是原告还是被告,对自己主张的利己事实均应承担证明责任。原告对于其提出的权利产生事实应当承担证明责任,被告对于其提出的抗辩事实应当承担证明责任。所谓抗辩,是指在承认对方当事人主张之事实的基础上提出的新的事实,具体包括权利妨碍抗辩事实、权利消灭抗

---

① 关于罗森贝克的学说介绍,参见张卫平:《民事诉讼法》,法律出版社 2004 年版,第 207—208 页。

辩事实、权利受制抗辩事实。抗辩与否认不同,抗辩者要对抗辩事实承担证明责任,而否认者则不承担证明责任,即使是积极否认也是如此。所谓积极否认(附加理由的否认)是提出与对方当事人主张之事实互不并存或互不两立的事实,即"悖反事实",对于这种事实的证明责任由对方当事人而不是主张方当事人承担。[①] 例如,X 主张存在借款事实,Y 称存在的是赠与事实;X 主张 X 系原始取得,Y 主张系 A 原始取得;X 承认 Y 存在清偿事实,但清偿的是另外一笔债务,而非本案主张的债务。

原、被告之间关于证明责任的分配参见图 16-1。

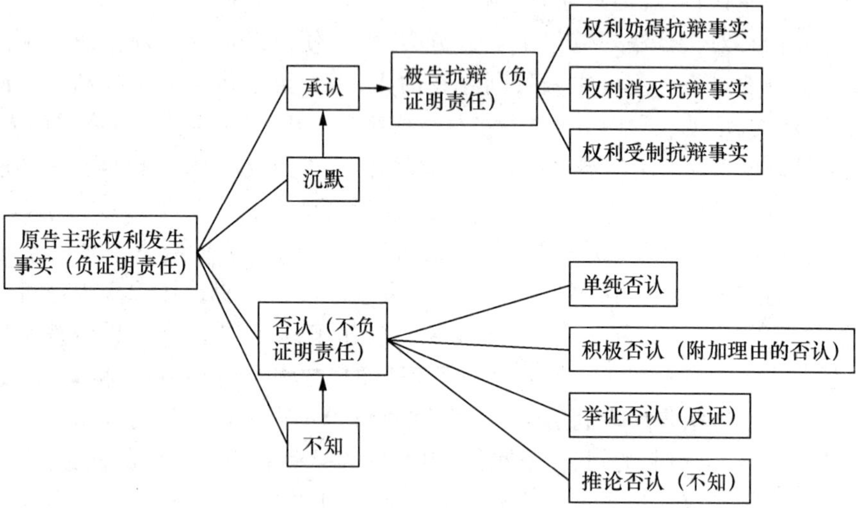

图 16-1 证明责任分配图

本案中,原告主张借款事实存在,属权利发生事实,应当就该事实承担证明责任。原告提供的由被告出具的欠条和被告放在原告处作为抵押的房产证,足以证明借款事实存在。况且,被告亦对该借款事实予以承认,构成诉讼上自认。但被告在作出承认的同时又提出新的抗辩事实,借款已经还清,属于权利消灭事实,被告应当就该事实承担证明责任。现被告提出的证人证言与本案无关联性、提供的收条被鉴定为有添加字迹,不足以证明借款已经还清这一事实。因此,被告应当承担不利诉讼后果,即被告败诉。

---

① 〔日〕高桥宏志:《民事诉讼法——制度与理论的深层分析》辩论主义一讲,林剑锋译,法律出版社 2003 年版,第 350 页。

（五）自测案例

案例84

众友元公司诉甘家口医院服务合同纠纷案件①

2008年1月23日，甘家口医院（甲方）与众友元公司（乙方）签订保洁合同，合同约定：乙方为甲方“提供保洁劳务……合同自签字之日起生效，期限一年……承包范围：甘家口社区医院楼内一至四层日常卫生……保洁工作人员：5人……合同期内任何一方均有权解除合同，但需要提前一个月通知对方。提出解除合同方未提前通知，应承担向对方支付14000元的违约金……甲方向乙方支付清洁费人民币每月6500元整……付款时间：本合同规定之日起，次月10日前结账”。合同履行过程中，众友元公司共向甘家口医院出具了六张“清洁费”发票：2008年2月4日1680元、2008年3月4日6500元，2008年4月3日6500元，2008年5月22日5000元、2008年6月5日5200元，2008年7月8日2600元。每月支付的款项均系上月的清洁费。后双方就支付费用和违约问题发生争议，众友元公司以甘家口医院为被告诉至北京市海淀区人民法院。

原告诉称，保洁合同签订后，众友元公司依约履行了义务，而被告从合同签订次月起就未足额支付清洁费，截至2008年7月，被告累计拖欠清洁费19700元。其中，2008年3月4日原告为被告开具发票后，被告未实际支付费用。另外，2008年8月1日被告单方面终止保洁合同的违约行为侵害了原告的合法权益。故请求判令被告支付清洁费19700元，偿付违约金14000元。

被告辩称，原告一直未向被告提供确定、合格的保洁人员。合同约定，原告每月提供5名保洁人员，被告支付每月清洁费6500元，即每位保

① 本案例参见中国法院网：http://ws. chinacourt. org/public/paperview. php? id = 46547，2009-12-25访问。

洁员的清洁费为1300元。由于原告未能足数提供5名保洁人员，被告按实际到岗人数支付了清洁费。2008年6月被告因装修，要求原告派两名保洁人员到岗，因而被告自2008年6月起只需每月支付清洁费2600元。2008年装修完成后，原告不再向被告提供保洁服务，被告只得另行聘请了保洁公司，非单方面违约解除合同。另，认可未向原告支付2008年7月的清洁费，同意支付2008年7月的清洁费2600元，不同意其他诉讼请求。

法院经审理认为，保洁合同合法有效。原告依约提供了保洁服务，被告应依约支付费用。被告称保洁人员未达到约定数额，但未提供证据证明，故法院认为原告已经履行了关于保洁人员5人的合同义务。2008年6月至7月间，原告系应被告要求每月派出2名保洁人员，视为原告已全面履行了合同义务，被告亦应按6500元支付每月清洁费。至于原告主张2008年3月4日的发票被告实际未付款，因未提供证据证明，本院不予采信。被告称因原告自2008年8月起拒绝提供保洁服务才更换保洁公司，因未提供证据证明，本院不予采信，认定被告构成单方面解除合同的违约行为。判决：被告向原告支付清洁费13200元，违约金14000元。

被告不服向北京市第一中级人民法院提出上诉，二审法院经审理后判决：驳回上诉，维持原判。

问：本案中应如何分配证明责任？

三、证明标准

证明标准，是指法院在诉讼中认定案件事实所要达到的证明程序。证明标准是法院认定待证事实是否成立的基准。如果证据对待证事实的证明未能达到证明标准，则该待证事实处于真伪不明状态；如果证据对待证事实的证明已经达到证明标准，则法院应当认定该待证事实成立。

（一）案情简介

案例85

刘某诉方某及第三人李某居间合同纠纷案①

2002年上半年，方某、李某作为居间人，将固始县黎集乡水管所宾馆装修工程介绍给刘某承包。2002年6月29日，刘某向方某、李某支付中介费5.6万元，方某为其出具收条一张。后因发包方资金困难等原因，该宾馆装修工程未能实际施工。刘某遂要求方某和李某退还居间费5.6万元。之后，方某向刘某退还6000元。另5万元，李某称已退还给刘某，刘某称并未退还。双方就此产生纠纷，刘某以方某为被告、李某为第三人向潢川县人民法院提起诉讼，请求被告及第三人返还中介费5万元。

原告为支持其诉讼请求，向法院提供了方某出具的收条一张。第三人为反驳原告诉讼请求提供证据如下：1. 2004年10月12日、10月20日李某与刘某通话的录音磁带两盘。2. 证人舒某的证言。上述两证据用以证明李某已经将5万元居间费返还给了刘某。

当事人质证情况：被告及第三人对方某出具的收条的真实性无异议。原告对第三人提供的证据1的真实性及内容无异议，但认为录音内容中并未包含刘某表述收到李某退还5万元居间费的言辞。因此该证据与本案无关联性。原告对舒某的证人证言的真实性表示异议，舒某只是间接了解到李某将5万元居间费返还给刘某的事实，属间接证据、传来证据，不足以成为定案依据。

法院经审理认为，原告与被告、第三人之间已经形成居间合同关系，因居间人未能促成装修合同的签订，应当返还已收取的居间费。本案就方某已返还6000元居间费无争议，就5万元居间费是否返还存在争议。第三人提供的录音带中没有李某关于收到5万元居间费的表述，该录音证据不能证明5万元居间费已返还。证人舒某的证言属间接

① 本案例参见中国法院网：http://ws. chinacourt. org/public/paperview. php? id = 74974，2009-12-22访问。

证据、传来证据，其证明力明显低于原告提交的收条这一原始证据、直接证据的证明力。因此，本院认定第三人未将5万元居间费返还给原告。判决：被告、第三人向原告返还居间费5万元。

（二）思考方向

本案的思考进路可以按照以下步骤进行。首先，确定证明对象，即本案所涉及的主要事实有哪些；其次，明确该证明对象分别由哪方当事人承担证明责任；再次，承担证明责任的一方当事人对其承担证明责任的事实的证明是否达到了证明标准；最后，如果达到了证明标准，则对该事实予以认定，未达到证明标准的，对该事实不予认定。

（三）法律规定

《民事证据规定》第73条第1款 双方当事人对同一事实分别举出相反的证据，但都没有足够的依据否定对方证据的，人民法院应当结合案件情况，判断一方提供证据的证明力是否明显大于另一方提供证据的证明力，并对证明力较大的证据予以确认。

（四）学理分析

证明标准的设置主要应当考量的是公正（发现事实真相）与效率的关系，而平衡这一关系的结果是，各国均以法律真实而非客观真实作为证明任务，相应地，在证明标准上也不要求法官对待证事实形成百分之百的内心确信。对于民事诉讼而言，大陆法国家普遍采用高度盖然性的证明标准，而英美法国家主要采优势证据的证明标准，二者仅在表述有差异，在对证明程度的要求上并无太多不同。我国《民事证据规定》首次明确民事诉讼的证明标准，确立了“优势盖然性”或“明显优势证据”的证明标准，要求法官对待证事实的真实性所形成的内心确信的心证程度应当达成“优势盖然性”程度，即“待证事实的真实性明显大于虚假性”，才能认定该待证事实成立。由此可以看出，证明标准一方面具有法定性的特点，即所谓的法定证明标准，另一方面又具有模糊性特点，无法用准确的数字来表述该标准的确切位置。

本案中涉及的主要事实有两个。一是被告与第三人收取了5万元居间费的事实；二是该居间费是否已返还的事实。第一个事实为权利产生事实，由原告承担证明责任,原告提供的由被告出具的收条能够证明该事实存在,并且被告和第三人在主张已返还该居间费的同时已经承认共收取过该笔居间费。第二个事实是权利消灭事实,由被告和第三人承担证明责任。现第三人提交的其与原告谈话的录音带和舒某的证人证言,分别因录音内容不具有关联性和证人证言属间接证据和传来证据而证明力较小,不能达成证明标准,从而第二个事实不能得以认定。本案法院将收条作为第二个事实的反证与第三人提出的本证进行证明力大小的比较,有欠妥当。因为收条是用来证明收取费用这一事实的证据,并不能足以证明该费用在之后没有返还,虽然收条在一定程度上可以作为费用是否返还这一事实的相反证据,但其证明力并不高,即构不成明显大于对方提供证据的证明力的程度。因而,法院据此认定争议的居间费用未返还这一事实,推理过程明显不当。

(五)自测案例

案例86

刘某诉贺某股权转让纠纷案①

刘某、贺某为泰威公司的股东,贺某为该公司法定代表人。刘某拥有公司17.64%的股份,贺某拥有该公司70.6%的股份。2003年5月16日,泰威公司召开股东会形成了股东会决议,内容是:1. 同意将公司各股东注册资本撤资,并不再享受公司的股东权益;2. 同意公司由电广传媒网络研究设计院经营管理。2005年12月5日,刘某、贺某相约在长城宾馆协商解决双方的股权争议问题。直至2005年12月6日凌晨7点,贺某在由刘某表姐书写的一份补偿承诺上签字。该补偿承诺的内容是:“贺某对刘某放弃股权的补偿支付方式如下:1. 2005年12月6日支付人民币8万元整;2. 15日内支付第二笔人民币12万元整;3. 2006年10月1日前支付人民币25万元整。贺某,2005年12月6日”。同日,贺某同事拨打110报警电话,称贺某在长城宾馆被非法拘禁。2005年12月11日,贺某到韭菜园派出所报案,称受到刘某恐吓和

① 本案例参见中国法院网:http://ws.chinacourt.org/public/paperview.php? id = 130123,2009-12-25访问。

殴打，并被强迫在补偿承诺上签字。同年12月14日，贺某又到雨花区公安分局经济文化保卫科报案，并提交《关于申请立案侦察刘某非法拘禁和敲诈勒索的报告》，同时提出要求收回欠条和还款计划的请求。同年12月19日，韭菜园派出所对刘某进行讯问，刘某否认对贺某实施了要挟和殴打的事实，称还款承诺系二人协商一致的结果。但刘某承认了不准贺某离开宾馆房间、彻夜争吵并发生推搡、补偿承诺书主体内容是刘某表姐书写等事实。公安机关未立案侦查。

2007年8月，刘某诉至长沙市开福区人民法院，请求判令贺某支付股权转让款45万元及利息31575元。贺某辩称：1. 贺某与刘某的股权皆已转让给湖南电广传媒公司网络分公司，贺某和刘某均为泰威公司名义股东，不享有股东权益。刘某不存在可转让的股权。2. 2005年12月6日的股权转让补偿承诺并非贺某的真实意思表示，是在受胁迫和恐吓的情况下签的字。

法院经审理认为，关于2005年12月6日达成的对刘某放弃股权的补偿协议是否系贺某真实意思表示是本案争议焦点。本院认为：1. 刘某17.64%的股权出资额为8.82万元，而贺某对刘某放弃该股权的补偿为45万元，差额巨大。2. 贺某受让刘某股权的事实尚不明确，贺某对刘某放弃股权给予补偿，缺乏依据。在补偿协议形成过程中，双方争吵、刘某不准贺某离开房间等事实，不符合自由协商的常态。3. 补偿协议系刘某表姐书写，由贺某签字，亦不符合一般的经验法则。4. 2005年12月6日事发时，贺某同事拨打了110报警，事后贺某亦多次报案，要求公安机关处理其受到刘某非法拘禁和胁迫而在补偿协议上签字一事。综上，本院认为，贺某为证明补偿协议系受刘某胁迫所签的事实而提供的证据，其证明力已经达到民事诉讼高度盖然性的证明标准。故判决：驳回原告诉讼请求。

问：本案被告对于受胁迫而签字事实的证明是否达到了证明标准？

四、举证时限

举证时限，是指在诉讼中，法律规定或法院指定的当事人能够有效举证的期限。① 举证时限制度是证据适时提出主义的主要内容,是实现集中审理的制度保障。合理的举证期限能够促使当事人尽快举证,但又不至于不当限制当事人举证。

(一) 案情简介

案例87

苏某诉欧阳某民间借贷纠纷案②

在苏某诉欧阳某民间借贷纠纷一案中,原告诉称,2007 年 4 月 20 日至同年 8 月 17 日,原、被告共签订了 5 份金额共计 30 万元的借款协议。协议签订后,原告实际向被告支付的借款金额为 30.2 万元,被告以其名下的房屋一栋作为借款抵押,并办理了相应的房屋抵押登记手续。后被告未按约定返还借款,仅归还了 4000 元,尚欠本金 29.8 万元。故诉至开福区人民法院,请求判令被告归还借款本金及违约金,并承担原告为实现债权所发生的费用 2 万元。

被告辩称,1. 被告实际借款 24 万元,已归还 10.4 万元,尚欠 13.6 万元。2. 双方未约定违约金标准,不存在违约金。3. 原告主张的实现债权的费用为 2 万元,无事实和法律依据。4. 2008 年 4 月之后的借款,因未办理房屋抵押登记手续,抵押担保无效。

原告为证明自己的主张,在举证期限内提交如下证据:1. 原、被告签订的 5 份《借款协议》,拟证明借款数额和还款时间。2. 被告出具的 8 张《借款》,拟证明原告借给被告的实际款项为 30.2 万元。3.《长沙市房地产抵押合同》、《房屋他项权证》各 1 份,拟证明被告以自己的房屋一栋作为借款的担保物。4.《律师委托代理合同》及票据,拟证明原告为实现债权所支付的费用;5.《违约金统计表》1 份,拟证明违约金额的计算方式。

被告对上述证据的质证意见是:对证据 1、3、4 的真实性、合法性无

① 张卫平:《民事诉讼法》,法律出版社 2004 年版,第 213 页。

② 本案例参见中国法院网:http://ws.chinacourt.org/public/paperview.php?id=167375,2009-12-25 访问。

异议，但对关联性有异议；对证据2的真实性无异议，对合法性有异议；对证据5有异议，不属于证据，只是违约金计算依据。

被告在举证期限内未向法庭提交证据，而是在庭审时当庭提交一份证据：原告收取被告房屋产权证的收条。拟证明被告已向原告归还10万元借款的事实。

原告提出该证据的提出已超过举证时限，但仍对该证据进行了质证，称该证据只是原告收到被告交付房屋产权证的凭证，并不是归还借款的凭证。

法院经审理认为，原、被告签订的《借款协议》合法有效。被告辩称实际借款为24万元并已归还10.4万元的事实因无相应证据支持，本院不予采信。关于违约金的约定太高，应同期银行贷款利率在四倍范围内计算，应为92772.54元。原告要求被告支付主张债权所发生的费用2万元，因双方签订的协议中有明确约定，本院予以支持。判决：被告偿还原告借款本金29.8万元，利息92772.54元，主张债权发生的费用2万元。

（二）思考方向

经当事人协商或法院指定设有举证期限的，当事人原则上应当在举证期内提供证据。当事人逾期提交的证据材料，法院审理时不组织质证，但对方当事人同意质证的除外。也就是说，当事人同意质证的，逾期提交的证据材料将不产生证据失权的效果。但应注意，证据失权应当从宽而不应从严掌握。

（三）法律规定

《民事证据规定》第34条 当事人应当在举证期限内向人民法院提交证据材料，当事人在举证期限内不提交的，视为放弃举证权利。

对于当事人逾期提交的证据材料，人民法院审理时不组织质证。但对方当事人同意质证的除外。

当事人增加、变更诉讼请求或者提起反诉的，应当在举证期限届满前提出。

第35条 诉讼过程中，当事人主张的法律关系的性质或者民事行为的效力与人民法院根据案件事实作出的认定不一致的，不受本规定第三十四条规定的限制，人民法院应当告知当事人可以变更诉讼请求。

当事人变更诉讼请求的，人民法院应当重新指定举证期限。

第36条 当事人在举证期限内提交证据材料确有困难的，应当在举证期限内向人民法院申请延期举证，经人民法院准许，可以适当延长举证期限。当事人在延长的举证期限内提交证据材料仍有困难的，可以再次提出延期申请，是否准许由人民法院决定。

第38条第2款 人民法院组织当事人交换证据的，交换证据之日举证期限届满。当事人申请延期举证经人民法院准许的，证据交换日相应顺延。

第41条 《民事诉讼法》第一百二十五条第一款规定的"新的证据"，是指以下情形：

（一）一审程序中的新的证据包括：当事人在一审举证期限届满后新发现的证据；当事人确因客观原因无法在举证期限内提供，经人民法院准许，在延长的期限内仍无法提供的证据；

（二）二审程序中的新的证据包括：一审庭审结束后新发现的证据；当事人在一审举证期限届满前申请人民法院调查取证未获准许，二审法院经审查认为应当准许并依当事人申请调取的证据。

第42条 当事人在一审程序中提供新的证据的，应当在一审开庭前或者开庭审理时提出。

当事人在二审程序中提供新的证据的，应当在二审开庭前或者开庭审理时提出；二审不需要开庭审理的，应当在人民法院指定的期限内提出。

第43条 当事人举证期限届满后提供的证据不是新的证据的，人民法院不予采纳。

当事人经人民法院准许延期举证，但因客观原因未能在准许的期限内提供，且不审理该证据可能导致裁判明显不公的，其提供的证据可视为新的证据。

第44条 《民事诉讼法》第一百七十九条第一款第（一）项规定的"新的证据"，是指原审庭审结束后新发现的证据。

当事人在再审程序中提供新的证据的，应当在申请再审时提出。

（四）学理分析

举证期限即要求当事人在一定期限内向法院提供证据。当事人无正当理由超出举证期限所提交的证据，将不被法院采纳，即产生证据失权效果。如果基于正当理由逾期提交的证据，则不产生证据失权效果。那么何为"正当理由"，《民事证据规定》对此作了明确列举，即一审过程中提出的新证据、二审过程中提出的新证据以及再审过程中提出的新证据。

举证时限的确定分两种情况：一是不实行证据交换时举证时限的确定，或者由当事人协商一致并经法院认可，或者由法院指定一个不少于30天的期间。二是实行证据交换时举证时限的确定，交换证据之日举证期限届满。

对于举证时限性质的理解是一个直接影响司法运作的重大问题。举证时限在性质上属于一种期间，并且是指定期间（法院指定举证期限）或者任意期间（当事人协商确定举证期限）。指定期间和任意期间不同于法定期间，是可以变动的期间。法院可以根据案件的具体情况变更指定期间，并且不需要法定事由。当事人也可以通过协商变更任意期间，只要得到法院认可即可。实际上，由于举证期限并不是法定期间，因此，法院可以根据具体情况确定逾期提交证据的效力，如果不是故意拖延诉讼，就应当认定提交证据的合法性，不应当将举证期间作为法定的不变期间来理解。①

本案中，被告在举证期限届满后提交了一份证据，如果查明不属于“新证据”，即当事人在一审举证期限届满后新发现的证据；当事人确因客观原因无法在举证期限内提供，经人民法院准许，在延长的期限内仍无法提供的证据，那么应依法产生证据失权效果，即该证据无论其证明力大小，均不得作为定案依据。但法律也规定了一种例外，即对方当事人同意对逾期提交的证据进行质证的，该证据不产生失权效果，即有机会被法院采信作为定案依据。本案中原告虽然指出被告提交的证据已经超出举证期限，但仍旧对该证据进行了质证，提出了质证意见，因此法院可以对该证据的证明力进行审核，并作出是否将其作为定案依据的判断。

（五）自测案例

案例88

彭某诉黄某及第三人中国财保支兴分公司旅客服务合同纠纷案②

1996年2月，彭某乘坐黄某的中巴客车回家，途中翻车，致彭某左

① 张卫平：《民事诉讼法》，法律出版社2004年版，第215页。

② 本案例参见中国法院网：http://ws.chinacourt.org/public/paperview.php? id = 119099，2009-12-27访问。

手骨折，入院治疗。1996 年 3 月 7 日病情好转出院。住院期间的医疗等费用均由黄某支付。2007 年 3 月 6 日—3 月 14 日，彭某在资兴市中医院住院 8 天进行钢板取出术等治疗，共发生后续治疗费 2991.08 元。2006 年 12 月 28 日，彭某因左手不适，到资兴市立医院住院治疗共花医疗费 4774.3 元。2008 年 9 月 23 日，彭某诉至资兴市人民法院，请求判令黄某、第三人中国财保资兴分公司承担上述医疗等费用。

资兴市人民法院经审理认为，原告为证明 2007 年 3 月 6 日—3 月 14 日的后续医疗费主张提供了两张医药费收据的复印件，本院不予认定。原、被告之间的公路旅客运输合同纠纷发生在 1996 年，本案不存在诉讼时效中止、中断等情形，原告于 2008 年 9 月 23 日提起诉讼，明显超过诉讼时效。判决：驳回原告诉讼请求。彭某不服一审判决上诉至郴州市中级人民法院。

二审开庭开审期间，彭某提交两份证据：一是彭某于 2006 年 12 月 28 日—2007 年 1 月 11 日在资兴市市立医院住院的医药费收据复印件(金额 1440 元)，二是彭某在 2007 年 3 月 6 日—3 月 14 日在资兴市中医院住院的医药费收据复印件(金额 2991.08 元)。上述复印件加盖了资兴市新型农村合作医疗管理办公室的公章并标注“复印属实”。

被上诉人黄某认为上述两份证据不是新证据，不予质证。

原审第三人中国财保资兴分公司进行了质证，其质证意见是：对该两份证据的真实性无异议，但认为与本案无关联性。

二审法院经审理认为，关于上述两份证据，彭某在一审时只提供了复印件，未加盖“复印属实”的印章，二审中再次提交的复印件上加盖了资兴市新型农村合作医疗管理办公室的公章并标注“复印属实”，证明了两份证据的真实性，可以作为定案依据。判决：撤销一审判决；被上诉人黄某赔偿上诉人彭某 2007 年 3 月 6 日—3 月 14 日在资兴市中医院住院的医药费、误工费、护理费、住院伙食补助费共 3464.50 元；驳回其他诉讼请求。

问：彭某在二审期间提交的证据材料是否属于“新证据”？

第十七章　期间与送达

一、期间

期间，是指法院、当事人和其他诉讼参与人单独或者会合实施或者完成诉讼活动所应遵守的时间。广义的期间包括期限和期日，狭义的期间仅指期限。期限是人民法院、当事人或其他诉讼参与人单方面独立进行或完成某种诉讼活动的时间。期日是人民法院、当事人或其他诉讼参与人会合进行某种诉讼活动的时日。下文中所言期间均指期限。

（一）案情简介

案例89

辽阳兴华钢厂诉刘某劳动争议纠纷案①

2006年10月1日，刘某经人介绍至辽阳兴华钢厂参加该厂设备改造工程，议定日工资60元。2006年10月8日16时左右，刘某在焊接箱烧平台时，不慎从4米高空摔下，住院治疗69天，住院期间的费用已由辽阳兴华钢厂支付完毕。2007年6月25日，辽阳市劳动和社会保障局于2007年6月25日作出工伤认定书，认定刘某所受事故伤害是工伤。2007年12月26日，辽阳市劳动能力鉴定委员会对刘某的伤残进行鉴定，结论是6级伤残。2008年6月20日，辽阳县劳动争议仲裁委员会作出劳动争议仲裁裁决书，裁决辽阳兴华钢厂一次性支付刘某工伤补助、伤残补助、医疗补助、误工费、护理费等各项费用共计112101.70元；二次手术费用按实际发生额支付。辽阳兴华钢厂不服该裁决，向辽阳县人民法院提起诉讼，申请撤销仲裁裁决。

---

① 本案例参见中国法院网：http://ws.chinacourt.org/public/paperview.php? id = 208182，2009-12-27访问。

法院经审理认为，在有关部门作出工伤认定、伤残鉴定和劳动仲裁裁决后，辽阳兴华钢厂在法定期间内没有向法院起诉，也没有申请行政复议，即承认了原、被告存在事实劳动关系。原告称原、被告之间不存在劳动关系，因未向本院提供任何证据证明，法院不予支持。判决：辽阳兴华钢厂一次性支付刘某工伤补助、伤残补助、医疗补助、误工费、护理费等各项费用共计112101.70元；二次手术费用按实际发生额支付。辽阳兴华钢厂不服一审判决向辽宁市中级法院提出上诉，二审法院判决：驳回上诉，维持原判。

（二）思考方向

期间有法定期间、指定期间和约定期间之分，其特征和效力各不相同。本案原告未在法定期间内向法院提起诉讼，必定产生相应的法律后果。这里需要思考的是，一、二审法院对原告超过法定期间起诉之行为所作处理是否妥当。

（三）法律规定

《民事诉讼法》第75条 期间包括法定期间和人民法院指定的期间。

期间以时、日、月、年计算。期间开始的时和日，不计算在期间内。

期间届满的最后一日是节假日的，以节假日后的第一日为期间届满的日期。

期间不包括在途时间，诉讼文书在期满前交邮的，不算过期。

第76条 当事人因不可抗拒的事由或者其他正当理由耽误期限的，在障碍消除后的十日内，可以申请顺延期限，是否准许，由人民法院决定。

《民诉法意见》第79条 依照民事诉讼法第七十五条第二款规定，民事诉讼中以日计算的各种期间均从次日起算。

第80条 民事诉讼法第一百一十二条规定的立案期限，因起诉状内容欠缺令原告补正的，从补正后交人民法院的次日起算。由上级人民法院转交下级人民法院，或者由基层人民法院转交有关人民法庭受理的案件，从受诉人民法院或人民法庭收到起诉状的次日起算。

（四）学理分析

期间制度体现的是诉讼效率价值，是为保证法院、当事人和其他诉讼参与人有足够的时间进行诉讼,同时又能防止诉讼拖延而设计。

根据期间确定方式不同,可将期间划分为法定期间、指定期间和约定期间。法定期间是由法律直接规定的期间。对于法定期间,除法律另有规定以外,法院、当事人和其他诉讼参与人均不得加以变更,并且未在法定期间内完成相应诉讼活动时,将引发一定的法律后果。指定期间是法律授权法院指定的期间,如法院可以根据案件情况指定举证期限。约定期间是由当事人根据法律规定协商一致并经法院认可的期间,如当事人也可以约定举证期限。一般而言,法定期间属于不变期间,而指定期间和约定期间属于可变期间,即如果在指定或约定的期间内当事人无法完成特定诉讼活动时,法院可以根据当事人申请或依职权加以变更。

本案中涉及的期间是当事人对劳动争议仲裁裁决不服的起诉期间,此为法定期间,一旦违反将产生相应的法律后果。根据我国《劳动法》第 83 条规定:"劳动争议当事人对仲裁裁决不服的,可以自收到仲裁裁决书之日起 15 日内向人民法院提起诉讼。"一旦违反将产生的法律后果是"一方当事人在法定期限内不起诉又不履行仲裁裁决的,另一方当事人可以申请人民法院强制执行"。本案原告未在劳动争议仲裁裁决作出后的法定期间内向法院起诉,依法产生的法律后果是劳动争议仲裁裁决生效,产生强制执行力。但一、二审法院的做法是对本案重新进行实体审理,以原告的主张缺乏证据支持,作出被告胜诉的实体判决。该判决虽然在实体内容上没有错误,但在程序上存在明显不当。既然仲裁裁决已经生效,那么法院不应再就同一实体问题进行审理和判决。因为这种做法将会产生两个生效法律文书,即两个执行根据,从而给执行工作带来麻烦。笔者认为,本案中法院应当以裁定驳回原告的撤销劳动争议仲裁裁决的申请。

(五) 自测案例

案例90

李某诉韩某买卖合同货款纠纷案①

李某向韩某出售沙石共计款项 7550 元,为此韩某出具欠条一张,

① 本案例参见中国法院网:http://ws.chinacourt.org/public/paperview.php? id = 215074,2009-12-27 访问。

内容是："欠李某沙石款7550元，到2005年全部还清。如到时不还按5%支付滞纳金。韩某，2004年元月15号。2007年6月前先付2000元，韩某，2007年2月14日"。由于韩某未履行还款义务，李某诉至洛阳市西工区法院，请求判令韩某偿还货款7550元。

法院经审理认为，由被告向原告出具的欠条可以认定原、被告之间存在买卖合同关系，亦可认定欠款数额。判决：被告于本判决生效后3日内向原告李某支付7550元欠款及利息。如被告未按照本判决指定期间履行给付金钱义务，应当依照《民事诉讼法》第229条之规定，加倍支付迟延履行期间的债务利息。

问：本案中法院在判决书中指定的债务履行期间具有何种法律效力？

二、送达

送达，是法院依法定的程序和方式，将诉讼文书送交给当事人或者其他诉讼参与人的行为。在我国，送达是人民法院的一项重要诉讼活动，送达的主体只能是人民法院，送达的对象只能是当事人和其他诉讼参与人，送达的内容只能是诉讼文书。

（一）案情简介

案例91

闫某诉侯某债权纠纷案①

闫某与侯某同住一村，2008年7月3日，侯某以买汽车急需用钱为由，向闫某借款1.5万元，并出具欠条一张，内容是："欠条，2008年7月3号现金1.5万元整，侯某"。2008年9月3日侯某向闫某支付了500元利息，并在前述欠条上注明了支付利息的数额及时间。2009年3月侯某向闫某偿还本金5000元。余款一直未还，闫某诉至鲁山县人民法院，请求判令侯某偿还借款本金1万元及利息2335元。

① 本案例参见中国法院网：http://ws. chinacourt. org/public/paperview. php? id = 209347，2009-12-27访问。

鲁山县人民法院于2009年8月14日受理此案，于2009年9月1日向被告邮寄送达了起诉书副本、应诉通知书、举证通知书和开庭传票。2009年9月11日本案适用简易程序公开开庭进行了审理。原告闫某到庭参加了诉讼，被告侯某经法院两次传票传唤无正当理由未到庭参加诉讼。法院经审理作出判决：被告于本判决生效后10日内向原告清偿借款本金1万元及利息。

（二）思考方向

诉讼文书的送达共有六种方式，其适用条件各有不同。实践中为解决"送达难"问题，多用邮寄送达的方式。但应注意的是，邮寄送达并不等于当事人实际收到了诉讼文书，可能会因地址错误或邮寄中的错误而未实际送达。如果出现这样的情形，应当由法院还是由当事人承担送达不能的法律责任，就是值得思考的问题。

（三）法律规定

《民事诉讼法》第77条 送达诉讼文书必须有送达回证，由受送达人在送达回证上记明收到日期，签名或者盖章。

受送达人在送达回证上的签收日期为送达日期。

第78条 送达诉讼文书，应当直接送交受送达人。受送达人是公民的，本人不在交他的同住成年家属签收；受送达人是法人或者其他组织的，应当由法人的法定代表人、其他组织的主要负责人或者该法人、组织负责收件的人签收；受送达人有诉讼代理人的，可以送交其代理人签收；受送达人已向人民法院指定代收人的，送交代收人签收。

受送达人的同住成年家属，法人或者其他组织的负责收件的人，诉讼代理人或者代收人在送达回证上签收的日期为送达日期。

第79条 受送达人或者他的同住成年家属拒绝接收诉讼文书的，送达人应当邀请有关基层组织或者所在单位的代表到场，说明情况，在送达回证上记明拒收事由和日期，由送达人、见证人签名或者盖章，把诉讼文书留在受送达人的住所，即视为送达。

第80条 直接送达诉讼文书有困难的，可以委托其他人民法院代为送达，或者邮寄送达。邮寄送达的，以回执上注明的收件日期为送达日期。

第81条　受送达人是军人的，通过其所在部队团以上单位的政治机关转交。

第82条　受送达人是被监禁的，通过其所在监所或者劳动改造单位转交。

受送达人是被劳动教养的，通过其所在劳动教养单位转交。

第83条　代为转交的机关、单位收到诉讼文书后，必须立即交受送达人签收，以在送达回证上的签收日期，为送达日期。

第84条　受送达人下落不明，或者用本节规定的其他方式无法送达的，公告送达。自发出公告之日起，经过六十日，即视为送达。

公告送达，应当在案卷中记明原因和经过。

《民诉法意见》第81条　向法人或者其他组织送达诉讼文书，应当由法人的法定代表人、该组织的主要负责人或者办公室、收发室、值班室等负责收件的人签收或盖章，拒绝签收或者盖章的，适用留置送达。

第82条　受送达人拒绝接受诉讼文书，有关基层组织或者所在单位的代表及其他见证人不愿在送达回证上签字或盖章的，由送达人在送达回证上记明情况，把送达文书留在受送达人住所，即视为送达。

第83条　受送达人有诉讼代理人的，人民法院既可以向受送达人送达，也可以向其诉讼代理人送达。受送达人指定诉讼代理人为代收人的，向诉讼代理人送达时，适用留置送达。

第84条　调解书应当直接送达当事人本人，不适用留置送达。当事人本人因故不能签收的，可由其指定的代收人签收。

第85条　邮寄送达，应当附有送达回证。挂号信回执上注明的收件日期与送达回证上注明的收件日期不一致的，或者送达回证没有寄回的，以挂号信回执上注明的收件日期为送达日期。

第86条　依照民事诉讼法第八十条规定，委托其他人民法院代为送达的，委托法院应当出具委托函，并附需要送达的诉讼文书和送达回证，以受送达人在送达回证上签收的日期为送达日期。

第87条　依照民事诉讼法第八十一条条和第八十二条规定，诉讼文书交有关单位转交的，以受送达人在送达回证上注明的签收日期为送达日期。

第88条　公告送达，可以在法院的公告栏、受送达人原住所地张贴公告，也可以在报纸上刊登公告；对公告送达方式有特殊要求的，应按要求的方式进行公告。公告期满，即视为送达。

第89条　公告送达起诉状或上诉状副本的，应说明起诉或上诉要点，受送达人答辩期限及逾期不答辩的法律后果;公告送达传票,应说明出庭地点、时间及逾期不出庭的法律后果;公告送达判决书、裁定书的,应说明裁判主要内容,属于一审的,还应说明上诉权利、上诉期限和上诉的人民法院。

第90条 人民法院在定期宣判时,当事人拒不签收判决书、裁定书的,应视为送达,并在宣判笔录中记明。

《最高人民法院关于适用简易程序审理民事案件的若干规定》(以下简称《简易程序规定》)第5-11条、28-31条(略)

《最高人民法院关于以法院专递方式邮寄送达民事诉讼文书的若干规定》(以下简称《法院专递规定》)(2004年9月17日发布)(略)

(四)学理分析

根据《民事诉讼法》规定,我国国内民事诉讼送达分六种方式:(1)直接送达;(2)留置送达;(3)委托送达;(4)邮寄送达;(5)转交送达;(6)公告送达。六种送达方式分别适用不同的法定程序和要件。①

在我国司法实践中,送达难的问题十分突出。送达事务挤占了基层法院约40%的审判资源。在审判活动中,因送达不能导致诉讼迟延、效率低下是目前困扰我国法院特别是基层法院的主要问题之一。② 为解决送达难问题,2003年最高人民法院出台《简易程序规定》,确立了送达地址由当事人确认的制度,从一定程度上缓解了因送达地址不准确而导致的送达难问题。为了进一步提高送达效率,许多法院开始尝试采用"司法专邮"的送达方式,虽然大大提高了效率,但其正当性却备受质疑。基于司法实践中的这一新做法,有学者建议对我国当前的邮寄送达作如下改革:(1)赋予邮寄送达与直接送达等送达方式以平等地位,修改立法规定,改变邮寄送达的适用前提——直接送达有困难,确立直接送达与邮寄送达的平行适用体制,法院在案件审理中可以直接适用邮寄送达方式,并由立法规定具体的适用范围;(2)赋予邮政投递人以法定人员的地位,增强邮寄送达的司法效果。也可以考虑在立法上增加"邮件交付邮局即视为送达"的规定;(3)改革邮寄送达中的送达回证的规定,避免因当事人拒绝在回执上签字盖章或拒收邮件而导致邮寄送达无效的情况,建议采用邮递人员宣誓方式(或具结保证)作

---

① 关于六种送达方式各自的法定程序和要件,详见汤维建主编:《民事诉讼法学》,北京大学出版社2008年版,第275—279页。

② 参见杨柏勇:《送达难对司法效率的影响》,载《法律适用》2002年第11期。

为已经实施了送达的证明手段。① 但是,最高人民法院在2004年9月17日发布的《法院专递规定》中仍将邮寄送达的条件规定为“人民法院直接送达诉讼文书有困难的”,没有赋予邮寄送达与直接送达同等的地位。

但是,司法实践中却往往将邮寄送达与直接送达同等对待,并未贯彻“直接送达确有困难才应适用邮寄送达”的法定要件。本案中法院以邮寄方式向被告送达起诉书副本、应诉通知书、举证通知书和开庭传票,也未以直接送达确有困难为前提条件。一旦当事人未实际收到送达的文书,那么是由法院承担责任,还是由受送达的当事人承担不利后果,就成为一个值得探讨的问题,这也正是“司法专邮”备受质疑的症结所在。

(五)自测案例

案例92

湘潭市商业银行诉湘潭新华亿电工公司、周某等借款合同纠纷案②

原告湘潭市商业银行诉被告湘潭新华亿电工公司、周某借款合同纠纷一案,原告于2009年1月21日向湖南省湘潭市岳塘区人民法院提起诉讼,同时提出财产保全申请并提供了担保。一审中,法院依原告申请追加了周某、易某、万某作为共同被告参加诉讼。2009年4月9日该案依简易程序公开开庭进行了审理,并于2009年4月17日作出判决。判决生效后,新华亿电工公司、周某向检察机关申诉,湘潭市人民检察院于2009年8月26日向湘潭市中级人民法院提出抗诉。抗诉理由是:1. 判决适用简易程序错误;2. 诉讼文书未依法送达,原审法院将应送达给新华亿电工公司和周某的应诉通知书、起诉书副本、开庭传票、判决书等邮寄至周某的户籍所在地,但这些邮件一直滞留在村邮政代办点,检察机关前去提取时,该邮件原封未动。

湘潭市中级人民法院再审审理后认为,(一)原审将应送达给周某

① 王福华:《民事送达制度正当化原理》,载《法商研究》2003年第4期。

② 本案例参见中国法院网:http://ws.chinacourt.org/public/paperview.php? id = 206311,2009-12-27访问。

的应诉通知书、开庭传票等诉讼文书采用特快专递按其户籍所在地址邮寄到了其户籍所在地的村邮政代办所，但该代办所确实未将上述文书交给周某或其同住的成年家属，导致周某未能依法行使其诉讼权利。(二) 根据《简易程序规定》，原告提供了被告准确的送达地址，但人民法院无法向被告直接送达或者留置送达应诉通知书的，应当将案件转入普通程序审理。据此，原审适用简易程序审理也不妥。综上，原审违反法定程序，抗诉理由成立。裁定：撤销原审判决，发回岳塘区人民法院重审。

问：邮局在邮寄过程中的失误而导致文书未能送达的，可否视为送达？

第十八章　财产保全与先予执行

一、财产保全

财产保全，是指人民法院根据利害关系人或者当事人的申请，或者由人民法院依职权对当事人的财产所采取的限制其处分或者转移的强制性措施。财产保全的目的是为了确保人民法院作出的判决能够得以顺利执行。

（一）案情简介

案例93

李某申请诉前财产保全案①

2002年，张某做生意向李某借款20万，约定一年还清。但到期未还。2004年1月，张某准备将自己的别墅卖掉举家南迁，李某听说后担心张某逃避债务，遂于1月5日到当地法院提出财产保全申请，要求查封张某的别墅。法院接受申请后，于1月8日作出财产保全裁定。张某不服，向市中级人民法院申请复议，市中级人民法院复议期间，暂时解除财产保全，后经复议驳回张某请求。

（二）思考方向

财产保全分诉前财产保全和诉讼财产保全两种，其法定程序和要件各有不同。本案属诉前财产保全，因诉讼尚未系属于法院，因而法院裁定保全的条件更加苛刻。

---

① 本案例参见北青网：http://bjyouth.ynet.com/article.jsp? oid = 6714476，2009-12-27 访问。

（三）法律规定

《民事诉讼法》第92条 人民法院对于可能因当事人一方的行为或者其他原因，使判决不能执行或者难以执行的案件，可以根据对方当事人的申请，作出财产保全的裁定；当事人没有提出申请的，人民法院在必要时也可以裁定采取财产保全措施。

人民法院采取财产保全措施，可以责令申请人提供担保；申请人不提供担保的，驳回申请。

人民法院接受申请后，对情况紧急的，必须在四十八小时内作出裁定；裁定采取财产保全措施的，应当立即开始执行。

第93条 利害关系人因情况紧急，不立即申请财产保全将会使其合法权益受到难以弥补的损害的，可以在起诉前向人民法院申请采取财产保全措施。申请人应当提供担保，不提供担保的，驳回申请。

人民法院接受申请后，必须在四十八小时内作出裁定；裁定采取财产保全措施的，应当立即开始执行。

申请人在人民法院采取保全措施后十五日内不起诉的，人民法院应当解除财产保全。

第94条 财产保全限于请求的范围，或者与本案有关的财物。

财产保全采取查封、扣押、冻结或者法律规定的其他方法。

人民法院冻结财产后，应当立即通知被冻结财产的人。

财产已被查封、冻结的，不得重复查封、冻结。

第95条 被申请人提供担保的，人民法院应当解除财产保全。

第96条 申请有错误的，申请人应当赔偿被申请人因财产保全所遭受的损失。

《民诉法意见》第98条 人民法院依照民事诉讼法第九十二条、第九十三条规定，在采取诉前财产保全和诉讼财产保全时责令申请人提供担保的，提供担保的数额应相当于请求保全的数额。

第99条 人民法院对季节性商品、鲜活、易腐烂变质以及其他不宜长期保存的物品采取保全措施时，可以责令当事人及时处理，由人民法院保存价款；必要时，人民法院可予以变卖，保存价款。

第100条 人民法院在财产保全中采取查封、扣押财产措施时，应当妥善保管被查封、扣押的财产。当事人、负责保管的有关单位或个人以及人民法院都不得使用该项财产。

第101条　人民法院对不动产和特定的动产(如车辆、船舶等)进行财产保全,可以采用扣押有关财产权证照并通知有关产权登记部门不予办理该项财产的转移手续的财产保全措施;必要时,也可以查封或扣押该项财产。

第102条　人民法院对抵押物、留置物可以采取财产保全措施,但抵押权人、留置权人有优先受偿权。

第103条　对当事人不服一审判决提出上诉的案件,在第二审人民法院接到报送的案件之前,当事人有转移、隐匿、出卖或者毁损财产等行为,必须采取财产保全措施的,由第一审人民法院依当事人申请或依职权采取。第一审人民法院制作的财产保全的裁定,应及时报送第二审人民法院。

第104条　人民法院对债务人到期应得的收益,可以采取财产保全措施,限制其支取,通知有关单位协助执行。

第105条　债务人的财产不能满足保全请求,但对第三人有到期债权的,人民法院可以依债权人的申请裁定该第三人不得对本案债务人清偿。该第三人要求偿付的,由人民法院提存财物或价款。

第108条　人民法院裁定采取财产保全措施后,除作出保全裁定的人民法院自行解除和其上级人民法院决定解除外,在财产保全期限内,任何单位都不得解除保全措施。

第109条　诉讼中的财产保全裁定的效力一般应维持到生效的法律文书执行时止。在诉讼过程中,需要解除保全措施的,人民法院应及时作出裁定,解除保全措施。

第110条　对当事人不服财产保全、先予执行裁定提出的复议申请,人民法院应及时审查。裁定正确的,通知驳回当事人的申请;裁定不当的,作出新的裁定变更或者撤销原裁定。

(四) 学理分析

根据采取保全措施的时间不同,可以将财产保全区分为诉前财产保全和诉讼财产保全。

诉前财产保全,是指在提起诉讼之前,法院根据利害关系人的申请,对被申请人的有关财产采取的强制性措施。进行诉前财产保全须具备以下条件:(1) 必须有采取诉前财产保全的紧迫性,即“不立即申请财产保全将会使其合法权益受到难以弥补的损害的”;(2) 必须由利害关系人向财产所在地法院提出申请;(3) 申请人必须提供担保。法院一旦受理利害关系人的申请,必须在48小时内作出保全裁定。但是,如果申请人在人民法院采取保全措施后15日内不起诉的,人民法院应当解除财产保全。

诉讼财产保全,是指法院在受理案件后至判决作出前,为了保证将来生效判决的顺利进行,根据当事人申请或法院依职权对当事人的财产或争议的标的物采取的强制性措施。进行诉讼财产保全的条件是:(1)必须是给付之诉。(2)必须具有采取财产保全的必要性,即"可能因当事人一方的行为或者其他原因,使判决不能执行或难以执行";(3)保全应当在案件受理后至作出判决前进行。

当事人对财产保全裁定不服的,可以申请复议一次。复议期间不停止裁定的执行。对当事人不服财产保全、先予执行裁定提出的复议申请,人民法院应及时审查。裁定正确的,通知驳回当事人的申请;裁定不当的,作出新的裁定变更或者撤销原裁定。诉讼中的财产保全裁定的效力一般应维持到生效的法律文书执行时止。

本案为诉前财产保全,法院的做法存在三处错误。其一,法院应当自接受申请时起48小时内作出保全裁定,而本案中经过3天才作出财产保全裁定,超过法定期限;其二,诉前财产保全必须提供担保,而法院没有要求李某提供担保是错误的;其三,复议期间不停止裁定的执行,而市中级人民法院在复议时裁定暂时解除财产保全是错误的。

(五)自测案例

案例94

孙某醉酒肇事民事赔偿案①

2009年6月17日,在孙某案刑事诉讼庭审结束近一个月后,5名受害人亲属分别向锦江区人民法院提交民事起诉状,请求被告孙某赔偿本案5名受害者共计1792656元。其中,张某诉讼索赔共669635元;金某诉讼索赔共645968元;代某诉讼索赔477053元。6月25日,锦江区人民法院经审理后正式受理该案。为了确保将来判决的执行,2009年

① 本案例参见:http://news.66wz.com/system/2009/07/25/101356894.shtml,2009-12-27访问。

7月24日，三位原告向锦江区人民法院递交财产保全申请，申请法院对被告孙某位于芳草街36号"瑞升花园"3幢2单元的一套房屋进行保全。按原告的申请，该房保全金额定为30万元。

问：诉讼中的财产保全应当遵循怎样的程序？

二、先予执行

先予执行，是指人民法院在案件受理以后，终审判决作出之前，因为当事人一方生活或生产或者权利维护的迫切需要，根据一方当事人的申请，裁定对方当事人向其支付一定数额的金钱或者其他财产，实施或者停止某种行为，并立即付诸执行的一种制度。先予执行是相对于终审判决生效之后的强制执行而言的，其意义在于解决当事人在生活或生产方面的迫切需要，保障诉讼的顺利进行。

（一）案情简介

案例95

刘某诉黄某雇员受害赔偿纠纷案①

黄某建房，雇请刘某做工，双方约定每天报酬60元，中饭由黄某提供，另加香烟一包。2008年9月2日，刘某开始到黄某家做工，同年9月3日，刘某在贴瓷砖时，因架子上的架板失去平衡，捆扎架子的铁丝折断，刘某从架子上摔下受伤，入院治疗花去医疗费若干。其中黄某为其支付4万元。同年12月4日，刘某的伤情经司法鉴定为二级伤残。为索要赔偿费，刘某以黄某为被告诉至衡阳县人民法院，请求判令黄某赔偿其各种费用共30万元。

① 本案例参见中国法院网：http://ws. chinacourt. org/public/paperview. php? id = 130257，2009-12-28 访问。

法院受理后,2008 年 9 月 26 日,原告提出先予执行的申请。法院要求原告提供担保,但原告没有提供担保,故法院作出裁定驳回原告申请。

(二) 思考方向

先予执行是在生效判决作出之前对债务人财产或行为的执行,一旦执行错误将会损害债务人的合法权益,因而需要极其慎重。只有符合一定条件并在法定的范围内才可以适用先予执行制度。

(三) 法律规定

《民事诉讼法》第 97 条 人民法院对下列案件,根据当事人的申请,可以裁定先予执行:

(一) 追索赡养费、扶养费、抚育费、抚恤金、医疗费用的;

(二) 追索劳动报酬的;

(三) 因情况紧急需要先予执行的。

第 98 条 人民法院裁定先予执行的,应当符合下列条件:

(一) 当事人之间权利义务关系明确,不先予执行将严重影响申请人的生活或者生产经营的;

(二) 被申请人有履行能力。

人民法院可以责令申请人提供担保,申请人不提供担保的,驳回申请。申请人败诉的,应当赔偿被申请人因先予执行遭受的财产损失。

第 99 条 当事人对财产保全或者先予执行的裁定不服的,可以申请复议一次。复议期间不停止裁定的执行。

《民诉法意见》第 106 条 民事诉讼法规定的先予执行,人民法院应当在受理案件后终审判决作出前采取。先予执行应当限于当事人诉讼请求的范围,并以当事人的生活、生产经营的急需为限。

第 107 条 民事诉讼法第九十七条第(三)项规定的紧急情况,包括:

(1) 需要立即停止侵害、排除妨碍的;

(2) 需要立即制止某项行为的;

(3) 需要立即返还用于购置生产原料、生产工具货款的;

(4) 追索恢复生产、经营急需的保险理赔费的。

第 110 条 对当事人不服财产保全、先予执行裁定提出的复议申请,人民法院应及时审查。裁定正确的,通知驳回当事人的申请;裁定不当的,作出新的裁定变更或者撤销原裁定。

第111条 人民法院先予执行后,依发生法律效力的判决,申请人应当返还因先予执行所取得的利益的,适用民事诉讼法第二百一十四条的规定。

(四)学理分析

根据《民事诉讼法》及相关司法解释[①],先予执行仅在极窄的案件范围内得以适用,并且人民法院裁定先予执行的,应当符合相应的条件。[②] 此外,先予执行还应遵循严格的法定程序,首先,先予执行程序应当依当事人申请而启动,法院不得依职权启动程序。其次,人民法院可以责令申请人提供担保,申请人不提供担保的,裁定驳回申请。但应注意,提供担保并不是作出先予执行裁定的必不可少的要件。最后,当事人对先予执行裁定不服的,可以申请复议一次,复议期间不停止裁定的执行。

本案为“追索医疗费”纠纷,原告住院治疗花费巨大,其生活必定受到极大影响,属于适用先予执行的案件之列。另外原、被告之间的雇佣关系明确无争议,被告亦并非没有履行能力,可以说完全符合先予执行的法定要件。但是,在申请人是否提供担保方面,法院拥有自由裁量权,即可以根据案件情况要求申请人提供担保,也可以不要求申请人提供担保。一旦法院责令申请人提供担保的,申请人必须提供担保,否则法院将裁定驳回其申请。本案中法院认为申请人应当提供担保,而申请人未按法院要求提供担保,那么法院以裁定驳回其申请并无不当。

(五)自测案例

案例96

李某、张某诉李X斌、李X武、新村村委会相邻通行纠纷案[③]

在李某、张某诉李X斌、李X武、新村村委会相邻通行纠纷一案中,

---

① 《民事诉讼法》第97条和《民诉法意见》第107条。

② 《民事诉讼法》第98条。

③ 本案例参见中国法院网:http://ws.chinacourt.org/public/paperview.php? id=209964,2009-12-28访问。

原告李某、张某承包的土地东西相邻，位于被告李X斌、李X武承包土地之南。李X斌于1999年签订承包合同取得该土地经营权时，该土地上有一条可宽能通行驴车的田间路供村民耕作通行。李X斌取得该土地经营权后，该田间路被作为土地耕种，二原告只好经过李X斌承包土地的西地头绕庄稼间隙去往自己的土地耕作。2008年，李X斌在自己经营的土地内用石块砌起地基，致二原告无法进入自己的土地，引发讼争。法院经勘验发现，二原告之土地东、西、南三面均无条件另开通道。

诉讼中，原告申请先予执行，法院认为符合先予执行的法定要件，遂裁定：李X斌在其承包地西侧通往二原告承包地的方向开通宽度为2.6米的田间路。后法院经审理作出判决：被告李X斌在其承包地西端地头通往二原告承包地的方向疏通宽度为2.6米的田间路（已先予执行）。

问：法院作出先予执行裁定后，是否还需作出判决？

第十九章　对妨害民事诉讼的强制措施

对妨碍民事诉讼的强制措施，是指法院在诉讼(包括审判和执行)过程中，为保证民事审判活动和执行活动的顺利进行，对妨害民事审判活动和执行活动的人所采取的各种强制性手段。对妨碍民事诉讼的行为采取强制措施，一方面可以保障当事人充分行使诉讼权利；另一方面也能够保障法院顺利完成审判和执行工作，维护正常的诉讼秩序和司法权威。

(一) 案情简介

案例97

周X连诉中国电信、周X江生命权、健康权、身体权纠纷案[①]

原告周X连系中国电信客户，因线路出现故障，要求电信公司上门维修。2008年10月6日，电信公司的业务委托代理人周X江对线路进行了检查，需更换电话线。在换线过程中将断下的电话线掉在高压线上，引发事故，造成周X连受伤，花去药疗费及其他费用若干。周X连遂以中国电信、周X江为被告诉至重庆市黔江区人民法院，请求判令二被告赔偿各种费用共计14599.4元。

法院受理此案后，依法组成合议庭对本案公开开庭进行了审理。原告周X连及其委托代理人、被告中国电信的委托代理人自动到庭参加诉讼，而被告周X江经法院两次传票传唤后拒不到庭，后法院将其拘传到庭参加诉讼。

---

① 本案例参见中国法院网：http://ws.chinacourt.org/public/paperview.php?id=126885,2009-12-28访问。

（二）思考方向

一般来说，当事人无正当理由拒不到庭参加诉讼的，对原告而言可以按撤诉处理，对被告而言可以缺席判决。但是，在个别情况下为了查清案情或其他需要，被告必须到庭实施诉讼活动，如果被告无正当理由拒绝出庭，法院可以对其采取拘传措施。

（三）法律规定

《民事诉讼法》第100条　人民法院对必须到庭的被告，经两次传票传唤，无正当理由拒不到庭的，可以拘传。

第101条　诉讼参与人和其他人应当遵守法庭规则。

人民法院对违反法庭规则的人，可以予以训诫，责令退出法庭或者予以罚款、拘留。

人民法院对哄闹、冲击法庭，侮辱、诽谤、威胁、殴打审判人员，严重扰乱法庭秩序的人，依法追究刑事责任；情节较轻的，予以罚款、拘留。

第102条　诉讼参与人或者其他人有下列行为之一的，人民法院可以根据情节轻重予以罚款、拘留；构成犯罪的，依法追究刑事责任：

（一）伪造、毁灭重要证据，妨碍人民法院审理案件的；

（二）以暴力、威胁、贿买方法阻止证人作证或者指使、贿买、胁迫他人作伪证的；

（三）隐藏、转移、变卖、毁损已被查封、扣押的财产，或者已被清点并责令其保管的财产，转移已被冻结的财产的；

（四）对司法工作人员、诉讼参加人、证人、翻译人员、鉴定人、勘验人、协助执行的人，进行侮辱、诽谤、诬陷、殴打或者打击报复的；

（五）以暴力、威胁或者其他方法阻碍司法工作人员执行职务的；

（六）拒不履行人民法院已经发生法律效力的判决、裁定的。

人民法院对有前款规定的行为之一的单位，可以对其主要负责人或者直接责任人员予以罚款、拘留；构成犯罪的，依法追究刑事责任。

第103条　有义务协助调查、执行的单位有下列行为之一的，人民法院除责令其履行协助义务外，并可以予以罚款：

（一）有关单位拒绝或者妨碍人民法院调查取证的；

（二）银行、信用合作社和其他有储蓄业务的单位接到人民法院协助执行通知书后，拒不协助查询、冻结或者划拨存款的；

（三）有关单位接到人民法院协助执行通知书后，拒不协助扣留被执行人的收入、办理有关财产权证照转移手续、转交有关票证、证照或者其他财产的；

（四）其他拒绝协助执行的。

人民法院对有前款规定的行为之一的单位，可以对其主要负责人或者直接责任人员予以罚款；对仍不履行协助义务的，可以予以拘留；并可以向监察机关或者有关机关提出予以纪律处分的司法建议。

第104条　对个人的罚款金额，为人民币一万元以下。对单位的罚款金额，为人民币一万元以上三十万元以下。

拘留的期限，为十五日以下。

被拘留的人，由人民法院交公安机关看管。在拘留期间，被拘留人承认并改正错误的，人民法院可以决定提前解除拘留。

第105条　拘传、罚款、拘留必须经院长批准。

拘传应当发拘传票。

罚款、拘留应当用决定书。对决定不服的，可以向上一级人民法院申请复议一次。复议期间不停止执行。

第106条　采取对妨害民事诉讼的强制措施必须由人民法院决定。任何单位和个人采取非法拘禁他人或者非法私自扣押他人财产追索债务的，应当依法追究刑事责任，或者予以拘留、罚款。

第231条　被执行人不履行法律文书确定的义务的，人民法院可以对其采取或者通知有关单位协助采取限制出境，在征信系统记录、通过媒体公布不履行义务信息以及法律规定的其他措施。

《民诉法意见》第112条　民事诉讼法第一百条规定的必须到庭的被告，是指负有赡养、抚育、扶养义务和不到庭就无法查清案情的被告。

给国家、集体或他人造成损害的未成年人的法定代理人，如其必须到庭，经两次传票传唤无正当理由拒不到庭的，也可以适用拘传。

第113条　拘传必须用拘传票，并直接送达被拘传人；在拘传前，应向被拘传人说明拒不到庭的后果，经批评教育仍拒不到庭的，可拘传其到庭。

第114条　人民法院依照民事诉讼法第一百零一条、第一百零二条的规定，需要对诉讼参与人和其他人采取拘留措施的，应经院长批准，作出拘留决定书，由司法警察将被拘留人送交当地公安机关看管。

第115条　被拘留人不在本辖区的，作出拘留决定的人民法院应派员到被拘留人所在地的人民法院，请该院协助执行，受委托的人民法院应及时派员协助执行。被拘留人申请复议或者在拘留期间承认并改正错误，需要提前解除拘留的，受委托人民法院应向委托人民法院转达或者提出建议，由委托人民法院审查决定。

第116条 因哄闹、冲击法庭，用暴力、威胁等方法抗拒执行公务等紧急情况，必须立即采取拘留措施的，可在拘留后，立即报告院长补办批准手续。院长认为拘留不当的，应当解除拘留。

第117条 被拘留人在拘留期间认错悔改的，可以责令其具结悔过，提前解除拘留。提前解除拘留，应报经院长批准，并作出提前解除拘留决定书，交负责看管的公安机关执行。

第118条 民事诉讼法第一百零一条、第一百零二条规定的罚款、拘留可以单独适用，也可以合并适用。

第119条 对同一妨害民事诉讼行为的罚款、拘留不得连续适用。但发生了新的妨害民事诉讼的行为，人民法院可以重新予以罚款、拘留。

第120条 依照民事诉讼法第一百零六条的规定，人民法院对非法拘禁他人或者非法私自扣押他人财产追索债务的单位和个人予以拘留、罚款的，适用该法第一百零四条和第一百零五条的规定。

第121条 被罚款、拘留的人不服罚款、拘留决定申请复议的，上级人民法院应在收到复议申请后五日内作出决定，并将复议结果通知下级人民法院和当事人。

第122条 上级人民法院复议时认为强制措施不当，应当制作决定书，撤销或变更下级人民法院的拘留、罚款决定。情况紧急的，可以在口头通知后三日内发出决定书。

第123条 当事人有下列情形之一的，可以依照民事诉讼法第一百零二条第一款第（六）项的规定处理：

（1）在法律文书发生法律效力后隐藏、转移、变卖、毁损财产，造成人民法院无法执行的；

（2）以暴力、威胁或者其他方法妨碍或抗拒人民法院执行的；

（3）有履行能力而拒不执行人民法院发生法律效力的判决书、裁定书、调解书和支付令的。

第124条 有关单位有下列情形之一的，人民法院可以依照民事诉讼法第一百零二条的规定处理：

（1）擅自转移已被人民法院冻结的存款，或擅自解冻的；

(2) 以暴力、威胁或者其他方法阻碍司法工作人员查询、冻结、划拨银行存款的;

(3) 接到人民法协助执行通知后,给当事人通风报信,协助其转移、隐匿财产的。

第125条 依照民事诉讼法第一百零一条的规定,应当追究有关人员刑事责任的,由审理该案的审判组织直接予以判决;在判决前,应当允许当事人陈述意见或者委托辩护人辩护。

第126条 依照民事诉讼法第一百零二条第一款第(六)项的规定,应当追究有关人员刑事责任的,由人民法院刑事审判庭直接受理并予以判决。

第127条 依照民事诉讼法第一百零二条第(一)至(五)项和第一百零六条的规定,应当追究有关人员刑事责任的,依照刑事诉讼法的规定办理。

(四) 学理分析

对妨害民事诉讼的强制措施通常包括五种,即拘传、训诫、责令退出法庭、罚款和拘留。拘传是指人民法院在法定情况下,派出司法警察依法强制有关人员到庭诉讼或到场接受询问的一种强制措施。训诫是法院对妨害民事诉讼情节较轻的人,通过批评教育的方式,指出其违法并责令其改正的强制措施。责令退出法庭是指法院强行命令违反法庭规则的人离开法庭,从而防止其继续妨害诉讼活动进行的强制措施。罚款是法院强制妨害民事诉讼的人缴纳一定数额金钱的强制措施。拘留是法院对妨害民事诉讼情节严重的人,在一定期间内限制其人身自由的强制措施。①

本案中,法院对被告适用的强制措施是拘传。根据《民事诉讼法》和相关司法解释,拘传必须符合三个法定条件:(1) 拘传的对象必须是以下三类主体:一是负有赡养、抚育、扶养义务和不到庭就无法查清案情的被告;二是给国家、集体或他人造成损害的未成年人的法定代理人;三是必须到法院接受询问的被执行人或被执行人的法定代表人或负责人。(2) 法院必须经过两次传票传唤。(3) 被传唤人无正当理由拒不到庭或到场。本案应当属于被告"不到庭就无法查清案情"的情况,法院可以对其采取拘传措施。但应注意的是,即使在上述三个条件同时具备的情况下,人民法院也仅仅是"可以"拘传,而不是"必须"拘传。另外,拘传必须依法定程序进行,由合议庭或

---

① 五种强制措施的适用条件和程序,详见汤维建主编:《民事诉讼法学》,北京大学出版社2008年版,第301—304页。

独任审判员提出，报院长批准，并使用拘传票，直接送达被拘传人。

（五）自测案例

案例98

被执行人沙某被限制出境案①

2007 年 11 月 26 日，沈阳某装修公司人员来到大东区人民法院申请执行某房地产公司工程款纠纷一案。由于房地产公司拖欠工程款，几十名农民工在工地苦等。

执行法官多方核查，这家欠债的公司法人代表沙某移居加拿大，案件无法执行。2008 年 5 月，法院接到线索，沙某将在近期回国处理个人事物。法院遂决定，依据新修订的《民事诉讼法》第 231 条，向全国各出入境边防检查站下发限制沙某出入境的决定书。

2008 年 8 月 2 日，沙某在上海浦东机场申请入境时被边防检查站截留。法院决定，采用请君入瓮的办法，先把沙某放进境内。待沙某入境后法官遂向其发出通知，要求其回沈阳后立即到法院处理欠款事宜，否则将无法出境返回加拿大。沙某为了顺利出境，几天后主动来到法院，表示 60 日内还清全部欠款 96000 元及利息，并提供财产担保，与申请人双方达成和解协议。法院在一个月后对其解禁，案件得以顺利执结。

问：法院在何种情况下可以限制被执行人出境？

---

① 本案例参见 http://news.qq.com/a/20081030/002547.htm，2009-12-29 访问。

第三编　通常诉讼程序

第二十章　第一审普通程序

一、起诉与受理

起诉，是指公民、法人及其他组织在认为民事权益受到侵犯或与他人发生争议的情况下，请求人民法院作出裁判、解决纠纷的诉讼行为。受理是受诉人民法院审查原告的起诉后，认为符合法定条件，决定立案审理的诉讼行为。

（一）案情简介

案例99

张某诉丁某宅基地侵权案①

2004年9月，烟台市芝罘区某村村民张某欲在自家宅基地基础上翻修住房，但觉得自家宅基地面积过小，遂向村委会申请在自家宅基地基础上向公用宅基地扩展一米，村委会同意了他的申请并出具同意书一份。2004年10月，与张某比邻而居的丁某抢先在村委会批准的一米公共宅基地上修建了小厨房。张某在与丁某协商无果的情况下，持村委会的同意书于2004年12月20日向烟台市芝罘区人民法院起诉，要

① 本案例来源于烟台市芝罘区人民法院与烟台大学法学院2005年交流案例。

求丁某拆除小厨房，将村委会批给自己使用的公共用地归还于己。问：张某的诉求能否为法院所受理？

（二）思考方向

本案争议的关键问题在于村委会的同意书是否有法律效力，张某能否根据村委会的授权取得对该公共用地的合法使用权。同时本案在理论上还涉及程序当事人与《民事诉讼法》所规定的实体意义当事人的冲突问题。

（三）法律规定

《民事诉讼法》第108条 起诉必须符合下列条件：

（一）原告是与本案有直接利害关系的公民、法人和其他组织；

（二）有明确的被告；

（三）有具体的诉讼请求和事实、理由；

（四）属于人民法院受理民事诉讼的范围和受诉人民法院管辖。

第111条 人民法院对符合本法第一百零八条的起诉，必须受理；对下列起诉，分别情形，予以处理：

（一）依照行政诉讼法的规定，属于行政诉讼受案范围的，告知原告提起行政诉讼；

……

《中华人民共和国土地管理法》第11条第1款、第2款 农民集体所有的土地，由县级人民政府登记造册，核发证书，确认所有权。

农民集体所有的土地依法用于非农业建设的，由县级人民政府登记造册，核发证书，确认建设用地使用权。

第16条第1款 土地所有权和使用权争议，由当事人协商解决；协商不成的，由人民政府处理。

《民诉法意见》第52条 借用业务介绍信、合同专用章、盖章的空白合同书或者银行账户的，出借单位和借用人为共同诉讼人。

（四）学理分析

起诉，是指公民、法人及其他组织在认为民事权益受到侵犯或与他人发生争议的情况下，请求人民法院作出裁判、解决纠纷的诉讼行为。根据我国《民事诉讼法》第 108 条的规定，原告是与本案有直接利害关系的公民、法人和其他组织。所谓“与本案有直接利害关系，是指原告与本案争议的诉讼标的有法律上的利害关系”①。所以本案中张某就该争议的土地使用权向法院起诉能否为法院受理关键在于张某是否是该宅基地的合法使用人。从案情介绍来看，张某就该公共用地的使用向村委会申请，村委会也同意了其申请，但根据我国《中华人民共和国土地管理法》的相关规定，宅基地使用权的审批权由县级以上土地行政管理部门行使，所以村委会没有宅基地使用的审批权，因此，张某也没有合法取得该宅基地的使用权。由于我国《民事诉讼法》第 108 条规定的“与本案有直接利害关系人”属于实体意义上当事人的范畴，即原告是诉讼请求法院裁判的法律关系的主体或是对所涉及的民事权益享有管理权、支配权的公民、法人和其他组织。而本案中张某既不是该土地使用权人，也不是对该土地享有管理权和支配权的主体，所以法院应该在受理张某的起诉后，查明其不享有对争议宅基地的使用权或管理权而判决驳回起诉。

（五）自测案例

案例100

刘某诉吉水县工商联连带清偿责任案②

今年 6 月 16 日，吉水县工商联（以下简“工商联”）经他人介绍与叶某签订了一份租赁经营合同。该合同载明：工商联将其开办的工商联经济服务部（申请注册资金 248600 元）的营业执照出租给叶某经营一年，叶某应向工商联交纳服务费 1200 元；叶某租赁期间，实行自主经营，独立核算，自负盈亏，独立承担民事责任；租赁期间所发生的债权债务等一切经营风险均由叶某承担，工商联不负任何连带责任；工商联在合

① 关于此的详论参见汤维建主编：《民事诉讼法学》，北京大学出版社 2008 年版，第 319—320 页。

② 本案例参见 http://china.findlaw.cn/susong/mshsusong/ssal/4642_2.html，2009-8-21 访问。

同签订之日应向叶某移交《工商联经济服务部》公章一枚、企业法人代表资格证书一本、企业营业执照正、副本。合同签订后，双方办理了法定代表人变更手续，并移交了公章、营业执照。同年7月4日，叶某以工商联经济服务部的名义，在刘某开办的名琴音响行赊购了12台厦新DVD，共计货款8640元，并由其本人执笔向刘某出具了一份收据，该收据加盖了工商联经济服务部的公章。数日后，叶某携这些DVD离开吉水县城至今不归。为此，刘某要求叶某和工商联经济服务部归还货款，并要求工商联作为主管部门和开办单位，在该企业注册资金范围内承担连带清偿责任。但工商联以与叶某存在租赁协议为由，拒不承担清偿责任。刘某遂向吉水县人民法院起诉工商联，要求工商联承担连带清偿责任。

问：法院应否受理此案？

案例101

检察机关做原告代死者索赔案①

山东青岛市崂山区的王某在和朋友驾车出行时，从一名躺在路上的无名男子身上轧过，致使对方抢救无效身亡，王某因交通肇事罪被崂山区人民检察院提起公诉。11月21日上午，崂山区人民法院对该案开庭审理，法庭同时进行附带民事诉讼，因无名男子至今身份不明，崂山区人民检察院提出公诉的同时，作为原告向肇事司机王某提出了三十余万元的民事索赔请求。

问：崂山区人民检察院在本案中作为刑事附带民事诉讼原告替无名男子向被告索赔是否于法有据？若无法律的明确规定，则在法理上能否成立？

① 本案例参见：http://news.bandao.cn/newsprint.asp? id = 667007，2009-9-1 访问。

案例102

杨女士诉丈夫因家庭暴力索赔案①

2006年9月16日上午，北京杨女士在与丈夫协商出租房时，遭到殴打，直把她打得躺在地上丈夫才停手，并抢走了她的手机，耳钉也在被打中丢失。她妹妹报警后，叫来急救车，被送到宣武医院治疗。经诊断为：右小腿软组织挫伤，脑外伤神经症反应，现起诉要求其丈夫赔偿医疗费753.26元、财产损失费3368元、交通费22元以及精神损害赔偿金3000元。2007年1月16日，杨女士以遭受家庭暴力为由，起诉丈夫陈先生索要人身损害赔偿和财产赔偿共计7143.26元。北京宣武区人民法院经过审查后，认为不符合起诉条件，驳回了她的起诉。

问：法院的处理是否正确？

二、审理前的准备

审理前的准备，也称庭前准备程序，是指法院受理原告的起诉以后，为保证庭审的顺利进行而进行的一系列准备活动的程序。审理前准备的内容主要包括以下几项内容：(1) 送达诉讼文书；(2) 告知当事人的诉讼权利和义务以及合议庭组成人员；(3) 制定举证时限，调查收集必要的证据；(4) 组织当事人交换证据；(5) 追加当事人；(6) 其他准备工作。

---

① 本案例参见 http://www.chinacourt.org/html/article/200701/17/230911.shtml，2009-8-21访问。

（一）案情简介

案例103

某市商业银行诉甲、乙两公司返还借款案①

某市商业银行于1998年12月借款100万给甲公司，借款期限为2年，乙公司作为保证人与银行签订了保证合同，约定为连带保证责任，保证期间为2年。借款到期后，甲公司未偿还，银行于2002年6月诉至法院，要求甲公司归还100万元本息，并要求乙公司承担连带保证责任。法院依法向当事人双方送达了应诉通知书、举证通知书等，并要求被告在15日内答辩。在举证期限内，原告就自己的诉讼请求向法院提交了证据，两被告未予答辩，也未向法庭提交证据。法院决定对本案直接开庭审理，不进行证据交换。庭审中，被告甲公司对借款事实以及应承担还款责任无异议，但被告乙公司抗辩称该100万借款是以新贷还旧贷，对此事实，未告知乙公司，根据最高人民法院司法解释规定，乙公司对该借款不应承担担保责任。原告对此反驳称，该100万元贷款前后保证人均为乙公司，根据最高人民法院司法解释，乙对借款仍应承担担保责任。乙公司只承认自己系1998年12月借款的保证人，对于之前的借款不是保证人。由于原告不能当庭提供新旧借款保证人均为乙公司的相关证据，虽然庭后提交了该证据，但举证已经超过举证期限，乙公司又拒绝质证，后法院判决某商业银行败诉。

试问：本案被告不进行答辩会产生什么后果？

（二）思考方向

本案中被告在审理前准备工作中没有对原告起诉状进行答辩，而是在庭审中提出抗辩，致使原告没能及时提供有效的反驳证据而败诉。则在庭前准备程序中，对于原告的起诉进行答辩是被告的一项权利，还是一项义务。被告不进行答辩，会对诉讼产生怎样的影响？

---

① 本案例参加 http://www.chinacourt.org/htm/article/200806/25/309049.shtml，2009-8-25访问。

（三）法律规定

《民事诉讼法》第113条　人民法院应当在立案之日起五日内将起诉状副本发送被告，被告在收到之日起十五日内提出答辩状。如果被告提出答辩状的，人民法院应当在收到答辩状及其副本之日起五日内将答辩状副本发送原告，被告不提出答辩状的，不影响人民法院审理。

《民事证据规定》第32条　被告应当在答辩期届满前提出书面答辩，阐明其对原告诉讼请求及其所依据的事实和理由的意见。

（四）学理分析

我国在被告是否应当在审理前程序中提出答辩的问题上，《民事诉讼法》第113条的规定与2001年最高人民法院的《民事证据规定》第32条的规定存在一定的矛盾。《民事诉讼法》第113条规定“被告不提出答辩状的，不影响人民法院的审理”，从这一条款来看，答辩似乎是被告的一项权利，长期以来，我国实务界也根据这一规定，将答辩视为被告的一项权利。所以，由于在审前准备程序中被告不提交答辩状，而是如本案情况中一样留待庭审程序中再提交，此时由于举证时限已经届满，往往造成原告一方对被告的抗辩不能及时有效进行举证予以反驳而败诉。针对这一情况，最高人民法院在2001年的《民事证据规定》第32条将被告在庭前程序中的答辩规定为一项义务。要求被告“应当在答辩期届满前提出书面答辩，阐明其对原告诉讼请求及其所依据的事实和理由的意见”。但由于没有规定相应的被告不履行答辩义务所应该负担的责任，致使这一规定有虚置之嫌。而且，由于这一规定明显与《民事诉讼法》相悖，所以其法律效力也受到一定质疑。

但是从完善我国民事诉讼制度本身来看，将庭前准备程序中被告提交答辩状视为一种义务，有其现实性和必要性。首先，被告不进行答辩违反了平等对抗原则。在诉讼中，各诉讼主体地位平等引申出了原被告之间攻防平衡、平等对抗原则。原告起诉时，将诉讼请求和事实理由比较充分的在诉状上进行了陈述，被告在收到原告的起诉状副本后就可以针对原告的诉求进行有针对性的防御准备。但如果被告不提交答辩状，则原告就会对被告的防御手段一无所知，既不知道被告可能会提出何种主张、何种证据进行反驳，也不知道被告反驳的法律依据是什么，从而无法在庭前对被告的主张充分地为庭审做好准备。这就违犯了平等对抗原则,妨碍了程序公正价值的实现。其次,被告在庭前不提交答辩状,也不利于法官在审前整理和固定争议焦点。审前准备的一项重要功能就是整理和固定争议焦点,从而为庭审打下基础。被告不答辩,法官就无法在庭审之前把握双方当事人的争议焦点,只有在开庭审理时,通过当事人双方的陈述和举证,逐步归纳和把握双方争议的焦点,这必然会造成诉讼的拖延。从世界范围来看,一些民事诉讼程序比较完善的国家和地区都在立法上规定了不答辩失权的制度,即被告不答辩,法院可以根据原告的请求作出原告胜诉的判决,如美国。所以,无论是从诉讼公正还是诉讼效率价值来看,我国都有必要在今后《民事诉讼法》的修订中明确规定符合我国国情的答辩失权制度。

本案中,法院依法向当事人双方送达了应诉通知书、举证通知书等,并要求被告在 15 日内答辩,但两被告均没有进行答辩。如此,就造成商业银行不知道乙公司会提出该 100 万元借款是以新贷还旧贷的抗辩,也不知道乙公司只承认自己系 1998 年 12 月借款的保证人,对于之前的借款不是保证人的抗辩。所以,导致原告不能当庭提供新旧借款保证人均为乙公司的相关证据。由于被告不进行答辩,造成原告无法在庭前有效准备证据材料,不能与被告平等对抗,并造成诉讼拖延,原告被迫在庭后再提出证明被告乙公司也是旧贷保证人的证据,法院又得重新开庭审理。由于原告的举证已经超过举证期限,乙公司又拒绝质证,最后导致法院判决商业银行败诉。我们认为,原告的举证超过举证期限,不是由于自身的原因造成的,而是由于被告在庭前准备程序中没有履行答辩义务所造成的。对于被告在开庭审理中提出的抗辩,原告有权进行充分的举证予以反驳,所以法院应当为原告另行指定举证期限,在新的举证期限内原告提出证据,不应当视为超过举证期限。因此,法院在本案中判决原告败诉是值得商榷的。

（五）自测案例

案例104

恒发经济开发公司诉长江贸易公司联营纠纷案①

2004年11月9日，恒发经济开发公司与京山农场达成协议：京山农场将其所有的一栋三层楼房及部分设施租给恒发经济开发公司使用，自签约之日起为期10年，每年租金11.5万元。恒发经济开发公司租用后，在原基础上又添置了部分设施及用品。2005年2月，恒发经济开发公司又与长江贸易公司签订联营协议，约定联营开办昌隆公司，恒发经济开发公司以其承租的一栋三层楼房及部分设施作为联营投资，长江贸易公司则投资100万元。双方对盈利五五分成，协议有效期为5年。后因长江贸易公司没有按照约定及时进行投资，2005年4月15日恒发经济开发公司向人民法院提起诉讼，要求长江贸易公司履行联营协议。人民法院4月15日受理了案件，16日将起诉状副本送达被告，被告于25日提出答辩状，人民法院收到答辩状后，决定27日对案件进行开庭审理。

问：(1) 法院不发送答辩状给原告就进行开庭审理的做法是否正确？(2) 京山农场能否申请参加诉讼？

中国工程物理研究院应用电子学研究所诉
胡某侵犯非专利技术成果所有权案②

1987年初，胡某向中国工程物理研究院应用电子研究所（以下简称"应用电子学研究所"）提出魔芋精粉的研究工作设想，经应用电子学研

① 本案例参见 http://news.hsw.cn/gb/news/2008-01/30/content_6799328.htm，2009-5-5 访问。

② 本案例参见中国高级法官培训中心、中国人民大学法学院编：《中国审判案例要览（1996年民事审判卷）》，第436页。

究所组织认证后，被列为该年度下半年科研增项计划，课题定名为“魔芋精粉的提取”，专题代号为87372，并组成了以胡某为主研究人的课题组。当年年底课题组完成了魔芋提取的科研项目，应用电子学研究所以《从魔芋中直接提取精粉》向国家专利局申请并取得了专利权。由于该项专利技术成果存在生产成本高、不安全等问题，该应用电子研究所又向该课题研究组提出改进型研究计划。1990年5月，改进型魔芋精粉提取技术试验成功。同年6月，胡某私自将魔芋精粉配置的添加剂出售给四川绵阳市个体户孙某获取10万元。同时，又将魔芋精粉技术转让给第三人绵阳市友谊华侨公司，获取技术转让费12万元。应用电子学研究所获知此情况后，将胡某诉至法院，请求法院判令胡海宁立即停止侵害，交出魔芋精粉技术的全部资料，并交出22万元的技术转让费，赔偿应用电子学研究所因此所造成的损失。被告胡某未出现也未进行答辩，人民法院遂于1992年9月29日在《法制日报》发出公告，限胡某“自公告之日起60日”到四川省科学城人民法院应诉。

问：法院的公告送达是否正确？

案例106

红星农业机械总公司诉长平供销合作联合社联营纠纷案①

2006年11月，长平供销合作联合社（本案被告）与红星农业机械总公司（本案原告）签订了联营协议，决定组建环宇贸易公司，双方约定供销合作联合社向联营体投入固定资产300万元，红星农业机械总公司投入流动资金700万元，红星农业机械总公司不负责经营，不管经营好坏与盈利多少，红星农业机械总公司每年分红80万元，3年共计240万

① 本案例改编自汤维建主编：《民事诉讼法案例分析》，中国人民大学出版社2002年版，第210页。

元。2007 年 2 月，经工商部门登记注册，环宇贸易公司正式成立，并开始进行经营，取得了一定的经济效益。2007 年 10 月，长平供销合作联合社与红星农业机械总公司由于分红问题产生分歧，双方发生纠纷。

2008 年 4 月 15 日，红星农业机械总公司向法院起诉，4 月 20 日法院受理此案并于第二天组成合议庭。4 月 25 日，该人民法院电话通知原告案件已经受理，并令原告预交案件受理费，同时电话通知被告应诉，但是，对于当事人所享有的诉讼权利和所承担的诉讼义务，以及合议庭的组成人员，该法院却没有进行告知。

问：法院在程序的处理上是否存在失当？

三、撤诉与缺席判决

撤诉是在人民法院受理案件之后，宣告判决之前，原告向法院表示撤回自己起诉请求的行为。撤诉分为两种：一是明示的撤诉，即申请撤诉。即当事人以口头或书面的方式，明确申请撤回起诉。二是推定的撤诉。即在原告作出某种行为的情况下，推定其撤回起诉，即按撤诉处理。缺席判决，是指人民法院在一方当事人不在庭的情况下开庭审理作出判决的程序。缺席判决不能以牺牲当事人的诉讼权利为代价，只有在给予当事人充分的程序保障的前提下，才能采取缺席判决。

（一）案情简介

案例 107

杨某诉张某离婚案审理期间因婚姻登记被依法撤销撤诉案①

原告：杨某，男，1978 年 12 月 27 日生，农民，住河南省汝南县三桥乡。

被告：张某，女，1979 年 4 月 5 日生，农民，住同上。

① 本案例参见：《人民法院案例选》（2001 年第 1 辑），人民法院出版社 2002 年版，第 397 页。

1998年1月20日，原告与被告虚报年龄，在汝南县三桥乡人民政府办理了结婚登记手续。同年10月30日，被告生育一女，取名杨某某。1999年11月2日，原告杨某以感情不和为由起诉至汝南县人民法院，请求与张某离婚。法院于1999年11月5日立案受理后，三桥乡人民政府在普查婚姻登记情况时，发现杨某与张某结婚均未达法定结婚年龄，有欺骗婚姻登记管理机关的行为，即根据《婚姻登记管理条例》第25条的规定，于1999年12月21日撤销了杨某与张某的结婚登记，宣布其婚姻关系无效，并收回了结婚证。12月22日，在双方亲属及村民委员会干部主持下，杨某与张某就子女抚养、财产分割达成了协议：一、双方生育一女杨某某，由杨某抚养，张某不负担子女抚养费；二、双方个人财产各归各自所有，杨某付给张某经济帮助费5000元。上述协议达成后，已分别履行完毕。

试问：汝南县人民法院该如何处理此案？

（二）思考方向

本案的案情并不复杂，关键在于在离婚诉讼过程中，婚姻关系被宣告无效后，该案的诉讼程序该如何进行的问题？是诉讼终结，还是撤诉或是让诉讼继续下去。这需要从我国法律对此问题的相关规定及其内含的法理来进行思考。

（三）法律规定

《民事诉讼法》第130条 被告经传票传唤，无正当理由拒不到庭，或者未经法庭许可中途退庭的，可以缺席判决。

第131条 宣判前，原告申请撤诉的，是否准许，由人民法院裁定。

人民法院裁定不准许撤诉的，原告经传票传唤，无正当理由拒不到庭的，可以缺席判决。

第137条 有下列情形之一的，终结诉讼：

（一）原告死亡，没有继承人，或者继承人放弃诉讼权利的；

（二）被告死亡，没有遗产，也没有应当承担义务的人的；

（三）离婚案件一方当事人死亡的；

（四）追索赡养费、抚养费、抚育费以及解除收养关系案件的一方当事人死亡的。

（四）学理分析

本案在合议庭评议时，出现了三种意见：(1) 法院应裁定终结诉讼。理由：原告起诉的目的是为了解除婚姻关系，现原、被告的婚姻关系已被婚姻登记管理机关确认无效并解除；且双方就子女抚养、财产分割已达成协议，并已经履行完毕。该协议不违反法律规定，再继续诉讼已失去实体、程序意义，法院已没有继续审理的必要，故应裁定终结诉讼。(2) 法院应继续审理，依法出具判决书。理由是虚报年龄骗取结婚证是一种违法民事行为，法院应依法确认当事人婚姻关系无效，以显示法律尊严，并用判决形式认可婚姻登记机关撤销当事人婚姻登记的效力，认可当事人就子女抚养、财产分割达成的协议。(3) 应动员当事人撤诉。根据本案情况，原告诉讼目的已全部达到，故没有继续诉讼的必要，法院可动员原告撤诉。在原告表示可以撤诉后，依照《民事诉讼法》第131条的规定，裁定准予原告撤诉即可。

我们认为，第一种意见不可取，根据《民事诉讼法》第137条规定，终结诉讼仅限于该条规定可以终结诉讼的4种情况，即由于一方当事人死亡所出现的4种特定情况。以该条规定以外的原因终结诉讼，于法无据，是不妥当的。那么本案能否按照第二种意见继续审理，通过法院的裁判确认当事人婚姻关系无效，以显示法律的尊严呢，并用判决形式认可婚姻登记机关撤销当事人婚姻登记的效力呢？我们认为这样的处理同样存在问题，首先，根据《婚姻登记管理条例》的规定，婚姻登记管理机关有确认无效婚姻并撤销婚姻登记的权利。婚姻登记管理机关撤销了本案当事人的结婚登记，宣告其婚姻关系无效后，表明双方当事人自始就不具有合法的婚姻关系。双方之间不存在婚姻法律关系，当事人就这一离婚案件本身就丧失了诉的利益，法院也就没有了审理对象，所以，就当事人之间的离婚诉求，法院应该以裁定驳回起诉，或向原告说明情况后，由原告撤诉。如果当事人对于婚姻登记管理机关撤销结婚登记的具体行政行为不服，可另行提起行政诉讼，法院不应在民事诉讼中对其具体行政行为的合法性进行审查。其次，原被告之间就子女抚养、财产分割问题仍然可以继续进行诉讼。因为对这两个诉讼请求，当事人具有管理权和处分权，它们既可以依附于婚姻关系而存在，也可以独立存在。在该案的审理中，虽然原、被告就子女抚养、财产分割问题在案外达成了协议，但这种协议是当事人之间的意思表示，并不具有强制执行力，一方甚至双方都可以反悔，而坚持要求由法院继续审理，或者坚持由法院以相同协议内容而达成诉讼内的调解协议，以取得调解协议的强制执行效力。所以，对这些问题是否能继续进行诉讼，应当根据当事人的态度而定。若当事人双方坚持要以诉讼方式解决，法院就应该继续进行审理，并作出判决或以调解方式结案。所以，合议庭的第三个处理意见符合法律的相关规定，在实践中，汝南县人民法院也正是按照第三种意见对案件作出了处理。

综上，当诉讼进程中出现了当事人对某些诉求已经不具有诉的利益时，法院可以动员当事人就该诉求撤回起诉，若当事人坚持起诉，则法院可以驳回起诉。但如果对另一些诉求当事人仍然享有诉权时，则应视当事人的态度而定，是否继续进行诉讼，是当事人处分权的行使范围。法院不可强行干预当事人处分权的行使。

（五）自测案例

案例108

追加原告未到庭是否按撤诉处理?①

原审原告黄某与胡某（原审追加的原告）系夫妻关系，胡某与原审被告谭某系表叔侄关系。原审被告谭某与萍乡市某汽车服务公司签订了一份“关于赣2号车经济责任承包合同”，后原审被告谭某未征得发包方同意的情况下与二原审原告签订了一份转让协议书。此后，原审原告胡某未经原审原告黄某同意，与原审被告谭某又签订了一份解除转让协议。原审原告黄某知道此事后，诉至法院，要求依法确认转让协议无效，并要求原审被告谭某返还转让款。但原审原告胡某经法院合法传话无正当理由拒不到庭参加诉讼。

问：追加的原告未到庭参加诉讼是否可以按撤诉处理?

① 本案例参见：http://data.110.com/a154211.html，2009-11-19 访问。

案例109

18名山东籍民工诉中铁二十二局索要被拖欠工程款案①

18位起诉民工称：他们于2007年5月到中铁二十二局的内蒙古多伦县路基三队工作，包工头张某向他们支付一部分工资后，尚欠总计四十余万元，按照国家规定，包工头不能足额支付农民工工资的，应由工程发包方支付。这18名民工授权包工头张光明与另外三位民工为诉讼代表人于2008年12月向北京市石景山区人民法院提起了诉讼，要求中铁二十二局给付该笔费用共计四十余万。此案一审审理期间，虽然被告中铁二十二局辩称该局已将从工程款中扣除的56万元农民工工资足额给付给了农民工。但一审法院还是根据原告张某提供的18位民工的工资单判决该中铁二十二局败诉，要求其给付18位农民工工资四十余万元。中铁二十二局不服，向北京市第一中级人民法院提起了上诉。在上诉的过程中，中铁二十二局发现2007年张某提供的民工名册与起诉时提供的民工名册不符，其中只有5人的名字一致，其余13人都没有在2007年的名册上出现过。中铁二十二局遂向铁道建筑公安局报案，公安局受理案件后，前往张某所提供的民工住所地进行调查，发现大部分人根本没有参加过中铁二十二局的建设工程，也不知道张某就工资问题提起了诉讼，工资单和授权委托书都是张某一手伪造的，目的是想通过法院的判决对中铁二十二局进行诉讼欺诈。张某得知自己的谋划被发现后，虽经法院多次传唤，却再也没有出现在法庭，北京市第一中级人民法院遂在被上诉人张某缺席的情况下作出了判决，撤销石景山区人民法院的判决，驳回原告的诉讼请求。同时针对张某的诉讼欺诈行为，作出了罚款1万元的决定。并对与张某一同进行诉讼的三位民工进行了训诫。

问：北京市第一中级人民法院的做法是否正确？

① 案件来源于中央电视台《今日说法》2009-12-12，12:40播出。

四、诉讼中止和诉讼终结

诉讼中止，是指人民法院在审理案件的过程中，因出现某种法定原因，暂时停止诉讼程序的进行。诉讼终结，是指在诉讼进行中，因发生法定的原因，使诉讼无法继续或者继续已无必要，从而结束诉讼程序。

（一）案情简介

案例110

黄某诉谢某返还赡养费案①

原告：黄某，女，77岁，住辽宁省恒仁满族自治县恒仁镇新市街。

被告：谢某，女，38岁，住同上。

被告谢某系原告黄某的儿媳。1996年3月11日，原告之子、被告之夫田某雇用李某驾驶汽车去大连送货，车行至沈大高速公路腾傲段时发生交通事故，致田某当场死亡。交通事故发生后，肇事者李某与死者家属达成赔偿协议，由李某赔偿损失55000，其中包括老人赡养费、小孩抚养费、尸体运输费、死者丧葬费等。此款除用去5000元尸体运输费外，其余5万元全部交给了被告谢某。被告谢某收款后未给原告应得的赡养费，原告遂向辽宁省恒仁满族自治县人民法院提起诉讼，称：车主赔偿的55000元中，有我的赡养费15000元，由被告谢某占有不给。请求法院判令被告返还我应得的赡养费15000元。

被告谢某答辩称：车主给付的赔偿款中的赡养费我可以给付。但赔款中并未明确赡养费是多少。我应给付的只是法律规定的合理的赡养费。

恒仁满族自治县人民法院经审理认为：原告之子田某因交通事故死亡后，车主已给予经济赔偿，其中包括属于原告的赡养费，被告谢某以种种理由拒付是错误的，对产生纠纷应负全部责任。依照《中华人民共和国民法通则》第37条第(9)项之规定，该院于1998年3月8日判决如下：

---

① 本案例参见《人民法院案例选》(2001年第1辑)，人民法院出版社2002年版，第402页。

被告谢某给付原告黄某赡养费6315元，与本判决生效后10日内一次付清。

由于本案是定期分别向当事人宣判，恒仁满族自治县人民法院于1998年3月8日向原告黄某宣判，宣判后的第二天，黄某便死亡，该院即未再向被告谢某进行宣判。

问：法院是否应当继续向谢佳兰宣判？

（二）思考方向

在民事诉讼程序中，出现一方当事人死亡，因案件情况的不同可能会出现诉讼中止或诉讼终结的情形。本案的特殊之处在于法院裁判作出后已经向一方当事人宣判尚未向另一方当事人宣判时，接受宣判的一方当事人死亡，此时，诉讼程序应该如何处理的问题，即是裁定诉讼中止还是诉讼终结的问题。

（三）法律规定

《民事诉讼法》第136条　有下列情形之一的，中止诉讼：

（一）一方当事人死亡，需要等待继承人表明是否参加诉讼的；

……

（五）本案必须以另一案的审理结果为依据，而另一案尚未审结的；

……

第137条　有下列情形之一的，终结诉讼：

（一）原告死亡，没有继承人，或者继承人放弃诉讼权利的；

（二）被告死亡，没有遗产，也没有应当承担义务的人的；

……

（四）追索赡养费、抚养费、抚育费以及解除收养关系案件的一方当事人死亡的。

《民诉法意见》第44条　在诉讼中，一方当事人死亡，有继承人的，裁定中止诉讼……

（四）学理分析

诉讼终结和诉讼中止，虽然都是停止诉讼活动，但两者有根本不同。前者是永远停止,不再恢复诉讼程序。后者则是暂时停止,待障碍消除后,即及时恢复诉讼,人民法院将对案件继续审理,直至作出判决。

本案出现的问题,是一个非常具体的程序问题。法律虽然规定一方当事人死亡,应当中止诉讼或终结诉讼,但具体到本案如何处理,则有赖于对法律明文规定的具体理解。

本案的特殊之处在于是在开庭审理终结,定期宣判时先行向原告宣判后,原告已经得知判决内容,还未向被告宣判时,原告即死亡,发生的程序问题是即时裁定中止诉讼,还是继续进行未完成的程序向被告宣判。从本案的情况来看,诉讼仍在进行中。因为一审程序的终结(非发生法律效力意义上的终结,而是程序上的阶段性终结),是以向双方当事人完成宣判和送达法律文书的诉讼行为为准,仅向一方当事人宣判和送达法律文书,因还不能确定法律文书的上诉期起算时间,就不能视为一审程序已经终结。故从理论上看,只要诉讼程序还未终结,只要案件出现了中止诉讼的情形,法院就应首先即时裁定中止诉讼。

另从非正常终结诉讼的要求来看,《民事诉讼法》第 137 条规定所指的"终结诉讼",既含有从程序上终结一审诉讼程序的意思,又含有此终结诉讼对活着的一方当事人发生此案不再诉和不再审的法律效力的意思,已超出了阶段性终结的范围。其中第(1)款和第(2)款诉讼终结的前提条件应当是首先要有中止诉讼情形的出现,然后再根据中止诉讼后的不同情况作出不同的程序处理。这说明,在这两种情况下,终结诉讼是中止诉讼后出现的其中一种程序后果,终结诉讼本身要求先经过中止诉讼这一程序阶段。所以,在向一方当事人宣判而未向另一方当事人宣判时,出现已受宣判的当事人死亡的情形,因案件并不因此事实而告终结,若要因此事实而终结诉讼必须先中止诉讼。本案应当先行裁定中止诉讼,而不应当仍向被告为判决之宣告和判决书的送达,应待中止诉讼后法院查明的原告继承人情况如何,再作处置:原告有继承人且表明参加诉讼的,应及时向被告为同一宣判和送达判决书;原告无继承人或虽有继承人但放弃诉讼权利的,作出终结诉讼的裁定送达被告,不必再向被告作实体判决宣判的送达。

本案还需要明确的一个问题是,原告黄某与被告谢某虽系婆媳关系,但谢某对黄某没有法律上的赡养义务,所以,原告黄某的死亡不能适用《民事诉讼法》第 137 条第(4)项的适用,即二者之间是普通的债务追偿关系,不是具有特定身份关系的追索赡养费的债务关系,所以,黄某的死亡不能立即适用诉讼终结的裁定。尚需查明其是否有继承人以及继承人对诉讼进行的态度后方能确定诉讼程序的状态。

综上,案件处理结果已经确定,不是一审诉讼程序阶段性的终结;向一方当事人完成了一审的全部诉讼程序,不等于对案件完成了诉讼程序;中止诉讼是终结诉讼的先决条件,终结诉讼只是中止诉讼后的一种程序结果。

(五)自测案例

案例111

本案是否属于法定中止诉讼的范围①

某科技公司与某商贸公司签订楼房买卖合同,约定商贸公司将其办公楼连同土地一并卖给科技公司,并约定付清款后1个月办理过户手续。科技公司按约支付价款后,商贸公司却迟迟不为科技公司办理房地产的过户登记手续。在拖延期间内,商贸公司由于其他债务纠纷,被其他法院查封了该房地产。科技公司向法院起诉商贸公司,要求办理涉案房地产的过户手续。在审理该案过程中,法院发现争议的房地产已被其他法院查封的情况。

问:法院能否以此为由作出诉讼中止的裁定?

五、民事判决的效力

判决的效力是指判决本身所具有的作用或效果。按照大陆法系判决效力理论,判决的效力分为三类:判决的原有效力、判决的附随效力和判决的事实效力。所谓判决的"原有效力",是指从判决本质上所具有的效力,是判决所具有的最基本和最直接的效力。判决的原有效力包括判决的既判力、执行力和形成力。所谓判决的"附随效力",是指判决原有效力之外,判决所具有的附带性效力。所谓判决的"事实效力",是指判决中对事实的认定对后诉的影响或作用。②在判决的效力中,最为人们所关注的是既判力问题。一般认为,既判力是指判决实质上的确定力,即确定判决对诉讼标的之判断

① 本案例参见 http://www.110.com/ziliao/article-151316.html,2009-12-12。

② 张卫平著:《民事诉讼:关键词展开》,中国人民大学出版社2005年版,第298—299页。

对法院和当事人产生的约束力。当法院的判决处于不能够利用上诉取消或变更的状态,叫做判决的确定。判决在确定时即产生既判力。

(一) 案情简介

案例112

某诚信社诉丙集团履行执行和解协议案①

某城信社与某甲厂、某乙厂签订借款保证合同一份,约定甲厂向城信社借款200万元,由乙厂提供保证担保。借款到期后,甲厂未能如约还款。城信社索款未果,将甲厂、乙厂诉至法院,要求甲厂、乙厂共同偿还借款本金200万元及利息。案经法院审理后判决:借款人甲厂,保证人乙厂连带偿还城信社借款本金、利息及罚息。判决书送达后,甲厂被丙集团兼并,其全部债权债务均由丙集团承担。执行过程中,城信社与丙集团达成执行和解协议:原甲厂欠城信社借款本息由丙集团分期偿还。之后,丙集团依据执行和解协议的约定向城信社偿还借款本金100万元,余款未还。城信社在执行和解协议约定的最后履行期限届满后,未申请恢复执行。后城信社更名为某商业银行。商业银行与丙集团经协商,就偿还上述剩余贷款本息达成股权转让协议,约定:丙集团共欠商业银行贷款本息210万元(已扣除丙集团依据执行和解协议向城信社偿还的借款本金100万元),丙集团同意以其法人股权偿还;由丙集团负责联系确定法人股出让方,股权受让资金由丙集团支付。后因丙集团未找到股权出让方而未履行该协议。商业银行遂依据股权转让协议诉至法院,要求丙集团偿还欠款本息或以法人股折抵。丙集团辩称:其与商业银行之间协议偿还的债务,仍是原民事判决所确定的原甲厂之债务,该债务已经法院判决,故商业银行不得对该债务再行起诉。

法院经审理认为,城信社更名为商业银行后,与丙集团之间达成的股权转让协议书,系就原执行和解协议未履行部分之债务以及新增利息偿还达成的新的合意,该合意在商业银行与丙集团之间成立了具有法律约束力的、新的民事法律关系。丙集团应按照该协议书的约定,根

① 本案例源自:http://sdfy.chinacount.org/alpx/index.php/,2009-12-13访问。

据双方确认的借款本息金额折抵法人股股票或偿还欠款；商业银行依据这一新的法律事实和新的诉讼请求起诉，并无不当。故判决丙集团于判决生效后10日内偿还商业银行欠款210万元或以法人股股票855000股折抵，并支付违约金24万元。一审判决后，丙集团对判决结果不服，提起上诉，要求撤销一审判决，驳回商业银行的诉讼请求。二审法院维持原判。

试问：根据既判力的相关理论确认本案的前诉与后诉是否属于同一个诉？

（二）思考方向

判决生效后，当事人自行达成执行和解协议，若债务人部分执行和解协议后却不再继续执行，债权人可以向法院申请执行原生效裁判。但若债权人没有在法律规定的时间内申请，则债权人就丧失了法律对原有债务的保护。那么，当事人能否就未履行的执行和解协议向人民法院起诉呢，这要根据所达成的和解协议是否改变了生效判决确定的权利义务。若当事人之间的执行和解协议并没有改变已生效判决确定的权利义务，当事人再次起诉，则后诉与前诉的诉讼标的相同，后诉应该被前诉确定判决的既判力所禁止；若认为当事人已经部分执行的和解协议改变了确定判决的权利义务，则后诉之诉讼标的就是和解协议未履行的部分，与前诉的诉讼标的就不相同，就不应被前诉判决之既判力所禁止。

（三）法律规定

《民事诉讼法》第207条　在执行中，双方当事人自行和解达成协议的，执行员应当将协议内容记入笔录，由双方当事人签名或者盖章。

一方当事人不履行和解协议的，人民法院可以根据对方当事人的申请，恢复对原生效法律文书的执行。

第215条　申请执行的期间为二年。申请执行时效的中止、中断，适用法律有关诉讼时效中止、中断的规定。

前款规定的期间，从法律文书规定履行期间的最后一日起计算；法律文书规定分期履行的，从规定的每次履行期间的最后一日起计算；法律文书未规定履行期间的，从法律文书生效之日起计算。

《民诉法意见》第266条　一方当事人不履行或者不完全履行在执行中

双方自愿达成的和解协议，对方当事人申请执行原生效法律文书的，人民法院应当恢复执行，但和解协议已履行的部分应当扣除。和解协议已经履行完毕的，人民法院不予恢复执行。

第 267 条 申请恢复执行原法律文书，适用《民事诉讼法》第 215 条申请执行期限的规定。

（四）学理分析

判断本案是否违背了“一事不再理”原则，关键是前诉对后诉是否具有既判力。解决这个问题需要清楚既判力的作用范围是什么？根据大陆法系既判力理论，既判力的范围主要从以下三个方面来予以确认：

（1）既判力的客观范围。确定判决主要是围绕当事人的诉讼请求所作的判定，诉讼请求在大多数情况下表现为当事人所争议的实体权利义务关系，也就是诉讼标的。法院的判决对诉讼请求的回答主要是通过判决书中的判决主文来予以回答。因此，既判力的客观范围原则上只及于判决主文并与诉讼标的保持一致。概言之，若前诉与后诉的诉讼标的相同，则为既判力所禁止的重复起诉。

（2）既判力的主观范围。诉讼的进行是以解决当事人之间所争议的实体权利义务纠纷为目的的，所以，当事人要受到确定判决的约束，故既判力的主观范围原则上只及于对立的当事人之间，在特殊情况下会涉及当事人以外的第三人。

（3）既判力的标准时。确定判决只能对一定时间内所产生的实体权利义务关系的确认才有拘束力。大陆法系国家的确定判决均是对事实审口头辩论终结之前的纠纷事实所形成的权利义务关系的一种确认，所以它们往往将事实审言辞辩论终结时作为判决既判力的标准时。判决作出后所产生的新的法律事实，不受原有判决确定效力的拘束。即便是新的法律事实与原有法律事实在性质上完全一样，当事人仍然可以就新的法律事实重新起诉，而不属于重复起诉。

综上，所谓的“同一诉讼”，大体上是指相同的当事人（特殊情况下例外）就相同的纠纷在相同的时期所发生的案件事实所提起的诉讼。那么本案是否属于这一情况呢？根据案情来看，本案的焦点在于商业银行能否依据股权转让协议再起诉，法院依据该协议受理是否构成一案。

根据《民诉法意见》第 267 条之规定，城信社的申请执行期限因执行和解协议的达成而中止，当丙集团不完全履行该执行和解协议时，城信社应自和解协议所定履行期限最后一日起至剩余申请执行期限内申请恢复执行原民事判决。由于城信社未在该法定期间内提出恢复执行的申请,依照民事权利可自由处分原则,可视为城信社对丙集团未履行之债务予以抛弃,嗣后,城信社无权对原民事判决再申请执行;同时,根据“一事不再理”的受案原则,城信社对丙集团未履行之债务亦依法丧失诉权,即城信社不得再依据原借款合同对丙集团再提起诉讼。但是,城信社对丙集团未履行之债务享有的实体权利并未随司法救济程序的关闭而消灭,该实体权利在司法救济程序关闭后依然存在,若丙集团对该债务自愿履行,城信社对丙集团的履行仍可受领。城信社更名为商业银行后与丙集团达成的股权转让协议,是双方对丧失司法救济权利之债务的重新认可、对债务数额的重新届定和丙集团的偿付承诺;在内容上与城信社诉甲厂、乙厂的借款合同纠纷一案审理的法律关系在债的产生、债的数额、债的履行方式上均有质的不同,是商业银行与丙集团之间就自然之债的偿还达成的新合意。是在既判力标准时以后产生的新的法律事实。该协议的成立符合民事主体意思自治原则。因该协议的达成,商业银行与丙集团之间成立了以股抵债的新的法律关系。在丙集团未按约定履行时,商业银行有权依据该协议提起新的诉讼。故商业银行诉丙集团一案所审理的是因股权转让协议引起的股权转让纠纷,而不是已经审理过的城信社与甲厂、乙厂因借款合同引起的借款合同纠纷,并不构成同一个案件,法院依据股权转让协议受理起诉并无不当。

(五)自测案例

案例113

宏光公司诉光电公司归还货款案①

2004年11月,原告宏光电脑公司向甲法院起诉被告光电公司,要求光电公司归还货款3.5万元。但光电公司辩称本公司的网络工程是由伟业电脑公司承接,双方已进行了结算,与宏光电脑公司不具有买卖关系。法院审查发现,原告宏光电脑公司起诉所依据的送货单上确系

① 本案例来自 http://china.findlaw.cn/susong/mshsusong/ssal/4642_2.html,2009-12-1 访问。

被告光电公司人员的签名，光电公司解释说是签收送货单是因伟业电脑公司无人在场，于是应宏光电脑公司的要求签名，只是证明这些货送到了工地上，并且在光电公司此后与伟业电脑公司的工程决算单中也有这些货物。

甲法院另查明宏光电脑公司于2004年6月在本市的乙法院起诉伟业电脑公司，要求伟业电脑公司给付货款20万元，其中包括本案中的这批货款，前案依据的证据材料包括本案的证据材料在内。因在前一个案件的审理中伟业电脑公司认为没有收到这批货物，故宏光电脑公司在前案未作出判决前，且未放弃这部分货款给付请求权的情况下，就这批货款向光电公司另行起诉。

问：宏光公司的两次起诉是否属于同一个诉？

第二十一章　简易程序与小额诉讼程序

一、简易程序

按照《民事诉讼法》的规定，简易程序是指基层人民法院和它的派出法庭审理事实清楚、权利义务关系明确、争议不大的简单的民事案件所适用的一种独立的诉讼程序。在我国民事审判程序体系中，简易程序与普通程序并列，独立存在，在审级上属于第一审程序，是我国民事诉讼程序的一个重要组成部分。

我国简易程序适用于“事实清楚、权利义务关系明确、争议不大的简单民事案件”。所谓事实清楚，是指当事人双方对争议的事实陈述基本一致，并能提供可靠证据，无需人民法院调查收集证据即可判明事实、分清是非；权利义务关系明确，是指谁是责任的承担者，谁是权利的享有者，关系明确；争议不大，是指当事人对案件的是非、责任以及诉讼标的争执无原则分歧。

我国简易程序的特点主要体现在以下几个方面：(1) 起诉与答辩方式简便；(2) 受理案件的程序简化；(3) 审理前的准备方式简化；(4) 审判组织采用独任制；(5) 传唤方式灵活；(6) 开庭审理程序简化；(7) 裁判文书简化；(8) 审理期限较短。

(一) 案情简介

案例114

安福鸿安汽车运输有限公司诉周某分期付款买卖合同纠纷①

2005年4月1日，被告周某在原告安福鸿安汽车运输有限公司(以

① 本案例来自：分期付款购买车辆合同纠纷案(2008)安严民初字第152号民事判决书载 http://www.chinalawedu.com/news/17800/179/2009/1/wy62327831142190021295-0.htm，2009-8-12 访问。

下简称“安福公司”）处以分期付款的方式购买英田低速自卸货车一辆，车牌号为赣D60894，车款为5万元。同年6月10日，双方签订了《分期付款供车合同》。双方约定，安福公司在周某付清全部贷款本息及其他费用后，应及时办理汽车过户手续，将汽车登记车主所有权过户给周某。周某于每月二十日前向安福公司缴付由安福公司代交的车辆使用应交纳的各种规费，并领取和检查的有关票证。不论周某因发生事故或其他原因不能按月领取费用票证，费用都必须由周某负担。2007年10月，周某交清全部车款后，未按合同约定与原告办理汽车所有权过户登记手续。并从2008年1月1日起至同年11月30日，安福公司未缴纳赣D60894机动车的养路费。同年5月10日，江西省安福交通稽查征费所向安福公司送达了交通违法行为通知书，要求安福公司缴纳养路费及罚款。为此，安福公司多次要求周某到安福公司办理赣D60894机动车车主过户手续，并缴纳该车的养路费及罚款，但周某拒不履行义务。安福公司遂诉至江西省安福县人民法院要求周某办理赣D60894机动车车主过户手续，并缴纳该车的养路费及罚款。安福县人民法院于2008年11月受理案件后，依法由审判员吴永春适用简易程序公开开庭进行审理。原告委托代理人到庭参加诉讼，被告周某经传票传唤拒不到庭，也没有进行答辩。法院遂根据原告安福公司的陈述及其提供的分期付款供车合同、交通违法行为通知书等证据对案件作出了判决。要求被告周某在本判决生效之日办理赣D60894机动车车主过户手续并缴纳该车的养路费及罚款（养路费及罚款金额按江西省安福交通稽查征费所实际计算给付）。

问：1. 本案简易庭在被告不到庭也未进行答辩的情况下进行缺席判决的做法是否正确？

2. 若法院在送达起诉状副本时发现周某已经离家多日，无人知道其下落，法院应该如何处理？

3. 若本案由简易程序转为普通程序，则本案的审理期限该如何计算？

（二）思考方向

缺席判决是指人民法院在一方当事人不在庭的情况下开庭审理作出判

决的程序。本案在简易程序中适用缺席判决是否妥当?

我国民事诉讼法的《民诉法意见》第169条、第174条、第171条对不适用简易程序的情况作出了规定。

我国在简易程序的适用过程中,如果发现案情重大复杂,可以转化为普通程序,但转化成普通程序后的审理期限应该如何计算,在实务中存在一定的争议。

(三)法律规定

《民事诉讼法》第113条第2款　被告提出答辩状的,人民法院应当在收到之日起五日内将答辩状副本发送原告。被告不提出答辩状的,不影响人民法院审理。

第135条　人民法院适用普通程序审理的案件,应当在立案之日起六个月内审结。有特殊情况需要延长的,由本院院长批准,可以延长六个月;还需要延长的,报请上级人民法院批准。

第142条　基层人民法院和它派出的法庭审理事实清楚、权利义务关系明确、争议不大的简单的民事案件,适用本章规定。

第143条　对简单的民事案件,原告可以口头起诉。

当事人双方可以同时到基层人民法院或者它派出的法庭,请求解决纠纷。基层人民法院或者它派出的法庭可以当即审理,也可以另定日期审理。

第146条　人民法院适用简易程序审理案件,应当在立案之日起三个月内审结。

《民事证据规定》第32条　被告应当在答辩期届满前提出书面答辩,阐明其对原告诉讼请求及所依据的事实和理由的意见。

《简易程序规定》第1条　基层人民法院根据《中华人民共和国民事诉讼法》第一百四十二条规定审理简单的民事案件,适用本规定,但有下列情形之一的案件除外:

(一)起诉时被告下落不明的;

(二)发回重审的;

(三)共同诉讼中一方或者双方当事人人数众多的;

(四)法律规定应当适用特别程序、审判监督程序、督促程序、公示催告程序和企业法人破产还债程序的;

(五)人民法院认为不宜适用简易程序的进行审理的。

第3条 当事人就适用简易程序提出异议，人民法院认为异议成立的，或者人民法院在审理过程中发现不宜适用简易程序的，应当将案件转入普通程序审理。

第7条 双方当事人到庭后，被告同意口头答辩的，人民法院可以当即开庭审理；被告要求书面答辩的，人民法院应当将提交答辩状的期限和开庭的具体日期告知各方当事人，并向当事人说明逾期举证以及拒不到庭的法律后果，由各方当事人在笔录和开庭传票的送达回证上签名或者捺印。

第8条 人民法院按照原告提供的被告的送达地址或者其他联系方式无法通知被告应诉的，应当按以下情况分别处理：

（一）原告提供了被告准确的送达地址，但人民法院无法向被告直接送达或者留置送达应诉通知书的，应当将案件转入普通程序审理；

……

第13条第2款 转入普通程序审理的民事案件的审理期限自人民法院立案的次日起开始计算。

第26条 审判人员在审理过程中发现案情复杂需要转为普通程序的，应当在审限届满前及时作出决定，并书面通知当事人。

（四）学理分析

《民事诉讼法》第113条第2款规定：被告提出答辩状的，人民法院应当在收到之日起五日内将答辩状副本发送原告。被告不提出答辩状的，不影响人民法院审理。所以大部分学者将被告的答辩视为一种诉讼权利，但由于造成实务中原被告信息获得的不平等，对原告的权利造成了实质性的侵害，所以在2001年的《民事证据规定》第32条将被告的答辩视为一种应当履行的义务，但遗憾的是法律却没有对被告不履行这一义务设定任何责任，是故在实务中《民事证据规定》第32条的可操作性不强。大部分情况下法官依然援用的是《民事诉讼法》第113条第2款的规定，即被告不答辩并不影响人民法院的审理。而缺席判决是指在一方当事人不到庭的情况下开庭审理所作的判决。缺席判决适用的条件是必须经过合法传唤。从本案的情况来看，安福县人民法院对被告周某已经进行了合法的传票传唤，但周某仍然不到庭，故适用了缺席判决应该也是正当的。

根据《简易程序规定》第1条第1款和第8条第1款的规定，起诉时被告下落不明的，不能适用简易程序审理，所以，若法院在送达起诉状副本时发现周某已经离家多日，无人知道其下落，则应该将简易程序转化为普通程序,并对被告进行公告送达。

实务中争议比较大的问题是,简易程序转化为普通程序后,审理期限应该如何计算的问题。我国《民事诉讼法》第135条将第一审普通程序的审限规定为6个月,在第143条将简易程序的审限规定为3个月。《简易程序规定》第13款又规定转入普通程序审理的民事案件的审理期限自人民法院立案的次日起开始计算。但该司法解释并没有明确审限的计算是从案件何时立案时开始计算。若是从原告起诉时计算,则整个案件的审理期限就只能适用普通程序的6个月的规定,即将原来适用简易程序的时间与转入普通程序审理的时间一并总计6个月。如果立案从决定转为普通程序时开始计算,那么整个的审理期限就应该在简易程序已经审理的期限后另行计算,则全部案件的审理期限最多可达到9个月。由于司法解释规定的不明确,所以在实践中造成了很大的困扰。笔者以为,从《简易程序规定》第13条第1款和第2款的规定的本意来看,简易程序转为普通程序后的审理期限应当从原告起诉法院立案时计算,即只能是6个月。但笔者仍然认为最高人民法院应该对这一问题作出明确的解释以便于实务中的准确运作。

案例115

简易程序中适用诉讼保全措施后可否继续适用简易程序审理①

2008年4月14日,某法院受理黄某诉某公司餐饮服务合同纠纷后,为了提升办案速度,法院决定适用简易程序审理本案。为保证将来判决生效后能得到顺利执行。黄某向法院提出了诉讼保全的申请,要求法院对其存款予以冻结。

问:该案能否继续采用简易程序?

二、小额诉讼程序

所谓小额诉讼程序,是指基层法院的小额法庭或专门的小额法院快捷审理法律规定的小额金钱诉讼的专门程序。小额诉讼程序是相对于简易程序而言的,是从简易程序中分化出来,比简易程序更加简化的程序,具有独

① 本案例参见:http://www.110.com/ziliao/article-145189.html,2009-9-10访问。

立的程序价值。其具有以下特点:(1) 小额诉讼程序具有专门的适用范围;小额诉讼程序是审理小额事件纠纷的诉讼程序。小额事件是指情节轻微、诉讼标的金额特别小的事件;(2) 小额诉讼程序以低成本和高效率为价值取向;(3) 小额诉讼程序比简易程序更加简便、灵活。

(一) 案情简介

案例116

一元钱官司①

1998年,家住山西省的消费者A在北京旅游期间在B书店购买了一本图书,回到住所后发现该书缺页,遂乘坐公共汽车返回B书店,要求换书并赔偿因此支出的一元钱路费。B书店同意换书,但拒绝支付一元钱路费,理由是无此法律规定和行业规定,无法下账。A遂到该区消费者协会投诉,区消费者协会通过电话与B协商,但B断然拒绝消费者协会调解。A返回山西省后,为寻求一元钱的赔偿再次返回北京,到B所在地的基层法院提起民事诉讼,要求B赔偿一元钱路费、诉讼费及为此诉讼所支付的往返路费共约九百元。一审法院经合议庭审理判决A胜诉,但B不服上诉。为此,A为二审再次往返北京,支出往返路费及差旅费等八百余元,并追加为二审赔偿要求。二审法院再次组成合议庭审理,判决A胜诉。在这一诉讼标的额为一元钱的诉讼中,共计实际花费包括:A两次往返北京差旅费约2000元,误工费若干,因诉讼失去工作损失若干,家庭不和导致的精神损失(未计入诉讼请求);双方当事人聘请律师费用约2000元;消费者协会调解、两次合议庭6位法官费时数日耗费公共成本若干。A赢得诉讼,虽然无法弥补实际造成的损失,但坚信自己的做法是正确的。B虽然败诉,但仍坚持A的主张及法院判决没有法律依据,且坦然将诉讼费用和赔偿纳入企业支出账目,而并无人为此承担责任。

试根据这一案件分析在我国构建小额诉讼程序的必要性。

---

① 本案例来源于范愉著:《非诉讼纠纷解决机制研究》,中国人民大学出版社2000年版,第600—601页。

（二）思考方向

随着我国改革开放的进一步深入，人们的各种经济需求日益复杂，形成了不同层次的纠纷类型。所以在诉讼制度的构建中，应该根据不同纠纷的特点设置不同的诉讼程序来使纠纷得以繁简分流并得到适当解决。

（三）法律规定

我国台湾地区"民事诉讼法"第436条第8款　关于请求给付金钱或其他替代物或有价证券之诉讼，其标的金额或价额在新台币10万元以下者，适用本章所定之小额程序；其标的金额或价额在新台币50万元之下者，得以当事人之合意适用小额程序……

第436条第10款　依小额程序起诉者，得适用表格化诉状；其格式由司法院定之。

第436条第11款　小额程序，得于夜间或星期日或其他休息日行之。但当事人提出异议者，不在此限。

第436条第18款　判决书得仅记载主文，就当事人有争执事项，于必要时得加理由要领。前项判决得于诉状或言词起诉笔录记载之。前两项判决之记载得表格化，其格式及正本之制作方式，由司法院定之。

《日本民事诉讼法》第368条第1款　对于以诉讼标的额为30万元以下的支付金钱请求为标的的诉讼，在简易法院可以请求依据小额诉讼审理及裁判。

第370条第1款　小额诉讼，除特别的情况之外，应当在最初进行口头辩论的期日内终了审理。

《英国民事诉讼规则》第26章第6条第1款　存在如下情形的，一般适用小额索赔审理制……

（四）学理分析

这是一个当时在全国引起广泛关注的案件，许多媒体都对该案作了报道，中央电视台两个专题节目对此案例分别进行了专家和群众的讨论，多数专家，包括消费者权益保护、法学和社会学方面的专家都对A的行为给予了高度评价，认为是社会发展和公民权利意识提高的表现；但是我们也必须看到为了这1元钱的官司国家司法和当事人所投入的相较而言过高的成本。

一些学者认为对这类小额纠纷应该通过非讼纠纷解决机制来解决，法院应该将精力集中在案件重大复杂的案件上。但非讼纠纷解决的非终局性可能导致当事人对之投入更多的成本。而且小额纠纷所涉标的额虽小，但却是民众在日常生活中经常可能遇到的问题，尤其在消费侵权领域，这种情况更加常见。如果一味的将小额纠纷拒之于法院大门之外，则民众对司法的质疑乃至漠视和疏离的情况将更为严重，所以适当的借鉴国外的小额诉讼程序，构筑适合我国国情的小额诉讼机制方是回应这一问题的良策。

小额诉讼程序作为一种诉讼程序制度出现于20世纪中叶。许多国家和地区为了解决因社会不断发展而引发的诉讼数量及诉讼类型与日俱增和诉讼程序繁琐、诉讼迟延、诉讼成本过高之间的矛盾，纷纷倡导要对原有的过于精致而繁琐的司法程序进行改革，设立一种低成本、高效率的纠纷解决机制。小额诉讼程序随之应运而生。小额诉讼程序是审理小额事件纠纷的诉讼程序。以低成本、高效率为其价值取向其功能就是解决那些被社会或国家认为不甚重要的民事纠纷，是国家提供的一种比简易程序更为廉价、简便、快捷、灵活的司法救济途径在小额诉讼程序的设计中，处处可见到其低成本、高效率的设计模式。如起诉状表格化、大多于夜间、星期日或其他休息日开庭、非专业法官的审理、积极主动的法官、采取调解与判决一体化、鼓励当事人和解、调解前置主义、限制上诉一审终审等。这些程序设计使“原告不致因过高的成本而放弃自己的小额权利。同时被告的负担也得以减轻。纠纷可以通过一次从十几分钟到数小时的审理，一劳永逸地得到解决。”①

从我国现行法所规定的民事诉讼制度设计来看，解决民事纠纷的一审程序只有两种，一种是普通程序，一种是简易程序。尽管简易程序在一些方面比普通程序更为简化，有利于快捷、低成本地解决简单的民事纠纷，但是，现行民事诉讼法的简易程序的设计依然难以满足人们相互之间小额纠纷的诉讼需求。例如本案中的“一元钱纠纷”如果通过小额诉讼程序来迅捷解决，国家的司法资源和当事人的诉讼成本投入都会极大的得以降低，而当事人通过诉讼获得纠纷解决的需求也能得以及时的满足。所以，在我国新《民事诉讼法》修订之际，很有必要在简易程序之外设立独立的小额诉讼程序。

① 范愉：《小额诉讼程序研究》，载《中国社会科学》2001年第3期。

（五）自测案例

案例117

蔡某诉宝鸡市金台区陈仓信用社联盟信用分社[①]

2009年9月4日蔡某到联盟信用分社存款10万元，因票面都是5元、10元零票，由于增加了工作难度引起了信用社工作人员的不满。双方因此发生言语冲突，后经劝解，蔡某存完钱后离去。

9月5日，蔡某故意再次来到该信用分社，要求用一分钱开户，柜员说不合规定，蔡某遂用10元钱开户，并存入100元钱，随后又取出99.99元，紧接着，其在10分钟之内，分7次向账户中存1分钱，最后再次被工作人员劝离。

9月6日，蔡某又来到信用分社，并到柜台前要办50元汇款，因为前两天发生的事，另一工作人员黄某为让蔡某知难而退，故意提出汇50元就要再收50元汇费，结果蔡某真的按照她所说的条件进行了汇兑后离去。但蔡某回去后经过查询发现黄某的做法违反了银行关于汇兑的规定，按照规定5000元以下的汇款按汇款额的1%征收汇费。蔡某汇50元钱应该只收0.5元汇费。蔡某对信用社的做法非常生气。此时，信用社领导也得知了这事，多次通过各种渠道表示愿意退还多收的49.5元汇费并对蔡建洲道歉。但蔡某拒不接受。

9月11日，联盟信用分社接到法院送达的蔡某的起诉书，在起诉书中，蔡建洲除要求退回多收的49.5元汇费外，提出一分钱的象征性索赔。在诉讼过程中，联盟信用分社不但在法庭上当庭退还了多收的49.5元汇费，而且申请法庭进行调解，但蔡某也拒绝调解，只希望判决，并认为只有判决才能对信用社的服务进行实质性的改进。

问：对这一分钱的官司，法院该如何处理。

---

① 本案例参见：央视《今日说法》2009-12-21，12:40播出。

第二十二章　上诉审程序

一、上诉的提起与受理

上诉是当事人不服人民法院的第一审裁判，请求上一级人民法院对案件进行审理的诉讼行为；当事人提起上诉需要具备以下条件：(1) 上诉人合格；(2) 上诉的对象合法；(3) 上诉应当在法定期限内提出；(4) 提出上诉的方式合法；(5) 上诉状的递交程序合法。

(一) 案情简介

案例118

紫竹服务部诉黎明商店房屋租赁合同纠纷上诉案①

2004 年 5 月 9 日，上诉人紫竹服务部(一审被告)与被上诉人黎明商店(一审原告)签订名为联营实为租赁的合同一份。规定：黎明商店将其营业用房、柜台、货架交紫竹服务部使用。紫竹服务部每年给付黎明商店各项费用 12 万元(每月 9000 元，元旦、春节增加 6000 元)，从 2004 年 6 月 1 日开业交付费用，合同期为 2 年。合同签订后，紫竹服务部进驻使用，但交了一个月的房租后就没有再交房租。因紫竹服务部拒付租金，黎明商店诉至甲区人民法院，要求紫竹服务部腾退所租房屋，并承担违约责任。一审法院在审理期间查明：黎明商店出租给紫竹服务吧的营业用房系其上级单位自管公房，不能自行出租或变相高价出租。一审法院认为在：黎明商店以联营为名高价出租房屋，从中牟利，系规避法律之行为，该行为违反了国家房屋管理政策，双方所定合

① 本案例改编自汤维建主编：《民事诉讼法案例分析》，中国人民大学出版社 2002 年版，第 236 页。

同应确定为无效合同。对此,黎明商店应负主要责任。紫竹服务部也负有一定责任。依据当时有关法律,一审法院判决:(1) 双方所定租赁合同无效;(2) 紫竹服务部在判决生效后10内将租用的营业用房腾退给黎明商店;(3) 双方其他诉讼请求予以驳回。紫竹服务部不服原审法院判决,以黎明商店用欺骗手段同其签订联营协议,给其造成了严重经济损失为由,于2005年2月1日通过原审法院提出上诉,并递交了上诉状,原审人民法院于2月10日将上诉状副本发送对方当事人,对方当事人一直没有提交答辩状,原审人民法院于2月28日将上诉状连同全部案卷和证据报送某市中级人民法院。

问:原审法院在当事人的诉求外另行认定合同无效的做法是否正确?原审法院送达上诉状副本和移送上诉材料的期限合法吗?

(二) 思考方向

大陆法系辩论主义原则认为,法院作为裁判基础的事实,即直接决定权利义务关系发生或消灭的事实(案件主要事实)需在当事人辩论中出现。但涉及公共利益的事实可以排除辩论主义的适用。根据我国《民事诉讼法》的规定,当事人提出上诉应该通过原审人民法院进行。原审人民法院应当在法定期限将上诉状递交给上诉法院。

(三) 法律规定

《民事诉讼法》第147条 当事人不服地方人民法院第一审判决的,有权在判决书送达之日起十五日内向上一级人民法院提起上诉。

当事人不服地方人民法院第一审裁定的,有权在裁定书送达之日起十日内向上一级人民法院提起上诉。

第148条 上诉应当递交上诉状。上诉状的内容,应当包括当事人的姓名,法人的名称及其法定代表人的姓名或者其他组织的名称及其主要负责人的姓名;原审人民法院名称、案件的编号和案由;上诉的请求和理由。

第149条 上诉状应当通过原审人民法院提出,并按照对方当事人或者代表人的人数提出副本。

当事人直接向第二审人民法院上诉的,第二审人民法院应当在五日内将上诉状移交原审人民法院。

第150条第1款 原审人民法院收到上诉状,应当在五日内将上诉状副本送达对方当事人,对方当事人在收到之日起十五日内提出答辩状。人民法院应当在收到答辩状之日起五日内将副本送达上诉人。对方当事人不提出答辩状的,不影响人民法院审理。

《民诉法意见》第177条 必要共同诉讼人中的一人或者部分人提出上诉的,按下列情况处理:

(1)该上诉是对与对方当事人之间权利义务分担有意见,不涉及其他共同诉讼人利益的,对方当事人为被上诉人,未上诉的同一方当事人依原审诉讼地位列明;

(2)该上诉仅对共同诉讼人之间权利义务分担有意见,不涉及对方当事人利益的,未上诉的同一方当事人为被上诉人,对方当事人依原审诉讼地位列明;

(3)该上诉对双方当事人之间以及共同诉讼人之间权利义务承担有意见的,未提出上诉的其他当事人均为被上诉人。

《合同法》第52条 有下列情形之一的,合同无效:

(一)一方以欺诈、胁迫的手段订立合同,损害国家利益;

(二)恶意串通,损害国家、集体或者第三人利益;

(三)以合法形式掩盖非法目的;

(四)损害社会公共利益;

(五)违反法律、行政法规的强制性规定。

(四)学理分析

在大陆法系国家民事诉讼理论中,约束性辩论原则是一个极为重要的原则,其内涵包括:(1)直接决定法律效果发生或消灭的要件事实必须在当事人的辩论中出现,没有在当事人的辩论中出现的事实不能作为裁判的依据。(2)当事人一方提出的事实,对方当事人无争议的,法院应当将其作为裁判的依据。(3)法院对案件证据的调查只限于当事人双方在辩论中所提出来的证据。约束性辩论原则的合理性在于:其一,由于要求法院必须以当事人在辩论过程中提出的事实作为裁判的依据,就使作为整个民事诉讼核心的辩论程序真正得以实在化,避免了目前我国民事诉讼中辩论程序空洞化的弊端,能有效控制庭审前的隐形诉讼活动和审判过程中裁判者的"暗箱操作”,有效防止司法领域中的不正之风。其二,是当事人对自己实体权利和诉讼权利的处分能够得到完整和充分的体现。法院在当事人主张之外提出诉讼资料并将其作为裁判的依据,不仅违反了不得“突袭裁判”的程序性公正的基本要求,也是对当事人处分权的干涉。其三,能够真正将法院置于中立的第三者的立场,从而保证其公正的裁判民事案件。[①] 从本案的情况来看,当事人双方争议的焦点是房屋租赁合同纠纷,但法院根据诉讼材料得知该房屋属于出租方黎明商店上一级单位自管公房,黎明商店以联营为名高价出租房屋,从中牟利,系规避法律之行为,该行为违反了国家房屋管理政策,遂判决双方所定合同应确定为无效合同。我国实务中经常出现类似于本案中的情况,即当事人并没有就合同的效力提出争议,而法院却通过诉讼资料得知该合同违反国家法律或相关政策,于是在当事人诉求以外作出合同无效的判决。从约束性辩论原则来看,这类判决属于典型的突袭性裁判。应为不正确。但从我国《合同法》第 52 条的规定来看,我国合同无效的事由都具有损害国家利益、社会公共利益的以及违反法律、行政强制性规定的情况,而约束性辩论原则之例外就有若案件涉及国家利益和社会公共利益,则法官可以实施职权探知主义,即可以在当事人诉求的要件事实以外来认定事实并作出判决,所以从这一角度而言,本案的判决又是正确的。

根据我国《民事诉讼法》第 150 条:“原审人民法院收到上诉状,应当在五日内将上诉状副本送达对方当事人,对方当事人在收到之日起十五日内提出答辩状。人民法院应当在收到答辩状之日起五日内将副本送达上诉人。对方当事人不提出答辩状的,不影响人民法院审理。原审人民法院收到上诉状、答辩状,应当在五日内连同全部案卷和证据,报送第二审人民法院。”本案中,原审法院接到上诉状是 2 月 1 日,向对方当事人送达上诉状副本的最后期限是 2 月 6 日,原审法院 2 月 10 日才送达上诉状副本,在送达时间上是违法的。对方当事人接到上诉状副本是 2 月 10 日,其提出答辩状的最后期限是 2 月 25 日,因为对方当事人没有提出答辩状,原审法院移送上诉材料的时限应从 2 月 26 日起算,由 26 日到 28 日是 2 天时间,没有超过 5 天,所以,原审法院移送上诉材料的时间符合法律规定。

---

① 张卫平:《我国民事诉讼辩论原则重述》,载《法学研究》1996 年第 6 期。

（五）自测案例

案例119

惠英商贸中心与刘某、某康乐中心、冯某、圆梦园中心买卖合同纠纷上诉案①

惠英商贸中心(以下简称"商贸中心")自2003年起向某康乐中心(以下简称"康乐中心")销售木材,用于康乐中心的老年商务会馆项目的建设及经营。2003年12月15日,商贸中心与康乐中心签订了《工矿产品购销合同》,约定价款为1629000元。后商贸中心实际送货金额为3491379.52元。康乐中心于2004年6月5日向商贸中心出具欠条,确认欠款金额为3868638元(其中木材款为3168638元)。于2004年7月17日出具欠条,确认欠款金额为322741.52元。康乐中心未按照合同的约定向商贸中心支付价款,还应当按照合同约定的比例承担合同总金额30%的违约金,计1047413.85元。2005年6月,康乐中心法定代表人冯某与圆梦园法定代表人签订康乐中心土地及建筑物的转让协议,在康乐中心未进行清算的情况下,圆梦园中心在康乐中心原址上得以成立,并占有使用了康乐中心所有的土地及建筑物,但圆梦园中心仍然未向商贸中心给付货款。2007年8月商贸中心将康乐中心、冯某、圆梦园中心和刘某作为连带责任人起诉至北京市海淀区人民法院。要求三被告共同支付所欠货款及违约金。海淀区人民法院经审理认为该买卖合同系商贸中心与康乐中心签订,与圆梦园中心和刘某、冯某没有连带关系,故圆梦园中心、刘某、冯某不是本案适格被告遂作出裁定:驳回商贸中心对圆梦园中心、刘某、冯某的起诉。商贸中心不服,向北京市第一中级人民法院提起了上诉。原审被告刘某认为商贸中心与冯某存在恶意串通,通过冯某主动承担债务的行为损害自己的合法权益,也因此提出上诉,要求驳回商贸中心对冯某的起诉。

问:本案二审程序中该如何列明双方当事人?

① 本案例参见 http://www.chinalawedu.com/news/17800/179/2009/2/wy558116586122900210416-0.htm,2009-7-12 访问。

二、上诉案件的审理

上诉案件的审理范围原则上以上诉请求为限，审理范围既包括事实认定问题，也包括法律适用问题。上诉案件的审理方式以开庭审理为原则，径行判决为补充。上诉案件既可以以判决结案，也可以以调解结案。

（一）案情简介

案例120

刘某与田某离婚纠纷上诉案①

上诉人刘某与被上诉人田某于1981年经人介绍结婚，婚初夫妻感情尚可，生育一女一子，女儿田一26岁已成家，儿子田二21岁在家待业。1986年双方在被上诉人工作单位该县石油公司修建的家属楼集资购房一套，面积62平方米，并购置冰箱、彩电等家具，现仍在房内使用。2001年9月，被上诉人与县石油公司有偿解除了劳动关系，并自谋职业。近年来，双方因家务琐事，时而发生矛盾，特别是2004年以后，双方关系恶化，被上诉人遂于2004年5月搬出家庭外住至今，被上诉人于2004年10月在城固县汉白路县城过境段路边租房经营一润滑油门市部，取名"汉白路润滑油购销部"。被上诉人曾于2004年4月、12月起诉离婚，均判决不准离婚，2006年10月，被上诉人第三次起诉离婚，城固县人民法院审理后判决准予离婚，并对夫妻财产进行分割，上诉人不服城固县人民法院（2008）城民初字第308号民事判决，向陕西省汉中市中级人民法院提起上诉，请求对一审判决的生活补助费重新判决。在审理过程中，经汉中市中级人民法院主持调解，双方当事人自愿达成如下协议：

1. 被上诉人田某与上诉人刘某自愿离婚；

2. 夫妻共同财产位于城固县石油公司家属院住房一套，及室家具、电器等归上诉人刘某所有，被上诉人田某现经营的润滑油门市部及相关债权归其所有，债务由其承担；

---

① 本案例参见：http://www.law-lib.com/cpws/cpws_view.asp? id=200401397299，2009-12-5访问。

3. 由被上诉人田某一次性支付上诉人刘某生活困难补助款9万元,被上诉人已交一审法院的5万元由上诉人到一审法院领取,其余4万元限被上诉人于2009年12月10日前付清。

4. 一审案件受理费300元由被上诉人田某负担。上诉案件受理费300元减半收取150元,由上诉人刘某负担,其余150元予以退还,由上诉人持收据到本院领取。

问:本案上诉人的上诉请求是请求对一审判决的生活补助费重新判决,但二审调解书的内容却超出了当事人的上诉请求,法院这样处理是否符合法律的规定?

(二) 思考方向

《民事诉讼法》第151条规定的二审法院的审理应当限于当事人上诉请求的范围主要是针对二审中以判决结案的情况,若在二审中以调解结案,则可以不受该条文的约束。

(三) 法律规定

《民事诉讼法》第151条 第二审人民法院应当对上诉请求的有关事实和适用法律进行审查。

第155条 第二审人民法院审理上诉案件,可以进行调解。调解达成协议,应当制作调解书,由审判人员、书记员署名,加盖人民法院印章。调解书送达后,原审人民法院的判决即视为撤销。

《民诉法意见》第180条 第二审人民法院依照民事诉讼法第151条的规定,对上诉人上诉请求的有关事实和适用法律进行审查时,如果发现在上诉请求以外原判确有错误的,也应予以纠正。

《最高人民法院关于民事经济审判方式改革问题的若干规定》(以下简称《经济审判规定》)第35条 第二审案件的审理应当围绕当事人的上诉请求的范围进行,当事人没有提出请求的,不予审查。但判决违反法律禁止性规定、侵害社会公共利益或者他人利益的除外。

(四) 学理分析

本案中上诉人的上诉请求是请求对一审判决的生活补助费重新判决,

但在二审的调解书中却不但对生活补助费进行了规定，而且对一审中已经判决的婚姻关系和其他婚姻中的财产问题也一并进行了处理。这份调解书的内容已经大大超出了上诉人上诉请求的范围。根据我国《民事诉讼法》第151条、《民诉法意见》第180条和《经济审判规定》第35条的相关规定，第二审人民法院的审理应当围绕当事人的上诉请求的范围进行，当事人没有提出请求的，除非该判决存在违反法律禁止性规定、侵害社会公共利益或他人利益的情况外，不予审查。从本案案情来看，不存在违反法律禁止性规定、侵害社会公共利益或他人利益的情况，二审法院也没有在当事人上诉请求范围之外进行审查的基础。那么二审法院的做法是错误的吗？

二审法院的做法没有错，因为上述关于二审法院的审理范围不得超出当事人上诉请求的范围的规定针对的是二审以判决结案的情况，而本案的二审是以调解结案的。根据我国《民事诉讼法》第155条的规定："第二审人民法院审理上诉案件，可以进行调解。调解达成协议，应当制作调解书，由审判人员、书记员署名，加盖人民法院印章。调解书送达后，原审人民法院的判决即视为撤销。"本案适用的是调解结案，从上述规定来看，调解书一旦送达生效后，原审判决就视为撤销，则原审判决对婚姻关系和其他事实所作的判定也就一并归于无效，而由于调解书是在当事人自愿的基础上达成的，不存在上诉的问题，所以调解书一经送达立即生效，若不对一审判决判定的事实进行重新认定，则当事人已在一审中服判的纠纷事实仍然没有得到最终解决。有鉴于此，在二审中以调解结案的调解协议中，必须将一审中已经判决的权利义务关系写入调解协议中。

（五）自测案例

案例121

任某诉王某、学校侵害赔偿上诉案①

王某和任某系烟台市某小学一年级学生。2003年2月17日上午课间休息时，王某和任某在校园嬉闹，王某将任某推倒致任某左手腓骨

① 本案例改编自史长青、郑莹主编：《民事诉讼法案例教程》，北京大学出版社2004年版，第286页。

骨折,共化医疗费等各项费用2451元。任某向烟台市某区人民法院提起诉讼,要求王某和学校共同赔偿其损失2451元。法院经审理认为,王某和任某在嬉闹中致任某受伤,双方对后果的造成均有责任。王某的责任应由其监护人王某的父母承担。学校对学生监护不力,对损害后果的发生也有责任。法院判决:(1) 王某赔偿原告的经济损失817元;(2) 学校赔偿原告的经济损失817元;驳回原告其他诉讼请求。一审法院宣判后,王某不服提起上诉,称自己不应承担赔偿责任。学校对该判决也不服,但得知王某的父母已提出上诉,就没有再提交上诉状。二审法院审理后认为原审法院判决上诉人承担责任并无不当。被上诉人学校未提起上诉。对其在二审期间所提出的事实和理由,本院不予审查。二审法院判决,驳回上诉,维持原判。

问:二审法院对学校在二审期间提出的事实和理由不予审查的做法是否符合法律规定?

三、上诉案件的裁判

上诉审人民法院对上诉案件进行审理后,应当分别情况作出判决或裁定。上诉审人民法院适用判决处理上诉案件有两种方式:(1) 驳回上诉,维持原判。(2) 直接改判。上诉审人民法院适用裁定处理案件有以下几种情况:(1) 原判决认定事实错误,或者原判决认定事实不清,证据不足的,二审法院可以裁定撤销原判决,发回原审法院重审。(2) 原判决违反法定程序,可能影响案件正确判决的,二审法院应当裁定撤销原判,发回重审。(3) 上诉审法院发现原审法院受理了不属于人民法院主管的案件,应裁定撤销原判,驳回起诉。(4) 当事人在二审过程中因和解而申请撤诉,经审查符合撤诉条件的,人民法院应裁定准许撤诉。(5) 上诉审法院对不服第一审人民法院裁定的上诉案件,一律使用裁定。①

---

① 关于此的详论参见汤维建主编:《民事诉讼法学》,北京大学出版社2008年版,第367—369页。

（一）案情简介

案例122

二审判决书送达回证尚未签字，离婚是否有效①

某部干部王某和其妻子李某长期不和，已经分居多年，王某向所在部队汇报后将李某起诉到地方法院，要求判决离婚。法院一审判决准许二人离婚，但李某不同意，又上诉到二审法院。二审法院当庭宣判准许二人离婚，王某和李某都在法院的审判笔录上签字予以确认，但由于是当庭判决，判决书没有及时制作好，需要过几天两人才能拿到判决书。几天后，法院的同志到部队来送达准许二人离婚的二审判决书，但王某因承担一项重点武器型号试验任务出差了，无法及时送达。根据有关政策规定，部队政治部的有关同志接收了该判决书，并答应尽快将判决书交给王某。过了几天，一个噩耗传到部队，王某因在武器试验时保护战友不幸牺牲了。李某得知消息后赶到部队，以王某没有在法院送达回证上签字，该判决不发生法律效力，其仍是王某的合法妻子为由，要求继承王某的遗产并领取部队发放的抚恤金。

问：二审判决书是否产生法律效力？

（二）思考方向

二审判决的生效时间的确定，是以宣判时为准，还是以送达到当事人手中作为二审判决的生效时间。此外，部队政治机关的代收能否发生送达效力。

（三）法律规定

《民事诉讼法》第81条　受送达人是军人的，通过其所在部队团以上单位的政治机关转交。

第156条　第二审人民法院判决宣告前，上诉人申请撤回上诉的，是否准许，由第二审人民法院裁定。

---

①　本案例选自《检察日报》2009年3月24日。

最高人民法院《关于执行〈中华人民共和国刑事诉讼法〉若干问题的解释》第108条 代为转交的部门、单位收到诉讼文书后,应当立即交收件人签收,并将送达回证及时退回送达的人民法院。

最高人民法院研究室《关于律师参与第二审和死刑复核诉讼活动的几个问题的电话答复》第2条 第二审人民法院宣判后,判决或者裁定即发生法律效力。

《民诉法意见》第190条 在第二审程序中,当事人申请撤回上诉,人民法院经审查认为一审判决确有错误,或者双方当事人串通损害国家和集体利益、社会公共利益及他人合法权益的,不应准许。

(四)学理分析

对李某是否享有继承权,存在两种不同意见。第一种意见认为,二审判决是终审判决,二审判决在宣判后即生效,所以王某和李某的离婚判决已经生效,李某不能继承王某的财产,也不能领取抚恤金。

第二种意见认为,二审判决书送达后才能产生法律效果,由于王某并未在送达回证上签字,故该判决并未发生法律效力,李某仍享有继承权。

笔者同意第二种意见。正确处理本案需要弄清以下两个问题,一是二审判决的生效时间。二是部队政治机关的代收能否发生送达效力。

首先,关于二审生效时间。目前我国在《民事诉讼法》和有关司法解释中均未对民事二审判决何时生效作出明确规定。在理论上也存在宣判说和送达说两种观点。笔者赞同送达说。因为民事诉讼允许并鼓励当事人在法律规定的范围内自愿处分自己的诉讼权利和民事权利,并且,离婚判决是决定当事人双方身份关系的判决,更应尊重和保障当事人的正当权利如处分权的充分行使,允许离婚诉讼当事人一方反悔或者以其他形式处分自己的权利。所以,承载该二审判决结果的判决书,其生效应以送达的时间为准,也即是王某签收的时间为准。本案中王某没有签收就已经牺牲,尽管二审已经宣判王、李离婚,也不能发生离婚的法律后果,李某从法律上讲仍是王某的合法妻子。

其次,部队政治机关接收判决书能否视为送达。有人认为,民事诉讼法第81条规定,受送达人是军人的,通过其所在部队团以上单位的政治机关转交,本案中王某是军人,部队政治机关接收了二审判决书后,虽然没有交给王某,但部队已经代为领取,应视为发生了送达的效力。这种看法是错误的。部队政治机关虽然可以代为转交,但并不能决定和处理民事诉讼当事人的诉讼权利和实体权利,也不能产生送达的效力。根据最高人民法院《关于执行〈中华人民共和国刑事诉讼法〉若干问题的解释》第 108 条规定,代为转交的部门、单位收到诉讼文书后,应当立即交收件人签收,并将送达回证及时退回送达的人民法院。通过这一规定也可以看出,部队代收并不能产生送达的效力,判决书还必须由当事人在送达回证上签字才可以生效。

本案中,虽然一二审中坚持离婚的均是王某,但由于王某未能在送达回证上签字予以确认,因而决定他与李某身份关系的法律判决并没有产生效力,李某当然可以继承王某的遗产并领取部队发放的抚恤金。

(五) 自测案例

案例 123

美国 EOS 工程公司诉山西新绛发电有限责任公司、新绛县人民政府、中国银行山西分行返还工程款案①

美国 EOS 工程公司(以下简称工程公司)诉山西新绛发电有限责任公司、新绛县人民政府、中国银行山西分行返还工程款一案,于 1999 年向山西省高级人民法院提起诉讼,之后又申请变更为不当得利,山西省高级人民法院经开庭审理,于 2001 年 8 月 8 日作出民事判决,驳回工程公司的诉讼请求。并于 2001 年 8 月 9 日将判决书送达给双方当事人,工程公司不服,与 2001 年 8 月 11 日依法向最高人民法院提起上诉,在最高人民法院受理后,该公司又于 2001 年 8 月 15 日申请撤回上诉,经最高人民法院审查裁定准许其撤回上诉的申请。

问:若工程公司在撤回上诉后又于 2001 年 8 月 20 日再行上诉,最高人民法院能否受理?二审法院作出的准予撤回上诉的裁定会发生什么法律后果?

① 本案例改编自孙邦清、陈巍主编:《新民事诉讼法案例释解》,法律出版社 2008 年版,第 255—256 页。

第二十三章　再审程序

一、当事人申请再审

当事人申请再审，是指当事人认为已经发生法律效力的判决、裁定、调解书确有错误，向原审人民法院或上一级人民法院申请对案件进行再次审理的诉讼行为。

当事人申请再审必须符合法律规定的条件：(1) 申请再审的主体是当事人；(2) 申请再审的对象是已经发生法律效力的判决、裁定、调解书；(3) 当事人申请再审的期限必须符合法律的规定，根据我国《民事诉讼法》第 184 条的规定，当事人申请再审，应当在判决、裁定发生法律效力后 2 年内提出。(4) 当事人申请再审必须符合法定事由。①

（一）案情简介

案例124

深圳航空城（东部）实业有限公司诉广东省化州市第二建筑工程公司宝安分公司建筑工程纠纷申请再审案②

2001 年 3 月 9 日深圳航空城（东部）实业有限公司（以下简称"航空城"）与广东省化州市第二建筑公司宝安分公司（以下简称"化州二建宝安公司"）合作投资兴建汕头伟业公司施工的 13 区二、三期 7 万多平

① 详述参见汤维建主编：《民事诉讼法学》，北京大学出版社 2008 年版，第 372—383 页。

② 本案例改编自：《合作建房引出离奇官司：最高检抗诉 最高法重审》载 http://www.zaishenwang.com/bencandy.php? fid = 22&id = 472 2009-12-10 访问。

方米的多层住宅项目。双方于 2001 年 5 月 31 日签订《合作投资开发 13 区二期、三期住宅工程合同书》，约定双方共同投资，航空城公司提供土地，并负责项目开发前期的勘探、规划、设计费、安装费用及负责营销税费；化州二建出资承建项目的建筑总包工程，即基础工程、土建、给排水、电气室外工程、环境绿化、样板房工程、消防工程、煤气工程等。合同约定工程为五包：包死造价（合同价暂定为 7915 万元）；决算价格不调整（设计变更除外）；化州二建宝安公司将楼房盖好后，航空城用住宅面积来抵偿化州二建宝安公司的工程款。按综合成本单价 2200/平方米折算，7 万多平方米的住宅项目，化州二建宝安公司能够得到约 34902 平方米的住宅面积。随后双方补签了 5:5 分成分房明细，约定好哪些套房归谁。因航空城公司属于破产重整，桃源居项目所有账目都由银行监管，双方签署合作协议之后上报了监管银行——中国工商银行深圳分行。

2001 年 6 月 14 日，工行深圳市分行作出《关于〈合作投资开发"桃源居"13 区二期、三期住宅工程合同书〉的复函》，原则同意双方合作，但要求抵偿给化州二建宝安公司的楼房面积应控制在 50% 以内。

2002 年，13 区二期住宅主体封顶，开始预售，两期共 7 万平方米的住宅很快被抢购一空，先后共销售 2.26 亿元。这些钱按着规定都上交给了监管银行，工行收回 1.1 亿元贷款。但此时已经投入 1400 万的化州二建宝安公司的现金吃紧，没钱继续施工，提出先从售楼款提取一部分作工程款。为使合作项目能够按预期完成，航空城同意了化州二建宝安公司的要求，陆续将售楼款共计 1.12 亿交给了化州二建宝安公司。2003 年底该项目完全竣工。之后，化州二建宝安公司以承揽龙岗旧城改造项目为名陆续向航空城借款 1700 万，此时，航空城已总计支付给化州二建宝安公司 1.29 亿。后化州二建在要求按照合作建房合同分割售房利润时，航空城认为化州二建已经预先将该利润提取使用，所以不同意化州二建继续分割利润。2006 年 8 月 8 日，化州二建宝安公司法定代表人陈华伟向深圳市中级人民法院（以下简称"深圳中院"）提起诉讼，请求法院根据合作建房合同判令航空城公司在已经支付 1.2 亿基础上，再支付化州二建宝安公司合作建房住宅销售款人民币 65918153.39 元；滞纳金 7558175.47 元。航空城在诉讼期间提出反诉：请求法院判令化州二建返还多收取的借款及合作收益款人民币 16757034 元；支付航空城公司已为其垫付的水电费及其他款项人民币共计418万余元。深圳中院以"合作合同纠纷"受理了此案，双方当事人也都是以合作合同纠纷进行了主张、反驳、举证。但深圳中院在判决时却将案由认定为"工程施工合同纠纷"，而这个变更并未在审理期间向当事人发出变更诉讼通知、重新举证的书面通知。同时，在对本案一份关键性证据即工商银行深圳分行（以下简称工行）的《复函》的法律约束力问题，深圳中院认为，工行并非合同当事人，其所提出的"抵偿住宅面积应控制在50%以内"的要求，对化州二建以及航空诚均不具有约束力，所以不能成为证明该合作建房合同的证据。在计算工程投资款和售房利润时，法院先按照双方是工程施工合同纠纷全部支持了化州二建单方面提交的工程决算价122306543.7元，然后又拿这个工程款去置换航空城的住宅面积；在置换住宅面积的时候，法院又用合作建房合同规定的"按2200元/平方米抵偿住宅面积"做依据。用高额的工程造价除以低廉的置换单价，法院给化州二建换算来了53044.84平方米的住宅面积，再用这个住宅面积乘以当时房屋销售均价，法院给化州二建计算出来项目应收款项186455844.15元，且不让陈承担任何房屋营销税费。对于航空城已支付费用的认定，法院依据化州二建开具的67张发票确定，航空城已支付给化州二建的款项金额为人民币118548661元；对航空城提交的其他付款凭证（借条和以其他项目名义开具的抵账发票），法院不再作详细审查。2007年4月9日，深圳市中级人民法院作出一审判决：航空城应支付给化州二建人民币67907183.15元及利息；化州二建支付给航空城人民币4412704.83元；

航空城不服，以一审法院认定事实错误，诉讼程序适用法律不当为由向广东省高级人民法院上诉，2007年12月21日，广东省高级人民法院判决维持一审判决。

2008年4月，航空城向最高人民法院以同样的理由提出了申请再审。

问：本案中当事人提出的认定事实错误、诉讼程序适用法律不当的申请再审的理由是否存在？

（二）思考方向

再审程序区别于一审和二审程序的一个非常重要的方面就是，再审的事由必须是法定的。具有法定的再审事由是启动再审程序的前提，否则，当事人的申请将被驳回。本案需要考虑的是深圳市中院的审理程序中是否存在不当，在事实认定中对关键性证据不予采信的作法对当事人的实体权利是否产生了实质性的影响，其对案件涉及的费用的计算是否得当。

（三）法律规定

《民事诉讼法》第178条　当事人对已经发生法律效力的判决、裁定，认为有错误的，可以向上一级人民法院申请再审，但不停止判决、裁定的执行。

……

第179条第1款　当事人的申请符合下列情形之一的，人民法院应当再审：

（一）有新的证据，足以推翻原判决、裁定的；

（二）原判决、裁定认定的基本事实缺乏证据证明的；

（三）原判决、裁定认定事实的主要证据是伪造的；

（四）原判决、裁定认定事实的主要证据未经质证的；

（五）对审理案件需要的证据，当事人因客观原因不能自行收集，书面申请人民法院调查收集，人民法院未调查收集的；

（六）原判决、裁定适用法律确有错误的；

（七）违反法律规定，管辖错误的；

（八）审判组织的组成不合法或者依法应当回避的审判人员没有回避的；

（九）无诉讼行为能力人未经法定代理人代为诉讼或者应当参加诉讼的当事人，因不能归责于本人或者其诉讼代理人的事由，未参加诉讼的；

（十）违反法律规定，剥夺当事人辩论权利的；

（十一）未经传票传唤，缺席判决的；

（十二）原判决、裁定遗漏或者超出诉讼请求的；

（十三）据以作出原判决、裁定的法律文书被撤销或者变更的。

对违反法定程序可能影响案件正确判决、裁定的情形，或者审判人员在审理该案件时有贪污受贿，徇私舞弊，枉法裁判行为的，人民法院应当再审。

（四）学理分析

再审程序，是指人民法院对裁判已经发生法律效力的案件再次进行审理所适用的程序。再审程序的基本功能是补救。补救有两层含义，一是增补。增补隐含的意思是对以前所发生的程序效果的承认，不是推翻、否认原来已有的基础，而是在尽可能维护原有程序效果的情况下做一些增加，对原有程序效果存在的不足或漏洞进行弥补。二是挽救。挽救隐含的意思是认为以前所发生的某个具体程序存在严重瑕疵，以至于影响到原有程序的正当性，有必要采取措施修正和去除瑕疵，恢复程序的正当性。在大多数国家的民事诉讼法上，再审程序都被设计为一种例外性的补救制度，其适用范围受到严格限制。① 立法者在设计再审制度时，一方面要追求纠纷解决的终局性，严格控制再审程序的发动；另一方面又要保障当事人的合法权益和裁判公正的实现，于必要情况下允许启动再审程序。而再审事由的确定正是这两方面进行博弈的综合考量。所以各国在对再审事由的确定上都非常慎重，“只有那些表明作为裁判基础的诉讼资料存在重大瑕疵或者诉讼程序具有重大缺陷的情形，才会被确定为再审事由”。②

我国1991年的《民事诉讼法》第179条对当事人申请再审事由的确定十分粗疏和简陋，只有5项，包括：(1) 有新的证据，足以推翻原判决、裁定的；(2) 原判决、裁定认定事实的主要证据不足的；(3) 原判决、裁定适用法律确有错误的；(4) 人民法院违反法定程序，可能影响案件正确判决、裁定的；(5) 审判人员在审理该案件时有贪污受贿、徇私舞弊、枉法裁判行为的。这些规定非常原则，导致在实务中不好操作，受到了理论界与实务界的批评。有鉴于此，2007年10月28日第十届全国人民代表大会常务委员会第十三次会议通过了《关于修改〈中华人民共和国民事诉讼法〉的决定》，对再审事由进行了必要的修改。修改后的再审事由由以前的5个条文细化为13个条文和一项特别规定。13项再审事由是：(1) 有新的证据，足以推翻原判决、裁定的；(2) 原判决、裁定认定的基本事实缺乏证据证明的；(3) 原判决、裁定认定事实的主要证据是伪造的；(4) 原判决、裁定认定事实的主要证据未经质证的；(5) 对审理案件需要的证据，当事人因客观原因不能自行收集，书面申请人民法院调查收集，人民法院未调查收集的；(6) 原判决、裁定适用

---

① 汤维建主编：《民事诉讼法学》，北京大学出版社2008年版，第373页。

② 李浩：《再审的补充性原则与民事再审事由》，载《法学家》2007年第6期。

法律确有错误的;(7)违反法律规定,管辖错误的;(8)审判组织的组成不合法或者依法应当回避的审判人员没有回避的;(9)无诉讼行为能力人未经法定代理人代为诉讼或者应当参加诉讼的当事人,因不能归责于本人或者其诉讼代理人的事由,未参加诉讼的;(10)违反法律规定,剥夺当事人辩论权利的;(11)未经传票传唤,缺席判决的;(12)原判决、裁定遗漏或者超出诉讼请求的;(13)据以作出原判决、裁定的法律文书被撤销或者变更的。一款特别规定是:对违反法定程序可能影响案件正确判决、裁定的情形,或者审判人员在审理该案件时有贪污受贿、徇私舞弊、枉法裁判行为的,人民法院应当再审。虽然这次修改的某些条文在操作性上仍然存在一定的缺失,但不可否认,相较于以前的规定,是一大进步。同时,对检察院提起抗诉的法定事由与当事人申请再审的法定事由进行了统一。

就本案所陈述的案情来看,深圳市中级人民法院在处理这一纠纷时是存在一定的问题的。首先在事实认定方面,由于航空城属于破产重整公司,所以该合作项目的所有账目都必须由工行监管,也就是说该项目的合法有效成立,工行的同意是必备要件。而法院却认为工行不属于签订合同的当事人,所以工行深圳分行的《复函》不具有法律约束力,故对《复函》这一认定合同性质的关键性证据不予以认可。但是,在判决中又认定合作合同有效,这存在自相矛盾。其次,根据法院对工程款和售房利润的计算所得的终审判决结果,化州二建宝安公司可获取的工程款合计为人民币184810727.97元,占项目总销售收入2.26亿元的81%,该结果对航空城公司明显不公。再次,深圳中级人民法院在审理中将案由从“合作合同纠纷”变更为“工程施工合同纠纷”却没有发出可变更诉讼请求并重新举证的书面通知,此举违背《最高人民法院关于民事诉讼证据的若干规定》第35条关于“一审法院在案件的审理过程中认为当事人主张的法律关系与法院认定的案件法律关系性质不一致时,法院应依法告知当事人可以变更诉讼并重新举证”的规定。就本案而言,基于合作合同纠纷和建筑工程施工合同纠纷举证范围及侧重点是不同的,正因为如此,航空城才将举证重点放在合作合同法律关系方面,在一审举证期限内未要求对工程结算造价进行司法鉴定。一审法院程序性违法已对航空城公司的权利造成实质性损害。对此,广东省高级人民法院在二审时也没有依法纠正。

综上,本案的事实认定和程序方面的瑕疵已经对一方当事人的权利造成实质性损害,符合《民事诉讼法》第179条规定的当事人申请再审的法定事由。

（五）自测案例

案例125

遗漏诉讼请求，能否作为郑某提起再审的理由？①

郑某于2008年2月向庄某借得人民币1.5万元。郑某向庄某出具了借条，借条上没书面载明利率和还款时间，只是庄某口头提出，此款只借给郑某6个月。6个月满后，郑某没有向庄某归还借款，庄某便向郑某催收，郑以无力偿还为由，拒绝还款。于是，庄某在一年后提起诉讼，要求郑某如数归还借款，并承担按人民银行同类贷款规定的利率给付利息。某基层法院在判决书的主文中，只有由郑某向庄某偿还借款15000元和由郑某承担本案诉讼费的判项，对庄某提出要求郑某给付利息的诉讼请求未作判决。判决生效后，郑某履行了法院判决确定的全部义务。此后，庄某以法院判决遗漏诉讼请求为由，向原审法院的上级法院申请再审。

问：原审法院遗漏诉讼请求，能否作为郑某提起再审的理由，并应当如何处理？

二、再审案件的审理程序及裁判

再审程序是一种补救性程序，我国《民事诉讼法》没有为它单独规定一套审判程序。具体案件的审理，应视不同情况分别适用第一审程序或第二审程序。人民法院按再审对案件进行再审，应根据不同情况作出处理决定。②

① 本案例来自：http://data.110.com/a154144.html，2009-11-11访问。

② 详细介绍参见汤维建主编：《民事诉讼法学》，北京大学出版社2008年版，第382—383页。

（一）案情简介

案例126

长江铝型材料厂诉王某中奖纠纷再审案①

长江铝型材料厂于1993年6月从中国银行甲市支行中湖储蓄所购买100张面额100元的定额有奖储蓄存单，背面表明中奖率为100%，7月10日，该支行公开摇奖并在当地日报上公布了中奖号码，规定了兑奖期限，并声明逾期不兑奖将视为弃奖。在此期间，长江铝型材料厂始终未去兑奖。10月15日，在兑奖的最后一日，该厂将存单发给本厂职工，代替欠发的工资。职工王某领到奖券后，经核对有一张中一等奖，奖金一万元人民币。王某即持该奖券到银行领取了奖金。长江铝型材料厂知道后，认为此奖金应归厂方所有，要求王某将一万元交回厂里，然后厂里按幸运奖赠予王某1888元。王某拒绝了厂里的意见，长江铝型材料厂遂向甲市城区人民法院提起诉讼，请求判令王某返还奖金1万元。甲市城区人民法院经审理于1994年5月20日作出判决：王某于判决生效后15日内返还长江铝型材料厂不当得利1万元。

一审判决后，王某以原审法院适用法律不当，判决有错为由向甲市中级人民法院提起上诉。甲市中级人民法院经二审后认为，一审判决认定事实清楚，适用法律正确，判处恰当，上诉人王某的上诉理由不成立，于1994年8月8日作出判决，驳回上诉，维持原判。

王某不服甲市中级人民法院二审判决，以其取得的奖金是合法收益，不属于不当得利为由，向乙省高级人民法院申请再审。乙省高级人民法院认为，原审判决确有错误，裁定予以提审。乙省高级人民法院经审理后认为，王某取得1万元奖金的行为不属于不当得利，长江铝型材料厂未能合法取得1万元奖金的行为不属于重大误解，1万元奖金应归王某所有。原一、二审判决适用法律有错误，判处失当，应予以改判。据此，乙省高级人民法院判决：撤销原二审判决；驳回长江铝型材料厂要求王某返还1万元奖金的诉讼请求。

---

① 本案例来自谭兵主编：《民事诉讼法学（教学参考书）》，第253页。

问:1. 本案中王某向乙省高级人民法院申请再审是否符合法律的规定?2. 本案乙省高级人民法院裁定予以提审是否正确?3. 本案再审后的处理有无不当?

(二) 思考方向

本案需要厘清的是再审案件的程序适用问题,所以要对《民事诉讼法》第177、178条和《民诉法意见》第205条进行详细分析,梳理再审程序的运行轨迹。

(三) 法律规定

《民事诉讼法》第177条第2款 最高人民法院对地方各级人民法院已经发生法律效力的判决、裁定,上级人民法院对下级人民法院已经发生法律效力的判决、裁定,发现确有错误的,有权提审或者指令下级人民法院再审。

第178条 当事人对已经发生法律效力的判决、裁定,认为有错误的,可以上一级人民法院申请再审,但不停止判决、裁定的执行。

《民事诉讼法》(1991)第178条 当事人对已经发生法律效力的判决、裁定,认为有错误的,可以向原审人民法院或上一级人民法院申请再审,但不停止判决、裁定的执行。

《民诉法意见》第205条 向上一级人民法院申请再审的,上级人民法院经审查认为符合民事诉讼法第一百七十九规定条件的,可以指令下级人民法院再审,也可以提审。

(四) 学理分析

我国《民事诉讼法》第178条的规定:"当事人对已经发生法律效力的判决、裁定,认为有错误的,可以向原审人民法院或上一级人民法院申请再审,但不停止判决、裁定的执行"2007年《民事诉讼法》修正案将这一个条文进行了修正,删去了"向原审人民法院申请再审"的规定,只保留了"向上一级人民法院申请再审"的条文,由此,无论是根据《民事诉讼法》(1991)第178条的规定,还是根据《民事诉讼法》(2007)修正案第178条的规定,本案中当事人王某向上一级人民法院,也就是乙省高级人民法院申请再审都是符合法律规定的。

乙省高级人民法院裁定予以提审也是正确的。根据《民事诉讼法》第

177条第2款的规定，最高人民法院对地方各级人民法院已经发生法律效力的判决、裁定，上级人民法院对下级人民法院已经发生法律效力的判决、裁定，发现确有错误的，有权提审或者指令下级人民法院再审。以及《民诉法意见》第205条的规定："向上一级人民法院申请再审的，上级人民法院经审查认为符合民事诉讼法第179规定条件的，可以指令下级人民法院再审，也可以提审。"本案中乙省高级人民法院对王某的再审申请进行审查后认为，原终审判决有错误，裁定予以提审，完全符合上述法律的规定。

根据民事诉讼法的相关规定，人民法院提审或者按照第二审程序再审的案件，经过再审以后可以区别不同情形予以处理；如果认为原判决、裁定确实存在错误，可予以改变或撤销；如果认为不符合民事诉讼法规定的起诉条件的，可以裁定撤销一、二审判决，驳回起诉；如果认为原一、二审违反法定程序，可能影响案件正确判决、裁定的，裁定撤销一、二审判决，发回原审人民法院重审。本案中，乙省高级人民法院对案件再审后认为，王某取得1万元奖金的行为不属于不当得利，长江铝型材料厂未能合法取得1万元奖金的行为不属于重大误解，1万元奖金应归王某所有，因而认定原一、二审认定事实有错，适用法律不当，故撤销原判决，直接予以改判，驳回一审原告长江铝型材料厂的诉讼请求。所以，乙省高级人民法院对案件进行再审后所作的处理是正确的，符合民事诉讼法和有关实体法的规定。

（五）自测案例

案例127

沈某诉邹某合伙经营纠纷申请再审案①

某县人民法院于2008年8月10日受理原告沈某与被告邹某合伙经营纠纷一案，合议庭经过两次开庭审理后，擅自伪造了一份原告沈某申请撤诉报告，并依据该撤诉申请作出了第87号民事裁定，准许原告沈某撤回起诉。沈某于2008年8月20日收到准许撤诉裁定书后，立即向某县法院申请再审。该院于2008年12月8日以第30号民事裁定决

① 本案例改编自：《从个案看再审审理的范围》，载http://data.110.com/a154144.html，2009-12-1访问。

定对本案另行组成合议庭进行再审。再审合议庭公开开庭审理了本案以后认为，原审既没有征得当事人同意又没有在当事人写出撤诉申请报告的情况下，自作主张准许原告撤诉，违反了《民诉法》的有关规定，属程序违法，故依据《民诉法》第一百七十七条第一款，参照合同法第一百五十三条第一款(四)项之规定，裁定撤销本院第87号民事裁定，恢复审理原告沈某与被告邹某合伙经营纠纷一案，由原审合议庭继续审理。原审合议庭则认为，本案应由再审合议庭对实体问题一并作出判决。

问：法院在处理这起案件中有无失当？

第二十四章　诉讼调解程序

一、诉讼调解的程序

诉讼调解，又称法院调解，是指在法院审判人员的主持下，双方当事人就争议事项进行协商，自愿达成协议，结束诉讼程序的活动。作为我国人民法院审理民事纠纷的重要方式，诉讼调解具有以下特征：(1) 诉讼调解适用的案件范围非常广泛。(2) 诉讼调解能适用于多种程序。(3) 诉讼调解是法院行使审判权的方式之一。(4) 诉讼调解强调当事人的自愿。(5) 诉讼调解是在法院审判人员的主持下进行的。

根据我国民事诉讼法的规定，法院可以在诉讼程序中的任何阶段进行调解。《调解规定》第 1 条规定："人民法院对受理的第一审、第二审和再审民事案件，可以在答辩期满后裁判作出前进行调解。在征得当事人各方同意后，人民法院可以在答辩期满前进行调解。"根据这一规定，诉讼调解可以依据不同时间分为庭前调解、庭审调解和庭后调解。

（一）案情简介

案例128

宣判后判决文书尚未送达前当事人自愿调解如何处理①

肖某某系吉水某中学高三学生，2007 年 4 月 20 日晚 9 时，学校晚自习时间，肖某某擅自提前离开教室，正值下雨，肖某某脚穿拖鞋从五楼行至一楼外面的台阶时，不慎摔倒在地，被同学扶回寝室后，出现恶心、呕吐、肚子不舒服等症状，送医院救治，诊断为脾破裂，并行脾脏切除术，住院治疗若干天。经司法医学鉴定，肖某某损伤程度为重伤甲级，

① 本案例参见：http://data.110.com/a154398.html 2009-12-8 访问。

伤残七级。为此，肖某起诉某中学，要求该学校赔偿其医疗费等经济损失6万余元。

法院受理此案后，承办法官及庭长对当事人多次进行调解，但因双方意见分歧较大，以至未能调解成功。6月20日，法院一审对这起校园纷争案进行了当庭宣判，认为原告肖某某在校内摔伤，主要是因其本人不注意自身安全保护，与学校的管理行为不存在法律和事实上的因果关系，学校对肖某某的伤害后果没有过错，不应承担赔偿责任，且肖某某又未提供相应的证据证明，故判决驳回了原告的诉求。

原告不服，当庭要求上诉，双方矛盾继续激化。见此情况，法官当即对双方进行了判后说理工作，被告更深地了解到了原告的疾苦，对肖某某的损伤后果非常同情，向法院表示愿意与原告再协商，原告也表示同意，但请求由法院主持调解工作。法院见双方当事人都申请自愿调解，遂中止了判决书的送达时间，以便对当事人进行进一步的调解。6月27日，法官通过一番情理结合的思想工作，原、被告双方达成一致协议，由吉水某中学补偿肖某某损失1.5万元，并当场予以了履行，肖某对此结果表示满意，最终双方握手言和。

问：法院在能否在宣判后判决文书送达前进行调解？

（二）思考方向

本案的特殊之处在于第一审宣判以后，但判决书尚未送达前当事人提出调解申请，且在法院的主持下就该纠纷达成了调解协议。则这份调解协议的性质是什么？其效力如何？它对法院的一审判决有何影响？这几个程序问题需要进一步思考。

（三）法律规定

《调解规定》第1条 人民法院对受理的第一审、第二审和再审民事案件，可以在答辩期满后裁判作出前进行调解。在征得当事人各方同意后，人民法院可以在答辩期满前进行调解。

第4条 当事人在诉讼过程中自行达成和解协议的，人民法院可以根据当事人的申请依法确认和解协议制作调解书。双方当事人申请庭外和解的期间，不计入审限。

当事人在和解过程中申请人民法院对和解活动进行协调的，人民法院可以委派审判辅助人员或者邀请、委托有关单位和个人从事协调活动。

第6条　在答辩期满前人民法院对案件进行调解，适用普通程序的案件在当事人同意调解之日起15天内，适用简易程序的案件在当事人同意调解之日起7天内未达成调解协议的，经各方当事人同意，可以继续调解。延长的调解期间不计入审限。

（四）学理分析

本案在处理过程中，法院内部对法院能否调解、调解后即时履行时应否制作调解书以及调解是否具有法律效力等问题产生分歧，综合起来，主要有以下三种意见：

第一种意见：法院一审已经作出判决，这就意味着诉讼活动在一审法院的结束，如果再行调解，也就意味着法院对此前的诉讼结果的自我否定，如此显然是有损法院判决的严肃性，因而不适宜进行调解。况且判决之后，案件在一审已然审结，一审法院无权再行调解，而且不调解还可避免出现调解协议效力发生争执的问题。如果当事人调解意愿较强，可以建议当事人申请人民调解机构进行调解。

第二种意见：本案的调解性质其实就是属于一起典型的案外调解，在当事人自愿的基础上，法院当然可以主持双方当事人进行调解，由于双方当事人达成的调解协议是在案件审理结束后形成的，故双方当事人达成的协议应当属于和解协议性质，因此，此时不应当制作调解书，但法院可以指导当事人依法自愿地签订协议。此和解协议虽不具有强制性的法律效力，但如果发生争议，法院查明协议没有违法或违背当事人意愿等情形的，应当予以确认其法律效力。

笔者以为，根据调解时间的不同，我国法院调解可以分为庭前调解、庭审调解和庭后调解。所谓庭前调解，是指调解发生在诉讼的初始阶段，在被告应诉答辩后，开庭审理前进行。所谓庭审调解是指法院在开庭审理过程中进行的调解。所谓庭后调解是指法院在开庭审理结束后，裁判文书送达前进行的调解。开庭结束后，合议庭评议对裁判内容作出决定，以及法官制作裁判文书期间，当事人还可以申请法院调解。甚至在法院送达裁判文书时，当事人签收之前还希望调解的，法院也可以进行调解。如果达成调解协议,法院的裁判文书即不必送达,也不再生效,法院应另行制作调解书。① 从本案的情况来看,法院一审判决宣告后,判决书尚未送达前,法院再次在当事人的申请下对该案进行了调解,这符合庭后调解的适用条件。虽然庭后调解实质是学者对《调解规定》第1条的扩大解释,将“答辩期满后裁判作出前”扩张至“送达前”,但笔者以为这一扩张解释从节约当事人诉讼成本,避免司法资源的浪费而言有其必要性和合理性。所以,本案依然属于诉讼调解的范畴,虽然当事人双方就协议内容达成了一致并已即时履行,但为了避免双方日后对调解协议的效力引发不必要的争执,理应由法院制作调解书将调解成果固定下来。原来法院宣判但尚未送达的一审判决应视为撤销。

(五)自测案例

案例129

陈某诉魏某及天津《今晚报》报社名誉侵权案②

原告陈某系天津解放前已故曲艺演员吉某(艺名荷花女)之母,吉某自幼随父学艺,15岁起在天津登台演出,有一定名气,1944年19岁病故。被告魏某于1985年着手创作以吉某为原型,表现旧社会艺人苦难生活的小说《荷花女》,完成后投稿于天津《今晚报》。该报对该小说进行了连载发表。连载期间,原告陈某及其亲属即以小说内容及插图有损吉某名誉为由,先后两次去《今晚报》报社要求停载。《今晚报》报社以要对读者负责为由予以拒绝。为此,陈某起诉至天津市中级人民法院,要求《今晚报》报社和魏某赔礼道歉、赔偿其因精神受到刺激造成的医药费损失404.58元并停止侵害,禁止《荷花女》继续出版发行。天津市中级人民法院经审理后认为:《民法通则》规定公民享有名誉权,公民死亡后名誉权仍应受法律保护。被告魏某所著《荷花女》体裁虽为小说,但其中虚构了有损吉某和陈某名誉的情节,其行为侵害了吉某和陈某的名誉权,应承担民事责任。被告《今晚报》报社对使用了真实姓名的

① 参见汤维建主编:《民事诉讼法学》,北京大学出版社2008年版,第391页。

② 本案例参见天津市高级人民法院编:《天津法院案例选》,法律出版社2001年版,第152—155页。

小说《荷花女》未作认真审查即予登载，致使损害吉某和陈某名誉的不良影响扩大，也应承担相应的民事责任。据此，判决被告魏某、《今晚报》报社败诉。被告《今晚报》、魏某不服一审判决，向天津市高级人民法院提出上诉。在二审法庭调查和辩论结束后，上诉人《今晚报》报社、魏某要求法庭调解，被上诉人陈某亦同意调解。依照《民事诉讼法（试行）》第97条的规定，法庭主持了调解，在确认上诉人构成侵权和应承担民事责任的前提下，顺利审结了此案。

问：法院可否在二审中进行调解？二审中法院进行调解后原审判决的效力该如何认定？

二、诉讼调解的效力

诉讼调解是我国人民法院解决民事纠纷的重要方式之一，所以根据诉讼调解所作的调解协议具有与生效判决一样的法律效力。调解协议一旦生效，就产生实体法和诉讼法两个方面的效力。

案例130

民事调解书是否一经签收就发生法律效力？[①]

2009年4月2日，高某某诉刘某某离婚，双方无子女，婚后债务由高某某承担，诉讼费由刘某某承担。法庭遂予以立案，审判员看案情简单，争议的事实不大，依法适用了简易程序审理了此案，因双方有一个提前写好的调解协议，所以在审判员主持下很快便达成如下协议：(1) 原告高某某要求离婚，被告刘某某同意，准予离婚。(2) 婚后债务由原告高某某承担。诉讼费由刘某某承担。高某某、刘某某分别在调解笔录上签字。4月5日，法庭按照双方达成的协议制作了民事调解书，调解书结尾还注明了“双方当事人已在调解协议上签字，本调解书已具有

① 本案例参见：http://data.110.com/a154398.html 2009-12-11 访问。

法律效力”。4月10日,法院委托他人代替双方领取了调解书,并在送达回证上签名。

4月12日,高某某来到法庭以刘某某前日拉走了家中所有的电器欺骗自己离婚,自己也没有亲自领取调解书等为由反悔,不接受调解书的内容而要求撤诉。

问:本案的民事调解书是否发生法律效力?

(二)思考方向

最高人民法院在《调解规定》第13条规定了当事人对调解协议生效方式的选择权。但对该选择权适用案件的范围在实务中,却存在一定争议:有学者认为所有的调解案件都可以适用;而有学者却认为只有属于《民事诉讼法》第90条的案件以及与第90条相类似的案件才可以适用,而一些重大、复杂或涉及当事人身份关系的解除的案件则不应该适用。这个问题值得思考。

(三)法律规定

《民事诉讼法》第89条 调解达成协议,人民法院应当制作调解书。调解书应当写明诉讼请求、案件的事实和调解结果。

调解书由审判人员、书记员署名,加盖人民法院印章,送达双方当事人。

调解书经双方当事人签收后,即具有法律效力。

第90条 下列案件调解达成协议,人民法院可以不制作调解书:

(一)调解和好的离婚案件;

(二)调解维持收养关系的案件;

(三)能够即时履行的案件;

(四)其他不需要制作调解书的案件。

对不需要制作调解书的协议,应当记入笔录,由双方当事人、审判人员、书记员签名或者盖章后,即具有法律效力。

第91条 调解未达成协议或者调解书送达前一方反悔的,人民法院应当及时判决。

《民诉法意见》第95条 当事人一方拒绝签收调解书的,调解书不发生法律效力,人民法院要及时通知对方当事人。

《民诉法意见》第96条　调解书不能当庭送达双方当事人的，应以后收到调解书的当事人签收的日期为调解书生效日期。

《调解规定》第13条　根据民事诉讼法第九十条第一款第（四）项规定，当事人各方同意在调解协议上签名或者盖章后生效，经人民法院审查确认后，应当记入笔录或者将协议附卷，并由当事人、审判人员、书记员签名或者盖章后即具有法律效力。当事人请求制作调解书的，人民法院应当制作调解书送交当事人。当事人拒收调解书的，不影响调解协议的效力。一方不履行调解协议的，另一方可以持调解书向人民法院申请执行。

（四）学理分析

在该案的处理中法院存在两种意见：

第一种意见认为本案已经双方当事人协商达成协议，而且双方已在调解协议上签名认可，根据《调解规定》第13条的规定，该调解书已产生法律效力，高某某无权反悔，高某某与刘某某婚姻关系已解除。

第二种意见认为本案不适用当事人在调解协议上签字，调解书就生效的方式。虽然进行了调解，双方当事人达成了协议，法院也制作了民事调解书，但送达程序上存在明显瑕疵，法院委托他人代替双方接受了调解书，没有直接送达高某某，现高某某反悔拒绝签收，根据我国《民事诉讼法》第89条第3款、第91条以及《民诉法意见》第95条、第96条的规定，该民事调解书不产生法律效力，法院要么继续开庭审理予以判决，要么由原告高某某决定是否撤诉。

这两种意见争议的焦点是，能不能适用最高人民法院《调解规定》第13条的规定，双方当事人在调解协议上签名，调解书就生效的问题。由于在实践中存在当事人一方在签收调解书之前无故反悔，有意以此拖延诉讼的情况，严重影响了调解效率，浪费了审判资源，增加了当事人诉讼成本，违背了诉讼诚信原则。为此，《调解规定》第13条规定了调解达成协议并经审判人员审核后，双方当事人同意该调解协议经双方签名或者盖章生效的，该调解协议自双方签名或者盖章时起生效，与签收调解书具有相同的法律效力。但关于该13条适用的案件范围，《调解规定》却没有进行明确以至于在实践中产生了上述分歧。

笔者倾向于第二种意见。我国《民事诉讼法》第89条至91条规定了人民法院民事案件调解协议生效的两种模式，第一种模式是某些案件调解达成协议后，需要制作调解书，并且调解书以当事人签收才具有法律效力。第二种模式是一些特定案件如（维持抚养、扶养、赡养、监护等身份关系）的案件，当庭调解，调解达成协议后，不需要制作调解书，当事人、审判人员、书记员只需在调解协议签名，协议生效、调解书也生效并具有法律效力。第一种模式，《民事诉讼法》第89条、第91条以及《民诉讼意见》第95条、第96条规定了具体的审理要求。第二种模式，《民事诉讼法》第90条做了具体规定。第一种模式为一般民事调解形态，第二种模式为特殊民事调解形态。

最高人民法院《调解规定》第13条规定："根据民事诉讼法第九十条第一款第（四）项规定，当事人各方同意在调解协议上签名或者盖章后生效，经人民法院审查确认后，应当记入笔录或者将协议附卷，并由当事人、审判人员、书记员签名或者盖章后即具有法律效力。当事人请求制作调解书的，人民法院应当制作调解书送交当事人。当事人拒收调解书的，不影响调解协议的效力。一方不履行调解协议的，另一方可以持调解书向人民法院申请执行。"从这一条文来看第13条实质上对适用的案件种类进行了某一程度的限制，应该专指某些特定案件调解达成协议后不需要或者可以不制作调解书的情形，也就是说除了这些特定的民事案件可以不制作调解书外，而其他案件如果达成调解协议后应当制作调解书。也就是说，能够使调解协议在"当事人各方同意在调解协议上签名或者盖章后生效"的情形，仅指《民事诉讼法》第90条一款（四）项规定的"其他不需要制作调解书的案件"。这里的"其他不需要制作调解书的案件"，应当是与《民事诉讼法》第90条一款（一）、（二）、（三）项案件相同或相近案件，比如维持抚养、扶养、赡养、监护等身份关系的案件，涉及财产给付、交付、返还和经济赔偿、补偿等合同纠纷、损害赔偿纠纷类的案件。但不应当包括调解离婚、解除收养关系等这类涉及解除身份关系的民事案件，因为这类案件对当事人的权利义务影响甚大，涉及当事人的婚姻关系的解除、监护、继承等人身和财产权益，以及当事人应承担的扶养、抚养、赡养等义务。法律关系的多重、复杂、重大，应当给予当事人可以深思熟虑、权衡利弊的时间，以便作出正确的决定，否则，情绪失控、情况不明等率性之下作出的不利于自己的决定，如果不给予一定的法律缓释空间，就会给社会带来新的不稳定，也会让一些别有用心的当事人钻法律的空子。正是基于此原因，《民事诉讼法》第91条以"……一方反悔的，人民法院应当及时判决"用语，规定了当事人在调解书送达前具有反悔权。当事人在某些案件中，在调解达成协议后至领取调解书之前有反悔的权利，属法定权利，人民法院应当尊重和保护，不能随意剥夺。此外，从立法的位阶来看，最高人民法院《调解规定》属下位法，无权将位于上位法的《民事诉讼法》中规定的当事人在某些案件中法定反悔权利予以否定。

综上所述，高某某与刘某某离婚案件虽经法院主持调解，双方已达成离婚、债务承担等协议。但该案系调解离婚的案件，不属于《民事诉讼法》第九十条一款规定的情形，不适用《调解规定》第13条的规定，虽然调解书已制作、也在调解书结尾注明了“双方当事人已在调解协议上签字，本调解书已具有法律效力”的用语，但该调解书没有直接送达周某某、王某某，调解书结尾的用语违反了《民事诉讼法》第89条的规定，所以当高某某签收时反悔，法院应当允许，后高某某作为原告申请撤回离婚起诉，符合法律有关规定，法院应准予撤诉。高某某与刘某某婚姻在没有另案起诉解除前，双方仍是合法的婚姻关系，刘某某不能依调解书而认为自己已经与高某某离婚，更不能依此调解书与他人结婚，否则就有可能构成重婚罪。

（五）自测案例

案例131

本案能否适用留置送达？①

原告李某与被告江某因一琐事发生争吵，继而双方进行扭打，在打斗过程中，被告江某将原告李某头部打伤，经法医检验为轻微伤甲级，共花去医疗费987元。经双方协商未果，原告故诉至法院，要求被告江某赔偿医疗费987元，误工费200元，交通费45元，合计人民币1232元。该案在审理过程中，经法院主持调解，原、被告达成如下协议：1. 被告在10日内一次性给付原告医疗费等各项费用合计人民币1000元。2. 本案诉讼费原告自愿承担。并由原、被告双方及审判员、书记员在调解协议上签字。第二天，法院工作人员在向被告送达民事调解书时，被告却称自己也被原告打伤，协议不合理，拒绝在送达回证上签字。经法院工作人员再三解释，被告仍拒绝签字，并称自己拒收该调解书，该调解书就不发生法律效力。无奈，法院工作人员只得留置送达。

问：法院工作人员的留置送达是否正确？

---

① 本案例参见：http://data.110.com/a154398.html 2009-12-3 访问。

第四编　特殊诉讼程序

第二十五章　人事诉讼程序

一、婚姻无效之诉

人事诉讼程序，又称家事诉讼程序，是指法院处理人事诉讼案件时所适用的程序。所谓"人事"，专指与婚姻家庭中自然人的身份关系相关的特定事件，它不包括婚姻家庭领域中的财产关系和其他身份关系。我国现在尚没有专门的人事诉讼程序，婚姻家庭案件都适用普通程序审理。

婚姻无效是指形式上已缔结的婚姻具备法定的无效婚姻之条件（之一）时，该婚姻不具备法定效力。根据我国《婚姻法》的规定，婚姻无效的具体情形包括：(1) 重婚的；(2) 有禁止结婚的亲属关系的；(3) 婚前患有医学上认为不应当结婚的疾病，婚后尚未治愈的；(4) 未到法定婚龄的。

根据我国法律的相关规定，婚姻无效，必须经过法院的确认。在被法院宣告无效之前，任何人得尊重该婚姻，不得自行主张无效；当事人也不得通过协议或相互承认来使婚姻归于无效，即婚姻之无效必须通过提起"婚姻无效之诉"方能获得此种后果。

（一）案情简介

案例132

本案应适用何种程序处理——对无效婚姻案件审理模式之思考①

原告朱某（女，1989年6月12日出生）与被告孟某某（男，1981年2月3日出生）经人介绍相识。2006年12月26日，原、被告在某婚姻登记处登记结婚，次年12月10日生育一女。2008年3月，原告朱某向某法院申请宣告婚姻无效，并提出了子女由被告孟某某抚养和分割财产的请求。本案受理后，原告朱某经合法传唤无正当理由未到庭参加诉讼，现下落不明。

问：本案该适用何种程序处理？

（二）思考方向

婚姻无效的问题由于涉及一个国家的社会家庭伦理道德，历来是作为公共利益予以考虑，对婚姻无效的宣告必须由法院来进行，且法院在审理中可以不受当事人提供的诉讼资料的限制，通过职权探知的方式来对婚姻是否有效作出判决。但对无效婚姻中的财产分割和子女抚养问题，应该奉行当事人自由处分原则。

（三）法律规定

《民事诉讼法》第129条　原告经传票传唤，无正当理由拒不到庭的，或者未经法庭许可中途退庭的，可以按撤诉处理；被告反诉的，可以缺席判决。

《中华人民共和国婚姻法》（以下简称《婚姻法》）第10条　有下列情形之一的，婚姻无效：

（一）重婚的；

（二）有禁止结婚的亲属关系的；

（三）婚前患有医学上认为不应当结婚的疾病，婚后尚未治愈的；

（四）未到法定婚龄的。

---

① 本案例参见：http://www.110.com/ziliao/article-139234.html，2009-12-12访问。

第34条 女方在怀孕期间、分娩后一年内或中止妊娠后六个月内，男方不得提出离婚。女方提出离婚的，或人民法院认为确有必要受理男方离婚请求的，不在此限。

《婚姻法解释(一)》第7条 有权依据《婚姻法》第10条向人民法院就已办理结婚登记的婚姻申请宣告无效的主体，包括婚姻当事人即利害关系人……

第9条 人民法院审理宣告婚姻无效案件，对婚姻效力的审理不适用调解，应当依法作出判决；有关婚姻效力的判决一经作出，即发生法律效力。涉及财产分割和子女抚养的，可以调解。调解达成协议的，另行制作调解书。对财产分割和子女抚养问题的判决不服的，当事人可以上诉。

第14条 人民法院根据当事人的申请，依法宣告婚姻无效或者撤销婚姻的，应当收缴双方的结婚证书并将生效的判决书寄送当地婚姻登记管理机关。

《婚姻法解释二》第2条 人民法院受理申请宣告婚姻无效案件后，经审查确属无效婚姻的，应当依法作出宣告婚姻无效的判决。原告申请撤诉的，不予准许。

（四）学理分析

本案受理后，合议庭针对本案适用何种程序处理，出现了两种意见：

第一种意见认为，本案属于诉讼案件，适用普通程序或简易程序审理。在对当事人婚姻宣告无效的同时，对子女抚养和财产分割一并作出判决，该判决为终审判决，当事人对宣告婚姻无效不服的，既不能上诉，也不能申诉，但对子女抚养和财产分割不服的，可以上诉。因原告经合法传唤无正当理由拒不到庭，应视为原告自动放弃诉讼，对其关于子女抚养和财产分割的请求应当按撤诉处理，本案就此结案。

第二种意见认为，本案属于非诉讼案件，适用特别程序审理。在对当事人婚姻宣告无效的同时，对子女抚养和财产分割另行作出判决。原告虽然未到庭参加诉讼，但当事人的婚姻已被宣告无效，且原告下落不明，应对其子女抚养和财产分割作出判决，不能像对待一般诉讼案件，按撤诉处理。

笔者认为，上述两种意见均有不妥之处。

首先，在处理无效婚姻案件中，对婚姻效力的审理应适用特别程序，实行一审终审制；对子女抚养和财产分割的审理适用一般诉讼程序，实行两审终审和审判监督程序。

《婚姻法》对如何审理此类案件未作具体规定，但最高人民法院在现行

《婚姻法》颁布实施之后下发的两个司法解释中，对此作了较为详细的规定。《婚姻法解释（一）》第9条规定："人民法院审理宣告婚姻无效案件，对婚姻效力的审理不适用调解，应当依法作出判决；有关婚姻效力的判决一经作出，即发生法律效力。涉及财产分割和子女抚养的，可以调解。调解达成协议的，另行制作调解书。对财产分割和子女抚养问题的判决不服的，当事人可以上诉"。因此，人民法院审理宣告婚姻无效的案件，对婚姻效力的审理不适用调解，应当依法作出判决，宣告婚姻无效。由于无效婚姻的四种情形是法定的，还有许多外在的客观标准可以作为依据，认定起来也较为容易。为了提高审判效率，避免将简单的事情变得繁琐，对于很明显能够判断无效婚姻情形的，无须适用审理一般离婚案件的程序规定。有关婚姻效力的判决一经作出，即发生法律效力。实行一审终审，当事人上诉或申诉，人民法院均不予受理，体现了司法权力的强制性。对于婚姻当事人提出申请婚姻无效的案件，如果涉及子女抚养和财产分割的，可以进行调解，达成调解协议的，另行制作调解书。如果经调解，对子女抚养和财产分割达不成协议的，可以就此作出判决，当事人对此判决不服的，可以进行上诉。二审法院也只能就子女抚养和财产分割部分进行审理。

如果是利害关系人申请婚姻无效的，其只能就婚姻效力提出请求，而无权要求处理当事人的财产和子女抚养问题。如果婚姻当事人在诉讼中提出了涉及子女抚养和财产分割主张的，可以一并审理。如果婚姻当事人不提出处理子女抚养和财产分割主张的，人民法院只判决宣告婚姻无效，不应主动审理子女抚养和财产分割。对子女抚养和财产分割问题，当事人可以另案起诉。

值得注意的是，由于无效婚姻自始无效，当事人不具有夫妻的权利和义务，在财产处理时，应依照照顾无过错方的原则处理。对无效婚姻当事人所生子女，适用《婚姻法》有关父母子女的规定，注重保护未成年子女的合法权益。

虽然，我国婚姻法对申请宣告婚姻无效的案件，没有规定具体适用什么程序审理，但从《婚姻法解释（一）》第9条第1款的规定来看，确立了宣告婚姻无效案件为非诉讼案件，比照适用《民事诉讼法》关于特别程序的规定进行审理较为合适。

其次，关于婚姻无效的申请，原告不得申请撤诉；但对其要求子女抚养和财产分割的请求，可以申请撤诉，是否准许由人民法院根据案件具体情况裁定是否准许。

婚姻家庭制度直接关系到国家统治秩序的维护，婚姻家庭关系的和谐稳定对于社会有序发展至关重要，被视为社会安定的基石。无效婚姻的存在，既违反了社会主义家庭道德观念，也违反了法律规定，直接影响到当事人及其子女的合法权益，对社会的整体利益和社会的安定秩序具有负面影响。对无效婚姻的干预和制裁，体现的是法律和社会对违法婚姻的一种否定性价值评判。国家权力对无效婚姻进行干预和制裁，限制个人恣意妄为，是法律和社会的必然要求。因此，宣告婚姻无效案件一经当事人申请，必须认真审查，是否有效不能以当事人的意志为转移，人民法院有责任通过宣告婚姻关系无效来维护法律的尊严。如果允许原告撤诉，人民法院就不能行使维护法律尊严的职权。基于上述司法理念，最高人民法院在《婚姻法解释（二）》第2条规定："人民法院受理申请宣告婚姻无效案件后，经审查确属无效婚姻的，应当依法作出宣告婚姻无效的判决。原告申请撤诉的，不予准许"。从诉讼程序上，确立了婚姻无效案件的原告，不享有申请撤诉的权力。所以，本案中原告经合法传唤无正当理由拒不到庭的行为不能产生撤回婚姻无效申请的后果，法院就该婚姻无效的事实经过查明后可以缺席判决。对于无效婚姻期间的财产分割和子女抚养问题，可以根据《民事诉讼法》第129条的规定由法官酌情处理。由于该案涉及子女的利益，所以法官就子女的抚养问题可以继续审理，而对财产的分割问题当事人享有完全的处分权，所以法官可以按照撤诉处理。

综上，本案首先应当作出判决，宣告原、被告婚姻关系无效，并收缴结婚证。鉴于原告已离家出走，下落不明，考虑到孩子将来的抚养教育问题，应当另行制作判决书，判决原、被告在同居期间所生之女由被告抚养。对原告要求分割财产的诉讼请求，可以按撤诉处理。

（五）自测案例

案例133

应男在女方分娩后一年内以结婚时女方不到法定婚龄为由诉解除无效婚姻案①

应男、刘女双方于2000年2月相识并同居。同年4月21日，因刘

① 本案例参见最高人民法院应用法学研究所编：《人民法院案例选》（总第42辑），人民法院出版社2003年版，第84页。

女未达到法定婚龄,应男为刘女制作虚假的身份证明后,双方办理了结婚登记,领取了结婚证。此后,双方即以夫妻名义共同生活。同年11月13日,刘女生育一子。2001年5月29日,原告应男以被告不达法定婚龄与其结婚,双方相识时间短、缺乏深入了解,性格、志趣等各方面存在很大差异,无法继续生活下去为理由,诉至法院,请求依法解除无效婚姻关系。被告刘女答辩称:原告应男另有新欢。自己尚在哺乳期内,请求法院驳回原告的起诉。

法院经审理确认了上述事实。认为:原、被告双方以虚假的身份证明,隐瞒被告的真实年龄登记结婚,且登记结婚时被告未达到法定结婚年龄,这种行为虽是违法的,婚姻应属于无效婚姻,但被告于2000年11月13日分娩生育一子,至原告起诉时仅有7个月。属于《婚姻法》第34条规定的不得起诉的特定期间,应予特殊保护。为维护妇女、儿童的合法权益,对原告在被告分娩不到1年内起诉,要求解除双方的无效婚姻关系的诉讼请求,不予支持。

问:法院的处理是否得当?

二、离婚之诉

离婚有两种方式:协议离婚和诉讼离婚。诉讼离婚,是指夫妻双方对离婚问题无法达成一致意见时,一方向法院起诉,请求法院判决离婚的一种方式。离婚之诉的提起,仅限于婚姻关系之配偶各方,第三人不能提起离婚之诉。

(一) 案情简介

案例134

夏父代无行为能力的女儿夏某提起离婚诉讼应否受理案[①]

原告夏某与被告杨某于1980年登记结婚,婚后生一子小杨,婚初感

① 网络报道:《无行为能力人能否提前离婚诉讼》,http:/www. lawstar. com. cn/lvshi5/ls305/,2009-10-16。

情较好。自1985年原告外出经商认识一女子并同居后，即长年不归。夏某得知后多方寻找未果，心中郁闷难解，竟发展为抑郁性精神病。杨某不闻不问，夏某无力医治，病情愈加严重，最终成为无民事行为能力的人。夏父老夏以法定代理人的身份，向人民法院提起离婚诉讼，要求与杨某离婚。一审法院经审理后认为，被告自1985年后对原告和子女不关心，对家庭不尽义务，夫妻感情已破裂。现原告要求离婚，理由正当，应予支持。鉴于原告的身体状况，婚生子小杨随杨某生活并由其负责抚育为宜。被告一次性给予原告经济帮助一万元。宣判后，被告不服提起上诉。二审法院认为婚姻关系属人身权范围，结婚、离婚均须当事人自己作出意思表示，他人无权代理。老夏无权以法定代理人的身份为夏某提出离婚诉讼，故裁定驳回起诉。

问：在我国，法定代理人能否代无行为能力人提起离婚诉讼？

（二）思考方向

离婚之诉的提起，仅限于婚姻关系之配偶各方，第三人不能提起离婚之诉。但如果婚姻关系一方为限制行为能力人或无行为能力人，则在离婚诉讼中存在一定特殊性。

（三）法律规定

《婚姻法》第32条第1款 男女一方要求离婚的，可由有关部门进行调解或直接向人民法院提起离婚诉讼。

《民法通则》第63条第3款 依照法律规定或者按照当事人约定，应当由本人实施的民事法律行为，不得代理。

《最高人民法院关于贯彻执行〈中华人民共和国民法通则〉若干问题的意见（试行）》第70条 凡是依法或者依双方的约定必须由本人亲自实施的民事行为，本人未亲自实施的，应当认定行为无效。

《民事诉讼法》第62条 离婚案件有诉讼代理人的，本人除不能表达意志的以外，仍应出庭；确因特殊情况无法出庭的，必须向人民法院提交书面意见。

山东省高级人民法院2005年印发的《全省民事审判工作座谈会纪要》（鲁高法[2005]201号）第7条 限制民事行为能力人并未完全丧失辨认能

力和控制能力,无论结婚还是离婚应由其自行决定。而无民事行为能力人成为离婚案件的被告时,一般允许其近亲属作为代理人,或者由人民法院在其近亲属中指定代理人参加诉讼。在无民事行为能力人起诉离婚的情况下,如果无民事行为能力人结婚之初,就存在无民事行为能力的原因,应当提起婚姻无效之诉,提起人为无民事行为能力人结婚前的监护人;在婚姻关系存续期间丧失民事行为能力的,则需要根据特别程序变更无民事行为能力人的监护人,由变更后的监护人代理无民事行为能力人提起离婚诉讼。

(四)学理分析

根据我国《婚姻法》第 32 条、《民法通则》第 63 条第 3 款及《民事诉讼法》第 62 条的相关规定,我国离婚之诉的提起,仅限于婚姻关系之配偶各方,第三人不能提起离婚之诉。但这些规定不利于保护限制民事行为能力人和无民事行为能力人的离婚问题。在我国实务中,已经发生了多起类似于本案情况的案件,即婚姻关系中的一方当事人在婚姻关系存续期间丧失了行为能力,但配偶的表现却令人失望,而为了不丧失对无行为能力人的监护权,大部分实质是希望继续控制无行为能力人的财产,配偶一方也不提出离婚。对无行为能力人进行照顾的往往是其父母和其他近亲属。基于对无行为能力人以后正常生活的考虑,一些父母代无行为能力人提起了离婚诉讼。但由于我国在法律上坚持关于身份关系的诉讼,必须由本人亲自进行意思表示,从而导致在这类离婚诉讼上原告的适格性受到置疑,即在无行为能力人没有意思表示能力的情况下,其父母代行的离婚诉求不是无行为能力人真实的意思表示,这在我国关于身份关系的诉讼中是不被允许的。实务中,各地法院的做法也不尽一致,本案中一审法院支持离婚的判决和二审法院驳回起诉的判决正好代表了我国各地法院对此的处理态度。但笔者以为,这两种做法都存在一定的偏差。依法判决驳回的做法对无行为能力人的保护明显缺失,存在合法不合情的质疑。受理案件并根据实际状况作出了离婚与否的判决在法律依据上却有一定的问题。

在法学理论界,大部分学者支持法院受理并根据实际情况作出离婚与否的判决。并认为,我国立法完全否定无行为能力人提起离婚诉讼的态度已经有些不合时宜。① 我国有些法院也对此进行了总结,出台了相应的规定知道审判实践,如山东省高级人民法院 2005 年印发的《全省民事审判工作

① 陈爱武:《人事诉讼程序研究》,法律出版社 2008 年版,第 174 页。

座谈会纪要》(鲁高法[2005]201号)的第7项就对“关于无行为能力人和限制行为能力人的离婚问题”作出明确规定,但这些规定明显与《婚姻法》和《民法通则》以及《民事诉讼法》的规定存在一定的抵触。所以,笔者以为,为切实维护维护无民事行为能力的合法权益,我国最高人民法院应该尽快出台相关司法解释,对《婚姻法》、《民法通则》和《民事诉讼法》中有关身份关系的问题进行一定的变通,明确规定无民事行为能力人的监护人享有代理无民事行为能力人提起离婚诉讼的权利。从长远来看,在我国《民事诉讼法》中设置专门的“人事诉讼程序”以应对婚姻、家庭、亲子关系中的特殊情况是必要的。

(五)自测案例

案例135

朱某被指定代理无行为能力人范某诉梅某离婚案[①]

1972年5月,范某、梅某双方经人介绍登记结婚(双方均系再婚)。婚后,夫妻感情较好,在共同生活期间没有发生较大的矛盾。近年来,双方因年事已高,均基本丧失生活自理能力,需要他人照顾。范某因病需要人照顾,梅某多次找范某女儿,要他们照顾范某,范某儿女因此对梅某表示不满,彼此矛盾加深。1996年,范某之子朱某持一份摁有手印的、署名为范某的、内容为“我年岁高,委托亲子朱某代理诉讼,追究梅某虐待我的刑事责任,请求离婚”的委托代理书,到人民法院提起诉讼,要求与梅某离婚,并要求房屋居住权,由梅某给付范某抚养费和今后治病的医疗费。被告梅某答辩称:我们双方在结婚后的夫妻感情一直很好,共同生活的二十多年中没有打过架。提出离婚不是我两人的主张。但现在我两年龄都大了,生活不能自理,需要儿女照顾。原告到儿子家生活我同意。但离婚让人笑话,我不同意。他们如要坚持离婚,我也没办法。但房子是我单位的,不同意原告住。原告有劳保,原告的医疗费在原告的单位能报销。

① 最高人民法院中国应用法学研究所编:《人民法院案例选》(总第20辑),人民法院出版社1997年版,第74页。

一审法院受理案件后查明:范某现在其子朱某家中,但神志不清,不能作出是否离婚的意思表示。朱某所持原告的委托代理书,其落款日期“九六年三月四日”中的“九六”是涂改的,无须认真辨认就可以看出是由“七五”两字改成的。因此,此经过涂改的委托书不能证明委托关系的成立。但因为已经受理案件,案件应当审理下去,故指定朱某为原告范某的诉讼代理人,代为进行离婚诉讼。

问:法院指定朱某为原告范某的诉讼代理人并继续审理该案是否得当?

第二十六章　跨国民事诉讼程序

一、跨国因素的认定

跨国民事诉讼,就是具有跨国因素的民事诉讼,它是指人民法院在双方当事人和其他诉讼参与人的参加下,依法审理和解决跨国民(商)事案件的活动。认定一个案件是否是跨国民事案件,需要就以下三个方面进行考察:(1)诉讼主体具有跨国性,及诉讼当事人一方或双方是外国人、无国籍人、外国企业和组织。(2)诉讼法律事实跨国,即诉讼当事人之间民事诉讼法律关系的设立、变更、终止的法律事实发生在国外。(3)诉讼标的物跨国,即诉讼当事人争议的标的物在国外。

(一)案情简介

案例136

企业经济纠纷中涉外因素的认定
——山东东营中级人民法院裁定横店公司申请不予执行仲裁裁决案①

2002年2月11日,山东横店草业畜牧有限公司(以下简称"横店公司")与约翰迪尔(天津)国际贸易有限公司(以下简称"约翰迪尔公司")签订农机设备买卖合同。横店公司支付部分货款后,对约定应于2004年3月31日、2005年3月31日各支付975854.61美元的货款未予支付。约翰迪尔公司于2007年3月29日将争议提交中国国际经济贸易仲裁委员会(以下简称"仲裁委员会"),请求裁决横店公司支付本案合同项下应于2005年3月31日支付的合同款975854.61美元及利

① 本案例参见:http://hi.baidu.com/% D3% EB% B7% A8% C2% C9% CD% AC% BA% F4% CE% FC/blog/item/72d08042631412189213c6be.html,2009-11-11访问。

息,并承担仲裁费用。仲裁委员会认为,本案合同合法有效,本案所涉货物的交付始于国外,具有涉外因素,合同争议的处理适用中华人民共和国法律。约翰迪尔公司依约交付了合同项下货物。故裁决横店公司向约翰迪尔公司支付本案合同项下合同款应于2005年3月31日支付的欠款975854.61美元及利息,仲裁费184907元由横店公司承担。仲裁裁决作出后,约翰迪尔公司向山东省东营市中级人民法院提出执行仲裁裁决申请。而横店公司则认为,本案争议双方的主体都是中国企业法人,且双方在中国境内订立合同,仲裁标的物是设备款,其交付也在中国境内,本案应属国内争议案件而非涉外案件。中国国际经济贸易仲裁委员会适用涉外程序处理本案纠纷,存在适用程序错误,故向法院提出不予执行仲裁裁决申请。

法院查明:约翰迪尔公司和横店公司都属于中国企业,但涉案合同货物由美国和欧洲厂商生产,合同约定的装运港为美国和西欧港口,产生、变更或消灭民事权利义务关系的法律事实部分发生在国外。

东营市中级人民法院认为,本案所涉合同货物存在涉外因素,所以中国国际经济贸易仲裁委员会受理本案符合法定程序。由于对涉外仲裁裁决的司法审查,仅限于仲裁程序方面的审查,故申请人对仲裁裁决实体内容的异议,不属本案的审查范围,法院对此不予审查。依照《中华人民共和国民事诉讼法》第258条第1款的规定,裁定驳回申请人横店公司申请不予执行(2008)中国贸仲京裁字第0130号裁决书的申请。

问:中国国际贸易仲裁委员会和东营市中级人民法院都将本案认定为涉外案件是否符合法律规定?

(二)思考方向

本案是否具有涉外因素是本案争议的焦点问题,而该问题的认定又直接涉及仲裁规则的适用及司法审查的范围问题。根据《民诉法意见》第304条的规定,诉讼主体、诉讼法律事实和诉讼标的物只要有一个方面涉及跨国因素,案件就应该属于涉外民事案件。

（三）法律规定

《民诉法意见》第 304 条 当事人一方或双方是外国人、无国籍人、外国企业或组织，或者当事人之间的民事法律关系的设立、变更、终止的法律事实发生在国外，或者诉讼标的物在外国的民事案件，为涉外民事案件。

《最高人民法院关于涉外民商事案件诉讼管辖若干问题的规定》第 3 条 ……信用证纠纷案件属涉外民商事案件……

（四）学理分析

本案属涉外民事案件还是国内争议案件，是当事人双方在仲裁审理程序和法院审查申请不予执行仲裁裁决中都有争议的一个焦点问题。该问题的认定直接涉及仲裁规则的适用及司法审查的范围问题。

《民诉法意见》第 304 条规定：当事人一方或双方是外国人、无国籍人、外国企业或组织，或者当事人之间的民事法律关系的设立、变更、终止的法律事实发生在国外，或者诉讼标的物在外国的民事案件，为涉外民事案件。对于本案的性质，约翰迪尔公司主张，涉案合同货物由美国和欧洲厂商生产，合同约定的装运港为美国和西欧港口，产生、变更或消灭民事权利义务关系的法律事实部分发生在国外，本案具有涉外因素。横店公司则认为，本案争议双方的主体都是中国企业法人，且双方在中国境内订立合同，仲裁标的物是设备款，其交付也在中国境内，本案应属国内争议案件而非涉外案件。

笔者认为，本案应认定为涉外案件，理由有三：(1) 虽然争议双方的主体都是中国企业法人，双方订立合同的行为发生在我国境内，但是，合同约定本案所涉交易货物的装运港为美国和西欧港口，货物的交付始于国外，也就是说，部分法律事实发生在国外。(2) 约翰迪尔公司是依据中国法律在保税区设立的外资企业，根据《保税区监管办法》的规定，保税区是境内关外由海关实施特殊监管的区域，保税区内的企业与境内保税区外企业之间的货物或服务贸易属跨关境贸易，视同进出口贸易予以管理。(3) 本案争议标的物是设备款，合同约定定金的支付方式是以信用证方式支付，横店公司支付的部分设备款也是通过信用证的形式支付。依照《最高人民法院关于涉外民商事案件诉讼管辖若干问题的规定》第 3 条的规定，信用证纠纷案件属涉外民商事案件，尽管本案的案由不是信用证纠纷，但根据该条内容，本案合同款项的支付方式无疑具有涉外因素的性质。因此，仲裁委员会与法院认定本案属涉外民事案件符合上述司法解释的规定。

（五）自测案例

案例137

聂某某诉孙某继承遗产纠纷案[①]

聂某与孙某于1976年结婚，婚后生一男孩，取名聂某某。1989年，聂某被公派出国留学，此后，因聂某想定居国外，即与孙某发生感情裂痕。1993年，孙某提出，如果聂某不尽快回国，就与聂某离婚。聂某好言相劝无效，一怒之下同意了离婚。这时，聂某某提出请求，希望父亲帮助他出国留学，但遭到拒绝。聂某某便迁怒于其母，认为聂某之所以拒绝帮助他是因为其母与孙某离婚所致，从此便离家出走，并扬言与其母亲断绝母子关系。1996年春天，聂某在回家的路上因车祸死亡。聂某死亡后，聂某某与其母为继承聂某遗留在国外的房产发生争议，诉诸人民法院请求解决。

问：本案是否应当适用涉外民事诉讼程序的特别规定进行审理？

二、跨国民事诉讼的管辖

跨国民事诉讼管辖，是指我国法院对具有跨国因素的民事案件享有的审判的权力或权限，以及各级各类人民法院受理第一起跨国民事案件的分工和权限。管辖权问题在跨国民事诉讼中具有举足轻重的地位。一方面，跨国民事诉讼管辖权在一定程度上关系到国家主权的行使；另一方面，跨国民事诉讼管辖权的存在既是一国法院对该案件取得审判权的前提条件，又是判决得以在外国获得承认与执行的必要条件。

---

① 本案例参见汤维建主编：《民事诉讼法教学案例》，中国人民大学出版社2002年版，第37页。

（一）案情简介

案例138

美国易讯航运公司诉巴拿马某海外经营有限公司海事赔偿案①

1996年8月10日14时10分许，美国易讯航运公司（以下简称“易讯公司”）所属“易讯”轮（M/V TRADE QUICKER）与巴拿马某海外经营有限公司（以下简称“海外公司”）所属“延安”轮（M/V YANAN）在韩国普济岛海面发生碰撞，造成“易讯”轮机舱和住舱进水沉没，该轮轮机长随船沉没，下落不明；“延安”轮首部和左舷船尾及右舷中部船体受损。“延安”轮继续航行，于1996年12月29日，驶抵中国上海港。易迅公司获悉海外公司所属“延安”轮抵达中国上海，遂向上海海事法院提出海事请求权保全申请，申请扣押被告所属“延安”轮，并要求被告提供300万美元的银行担保。海事法院于1997年1月1日依法作出裁定：(1) 准予申请人对被申请人海事请求权保全的申请。(2) 自即日起扣押被申请人所属“延安”轮。(3) 责令被申请人提供通过中国银行加保的300万美元的担保。同日，上海海事法院发出扣押船舶命令，将被申请人所属“延安”轮在中国天津予以扣押。1997年2月2日，易讯公司向上海海事法院提起诉讼，要求被告赔偿其经济损失2917728美元。但与此同时，海外公司也在韩国普吉岛地区法院提起诉讼，要求易讯公司赔偿经济损失189万美元。问：上海海事法院能否受理此案？

（二）思考方向

确定该案应该由哪个法院管辖，首先，要根据涉外民事诉讼管辖的一般原则确认哪国法院有权行使管辖权，若两个以上国家法院都有管辖权，而当事人又分别向两个具有管辖权的法院起诉，就属于诉讼竞合。不同国家对诉讼竞合的态度不同，就我国法律而言，我国对诉讼竞合所持的态度是，坚持由我国法院管辖。

---

① 本案例改编自王敬藩主编：《民事诉讼法教学案例》，中国政法大学出版社1999年版，第368—369页。

（三）法律规定

《民事诉讼法》第241条 因合同纠纷或者其他财产权益纠纷，对在中华人民共和国领域内没有住所的被告提起的诉讼，如果合同在中华人民共和国领域内签订或者履行，或者诉讼标的物在中华人民共和国领域内，或者被告在中华人民共和国领域内有可供扣押的财产，或者被告在中华人民共和国领域内设有代表机构，可以由合同签订地、合同履行地、诉讼标的物所在地、可供扣押财产所在地、侵权行为地或者代表机构住所地人民法院管辖。

第242条 涉外合同或者涉外财产权益纠纷的当事人，可以用书面协议选择与争议有实际联系的地点的法院管辖。选择中华人民共和国人民法院管辖的，不得违反本法关于级别管辖和专属管辖的规定。

第243条 涉外民事诉讼的被告对人民法院管辖不提出异议，并应诉答辩的，视为承认该人民法院为有管辖权的法院。

第244条 因在中华人民共和国履行中外合资经营企业合同、中外合作经营企业合同、中外合作勘探开发自然资源合同发生纠纷提起的诉讼，由中华人民共和国人民法院管辖。

《民诉法意见》第306条 中华人民共和国法院和外国法院都有管辖权的案件，一方当事人向外国法院起诉，而另一方当事人向中华人民共和国人民法院起诉的，人民法院可予受理。判决后，外国法院申请或者当事人请求人民法院承认或执行外国法院对本案作出的判决、裁定的，不予准许；但双方共同参加或者签订的国际条约另有规定的除外。

（四）学理分析

诉讼竞合，是指当事人就同一争议，基于相同的事实及目的，同时在两个以上国家的法院提起诉讼的现象。诉讼竞合主要体现为两种情况：一是一方当事人作为原告在两个以上国家的法院提起诉讼；二是一方当事人作为原告在甲国法院起诉，而相对方当事人也作为原告在乙国提起诉讼。各国对诉讼竞合采取了不同的措施。表现为以下四种：(1) 当出现诉讼竞合时，本国法院拒绝行使管辖权或中止诉讼。根据这一途径确定诉讼竞合时，其具体的适用情况又可以分为三种：一是本国法院依据不方便法院原则为由拒绝行使管辖权。所谓不方便法院原则是指当本国法院根据其国内法或相关国际条约的规定，对某一涉外民商事诉讼案件具有管辖权，但是，该法院认为由它对案件行使管辖权非常不方便或不公平，且存在其他较为方便审理该案的外国法院时,该法院可以拒绝行使管辖权。适用这一方式的国家包括英国、澳大利亚、加拿大、新西兰等。二是本国法院依据首先受诉原则,拒绝行使管辖权。首先受诉原则要求在发生诉讼竞合时,后受诉法院拒绝行使管辖权,使案件由首先受诉法院受理。三是在发生诉讼竞合时,以外国法院所作的判决将为内国法院承认为前提中止国内诉讼的进行。依据这一原则,如果外国法院进行的诉讼由可能作为内国法院承认的判决,则内国法院拒绝行使其管辖权。(2) 在发生诉讼竞合时,禁止在外国进行诉讼。这是普通法国家用以解决诉讼竞合的一个途径,即在出现诉讼竞合时,英美等普通法国家法院可以作出禁止令。该禁止令是指一国法院对系属该国法院管辖而在外国法院诉讼的一方当事人下达的、禁止其在外国法院诉讼的命令。如果该当事人违背禁令,继续进行其外国诉讼,则该人将会受到藐视法院命令的惩罚。(3) 对于诉讼竞合,本国法院让当事人自行选择审判法院。对于诉讼竞合,英国法院除上述做法外,也可以要求原告通过选择确定他将在哪国法院进行诉讼。美国律师协会 1989 年起草的《管辖权冲突示范法》也提出应通过鼓励当事人自行确定审判法院,从而自动放弃在其他法院诉讼的方式来解决诉讼竞合问题。(4) 准许竞合之诉继续进行。对于诉讼竞合,有些国家既不驳回在本国的诉讼也不禁止当事人在外国法院进行诉讼。美国、意大利、印度、巴基斯坦等国家都允许在不同国家间平等诉讼的继续进行。允许竞合之诉讼同时进行的根据在于,诉讼双方当事人都有权选择最好的法律、最佳的救济,最为满意的程序制度,取得快速的判决,并尽快使判决得以执行。但由于很可能会导致矛盾的判决,因此,许多国家都规定了对外国平行诉讼判决的承认与执行的抗辩。如英国法规定,当事人可以提出就一外国平行诉讼判决的事项已由英国法院先期作出裁决的抗辩;同时还规定,当存在两个竞合的外国判决时,先作出的判决将被承认且对后一个判决产生排除性影响。

我国对诉讼竞合所采取的解决途径是:我国人民法院和外国法院都有管辖权的案件,一方当事人向外国法院起诉,而另一方当事人向我国法院起诉的,我国法院可予以受理。判决后,外国法院申请或者当事人请求人民法院承认和执行外国法院对本案作出的判决、裁定的,不予准许;但双方共同参加或签订的国际条约另有规定的除外。

本案中,根据确定管辖的一般原则,因被告在我国境内有可供扣押的财产,因此我国法院对该案取得管辖权,同时,韩国法院属于碰撞发生地即侵权行为地也具有管辖权。双方当事人就同一纠纷事实分别向两个以上国家有管辖权的法院提起诉讼的，构成诉讼竞合。对于诉讼竞合，我国法院坚持由我国法院管辖的立场。因此，本案中上海海事法院有权行使管辖权，受理该案并作出判决。

（五）自测案例

案例139

中外合资经营企业合同纠纷的法院管辖问题①

北京A公司与美国加州B公司签订中外合资经营企业合同，约定：A公司以资金、B公司以技术作为投资共同组建C公司开发生产聚乙烯，C公司设在美国加州，利润按A、B公司出资比例分配。合同签字仪式在北京友谊宾馆举行。合同签订后，双方按约履行各方的义务。后因利润分配问题，双方发生纠纷。B公司向加州地方法院起诉。同时，A公司也向其在北京总部所在地的朝阳区人民法院起诉，朝阳区人民法院受理了此案。加州地方法院首先作出了判决。B公司向北京市中级人民法院申请承认并执行该判决。

问：朝阳区人民法院应否受理A公司的起诉？对B公司要求承认与执行加州地方法院判决的申请，我国法院应否准许？

三、跨国民事诉讼中的司法协助

司法协助，是指不同国家的法院之间，根据本国缔结或者参与的国际条约或者互惠关系，彼此相互协助，为对方代为一定的诉讼行为。

我国学者往往将司法协助分为两大类包括一般司法协助和特殊司法协助。其中一般司法协助主要包括代为送达文书和代为调查取证。特殊司法协助主要包括我国法院的裁判在外国的承认和执行以及我国人民法院对外国裁判的承认和执行。②

---

①　本案例改编自田平安主编：《民事诉讼法教学案例》，法律出版社2001年版，第312页。

②　参见汤维建主编：《民事诉讼法学》，北京大学出版社2008年版，第448—451页。

（一）案情简介

案例140

曹某申请执行与聂某在美国离婚判决案①

曹某(男)与聂某(女)于1996年4月16日在国内登记结婚。婚后没有生育子女,没有购置财产,亦没有共同的债权债务。1997年5月,聂某自费到美国留学。1999年2月6日,聂某向美国纽约州最高法院提起与曹某离婚的诉讼。聂某并将起诉书副本和该法院的出庭传票寄给其弟转交曹某。曹某收到后,没有向美国法院应诉,但写信向聂某表示同意离婚。1999年2月28日,美国纽约州最高法院依据聂某的请求,缺席判决解除聂某与曹某的婚姻关系。判决书复印件经聂某的弟弟转曹某收。2001年1月28日,曹某持美国法院离婚判决书复印件,向住所地中级人民法院申请承认该判决。问:单凭美国法院离婚判决书复印件,法院能否承认该判决的拘束力?

（二）思考方向

本案既涉及我国人民法院对外国裁判的承认与执行问题又涉及法律文书正本与复印件的法律效力问题。

（三）法律规定

《民事诉讼法》第68条 书证应当提交原件……

第260条第1款 根据中华人民共和国缔结或者参加的国际条约,或者按照互惠原则,人民法院和外国法院可以相互请求,代为送达文书、调查取证以及进行其他诉讼行为。

第265条 外国法院作出的发生法律效力的判决、裁定,需要中华人民共和国人民法院承认和执行的,可以由当事人直接向中华人民共和国有管辖权的中级人民法院申请承认和执行,也可以由外国法院依照该国与中华人民共和国缔结或者参加的国际条约的规定,或者按照互惠原则,请求人民

① 本案例参见 http://china.findlaw.cn/info/hy/shewaihunyin/chengrenzhidu/index.html/,2009-10-10 访问。

法院承认和执行。

第266条　人民法院对申请或者请求承认和执行的外国法院作出的发生法律效力的判决、裁定，依照中华人民共和国缔结或者参加的国际条约，或者按照互惠原则进行审查后，认为不违反中华人民共和国法律的基本原则或者国家主权、安全、社会公共利益的，裁定承认其效力，需要执行的，发出执行令，依照本法的有关规定执行。违反中华人民共和国法律的基本原则或者国家主权、安全、社会公共利益的，不予承认和执行。

（四）学理分析

本案涉及的是外国法院的判决如何获得我国法律承认的问题。所谓承认外国法院判决是指一国承认外国法院判决所确认的当事人之间的权利义务及其他事项在本国境内具有同等的法律效力。

外国法院对民商事案件的判决，只能在法院地国发生法律效力，涉外民商事案件涉及他国人或物的，该判决只有经他国承认，当事人的权利才能在他国实现。纵观有关国际条约和各国立法，外国法院的判决能够得到本国的承认与执行，需具备以下条件：(1) 必须是已经发生法律效力的外国法院裁判；(2) 该外国与我国缔结或参加了有关的国际条约，或者双方有互惠关系；

世界各国出于对本国自身利益的考虑，均加强了国与国之间的司法领域合作。为了便于判决的承认与执行，国际社会采用缔结双边条约、区域性公约和多边性国际条约的方式就承认与执行外国法院判决问题作出特别规定；各国还通过国内立法的方式就承认与执行外国法院判决作出规定。我国最高人民法院就中国公民申请承认外国法院离婚判决也作出了具体规定。概括起来讲，对与我国有司法协助协议的外国法院作出的离婚判决，按照协议的规定申请承认；对与我国没有订立司法协助协议的外国法院作出的离婚判决，中国籍当事人可以向其住所地的中级人民法院申请承认该外国法院的离婚判决。

申请人住所地与经常居住地不一致的，由经常居住地中级人民法院受理。申请人不在国内的，由申请人原国内住所地中级人民法院受理。申请人也可委托他人代理，但必须向人民法院提交由委托人签名或盖章的授权委托书。委托人在国外出具委托书的，必须经我国驻该国的使、领馆证明。申请人向人民法院申请承认外国法院离婚判决时，须提交书面申请书，并附有外国法院的离婚判决书正本及经证明无误的中文译本。申请书应载明以下事项：(1) 申请人姓名、性别、年龄、工作单位、住址等基本情况；(2) 判决作出的国家、判决结果、时间、生效时间;(3) 传唤应诉情况;(4) 申请理由及请求;(5)其他需要说明的情况。

本案曹某与聂某双方同意离婚,由美国法院下达了离婚判决书,据上述法律规定,曹某向其住所地中级人民法院提出申请,因提交的美国法院离婚判决书是复印件,不符合程序中关于正本的规定,所以法院应当对当事人进行必要的释明,告知其需要经过必要的认证程序,使该复印件产生与正本相同的效力。经法院释明后,曹某将该判决书送返美国,交由作出判决的美国纽约州最高法院核查,经核查该复印件与正本内容无异后,由美国纽约州最高法院的秘书签章证明与原件相同无异,于此我国法院据此认定了该判决书的真实性。由于判决的内容与中华人民共和国法律无抵触,因此对判决书的效力予以了承认。

(五) 自测案例

案例141

美国某商贸公司诉我国食品进出口公司合同纠纷案①

我国某食品进出口公司(以下简称"卖方")与美国某商贸公司(以下简称"买方")签订一份合同。合同约定卖方向买方供应冻蟹 12 公吨和咸虾 39 公吨。卖方于 1998 年 7 月 10 日自福州发运冻蟹和咸虾,在香港转船后运抵洛杉矶。买方接收货物后,发现冻蟹是坏的,遂请美国检验机构对货物进行检验,并出具了证明冻蟹和咸虾部分腐烂变臭的检验报告。买方以此为据,要求卖方退还全部货款。为此,双方发生争议,经过协商解决无效,买方起诉至中国某法院。该法院受理案件后,将起诉状副本送达给被告中国某食品进出口公司,被告应诉后,对美国检验机构的商检证明提出异议,请求法院查明。法院接受了当事人的请求,遂请求原告所在地的美国法院予以司法协助,就此事代为询问原告。

问:我国法院请求美国法院代为询问美国当事人需要具备什么条件?

① 本案例参见汤维建主编:《民事诉讼法案例分析》,中国人民大学出版社 2002 年版,第 366—367 页。

第五编　非讼程序

第二十七章　特别程序

一、选民资格案件的审理程序

选民资格案件,是指公民对选举委员会公布的选民资格名单有不同意见,向选举委员会申诉后,对选举委员会就其申诉所作的决定仍然不服,而向人民法院提起诉讼的案件。人民法院审理选民资格案件所适用的程序,就是选民资格案件审理程序。

选民资格案件审理程序的特点:(1) 选民资格案件的提起和受理必须以经过选举委员会处理为前置条件,亦即必须是对选举委员的申诉处理决定不服才能起诉和受理。(2) 选民资格案件的起诉人只能是选民本人或其他公民,而不能是企业、事业单位和机关、团体,被诉人是选举委员会。(3) 审理选民资格案件必须由审判员组成合议庭,而不能进行独任审判。(4) 审理选民资格案件必须在选举日之前审结,并应在选举日之前将判决书送达选举委员会和起诉人,通知公民。(5) 人民法院对选民资格案件既可以判决驳回起诉人的诉讼请求,维持选举委员会的决定,也可以直接以判决的方式纠正选举委员会的决定,但一般不宜判决责令选举委员会重新处理,以保证选举按时和顺利进行。①

---

① 本案例参见汤维建主编:《民事诉讼法案例分析》,中国人民大学出版社 2002 年版,第 455—456 页。

（一）案情简介

案例142

温某作为回迁居民因不符合回迁的时间条件未被凌塘村村民选举委员会列入选民名单要求确认其村民委员会选民资格案①

起诉人：温某，男，1996年5月22出生，汉族，住广州天河区东圃镇凌塘上街南23号。

2002年4月21日，凌塘村第二届村民选举委员会发布第2号选举公告，公布了凌塘村选民名单，起诉人温某发现选民名单上没有他的名字，便向凌塘村村民选举委员会申诉，要求确认其选民资格。凌塘村第二届村民选举委员会经讨论于同日作出《凌塘村村民选举委员会纪要》一份，该《纪要》在关于凌塘村第二届村民委员会选举选民资格界定的第2条第2款规定，“凡在2001年4月1日（含4月1日）后，属于居民户口迁入凌塘村的回迁居民（婚迁居民同等对待）”，不能参加本次选举。4月25日，选举委员会书面答复温某，认为其是于2002年2月8日由先烈东横路迁入凌塘村的，从而认定其不具备本届换届选举的选民资格。温某不服，于4月29日向广州市天河人民法院起诉，请求确认其享有凌塘村第二届村民委员会的选民资格。在审理中，由于温某没有向法院提供其是凌塘村集体经济组织成员或享有凌塘村村民集体土地等生产资料和财产所有权的证据，也没有向法院提供其承担如向该村缴交农业税、水利税、乡统筹款、村提留款等义务和在该村实行计划生育的证据，法院认为温某不是凌塘村的村民，不享有凌塘村第二届村民委员会的选民资格。

问：法院对该案能否适用《民事诉讼法》所规定选民资格案件的审理程序。

---

① 案例选自最高人民法院中国应用法学研究所编：《人民法院案例选》2002年第2辑（总第44辑），人民法院出版社2004年版，第198页。

（二）思考方向

本案中村民委员会的选举是否等同于我国《选举法》中所规定的选举？因村委会的选举的选民资格纠纷能否适用《民事诉讼法》所规定的选民资格案件程序？这是本案需要考虑的问题。

（三）法律规定

《民事诉讼法》第161条　依照本章程序审理的案件，实行一审终审。选民资格或者重大、疑难的案件，由审判员组成合议庭审理；其他案件由审判员一人独任审理。

第163条　人民法院适用特别程序审理的案件，应当在立案之日起三十日内或者公告期满后三十日内审结。有特殊情况需要延长的，由本院院长批准。但审理选民资格的案件除外。

第164条　公民不服选举委员会对选民资格的申诉所作的处理决定，可以在选举日的五日以前向选区所在地基层人民法院起诉。

第165条　人民法院受理选民资格案件后，必须在选举日前审结。

审理时，起诉人、选举委员会的代表和有关公民必须参加。

人民法院的判决书，应当在选举日前送达选举委员会和起诉人，并通知有关公民。

《中华人民共和国选举法》（以下简称《选举法》）第2条　全国人民代表大会的代表，省、自治区、直辖市、设区的市、自治州的人民代表大会的代表，由下一级人民代表大会选举。

不设区的市、市辖区、县、自治县、乡、民族乡、镇的人民代表大会的代表，由选民直接选举。

第28条　对于公布的选民名单有不同意见的，可以向选举委员会提出申诉。选举委员会对申诉意见，应在三日内作出处理决定。申诉人如果对处理决定不服，可以在选举日的五日以前向人民法院起诉，人民法院应在选举日以前作出判决。人民法院的判决为最后决定。

《中华人民共和国村民委员会组织法》

第2条第1款　村民委员会是村民自我管理、自我教育、自我服务的基层群众性自治组织……

第5条第3款　村民委员会依照法律规定，管理本村属于村农民集体所有的土地和其他财产，教育村民合理利用自然资源，保护和改善生态环境。

第11条第1款 村民委员会主任、副主任和委员，由村民直接选举产生……

第12条第1款 年满十八周岁的村民，不分民族、种族、性别、职业、家庭出身、宗教信仰、教育程度、财产状况、居住期限，都有选择权和被选举权；但是，依照法律被剥夺政治权利的人除外。

《全国人民代表大会和地方各级人民代表大会选举法》第1条 根据中华人民共和国宪法，制定全国人民代表大会和地方各级人民代表大会选举法。

（四）学理分析

选民资格案件，是指公民对选举委员会公布的选民资格名单有不同意见，向选举委员会申诉后，对选举委员会就其申诉所作的决定仍然不服，而向人民法院提起诉讼的案件。人民法院审理选民资格案件所适用的程序，就是选民资格案件审理程序。问题在于此处所界定的选民资格案件所适用的范围有多大？根据我国《选举法》第1条和第2条的规定，我国公民的选举权适用的对象是乡镇以上的人民代表大会代表的选举，而村民委员会是村民自我管理、自我教育、自我服务的基层群众性自治组织，所以，村民选举村委会成员的行为，不属于《选举法》所规定的选举权的内容。则《民事诉讼法》特别程序中的选民资格案件是仅仅为《选举法》的选举所设置的，还是包括了村委会的选举呢？法律没有作出明确规定，但根据我国通说观点，选民资格案件的审理程序只能适用于《选举法》中有关公民对选民名单所涉及的纠纷。但在实务界，法院受理的最大量的选民资格案件却是村委会选举资格案件。而且法院就此适用《民事诉讼法》所规定的选民资格案件程序也早就习以为常。

我们赞同将选民资格案件的审理程序适用于村委会的选举中。理由如下：(1) 村民对村委会的选举权与公民对一级政权（政府或代议机构组成人员）的选举权一样都源自宪法，都属于宪法性权利。(2) 由于关涉自己的切身利益，村民对村委会的选举的重视程度往往比对选举一级政权的热情要更高，由于关注度高，所以也更容易产生纠纷，在实务中选民资格案件的纠纷也大量的来自于村委会的选举。(3)《民事诉讼法》第164条和第165条的规定并没有明确选民资格案件只能适用于《选举法》所定的选举范围的纠纷，司法实务中，法官审理村委会选民资格案件也是准用《民事诉讼法》第164条和第165条的规定，实践表明这没有导致其他的负面影响出现。更为重要的是，村委会选举资格争议适用民事诉讼特别程序解决在理论上不存在障碍。随着我国政治的民主化、法治化进程的加快，公民参政、议政的意识会不断提高，相应的各类选举纠纷也会越来越多，纠纷的形式也将日益多样化，基于我国选举权的发展趋势，我国应该逐步扩大选举权诉讼的范围。

值得注意的是，我国选民资格案件的审理程序存在首先向选举委员会申诉的前置程序，选民对选举委员会的处理决定不服，才能在选举日的5日前向选区所在地的基层人民法院提起诉讼，没有经过选举委员会的申诉处理程序，也就不享有向法院的起诉权。

从本案的审理程序来看，温某在对村委会选举名单有异议时，先向选举委员会申诉，在对选举委员会处理结果不服时向广州天河区人民法院提起诉讼，法院适用特别程序，在法定的时间受理并审结了此案，该案件的程序流程与选民资格案件的审理程序完全一致。

（五）自测案例

案例143

王某等诉北京民族饭店侵犯选举权案①

王某等16人原系北京民族饭店员工。1998年下半年，北京市西城区人民代表大会换届工作开始，由选民选举新一届人大代表。10月，北京民族饭店作为一个选举单位，公布了其选民名单，其中确定了该16名员工的选民资格。后因该16名员工与北京民族饭店的劳动合同届满，双方解除了劳动关系，该16名员工离开了北京民族饭店。

1998年12月15日，新一届人大代表换届选举开始，北京民族饭店没有通知这些应在原单位选举的员工参加选举，也没有发给他们选民证，致使该16名员工未能参加选举。

为此，王某等16人向北京市西城区人民法院提起诉讼，状告北京民族饭店侵犯其选举权，要求判令被告依法承担法律责任，赔偿经济损失200万元。

---

① 本案例参见最高人民法院中国应用法学研究所编：《人民法院案例选》（2000年第2辑），人民法院出版社2000年版，第161页。

北京市西城区人民法院认为，原告王某等16人的该诉讼请求依法不属于法院受案范围。因而作出裁定，对王某等人的起诉不予受理。

王某等16人中的15人不服一审裁定，向北京市第一中级人民法院提起上诉。北京是第一中级人民法院于1999年5月10裁定：驳回上诉，维持原裁定。

问：本案是否属于选民资格案件？法院的处理是否正确？

二、认定公民民事行为能力程序

认定公民民事行为能力程序，是指人民法院根据利害关系人的申请，对不能辨认或不能完全辨认自己行为能力的精神病人、痴呆病人，按照法定程序，认定并宣告该公民为无民事行为能力或者限制民事行为能力人的程序。认定公民民事行为能力包括认定公民无民事行为能力程序和认定公民限制行为能力程序。

（一）案情简介

案例144

单位能否作为认定公民无民事行为能力程序启动的申请人？①

谢某是厦门经济特区机械冶金进出口公司（以下简称“冶金公司”）的职工，1997年的一天，谢某因在工作时与所在部门经理发生冲突，于1997年5月向冶金公司领导提出书面辞职申请。冶金公司领导批准后，谢某之父谢某某（以下简称“谢父”）以谢某患有精神病为由，其辞职无效，向冶金公司提出异议。为确定谢某是否患有精神病，冶金公司委托厦门仙岳医院（精神病专科医院，当时厦门尚未成立精神病司法鉴定委员会）做鉴定。该院经鉴定出具了鉴定书，结论为：被鉴定人谢某以

① 本案例改编自最高人民法院应用法学研究所编：《人民法院案例选》（1992—1999年合订本，民事卷下），中国法制出版社2000年版，第1910页。

关系妄想、被害妄想、被跟踪妄想和夸大妄想为主要症状，易激怒冲动，自制力不全，系精神分裂偏执性患者。对此鉴定结论，冶金公司即谢某家人都无异议。冶金公司认为，谢某的辞职是否无效，有待于对谢某的行为能力进行确认，故1997年11月冶金公司向厦门市开元区人民法院申请人认定被申请人谢某为限制民事行为能力人。法院受理后，根据医院的精神鉴定书，于1997年12月12日判决宣告被申请人谢某为限制民事行为能力人。5年后，经过治疗，谢某的病情治愈，谢父前往法院申请撤销1997年12月12日的认定限制无行为能力的判决，法院受理后，指定谢父作为谢某的代理人参与庭审，根据医院的诊断书，法院判决撤销原判，恢复谢某的民事行为能力。

问：(1) 冶金公司能否作为申请人申请认定谢某为限制行为能力人？(2) 本案在处理过程中有无失当？

（二）思考方向

公民的民事行为能力是国家法律赋予的一种独立进行民事活动的资格，除法律规定的情况和依法定程序认定外，任何人不得随意剥夺和限制公民的民事行为能力。根据我国《民事诉讼法》第170条的规定，申请认定公民为无民事行为能力人和限制行为能力人的申请人只能是其近亲属和利害关系人，冶金公司作为一个单位，显然不是其近亲属，应该作为利害关系人申请。谢父作为申请撤销原认定限制行为能力人的判决的申请人，不能同时作为被申请人的代理人参与审理。

（三）法律规定

《民事诉讼法》第170条第1款　申请认定公民无民事行为能力或者限制民事行为能力，由其近亲属或者其他利害关系人向该公民住所地基层人民法院提出。

第171条　人民法院受理申请后，必要时应当对被请求认定为无民事行为能力或者限制民事行为能力的公民进行鉴定。申请人已提供鉴定结论的，应当对鉴定结论进行审查。

第172条　人民法院审理认定公民无民事行为能力或者限制民事行为

能力的案件,应当由该公民的近亲属为代理人,但申请人除外。近亲属互相推诿的,由人民法院指定其中一人为代理人。该公民健康情况许可的,还应当询问本人的意见。

人民法院经审理认定申请有事实根据的,判决该公民为无民事行为能力或者限制民事行为能力人;认定申请没有事实根据的,应当判决予以驳回。

第173条 人民法院根据被认定为无民事行为能力人、限制民事行为能力人或者他的监护人的申请,证实该公民无民事行为能力或者限制民事行为能力的原因已经消除的,应当作出新判决,撤销原判决。

《民诉法意见》第193条 在诉讼中,当事人的利害关系人提出该当事人患有精神病,要求宣告该当事人无民事行为能力或限制民事行为能力人的,应由利害关系人向人民法院提出申请,由受诉人民法院按照特别程序立案审理,原诉讼中止。

(四)学理分析

1. 本案在审理中,对利害关系人的范围有不同认识,一种观点认为,《民事诉讼法》第170条所指的"利害关系人"应理解为,被申请人以外的,与被申请人关系密切的其他亲属、朋友,愿意承担监护责任,并经被申请人所在单位或所在地居委会、村委会或民政部门同意,若不同意,则由所在地居委会或民政部门行使申请权。本案中冶金公司与被申请人之间属于劳动合同关系,不是债权债务关系,而且本案中被申请人的父亲健在,他比冶金公司更具有优先申请权,所以不应当由冶金公司提出认定其职工限制民事行为能力的申请。

另一种观点则认为,被申请人系冶金公司职工,二者之间存在劳动法律关系。劳动法律关系依据劳资双方自愿签订的劳动合同而成立,属于民事权利义务关系。被申请人的民事行为能力状态的认定,不仅直接决定被申请人于1997年5月提出的辞职申请是否有效,而且由此也决定冶金公司对辞职申请批准的效力。若被申请人确系限制民事行为能力人,则辞职申请无效,批准辞职申请也无效,被申请人与冶金公司之间依然存在劳动法律关系,冶金公司就要为被申请人履行职务的任何行为承担责任。所以,冶金公司与被申请人之间存在直接利害关系。故本案中冶金公司作为利害关系人提出申请是适格的。

笔者认为第二种观点符合我国《民事诉讼法》第170条规定的立法精

神，法院受理冶金公司的申请更有利于保护被申请人的合法权益。

2. 本案在谢父申请撤销原认定谢某为限制民事行为能力判决的程序处理中存在一定错误。为了避免近亲属恣意侵害无行为能力人和限制行为能力人的合法权益，《民事诉讼法》第 172 条明确规定申请人不得同时作为被申请人的诉讼代理人，本案中法院直接指定申请人谢父作为谢某的诉讼代理人是不符合法律规定的。

（五）自测案例

案例 145

著名话剧表演艺术家于是之被申请宣告无行为能力①

于是之是我国著名的话剧表演艺术家。于老原来一直居住在一套老房子里，居住条件和周边环境都比较简陋。为了改善于老的居住环境，子女贷款为其另购了新房。但因还款压力较大，经家庭研究决定由于老和老伴出卖其名下的老房屋。但 1992 年以后，于是之记忆力衰退，反应迟钝，1996 年左右说话写字已经困难。此后的几年，于老一直处于痴呆和癫痫状态，目前半身不遂，连自己的亲属都不能辨认。鉴于于老的病状已达到无认识能力和控制能力的状态，故于老年近 82 岁的老伴向北京市朝阳区法院申请法院宣告于老为无民事行为能力人，同时要求法院确认其老伴作为于老的监护人，代为管理并处分于老的财产。

问：于老的老伴已经 82 岁了，能否作为申请认定于老为无行为能力人的申请人？

① 本案例参见：http://news.sohu.com/20070228/n248402406.shtml，2009-12-15 访问。

第二十八章　督 促 程 序

一、支付令的申请

支付令,又称支付命令、督促决定,它是督促程序中最重要的法律文书,是指在督促程序中由人民法院发布的,旨在限令债务人履行支付义务或者提出书面异议的法律文书,若债务人在法定期间既不履行债务又不提出异议,则发生强制执行的法律效力。①

支付令申请是债权人基于债务人的特定债权,而依法向人民法院提出催告债务人履行其支付义务的书面请求。债权人向人民法院提出支付令申请应当具备程序性要件和实质性要件。

支付令申请的程序性要件包括以下几项内容:(1)债权人应当以书面形式向法院提出支付令申请;(2)债权人应当向有管辖权的人民法院提出申请;(3)支付令必须能送达债务人;(4)申请人应当向法院交纳案件受理费。

支付令申请的实质性要件包括:(1)申请支付令的主体必须适格,即申请人必须是本案的债权人,而被申请人应当是对债权人负有偿还义务的债务人;(2)债权人请求给付的内容只能是金钱或有价证券;(3)债务人履行给付金钱或有价证券的义务期限已经届满,而且数额确定;(4)债权人与债务人之间不存在对待给付的义务。②

---

① 参见江伟主编:《民事诉讼法》,高等教育出版社 2004 年版,第 400 页。

② 参见汤维建主编:《民事诉讼法学》,北京大学出版社 2008 年版,第 470—471 页。

（一）案情简介

案例146

北京市牛栏山酒厂、北京市顺义京华柴汽油供应站申请支付令①

申请人：北京市牛栏山酒厂。地址：北京市顺义县牛栏山。

法定代表人：秦某，厂长。

申请人：北京市顺义京华柴汽油供应站。地址：北京市顺义县城关镇。

法定代表人：庞某，经理。

被申请人：张某，《工程师杂志》编辑部房山商行副经理。住址：北京市房山镇。

2008年6月底，申请人北京市牛栏山酒厂、北京市顺义京华柴汽油供应站，委托被申请人张某购买汽油，交张某转账支票2张，金额为8万元。因张某提供的汽油不符合双方商定的质量要求，申请人未提货。2009年7月21日，申请人与被申请人达成归还购油款的协议，协议规定：被申请人应于2009年8月5日还款4万元，同月底再还4万元；逾期还款，追加利息。嗣后，被申请人张某未按协议还款，申请人于2009年7月8日申请北京市房山区人民法院发出支付令，督促债务人张某返还购油款8万元。申请人考虑到被申请人的经济能力，申明放弃对欠款利息的请求。

房山区人民法院接到申请后，经审查，申请人的支付令申请符合《中华人民共和国民事诉讼法》第191条的规定，决定予以受理。受理申请后，经审查，申请人与被申请人间的债权债务关系明确、合法、有据，根据《中华人民共和国民事诉讼法》第193条的规定，于2009年7月15日发出支付令，限被申请人张某在收到支付令之日起15日内，给付申请人北京市牛栏山酒厂、北京市顺义京华柴汽油供应站购油款8万元。被申请人张某收到支付令后，在法定期限内未提出异议。

问：督促程序适用的范围和条件是什么？房山区人民法院向张某发出

① 本案例参见：http://www.fl168.com/Lawtext-View-57200，2009-11-12访问。

支付令的行为是否正确？

（二）思考方向

督促程序的适用范围具有有限性，仅适用于给付金钱或有价证券的案件。适用督促程序审理案件进行的是单方审查，而且是非实体性审查。即只需要对债权人提出的申请和事实、证据进行审查，不询问债务人，也不开庭审理，就可以作出支付令。

（三）法律规定

《民事诉讼法》第191条 债权人请求债务人给付金钱、有价证券，符合下列条件的，可以向有管辖权的基层人民法院申请支付令：

（一）债权人与债务人没有其他债务纠纷的；

（二）支付令能够送达债务人的。

申请书应当写明请求给付金钱或者有价证券的数量和所根据的事实、证据。

第192条 债权人提出申请后，人民法院应当在五日内通知债权人是否受理。

第193条第1款 人民法院受理申请后，经审查债权人提供的事实、证据，对债权债务关系明确、合法的，应当在受理之日起十五日内向债务人发出支付令；申请不成立的，裁定予以驳回。

《劳动合同法》第30条 用人单位应当按照劳动合同约定和国家规定，向劳动者及时足额支付劳动报酬。

用人单位拖欠或者未足额支付劳动报酬的，劳动者可以依法向当地人民法院申请支付令，人民法院应当依法发出支付令。

《民诉法意见》第215条 债权人向人民法院申请支付令，符合下列条件的，人民法院应予受理，并在收到申请后五日内通知债权人：

(1) 请求给付金钱或汇票、本票、支票以及股票、债券、国库券、可转让的存款单等有价证券的；

(2) 请求给付的金钱或者有价证券已到期且数额确定，并写明了请求所根据的事实、证据的；

(3) 债权人没有对待给付义务的；

(4) 支付令能够送达债务人的。

不符合上述条件的，通知不予受理。

（四）学理分析

在1991年《民事诉讼法》施行以前，凡请求给付的诉讼，不论给付内容是什么，也不论权利义务关系是否明确，当事人之间是否存在争议，都必须经过普通程序审判。这不仅给那些权利义务关系明确、当事人之间不存在争议的债权人造成了不便，也增加了人民法院的工作量。1991年4月9日公布的《中华人民共和国民事诉讼法》，增加了督促程序的规定。按照这一规定，凡请求给付金钱或者有价证券的案件，只要权利义务关系明确，当事人间不存在任何争议的，人民法院可不开庭审理，而是根据债权人的申请，向债务人发出支付令。如果债务人在法定15日期限内没有提出异议，支付令即发生与判决同等的强制执行效力。

关于督促程序适用的范围和条件，《民事诉讼法》第191条和《民诉法意见》第215条的规定，归纳起来为以下四项内容：(1) 申请人的申请限于请求给付金钱或者汇票、本票、支票、股票、债券、国库券、可转让的存款单等有价证券。(2) 请求给付的金钱或者有价证券已到履行期，且数额明确，事实清楚，有债权凭证。(3) 申请人与被申请人没有其他债务纠纷，并且对本债权债务关系无争议。(4) 属于本法院管辖，并能够直接将支付令送达债务人。

房山区人民法院受理本案后，经过审查认为申请成立，并在受理后15日内，向被申请人张某发出了支付令，符合法定程序的规定，处理正确。

（五）自测案例

案例147

中国第一份"工资支付令申请书"[①]

2008年1月1日上午9时，经当事人刘某签字确认，并受其委托，湖南万和联合律师事务所李某律师，在《中华人民共和国劳动合同法》

① 本案例改编自：http://news.sohu.com/20080102/n254416991.shtml，2009-11-12访问。

正式开始实施之日，向长沙市芙蓉区人民法院邮寄呈递出湖南乃至中国第一份“工资支付令申请书”，对方当事人为湖南省某研究所。

问：劳动者的工资追讨能否适用督促程序？

二、支付令异议

支付令异议，是指债务人在法定的期限内就支付令所记载的债务，向发出支付令的法院书面提出不同意见，旨在使支付令不发生既判力和强制执行力的行为。

支付令异议必须在债务人收到支付令之日起 15 日内以书面形式向法院提出，且异议必须针对债务本身提出，若债务人的异议只是陈述自己无力偿还债务或对清偿期限、清偿方式等提出不同意见，则异议不能成立。

人民法院对债务人提出的支付令异议只进行形式上的审查，不审查异议是否有理由。

（一）案情简介

案例148

罗某就卢某不予返还美金申请支付令案①

申请人罗某与被申请人卢某的女儿是同学关系。卢某之女及其丈夫均在美国留学，曾来信答应能帮助罗某办理出国事宜。1992 年 6 月 15 日，罗某将 2000 元美金送达卢某家中，当时卢某写下一张收条：“今收到美元 2000 元整（暂存）。”1992 年 10 月 25 日，罗某找到卢某说其不想出国留学了，要求卢某将 2000 美金退还给她。卢某声称 2000 美金已经让他人带到美国交给了其女儿，并以此为理由，不同意罗某的退款要求。为此，罗某于 1992 年 10 月 29 日向法院申请支付令，要求被申请人卢某退还其 2000 美元。

① 本案例参见毕玉谦主编：《民事诉讼判例实务问题研究——程序公正的理性思考》，中国法制出版社 1999 年版，第 396—397 页。

法院审查申请时认为,申请人罗某请求被申请人卢某返还其2000美金,符合督促程序的适用范围,申请人申请支付令符合法定条件,为此,法院受理了该申请,并依法发出支付令,将支付令送达了被申请人卢某,责令其在收到支付令起15日内将2000美金给付罗某。但卢某在法定期限内向法院提出了书面异议,辩称:罗某因当时正托我女儿为其办理出国事宜,且我女儿打电话说如果罗某送钱来就先收下。1992年6月15日,罗某送来2000美金,我就收下了,并主动给罗某打了收条。后来我托人将此款带给了我在美国的女儿,并为罗某办理了出国手续,现罗某又不去美国了,责任不在我,另外,此款也不属于借款,应该属于办理出国事宜的花费,我不同意返还。法院因卢某提出书面异议,遂作出书面裁定终结督促程序,并告知罗某可以向法院另行起诉。

问:本案卢某所作的支付令异议是否成立?支付令异议成立将产生什么法律后果?

(二)思考方向

支付令是基于债权人单方面的请求而做出的旨在督促债务人尽快偿还无争议债务的迅捷程序。由于它的根据是债权人一方提供的事实和证据,对这些事实和证据,并没有允许债务人进行质证和抗辩,所以,申请支付令失实的可能性仍然存在。为维护债务人的合法权益,法律赋予债务人在法定期限内对支付令提出异议的权利。支付令异议一旦成立,则意味着债权人申请的债权是有争议的债权,作为解决无争议债权的督促程序就没有了适用的法理基础,所以将产生督促程序终结的法律后果。

(三)法律规定

《民事诉讼法》第193条第2款、第3款 债务人应当自收到支付令之日起十五日内清偿债务,或者向人民法院提出书面异议。

债务人在前款规定的期间不提出异议又不履行支付令的,债权人可以向人民法院申请执行。

第194条 人民法院收到债务人提出的书面异议后,应当裁定终结督促程序,支付令自行失效,债权人可以起诉。

《民诉法意见》第221条 依照民事诉讼法第194条的规定，债务人在法定期间提出书面异议的，人民法院无须审查异议是否有理由，应当直接裁定终结督促程序。债务人对债务本身没有异议，只是提出缺乏清偿能力的，不影响支付令的效力。

第222条 民事诉讼法第一百九十一条驳回支付令申请的裁定书和第一百九十二条终结督促程序的裁定书，由审判员、书记员署名，加盖人民法院印章。

第223条 债务人在收到支付令后，不在法定期间提出书面异议，而向其他人民法院起诉的，不影响支付令的效力。

第224条 督促程序终结后，债权人起诉的，由有管辖权的人民法院受理

（四）学理分析

支付令异议，是指债务人在法定的期限内就支付令所记载的债务，向发出支付令的法院书面提出不同意见，旨在使支付令不发生既判力和强制执行力的行为。由于支付令是基于债权人单方面的请求而作出的旨在督促债务人尽快偿还无争议债务的迅捷程序。它的根据是债权人一方提供的事实和证据，对这些事实和证据，并没有允许债务人进行充分的质证和抗辩，所以，申请支付令失实的可能性仍然存在。为维护债务人的合法权益，法律赋予债务人在法定期限内对支付令提出异议的权利。根据我国《民事诉讼法》第193条第2款和《民诉法意见》第221条的规定，申请支付令异议必须符合以下条件：

（1）债务人的异议必须在法定期间内提出，即必须于支付令送达之日起15日内提出。

（2）债务人的异议必须以书面形式提出，口头提出无效。

（3）债务人的异议必须针对支付令所确定的债务本身提出，若债务人对债务本身没有异议，只是提出缺乏清偿能力的，或对清偿期限、清偿方式等提出不同意见的，不影响支付令的效力，不构成支付令的异议。

（4）债务人的异议必须向发出支付令的法院提出。若债务人在收到支付令后，不在法定期间提出书面异议，而向其他人民法院起诉的，不构成支付令的异议，不影响支付令的效力。

债务人一旦提出异议，法院无需审查异议是否有理由，只要在形式上符合上述条件，即可裁定该支付令异议成立。本案中卢某在法定期限内以书

面形式向发出支付令的法院提出异议，且提出的异议所针对的是债权人罗某所主张的债权本身的问题，所以符合支付令异议的成立要件。

根据《民事诉讼法》第194条的规定，支付令异议成立的直接后果就是产生督促程序终结。所谓督促程序的终结，是指法院业已启动的督促程序，因某些法律事实的出现，导致该程序完结的一种后果。督促程序的终结可以分为因债务人按照支付令的要求履行债务的自然终结和因法定事由而裁定终结两种情形。导致督促程序裁定终结的法定事由包括：(1)债务人依法提出支付令异议的；(2)申请人在法院发出支付令前撤回申请的；(3)受理支付令申请后，债权人就同一债权关系又提起诉讼的；(4)法院发出支付令之日起30日内无法送达债务人的。督促程序裁定终结后，已经发出的支付令即自行失效。本案中支付令异议已经合法成立，所以应当产生督促程序终结的法律后果。

值得注意的是，由于我国《民事诉讼法》规定对支付令异议的审查不作实质性审查，只需在形式上符合要件即可达到异议成立、支付令失效并终结督促程序的后果，债权人若继续主张该项债权需重新向人民法院抗诉。这种做法让债权人在督促程序中的一切努力都毫无意义，从而导致债权人讨债的成本加大。实践中一些债务人为拖延时间，逃避债务，故意提出不实的书面异议，迫使督促程序终结。这不但增加了债权人的讼累，而且浪费了国家的司法资源。是以我国督促程序在实务中的使用率非常低下，几乎成为一种虚置状态。笔者以为，应该借鉴德国的做法，即支付令异议一旦成立，就裁定进入通常程序，使债权人在督促程序的支付令申请直接作为普通程序中的诉状进行审理。从而更好的维护债权人的合法权益，凸显法律的尊严。

（五）自测案例

案例149

杭州市百货公司就张某不给付货款申请支付令案①

2000年12月，张某在杭州市百货公司（以下简称“百货公司”）批发日用百货总价值为15万元，张某已付货款8万元，余款经双方协商于

① 本案例参见史长青、郑莹编著：《民事诉讼法案例教程》，北京大学出版社2004年版，第321页。

三个月内还清，张某向百货公司出具欠条一张。至期，张某以资金紧张为由，未能付款，百货公司多次催要无果，遂于2001年5月5日向张某所在地基层法院申请发出支付令，督促债务人张某返还余款7万元。法院接到申请后，进行形式审查后，认为符合法律规定，决定予以受理。经审查，申请人与被申请人间的债权债务关系明确、合法、遂于2001年5月25日发出支付令，限被申请人张某自收到支付令之日起15日内，给付申请人未付货款7万元。张某在收到支付令后的第9天向法院口头提出，其在百货公司所批货物部分存在质量问题，百货公司应更换不合格产品或者降低价格。法院认为张某提出的支付令异议不能成立，遂于2001年6月11日应申请人的请求对张某进行强制执行。

问：本案中法院认为张某提出的支付令异议不成立的处理是否正确？

第二十九章　公示催告程序

一、公示催告程序概述

公示催告程序，是指人民法院根据当事人基于法定理由的申请，以公示的方法催告不明的利害关系人在法定期间内申报权利，如果逾期无人申报，则根据当事人的申请，依法作出除权判决的非讼程序。公示催告程序适用于按照规定可以背书转让的票据和依照法律规定可以申请公示催告的其他事项。

（一）案情简介

案例150

武汉海事法院公示催告程序　当事人挽回百万美元损失①

2004年10月16日，中化日本有限公司从新加坡进口951.34吨乙二醇，准备运往中国。在取得该货物的全套提单后，同年11月上旬，货物运往张家港长江国际码头保税区仓库。当该公司准备提货时，却发现提货单遗失，导致无法提货。随后一年多，该公司与售货方新加坡公司交涉未果。

2006年3月，中化日本有限公司向武汉海事法院提出公示催告申请。该院受理了这起建院以来的首件公示催告案件，迅速作出公告，催促权利人申报权利。同时向张家港保税区仓库发出停止放货通知书，待该院判决后再作处理。

---

①　本案例参见 http://news.9ask.cn/msss/msssal/200908/228454.html，2009-12-15访问。

公告期内,因无利害关系人提出权利申请,海事法院遂作出全套正本提单无效,日本公司有权请求提货的判决。2006年5月15日,武汉海事法院根据中化日本有限公司的申请依法判决:公示的提货单无效,中化日本有限公司有权向货物保管人张家港保税区长江国际港务公司请求提货。从而为其挽回经济损失120万美元。

问:什么是公示催告程序?该程序的具有哪些特点?公示催告程序的功能何在?

(二)思考方向

公示催告程序,是指人民法院根据当事人基于法定理由的申请,以公示的方法催告不明的利害关系人在法定期间内申报权利,如果逾期无人申报,则根据当事人的申请,依法作出除权判决的非讼程序。公示催告程序的目的是通过公告的方式催告不明的利害关系人及时申报权利,并在无人申报权利的情况下作出宣告票据无效的判决,使得申请人恢复票据上的权利。公示催告程序的功能主要体现在以下三个方面:一是对失票人的合法权益进行救济;二是维护利害关系人的合法权益;三是确保票据流通的安全。

(三)法律规定

《民事诉讼法》第195条 按照规定可以背书转让的票据持有人,因票据被盗、遗失或者灭失,可以向票据支付地的基层人民法院申请公示催告。依照法律规定可以申请公示催告的其他事项,适用本章规定。

申请人应当向人民法院递交申请书,写明票面金额、发票人、持票人、背书人等票据主要内容和申请的理由、事实。

《民诉法意见》第226条 民事诉讼法第193条(现第195条)规定的票据持有人,是指票据被盗、遗失或者灭失前的最后持有人。

(四)学理分析

公示催告程序,是指人民法院根据当事人基于法定理由的申请,以公示的方法催告不明的利害关系人在法定期间内申报权利,如果逾期无人申报,则根据当事人的申请,依法作出除权判决的非讼程序。

公示催告程序的目的是通过公告的方式催告不明的利害关系人及时申报权利,并在无人申报权利的情况下作出宣告票据无效的判决,使得申请人恢复票据上的权利。作为一种法律程序,公示催告程序具有以下几个显著特征:(1) 程序的非讼性。公示催告程序是通过确认申请人申请公示催告的票据在一定期限内无人申报权利这一事实,进而作出除权判决,使失票人的票据权利与丧失的票据相分离,从而实现对其权利的保护的目的。在公示催告程序中,申请人根本不知道有无利害关系人,更不知道利害关系人是谁,因此,公示催告案件没有明确的被告或被申请人。而一旦明确了利害关系人,公示催告程序就因失去存在的基础而必须终结,申请人就只能向人民法院提起民事诉讼,通过诉讼程序解决纠纷。(2) 适用范围的专门性。公示催告程序是为了实现对丧失票据后对票据权利进行司法救济而设立的专门程序,因此,公示催告程序的适用范围具有明确的限定性。根据我国《民事诉讼法》第 195 条第 1 款的规定,公示催告程序仅适用于可以背书转让的票据被盗、遗失或者灭失的案件以及法律规定可以申请公示催告的其他事项。(3) 具体程序规定的特殊性。公示催告程序在程序设置上具有明显不同于诉讼程序及其他非讼程序的独特性,如,由公示催告和除权判决两个阶段构成,两个阶段均只能由申请人申请启动,主要适用书面审理和公告方式进行审理以及一审终审等。

设立公示催告程序的目的是通过公示以及除权判决这种方式,对票据与行使票据权利进行阻隔,以使失票人不会因此受到利益的损害,进而实现对所有票据利害关系人的公平保护。因此,公示催告程序具有以下几个方面的显著功能:(1) 对失票人的合法权益进行救济。票据是一种完全有价证券,亦即票据权利的发生以作成票据为必要,票据权利的转移以交付为条件,票据权利的行使以持有票据为前提,因此,票据权利人一旦脱离对票据的实际占有,就会给票据权利人行使权利造成妨碍。而且,票据又是一种无因证券,持票人的票据丧失后一旦被他人占有,则不仅会使持票人在行使票据权利时受到阻碍,而且还很可能被他人恶意利用,直接损害正当持票人的合法权益。因此,当票据权利人丧失对票据的占有后,就必须通过一定的程序——公示催告程序使票据权利和票据相分离,实现对其享有票据权利的有效救济。(2) 维护利害关系人的合法权益。通过确认申请人申请公示催告的票据在一定期限内无人申报权利这一事实,进而作出除权判决,以实现失票人对丧失票据的权利救济,这固然是设立公示催告程序的重要目的。而与此同时,通过公示催告让处于不明状况的相对人向法院申报权利,以免使善意取得票据的第三人(即利害关系人)因票据被除权而影响其正当权利的行使,这同样是设立公示催告程序的意义所在。(3)确保票据流通的安全。票据的流通性是否能够实现快捷、安全的转让密切相关。如果票据权利人在丧失票据后不能得到有效的救济,或者善意取得票据的第三人的合法权益不能得到应有的保障,这都将严重阻碍票据实现快捷、安全的转让,进而影响票据流通功能的实现。如上所述,公示催告程序正是这样一种既能满足失票人对丧失票据的权利进行快速、有效救济的目的,又能确保利害关系人合法权益不受侵害的有效程序。①

本案中武汉海事法院正是通过公示催告程序替当事人挽回了百万损失,有效对失票人的合法权益进行了救济,体现了公示催告程序在民商事交往中的独特功能。

(五)自测案例

案例151

重庆毛纺厂原料供应站票据被盗案②

1999年8月29日,重庆毛纺厂原料供应站工作人员陈某出差途经广州时,被他人盗走汇往江门采购原料的银行承兑汇票一张,汇票金额为30万元,出票人是中国银行重庆九龙坡区支行,持票人是重庆毛纺厂原料供应站,支付人是中国银行江门支行,承兑协议编号为9-2-2,交易合同号码99-105,未向任何单位背书转让。该供应站于1999年9月7日向广东省江门市城区人民法院申请公示催告。

问:该供应站的申请是否符合法律规定?

二、公示催告程序和除权判决

公示催告程序是对丧失票据或其他单证的持有人进行权利救济时所适

① 参见汤维建主编:《民事诉讼法学》,北京大学出版社2008年版,第479—480页。

② 本案例参见田平安主编:《民事诉讼法教学案例集》,法律出版社2001年版,第242页。

用的一种程序。它包括:公示催告的申请与受理、法院发出支付通知与公告及申报权利及其处理三个前后相继的阶段。

除权判决,是指公示催告程序届满,公示催告期内无人申报权利,或者虽有人申报权利,但经人民法院审查认为不符合条件将其驳回;申请人在规定期间另行提出申请,请求人民法院作出除权判决的,人民法院应当作出除权判决。公示催告与除权判决是前后衔接、相互独立的两个程序,前者不能自动推进转换为后者。申请人应当在申报权利期间届满次日起 1 个月内向人民法院申请除权判决,逾期不提出申请的,人民法院将终结公示催告程序。

(一) 案情简介

案例152

已经公示催告程序处理的案件能否申请再审①

2007 年 11 月 20 日,农行宜兴支行签发了一份出票人为江苏某纺织公司、收款人为宜兴某化工厂、号码为 C/0A/101016632、到期日为 2008 年 5 月 20 日、票面金额为 15 万元的银行承兑汇票。化工厂收到后即背书转让给了江阴某镍网公司。然而镍网公司并未拿到此款项,遂于 2007 年 11 月 27 日向宜兴市人民法院申请公示催告,称上述的承兑汇票已被他们遗失,请求宣告该票据无效。法院受理后,依法发出公告,并通知银行停止支付。

公告期内未有权利人申报权利,60 天公告期满后法院依法作出除权判决,宣告上述承兑汇票无效;同时判决镍网公司自汇票到期日起有权向支付人请求支付。

2008 年 5 月 20 日,汇票到期日,镍网公司要求农行宜兴支行按票据支付金额,农行以他行已支付为由拒绝支付。事实上,建行宁夏分行已于 2008 年 5 月 4 日对持有此票据者进行了兑现,在兑付前宁夏方就该票据的权利咨询了宜兴方,但农行宜兴支行未将法院已作出除权判决的情况函告建行宁夏分行。事后,建行宁夏分行通过有关部门多次

① 本案例参见:http://www.loanchina.com/news/sort/NewsDetail_55136.html,2009-12-26 访问。

要求农行宜兴支行支付上述票据金额 15 万元及利息。通过调查,农行宜兴支行得知了一个重要事实,这笔钱是被镍网公司的业务员陈某为还赌债私自挪用,镍网公司于 2007 年 11 月 26 日就以陈某私自截留货款向当地公安报了案,2008 年 5 月一直躲在宁夏的陈某回江阴自首,已被江阴公安以涉嫌挪用资金依法立案侦查。在公安局陈某交代,2007 年 11 月 20 日他拿到 15 万元的银行承兑汇票后并未交给公司,而是找人换成了现金来还赌博欠下的高利贷。自知犯了法的陈某带着余下的钱逃到了宁夏。明知款项去向的镍网公司却谎称票据已"遗失"而向法院主张权利。

2008 年 5 月 26 日,农行宜兴支行向法院以镍网公司隐瞒重要事实,恶意骗取法院启动特别程序为由提出申请再审,并要求法院撤销前面作出的判决。由于我国相关法律规定对公示催告程序适用的案件不能申请再审,但本案涉及国家财产的保护,首次受理这类案件的宜兴市人民法院为慎重起见,将此案向上级法院作了请示。同时,审监庭的法官找双方当事人进一步摸清情况。在了解事实情况后,法官认为此案调解是解决此案的最佳方案。于是法官一方面对镍网公司进行严肃的法制教育,一方面与银行进行积极的沟通,最终,双方于日前达成一致和解方案:农行宜兴支行支付建行宁夏分行 15 万元,并承担期间利息;镍网公司主动放弃上述银行汇票的权利。问:法院对此案的处理是否符合得当?

(二)思考方向

首先必须明确的是根据我国《民事诉讼法》的相关规定,经公示催告程序审理的案件,当事人不得申请再审。本案的情况演化到后来,实质上已经成为了一起票据纠纷,农行宜兴支行应该重新向人民法院起诉,而不是就公示催告程序的判决申请再审。

(三)法律规定

《民事诉讼法》第 196 条 人民法院决定受理申请,应当同时通知支付人停止支付,并在三日内发出公告,催促利害关系人申报权利。公示催告的期间,由人民法院根据情况决定,但不得少于六十日。

第197条　支付人收到人民法院停止支付的通知，应当停止支付，至公示催告程序终结。

公示催告期间，转让票据权利的行为无效。

第198条　利害关系人应当在公示催告期间向人民法院申报。

人民法院收到利害关系人的申报后，应当裁定终结公示催告程序，并通知申请人和支付人。

申请人或者申报人可以向人民法院起诉。

第199条　没有人申报的，人民法院应当根据申请人的申请，作出判决，宣告票据无效。判决应当公告，并通知支付人。自判决公告之日起，申请人有权向支付人请求支付。

第200条　利害关系人因正当理由不能在判决前向人民法院申报的，自知道或者应当知道判决公告之日起一年内，可以向作出判决的人民法院起诉。

《民诉法意见》第227条　人民法院收到公示催告的申请后，应当立即审查，并决定是否受理。经审查认为符合受理条件的，通知予以受理，并同时通知支付人停止支付；认为不符合受理条件的，七日内裁定驳回申请。

第229条　公告应张贴于人民法院公告栏内，并在有关报纸或其他宣传媒介上刊登；人民法院所在地有证券交易所的，还应张贴于该交易所。

第230条　利害关系人在公示催告期间向人民法院申报权利的，人民法院应当裁定终结公示催告程序。利害关系人在申报期届满后，判决作出之前申报权利的，同样应裁定终结公示催告程序。

第231条　利害关系人申报权利，人民法院应通知其向法院出示票据，并通知公示催告申请人在指定的期间察看该票据。公示催告申请人申请公示催告的票据与利害关系人出示的票据不一致的，人民法院应当裁定驳回利害关系人的申报。

第232条　在申报权利的期间没有人申报的，或者申报被驳回的，公示催告申请人应自申报权利期间届满的次日起一个月内申请人民法院作出判决。逾期不申请判决的，终结公示催告程序。

第233条　判决生效后，公示催告申请人有权依据判决向付款人请求付款。

第234条　适用公示催告程序审理案件，可由审判员一人独任审理；判决宣告票据无效的，应当组成合议庭审理。

第237条　人民法院依据民事诉讼法第一百九十六条（现第198条）规定终结公示催告程序后，公示催告申请人或者申报人向人民法院提起诉讼的，依照民事诉讼法第二十七条的规定确定管辖。

第239条 依照民事诉讼法第一百九十八条(现第200条)的规定,利害关系人向人民法院起诉的,人民法院可按票据纠纷适用普通程序审理。

《公司法》第150条 记名股票被盗、遗失或者灭失,股东可以依照民事诉讼法规定的公示催告程序,请求人民法院宣告该股票失效。

依照公示催告程序,人民法院宣告该股票失效后,股东可以向公司申请补发股票。

(四)学理分析

由于公示催告适用的是特别程序。根据《民事诉讼法》及相关司法解释的规定,经公示催告程序审理的案件,当事人不得申请再审。本案中镍网公司在明知汇票资金已被其职工陈某非法挪用的情况下,仍然以票据遗失为由向人民法院申请公示催告程序,并通过除权判决再次获得了票据上的权利。这种行为明显存在欺诈,而且对法院判决的权威性和稳定性也产生了不良影响,所以,应该受到一定的制裁。而农行宜兴支行在已得知法院对该票据作出除权判决的情况下未能向建行宁夏分行进行告知,导致汇票上的权利被陈某恶意行使也存在过失。所以本案发展到此时已经演化成一个典型的票据纠纷,根据《民事诉讼法》第200条和《民诉法意见》第239条的规定,农行宜兴支行应该重新向法院提起一个票据纠纷的诉讼,而不是提出对公示催告程序申请再审。法院通过适用普通程序对该案件进行判决,新判决可以补救农行因镍网公司恶意提出公示催告程序所受的损失。

本案最后宜兴法院是通过调解比较圆满地解决了这起纷争,这也是正确的。但宜兴法院将此案向上级法院请示的做法则是错误的,这种请示一方面违反了司法独立原则;另一方面,也变相地剥夺了当事人的上诉利益。

(五)自测案例

案例153

黎某因记名股票被盗申请公示催告案①

1999年4月,黎某从上海申银证券公司购得上海真空电子股票60

① 本案例参见史长青、郑莹编著:《民事诉讼法学案例教程》,北京大学出版社2004年版,第325页。

股，每股票面价值100元人民币，号码从9115至9174。2002年10月1日，黎某一家外出度假，家中失窃，上述股票全部被盗。黎某回家后发现家中被盗，立即向公安机关报案，同时向证券交易所挂失。后此案一直未破。2002年10月11日，黎某向当地基层人民法院申请公示催告。人民法院接到申请后，经审查符合法定申请条件，于次日决定审理，并向黎某发出受理通知书。受理后的第三天，法院向上海证券交易所登记部查验，申请人名下确有上述号码的“真空电子”A股股票，随即通知其停止交易该股票。2002年10月16日法院发出公告，催促利害关系人在60日内申报权利。该公告同时刊登在2002年10月17日的《上海证券报》上。公示催告期间，无人申报权利。催告期届满后，法院于2003年1月15日作出除权判决，认定申请人被盗股票失效，自判决公告之日起，申请人有权向股票发行人上海真空电子股份有限公司申请补发。

问：法院在处理过程中是否存在程序失当？

第六编　民事执行

第三十章　民事执行概论

一、执行管辖

执行管辖是指人民法院对执行案件的受理并予以执行的分工及权限的划分。执行管辖包括级别管辖和地域管辖。

两个以上人民法院都有执行管辖权的，当事人可以向其中一个人民法院申请执行；当事人向两个以上人民法院申请执行的，由最先立案的人民法院管辖。人民法院之间因执行管辖权发生争议的，由双方协商解决；协商不成的，报请双方共同的上级人民法院指定管辖。基层人民法院和中级人民法院管辖的执行案件，因特殊情况需要由上级人民法院执行的，可以报请上级人民法院执行。

（一）案情简介

案例154

债权人执行法院选择权的运用①

A区张某诉B县C贸易公司买卖货款纠纷一案，经张某住所地A

---

① 本案例参见：http://hi.baidu.com/lawyer0311/blog/item/acc56134fe0ed548251f1481.html，2009-10-22访问。

区法院审理,一审作出(2008)汉民二初字第2358号民事判决,判决C贸易公司于判决生效之日起10日内支付张某货款人民币90万元。该判决于2008年4月25日生效。2008年6月10日,张某向一审A区法院申请强制执行,该法院于同日准予其申请并立案号(2008)汉执字0709号。2008年7月28日,张某以B县为C贸易公司住所地,所以C贸易公司的财产应该主要在B县,向B县人民法院申请执行更为有利于保护自己的债权为由向A区法院提出撤销执行的申请,A区法院于同日作出(2008)汉执字0709号民事裁定书:裁定A区法院(2008)汉执字0709号执行案件终结执行。

2008年7月30日,张某又以B县为C贸易公司住所地,所以C贸易公司的财产应该主要在B县为由,依据《民事诉讼法》第201条第1款之规定向B县人民法院提起执行申请,B县人民法院经审查,于同日依法受理了张某的执行申请并立案(2008)武执字4385号。B县人民法院在执行过程中发现了A区法院曾受理该执行案件的事实。

问:B法院受理张某的执行申请是否正确?

(二) 思考方向

本案当事人撤销申请的目的是为了选择执行法院以更好的执行来维护自己的合法权益。但根据《民事诉讼法》第201条的规定申请人行使执行法院选择权应当是在其提出执行申请之时,但本案中张某却是在撤销向A院的执行申请后才行使该权利——向C贸易公司的主要财产所在地B县法院再次申请执行。这就产生了张某的第二次申请是否有效的问题,因为根据《民事诉讼法》第233条和《执行规定》第108条的规定,申请人撤销申请的将产生终结执行的后果。由于法律未对此进行明确规定,故实务中产生了不同的认识。值得在理论上进一步探讨。

(三) 法律规定

《民事诉讼法》第201条　发生法律效力的民事判决、裁定,以及刑事判决、裁定中的财产部分,由第一审人民法院或者与第一审人民法院同级的被执行的财产所在地人民法院执行。

法律规定由人民法院执行的其他法律文书，由被执行人住所地或者被执行的财产所在地人民法院执行。

第233条 有下列情形之一的，人民法院裁定终结执行：

（一）申请人撤销申请的；

……

《最高人民法院关于人民法院执行工作若干问题的规定（试行）》（以下简称《执行规定》）第15条 两个以上人民法院都有管辖权的，当事人可以向其中一个人民法院申请执行；当事人向两个以上人民法院申请执行的，由最先立案的人民法院管辖。

第16条 人民法院之间因执行管辖权发生争议的，由双方协商解决；协商不成的，报请双方共同上级人民法院指定管辖。

第17条 基层人民法院和中级人民法院管辖的执行案件，因特殊情况需要由上级人民法院执行的，可以报请上级人民法院执行。

第132条第2款 对下级法院长期未能执结的案件，确有必要的，上级法院可以决定由本院执行或与下级法院共同执行，也可以指定本辖区其他法院执行。

第108条 执行结案的方式为：

……

（2）裁定终结执行；

……

《最高人民法院关于适用〈中华人民共和国民事诉讼法〉执行程序若干问题的解释》（以下简称《执行解释》）第1条 申请执行人向被执行的财产所在地人民法院申请执行的，应当提供该人民法院辖区有可供执行财产的证明材料。

第2条 对两个以上人民法院都有管辖权的执行案件，人民法院在立案前发现其他有管辖权的人民法院已经立案的，不得重复立案。

立案后发现其他有管辖权的人民法院已经立案的，应当撤销案件；已经采取执行措施的，应当将控制的财产交先立案的执行法院处理。

第3条 人民法院受理执行申请后，当事人对管辖权有异议的，应当自收到执行通知书之日起十日内提出。

人民法院对当事人提出的异议，应当审查。异议成立的，应当撤销执行案件，并告知当事人向有管辖权的人民法院申请执行；异议不成立的，裁定驳回。当事人对裁定不服的，可以向上一级人民法院申请复议。

……

第13条　上一级人民法院责令执行法院限期执行，执行法院在指定期间内无正当理由仍未执行完结的，上一级人民法院应当裁定由本院执行或者指令本辖区其他人民法院执行。

（四）学理分析

关于本案中张某的申请撤销执行的申请的法律后果，在实务中有不同的意见：

第一种意见认为：修改后的《民事诉讼法》第201条赋予了申请执行人在申请执行时选择执行法院的权利，以更有效地保护申请人的合法权益，但并不是纵容申请人滥用选择权。本案中，既然张某在向一审A区法院申请强制执行后，已经于2008年7月28日，向A区法院提出撤销执行的申请，A区法院也已于同日作出(2008)汉执字0709号民事裁定书：裁定A区法院(2008)汉执字0709号执行案件终结执行。显然在申请撤销执行的同时已经事实上放弃了要求法院通过强制执行力对其生效法律文书项下债权予以保护的权利，其又向B县人民法院申请强制执行，会产生不同法院先后对同一案件行使管辖权的情形，显然不符合法理，所以应裁定驳回张某的执行申请。

第二种意见认为：从张某后来又向B县人民法院申请强制执行的事实可以推断，他向一审A区法院撤销执行申请的本意是想行使选择执行法院的权利，并不是放弃实体权利。如果对其向B县人民法院申请强制执行的申请予以驳回，会导致张某的实体权利无法得到合法保护，与《民事诉讼法》第201条第1款修改的立法初衷相悖，考虑到本案的实际情况，由于B县为C贸易公司住所地，C贸易公司的主要财产在B县的可能性也较大，所以由B县人民法院对本案予以管辖也更能最大限度地保护申请人张某的合法利益。所以，本案应由B县人民法院受理张某的执行申请较为适宜。

笔者认为：民事强制执行是实现私权的程序，债权人对私权的处分决定了其可以随时撤销执行的请求，从而使执行程序完结。但需要讨论的是，执行终结后当事人是否就丧失了再次申请执行的权利？也就是说，在执行程序中是否也存在类似于审判程序中的“一事不再理”原则，当事人只享有一次申请执行权，当申请执行人申请执行后又向法院申请撤回执行，法院裁定终结执行后，当事人的申请执行权就消耗殆尽了，或者说当事人就放弃了通过借助国家强制力来实现自己债权的权利呢。笔者以为这种说法值得商榷。因为在当事人申请撤回申请时，法院裁定终结执行终结的仅仅是执行程序,执行根据所承载的强制执行的权利义务并没有得以实现,执行根据也并没有因此而丧失法律效力,只要当事人撤回执行申请后又申请执行的行为不存在恶意,那么在法定申请执行期限内,当事人再次申请执行的行为应该得到法院的受理。尤其是在本案中,张某撤销向A法院的执行申请的目的是为了更好地行使自己的申请权,因为被申请执行人的主要财产大多在B地,相较于A地而言,更有利于法院的执行,自己的债权也更容易得到满足。从另一个角度而言,如果张某不向A法院申请撤回执行申请,而是同时向B法院提出执行申请,那么根据《执行规定》第15条、第16条的规定将产生两个法院对该案件的执行管辖竞合,在此情况下,应该由先立案的法院管辖,若产生管辖争议,则报请其共同上级法院进行指定管辖。但无论如何,张某都可以获得法院就其案件的受理。同样是两次申请执行,虽然在形式上略有不同(而且当事人同时向两地法院申请的行为从某种角度而言实质比先撤回再申请更不尊重程序的规定,甚至某些时候还可能存在一定的恶意),但结果差异却甚大。这在法理上是难以自圆其说的,对申请执行人而言也是难以接受的。是以,我国在执行程序中应该保障当事人根据执行根据所应享有的申请执行的权利,只要在申请执行的法定期限内,当事人申请执行后又再次申请执行的行为应该得到肯定。当然,出于对当事人恶意申请执行的顾忌,立法上可以赋予法院对当事人再次申请执行理由的审查权,若当事人再次申请执行的事由存在滥用申请权的情况,可以裁定不予受理。

综上,本案中张某为了更好地行使对执行法院的选择权,以使自己的债权能够获得更好的满足的情况下,通过先行撤回向A法院的执行申请,再向B法院申请执行的行为应该受到肯定。所以,B法院受理张某的再次执行申请是正确的。

(五)自测案例

案例155

藤某诉某镇人民政府支付工程款申请强制执行案①

藤某承包了镇人民政府的一项公路的土方挖掘工程,工程完工后,

① 本案例参见史长青、郑莹编著:《民事诉讼法案例教程》,北京大学出版社2004年版,第373页。

该镇人民政府未按期支付藤某工程款，藤某多次索要无果，向该市人民法院起诉。该县级市人民法院经审理后判决：镇人民政府支付藤某工程款10万元。判决生效后，镇人民政府未自动履行，藤某向该县级市人民法院申请强制执行。该县级市人民法院受理后，依法对镇人民政府强制执行。但在执行过程中，该市党政部门多次干扰人民法院的执行工作，致使该案长期未能执结，藤某的权利未能实现。为此藤某将情况反映到中级人民法院，中级人民法院为了避免地方政府的不当干扰，将该案指定另一基层人民法院执行。

问：该市中级人民法院的指定管辖是否正确？

二、执行标的

执行标的，亦称执行客体，是指可供执行机构强制执行的对象。根据我国民事诉讼法及相关司法解释的规定，民事强制执行的标的应当是财物和行为。

（一）案情简介

案例156

祁某等与杭某劳动报酬纠纷强制执行案①

2008年1月7日祁某等六人起诉杭某追索劳动报酬，因杭某离家出走且下落不明，法院向其公告送达法律文书。公告期间，祁某等六人得知杭某之妻孙某名下有一处门面房，于是申请诉讼保全，2月1日法院对上述房产进行了诉讼保全。3月17日法院作出判决，判决杭某给付祁某等六人十万余元。5月26日祁某等六人申请法院强制执行。执行中，执行人员在对诉讼保全的房产进行现场查看时，发现上述房产已转让给他人，受让人陈某出示了一份调解书，该调解书系1月28日法院通过速裁程序对孙某与陈某达成的以物抵债协议的确认，调解书形成

① 本案例参见：http://china.findlaw.cn/susong/mshsusong/ssal/4642_2.html，2009-12-10访问。

后双方未办理房产过户手续。又查,陈某是孙某弟媳妇,上述保全房产系杭某夫妻共同财产。因被执行人杭某下落不明且未发现其他可供执行的财产,现祁某等六人提出处置保全房产以偿还债务。问:本案能否执行该保全房产?

(二)思考方向

本案既涉及民事诉讼保全和问题强制执行,还涉及婚姻中共有财产的处分的效力问题以及物权的设立、变更、转让的效力问题,同时,还有对法院调解书的申请再审问题。

(三)法律规定

《民事诉讼法》第182条 当事人对已经发生法律效力的调解书,提出证据证明调解违反自愿原则或者调解协议的内容违反法律的,可以申请再审。经人民法院审查属实的,应当再审。

《审判监督程序解释》第5条 案外人对原判决、裁定、调解书确定的执行标的物主张权利,且无法提起新的诉讼解决争议的,可以在判决、裁定、调解书发生法律效力后二年内,或者自知道或应当知道利益被损害之日起三个月内,向作出原判决、裁定、调解书的人民法院的上一级人民法院申请再审。

《物权法》第9条 不动产物权的设立、变更、转让和消灭,经依法登记,发生效力;未经登记,不发生效力……

第17条 不动产权属证书是权利人享有该不动产物权的证明,不动产权属证书记载的事项,应当与不动产登记簿一致……

第28条 因人民法院、仲裁委员会的法律文书或者人民政府的征收决定等,导致物权设立、变更、转让或者消灭的,自法律文书或者人民政府的征收决定等生效时发生效力。

《合同法》第53条 恶意串通,损害第三人利益和以合法形式掩盖非法目的的合同无效。

(四)学理分析

本案在执行中,对能否处置上述保全房产以偿还申请人债务有两种不同的意见。一种意见认为,上述保全房产不能再行处置,其主要理由有三点:(1) 房屋是登记在杭某之妻孙某名下,从《物权法》的角度看,孙某是房屋的权利人,有权处置自己的房产。(2) 孙某处置房产的行为已由法院以调解书确认,其合法性得到了司法机关的认可,另外,孙某以物抵债的行为亦不违反法律的规定,同时,因为孙某的行为发生在诉讼过程中,而不是在执行程序中,所以也不存在故意转移财产躲避债务一说。(3) 如果法院处置保全房产时,陈某以调解书向法院申请强制执行,那么势必会造成执行权之间的冲突,执行工作将会陷入僵局,尤其是当保全房产一旦处置完毕,调解书中确定的陈某的权利将无法实现,司法权威也因此会受到损害;而如果不处置保全房产,那么既可以保证陈某实现调解书确定的权利,又可以通过查找被执行人杭某其他可供执行的财产实现申请人的权利,避免执行中的矛盾,从而维护法律文书的严肃性和司法的权威性。

另一种意见则认为,可以处置上述保全房产以偿还申请人的债务,主要理由有两点:(1) 杭某所欠之债系夫妻共同债务,应由杭某与孙某以夫妻共同财产偿还,上述房产虽登记在孙某名下,但系杭某夫妇婚后共同购买,属夫妻共同财产,根据《婚姻法》对于处置重大的夫妻共有财产,应由夫妻双方协商一致的规定,孙某个人擅自处置房产的行为无效。(2)《物权法》第 9 条规定,不动产物权的设立、变更、转让和消灭,经依法登记,发生效力,未经登记,不发生效力。调解书虽然确认了以物抵债,但是由于未办理房产过户手续,所以上述房产仍应属孙某所有,何况上述房产早已被法院保全。

笔者认为,对于本案中所涉房产能否处置关键是要厘清以下几方面的问题:一是法院的诉讼保全行为是否合法;二是以物抵债协议是否有效,即调解书确定的内容是否合法;三是处置房产前是否必须先行撤销调解书。

对于问题一,从保全的程序性要件来看,法院对于可能因当事人一方的行为或者其他原因,使判决不能执行或者难以执行的案件,可以根据对方当事人的申请,依法采取保全措施,在申请人提供担保的前提下,法院即可实施保全措施。从保全的实质要件来看,无论是从夫妻共同债务由夫妻共有财产来偿还的角度说,还是从夫妻一方名下的共有财产有一半属于另一方的角度来说,法院查封孙某名下的房产均不错。至于是否超标的保全,因房产具有不可分割性,所以也不存在这方面的违法问题。另外,尽管说法院在保全时已存在一份以物抵债的调解书,但是根据《物权法》第 17 条的规定,不动产权属证书是权利人享有该不动产物权的证明,不动产权属证书记载的事项,应当与不动产登记簿一致。法院在保全时,从不动产登记簿反映来看,该房屋的产权人并未发生变动,所以法院保全针对的标的物也不错。

对于问题二,本案中涉及的调解书不能直接引起物权变动的法律效力。从发生的原因来看,物权变动大致可以分为两类,一类是基于法律行为引起的物权变动,另一类则是基于法律规定、法院判决、公用征收、继承以及事实行为等法律行为以外的原因引起的物权变动。本案所探讨的问题涉及的是后一种情形。《物权法》第 28 条规定:"因人民法院、仲裁委员会的法律文书或者人民政府的征收决定等,导致物权设立、变更、转让或者消灭的,自法律文书或者人民政府的征收决定等生效时发生效力。"从该条的字面表述来看,本案中的调解书应该能够直接引起物权变动的法律效力。但是,调解书的形成最主要受当事人意思自治的影响,实践中,法院事前往往只能进行宏观方面的审查,而无法对当事人意思自治背后的事实进行审查。所以容易被恶意当事人所利用进行财产的转移。本案的调解书的形成就可能存在这样的问题:首先,从协议签订的主体和签订的时间来看,以物抵债的受让人陈某系孙某的亲属,签订协议的时间正是祁某等人起诉杭某不久,孙某转让财产以躲避债务的目的显而易见,根据《合同法》第 53 条之规定,恶意串通,损害第三人利益和以合法形式掩盖非法目的的合同无效。其次,虽然抵债房产登记在孙某名下,从《物权法》的角度看,其是房产的权利人,但根据《婚姻法》的相关规定,婚姻关系存续期间所购买的房产,虽然登记在配偶一方的名下,但仍然属于夫妻共同财产。孙某在处置房产时应明知财产的共有性,陈某作为孙某的弟媳对房产的共有性也应有充分的知悉,但双方在要求法院以调解书确认协议效力时,却只字未提财产的共有属性,所以,孙某处置房产的行为属于无权处分,而陈某也不属于善意第三人。在无效和解协议基础上形成的调解书,法院可依法通过审判监督程序予以撤销。

根据《审判监督程序解释》第 5 条的规定:"案外人对原判决、裁定、调解书确定的执行标的物主张权利,且无法提起新的诉讼解决争议的,可以在判决、裁定、调解书发生法律效力后 2 年内,或者自知道或应当知道利益被损害之日起 3 个月内,向作出原判决、裁定、调解书的人民法院的上一级人民法院申请再审。"本案可以由祁某等六人向上一级法院申请对以物抵债的调解书进行再审,法院通过再审程序撤销调解书,然后再根据上一级法院的再审判决书对该被保全的房产进行执行。

（五）自测案例

案例157

杨某申请执行子女的探望权案[①]

申请执行人：杨某，男

被申请执行人：董某，女

杨某与董某原系夫妻关系，2005年1月17日经法院判决离婚，婚生子杨某某（2003年2月9日出生）由董某抚养，杨某每月给付生活费500元。杨某每次交付抚养费时，探望杨某某约30分钟。2007年5月，杨某以董某侵犯其探视权为由诉至北京市西城区人民法院。该院于同年6月19日判决：自本判决生效后的每月第一和第三个星期六上午9时，杨某从董某处将杨某某接走，当天下午5时，杨某将杨某某送回董某处；如遇特殊情况，接送时间可延长半小时；杨某负责杨某某在此期间的一切人身及财产安全，董某在此期间负有协助杨某探视杨某某的义务。判决后，双方均未上诉。判决生效后，杨某按照判决书所定的时间前往探视杨某某，但由于杨某某在杨某与董某离婚时年龄尚幼（未满两岁），与杨某没有感情基础，所以每次都拒绝杨某的探视，虽经董某多次劝说，仍然未果。同年11月8日，杨某向西城区人民法院申请执行。

问：杨某申请执行的标的是什么？

① 该案例改编自最高人民法院中国应用法学研究所编：《人民法院案例选》（2003年第2辑），人民法院出版社2003年版，第204页。

第三十一章　民事执行程序

一、申请执行

根据我国《民事诉讼法》第212条的规定，民事执行程序的启动有申请执行与移动执行两种方式。

申请执行，是指执行根据确定的实体权利人或者权利承受人在义务人拒绝履行执行根据确定的义务时，请求人民法院运用强制力量迫使义务人履行义务的行为。申请执行是常态、原则性的方式。申请执行应同时具备以下条件：(1) 申请执行的法律文书已经生效；(2) 义务人在生效法律文书确定的期限内未履行义务；(3) 申请执行人是生效法律文书确定的实体权利人或其权利承受人；(4) 申请执行的法律文书有给付内容，且执行标的和被执行人明确；(5) 申请执行人在法定期限内提出申请；(6) 属于受申请执行的人民法院管辖；(7) 提交申请执行书等相关文件或证件。

移送执行，是指审判庭依职权将特定范围的执行根据直接移交给执行机构执行的行为。移送执行是民事执行程序启动的例外、补充性方式。只有法律规定的少量法律文书才能适用移送执行的方式。可移送执行的生效法律文书有如下三类：(1) 具有给付赡养费、抚养费、抚育费内容的法律文书；(2) 民事制裁决定书；(3) 刑事附带民事判决、裁定、调解书。

(一) 案情简介

案例158

郦都信用社诉某燃料公司借款合同纠纷①

郦都信用社诉某燃料公司借款合同纠纷一案，经法院调解双方于

---

① 本案例参见 http://www.civillaw.com.cn/article/default.asp? id = 43348，2009-12-2 访问。

2007年7月26日达成协议：某燃料公司在2007年9月30日前归还郦都信用社本金3万元及利息，在2007年12月30日前归还郦都信用社本金2万元及利息，下余本金5万元及利息在2008年3月31日前还请。因某燃料公司逾期未自觉履行还款义务，2008年4月3日，郦都信用社向法院申请执行，要求某燃料公司履行调解书确定的义务。

问：本案如何适用《民事诉讼法》申请执行时效的规定及应否予以受理执行？

（二）思考方向

本案调解书达成协议的时间是2007年7月26日，当事人申请执行的时间的2008年4月3日，正好是《民事诉讼法》（2007修正案）实施后的第三天，这涉及新法适用的溯及力问题。

（三）法律规定

《民事诉讼法》（1991）第219条　申请执行的期限，双方或一方当事人是公民的为1年，双方是法人或者其他组织的为6个月。欠款规定的期限，从法律文书规定履行期间的最后一日起计算；法律文书规定分期履行的，从规定的每次履行期间的最后一日起计算。

《民事诉讼法》（2007）第215条　申请执行的期间为二年。申请执行时效的中止、中断，适用法律有关诉讼时效中止、中断的规定。

前款规定的期间，从法律文书规定履行期间的最后一日起计算；法律文书规定分期履行的，从规定的每次履行期间的最后一日起计算；法律文书未规定履行期间的，从法律文书生效之日起计算。

《民诉法意见》第267条　申请恢复原法律文书，适用《民事诉讼法》第219条申请执行期限的规定，申请执行期限因达成执行中的和解协议而中止，其期限自和解协议所定履行期限的最后一日起连续计算。

《执行解释》第27条　在申请执行时效期间的最后六个月内，因不可抗力或者其他障碍不能行使请求权的，申请执行时效中止。从中止时效的原因消除之日起，申请执行时效期间继续计算。

第28条　申请执行时效因申请执行、当事人双方达成和解协议、当事人一方提出履行要求或者同意履行义务而中断。从中断时起,申请执行时效期间重新计算。

第29条 生效法律文书规定债务人负有不作为义务的,申请执行时效期间从债务人违反不作为义务之日起计算。

《日本民事诉讼法》第8条第1款 在星期日及其他一般假日期间,或下午七时至次日上午七时之间,执行官等人进入他人住宅执行职务时,须经执行法院批准。

《德意志联邦共和国民事诉讼法》第751条第1款 一定的请求权,必须于一定的日期始能主张,只有在这个日期届满后,才能开始强制执行。

(四)学理分析

本案在受理当事人的执行申请后,存在不同的意见:

第一种意见认为,修改后的《民事诉讼法》(下称新《民事诉讼法》)自2008年4月1日起实施,只有4月1日之后生效的裁判文书才适用二年执行时效,在此之前的案件仍应适用原《民事诉讼法》的规定。根据原《民事诉讼法》规定的申请执行期限,本案第一批3万元本息法院不应受理执行,第二、第三批应予受理执行。理由是:本案双方当事人于2007年7月26日达成调解协议,调解书在2008年4月1日前已经生效,所以本案不能适用新《民事诉讼法》规定的二年执行时效,只能适用原《民事诉讼法》规定的执行期限。按原《民事诉讼法》的规定,本案双方当事人均为法人或其他组织,其申请执行期限为6个月。由于本案约定了分期履行,因此每一批的申请执行期间应分别计算。第一批3万元本息的申请执行期间自2007年9月30日开始至2008年3月30日止。郦都信用社于2008年4月3日向法院申请执行时,已经超过六个月的申请执行期限,故法院对第一批3万元本息不应执行。第二批2万元本息申请执行期间自2007年12月31日开始起算,第三批5万元本息的申请执行期间自2008年4月1日开始起算,到2008年4月3日,均未超出6个月的执行期限,故法院应予受理执行。

第二种意见认为,新《民事诉讼法》自2008年4月1日起实施,自4月1日起凡未申请执行的生效裁判文书均可适用新《民事诉讼法》规定的二年执行时效。本案于2008年4月3日申请执行,因此本案能够适用新《民事诉讼法》规定的二年执行时效,并且法院应当对本案三批还款全部予以受理执行。理由是:双方当事人于2007年7月26日达成协议后,调解书即生效。本案于2008年4月3日申请执行,属于自4月1日起未申请执行的生效裁判文书范围，故应适用新《民事诉讼法》规定的二年执行时效。郦都信用社于2008年4月3日提出执行申请时，虽然调解书确定的每一批还款的申请执行期间起算日各不相同，但总的算来均没有超过二年的申请执行期间。所以，法院应当对本案三批还款全部受理执行。

第三种意见认为，新《民事诉讼法》实施之前，即2008年4月1日之前已经发生法律效力的裁判文书，按原《民事诉讼法》的规定已超过申请执行期限的，不再适用新《民事诉讼法》规定的二年执行时效；按原《民事诉讼法》的规定未超过申请执行期限，申请执行期间跨越4月1日的，应适用新《民事诉讼法》关于二年申请执行时效的规定。2008年4月1日后开始计算申请执行期间的案件，当然适用新《民事诉讼法》规定的二年申请执行时效。本案调解书确定的第一批30000元本息按原《民事诉讼法》的规定已超过申请执行期限，不能适用新《民事诉讼法》规定的二年执行时效。第二批、第三批还款能够适用新《民事诉讼法》规定的二年申请执行时效。

笔者同意第三种意见。理由是：新《民事诉讼法》实施后，如何适用二年申请执行时效，应从法律的溯及力和申请执行时效期间起算日两个方面来把握。所谓法律的溯及力，就是指法律对于该法生效前发生的法律关系或事实能否适用。如果适用，则有溯及力；如果不适用，则无溯及力，也即法不溯及既往。法不溯及既往是法律的一般原则，因为法律只有公诸于世，才能产生约束力并要求社会成员共同遵守。经旧法确立的法律关系如果要用新法加以调整，难免影响社会秩序的安定，故此法律一般只适用于其生效后发生的事实和关系。我国法律一般坚持“法律不溯及既往”的原则，因此，新《民事诉讼法》规定的二年申请执行时效应当适用于4月1日（含4月1日）后发生的事实和关系。同时，根据法律规定，申请执行的期间从法律文书规定履行期间的最后一日起计算；法律文书规定分期履行的，从规定的每次履行期间的最后一日起计算；法律文书未规定履行期间的，从法律文书生效之日起计算。由此可见，申请执行期间与法律文书规定的履行期间密切相关，法律文书规定的履行期间届满开始计算申请执行时效，也即法律文书规定的履行期间届满之日为申请执行时效的起算日。就具体案件而言，其申请执行期间的起算日是确定的，而且申请执行期间一旦开始起算，就决定了案件适用何种申请执行时效。所以，以具体案件申请执行期间的起算日在4月1日前还是在4月1日后，来界定能否适用二年申请执行时效，才符合立法本意。在本案分批履行的还款中，第一批还款的申请执行期间的起算日在4月1日前，即2007年9月30日，因此第一批还款的申请执行期限应适用原

《民事诉讼法》的规定。第三批还款的申请执行期间的起算日在2008年4月1日,新《民事诉讼法》正好于2008年4月1日起实施,第三批还款当然适用新《民事诉讼法》规定的二年执行时效。而第二批还款的申请执行期间的起算日虽然在2008年4月1日前,本应适用原《民事诉讼法》的规定,但最高人民法院《关于认真学习贯彻中华人民共和国民事诉讼法(修正案)的通知》中明确要求,对按原《民事诉讼法》的规定未超过申请执行期限,申请执行期间跨越4月1日的,这类案件则合并适用二年申请执行时效。所以,第二批还款也应适用新《民事诉讼法》规定的二年执行时效。据此,对本案第一批3万元本息,因超过申请执行期限,法院应裁定不予执行;对第二、第三批应受理执行。

综上,笔者认为,新《民事诉讼法》实施后如何适用二年执行时效,应从三个方面来把握:一是对2008年4月1日前申请执行的案件,按原《民事诉讼法》的规定已经超过申请执行期限的,不再适用新《民事诉讼法》关于二年申请执行时效的规定。二是2008年4月1日之后(含4月1日)申请执行的案件,申请执行的期间当然适用新《民事诉讼法》关于二年申请执行时效的规定,且执行时效中止、中断适用有关诉讼时效中止、中断的规定。三是对2008年4月1日之前已经发生法律效力的裁判文书,按原《民事诉讼法》的规定未超过申请执行期限,申请执行期间跨越4月1日的,其申请执行的期间合并适用新《民事诉讼法》关于二年申请执行时效的规定。

(五)自测案例

案例159

华达公司诉东部公司买卖房屋合同纠纷申请强制执行案①

华达公司诉东部公司买卖房屋合同纠纷一案,深圳市中级人民法院民事审判庭经审理并于1995年8月24日作出民事判决书,判决东部公司在判决生效后15天内返还华达公司1629万元本金及利息。判决送达后,双方于1995年9月11日自愿达成一份履行判决的"还款协议

① 最高人民法院执行工作办公室《关于如何处理因当事人达成和解协议致使逾期申请执行问题的复函》(1999年4月21日)。

书”,该协议主要约定:(1) 东部公司向华达公司返还购房款本金及利息18467067元(利息计算至1995年8月24日);(2) 分期还款,至1996年12月31日还清;(3) 若东部公司不按期还款,华达公司请求法院强制执行;(4) 本协议报深圳市中级人民法院备案。此后,东部公司在判决生效后6个月内偿还了部分欠款,剩余部分未按还款协议书的约定付款。华达公司遂于1996年9月26日向深圳市中级人民法院申请强制执行。深圳市中级人民法院于1996年10月14日立案执行。东部公司即向深圳市中级人民法院提出异议,认为根据《民事诉讼法》的规定,此案申请执行期限已过,应视为华达公司已放弃申请强制执行的权利,深圳市中级人民法院受理华达公司的执行申请错误,应予撤销。

问:东部公司的异议是否有理由?

二、执行承担

执行当事人是指具有给付内容的执行根据上所确定的债权人与债务人。其中,有权要求执行机关运用强制力,强制债务人履行义务,以实现民事权利的人,是债权人,有时也称“申请执行人”;负有给付义务的人,是债务人,也称“被执行人。”

执行承担是指法律文书生效后,在执行程序中,案外人因实体法上的原因承受执行当事人地位,享有申请执行人的权利或者承担被执行人的义务的情形。

根据《民事诉讼法》和《执行规定》的规定,被执行人发生执行承担的情形有:(1) 当事人死亡;(2) 被执行主体的变更或追加。被执行主体发生以下情形,发生执行承担:(1) 组织终止;(2) 组织分立、合并;(3) 组织名称变更;(4) 法人分支机构不能清偿债务时,追加设立分支机构的企业法人为被执行人;(5) 独资企业;(6) 参加合伙组织的合伙人或参加合伙型联营企业的法人;(7) 开办单位对其开办企业投入的注册资金不实或抽逃资金的,在该企业无财产清偿债务时,可被裁定追加为被执行人。

（一）案情简介

案例160

本案应追加新股东还是原股东为被执行人①

A公司与B公司均为有限责任公司，两公司有着长期的业务往来。后B公司由于经营不善，加之大量应收货款未能按期收回，公司资金周转状况严重恶化，已无力按期支付A公司货款。2005年7月，A公司向法院起诉，要求B公司立即支付其货款30万元。在案件审理过程中，B公司对案件事实没有异议，仅仅表示现在公司资金周转困难，无力支付该笔货款。于是法院依法支持了原告A公司的诉讼请求。后本案进入执行程序，经查，B公司可供执行财产的评估价值为25万元，另外从工商、银行等相关部门调取的材料查明，B公司的原股东马某在该公司设立的过程中出资15万元，在公司成立后其抽回出资8万元。而在2005年1月原股东马某已将其在B公司的股权转让给了新股东王某。就本案而言，因被执行人B公司目前的财产不足以清偿A公司的债务，故依法应追加抽逃出资的股东为被执行人。问：本案是追加原股东马某还是新股东王某为被执行人？

（二）思考方向

本案例涉及执行承担的问题，所谓执行承担是指法律文书生效后，在执行程序中，案外人因实体法上的原因承受执行当事人地位，享有申请执行人的权利或者承担被执行人的义务的情形。案件的特殊之处在于执行承担人，即股东马某在转让其股权给新股东王某时，对股权上的瑕疵没有明示的情况下，对该瑕疵责任新股东是否应该一并承担。

（三）法律规定

《民事诉讼法》第209条 作为被执行人的公民死亡的，以其遗产偿还

① 本案例参见：http://www.civillaw.com.cn/article/default.asp? id = 43348，2009-10-10访问。

债务。作为被执行人的法人或者其他组织终止的,由其权利义务承受人履行义务。

《执行规定》第80条 被执行人无财产清偿债务,如果其开办单位对其开办时投入的注册资金不实或抽逃注册资金的,可以裁定变更或追加其开办单位为被执行人,在注册资金不实或抽逃注册资金的范围内,对申请执行人承担责任。

第81条 被执行人被撤销、注销或歇业后,上级主管部门或开办单位无偿接受被执行人的财产,致使被执行人无遗留财产清偿债务或遗留财产不足清偿的,可以裁定由上级主管部门或开办单位在所接受的财产范围内承担责任。

第82条 被执行人的开办单位已经在注册资金范围内或接受财产的范围内向其他债权人承担了全部责任的,人民法院不得裁定开办单位重复承担责任。

(四)学理分析

本案在追加被执行人时,存在不同观点。一种观点认为,本案应追加新股东王某为被执行人。因为既然新股东王某已于2005年1月从原股东马某那里受让取得了B公司相应的股权,根据权利、义务一并移转的原则,依附于该瑕疵股权上的所有权利义务也一并移转给新股东王某,这其中也应包括原股东马某抽逃出资所应承担的民事法律责任。在新股东王某承担相应的法律责任后,可依法以受让的股权存在瑕疵为由向原股东马某追偿。

另一种观点主张应追加原股东马某为被执行人。认为在本案中,王某虽然从马某那里受让取得了B公司的股权而成为该公司的新股东,但对于原股东马某在该公司成立后抽逃出资的违法行为,只能依法追究马某相应的法律责任,而不能将新股东王某作为被执行人予以追加。因为新股东王某对原股东马某抽逃出资的行为一无所知,且其受让股权的行为并无违法之处,如果将其追加为被执行人,要其承担原股东马某在公司设立时抽逃出资的法律责任,显然是不公平的,也有违责任自负的原则。

笔者赞同第二种观点。根据最高人民法院《执行规定》第80条明确规定,被执行人无财产清偿债务,如果其开办单位对其开办时投入的注册资金不实或抽逃注册资金,可以裁定变更或追加其开办单位为被执行人,在注册资金不实或抽逃注册资金的范围内,对申请执行人承担责任。基于此,我们可以得知,对于被执行人的开办单位或其他投资人抽逃注册资金的,在被执行人财产不足以清偿债务时，只能变更或追加其开办单位或其他投资人为被执行人。在本案中，原股东马某为B公司设立时的出资人，在公司成立后其抽逃注册资金，因此在B公司的财产不足以清偿债务的情况下，理应追加马某为本案的被执行人，裁定其在抽逃注册资金的范围内对申请执行人承担责任。

另外，根据我国《公司法》的相关规定，我国采取的是法定资本制。就有限责任公司而言，股东应当足额缴纳公司章程中规定的各自所认缴的出资额，且股东的全部出资经法定的验资机构验资后才能向公司登记机关申请公司设立登记。对于股东在公司成立之后，抽逃其出资的，公司法明确规定责令改正，并处以所抽逃出资金额5%以上10%以下的罚款；构成犯罪的，依法追究刑事责任。可见，追究抽逃出资的股东的出资责任，是公司法的强制性规定，其责任主体是特定的，也是明确的。同时，我国《公司法》明确规定了有限责任公司股权可以依法自由流通，因此，在赋予其流通性的同时，也要强调股东依法转让其股权的无因性原则，也即享有公司股权与设立公司时的出资义务应当分离。原股东在公司成立后抽逃出资的行为，是其没有履行公司法所规定的出资义务，理应依法追究原股东相应的法律责任。虽然新股东受让取得的股权存有瑕疵，但该股权的瑕疵与新股东无关，当然不能要求新股东承担原股东违法行为所应负的法律责任。

（五）自测案例

案例161

李某诉新余市帕克兰啤酒有限公司拖欠货款纠纷强制执行案①

李某与新余市帕克兰啤酒有限公司拖欠货款纠纷一案，江西省分宜县人民法院于2002年9月16日作出（2002）分民初字第60号民事判决，判令新余市帕克兰啤酒有限公司支付李某货款30522.56元及货款利息（从2001年11月1日起按银行同期贷款利率计算至支付完毕时止）。由于新余市帕克兰啤酒有限公司一直未履行生效法律文书所确

① 本案例来源于 http://www.flzj.com/html/sszn/msssсs/index-21.html，2009-10-4访问。

定的义务,2002 年 12 月 26 日,李某向江西省分宜县人民法院申请执行,该院于次日本院立案执行。

经执行查明,新余市帕克兰啤酒有限公司系 2000 年初对原新余市啤酒厂进行改制,租赁原新余市啤酒厂的啤酒生产线及厂房设备设立的,因经营不善于2002 年初停业,后由吉安燕京啤酒厂整体收购。其法定代表人李某某外出务工,至今下落不明,公司债权债务未得到有效清理。现在,新余市帕克兰啤酒有限公司已停产且无财产可供执行。另查明,新余市帕克兰啤酒有限公司出资人李某某、严某、李某、周某、朱某、夏某、谢某在开办时注册资金为 120 万,而实际出资仅 12.1 万元。其中,李某某应出资 30 万元,严某、李某、周某、朱某、夏某、谢某六人各应出资 15 万元,而实际出资上,李某某为 3 万元,注册资金不实 27 万元;严某为 2 万元,注册资金不实 13 万元;李某为 1.8 万元,注册资金不实 13.2 万元;周某为 1.5 万元,注册资金不实 13.5 万元;朱某为 1.2 万元,注册资金不实 13.8 万元;谢某为 1.4 万元,注册资金不实 13.6 万元。

据此,江西省分宜县人民法院依照最高人民法院《关于人民法院执行工作若干问题的规定(试行)》(以下简称《执行规定》)第 80 条之规定,于 2003 年 6 月 4 日作出民事裁定:追加李某某、严某、李某、周某、朱某、夏某、谢某为本案的被执行人,在注册资金不实的范围内对申请执行人李某承担责任。

问:法院追加这七位出资人为被执行人是否正确?

三、执行和解

执行和解,是指在民事执行中申请执行人和被执行人依法自愿达成协议以变更执行根据确定价值内容的行为。执行和解是当事人行使处分权的重要体现,不是对执行根据的否定和颠覆。执行和解排斥法院的实质性参与,法院不得介入执行和解协议的形成过程,这点与法院调解有明显区别。①

---

① 详细参见汤维建主编:《民事诉讼法》,北京大学出版社 2008 年版,第 533 页。

（一）案情简介

案例162

上海金海公司诉上海金鑫公司房屋租赁合同纠纷强制执行案①

上海金海公司（以下简称“金海公司”）与上海金鑫公司（以下简称“金鑫公司”）之间存在房屋租赁合同关系，合同期限自2000年4月1日起至2005年3月31日止。2003年11月11日，金海公司诉至法院，称金鑫公司拖欠租金，要求其支付租金。经上海市第一中级人民法院主持调解，双方达成调解，约定金鑫公司应于2004年12月31日之前分三次付清所欠租金9.8万元。该调解书生效后，金鑫公司未在履行期限内支付所欠租金，金海公司遂申请法院强制执行，在执行过程中，双方达成和解协议，金鑫公司承诺在2005年9月底前分三次支付全部租金。但金鑫公司仍然未能依其承诺履行付款义务。随后，涉案房屋被依法拆迁，金海公司作为被拆迁人获得了相应的房屋拆迁补偿款。2007年8月8日，金鑫公司诉至上海市金山区人民法院，要求与金海公司分享拆迁款，金海公司认为对方无权享有，并提出反诉，要求金鑫公司根据执行和解协议支付至2005年3月31日止所欠付租金。金鑫公司针对反诉辩称，金海公司主张的租金是中院生效调解书里已经确定的问题，该款应当在执行程序解决，法院不应该受理该反诉请求。

就金海公司的反诉问题，金山区法院经审理认为，本案中，金海公司反诉要求金鑫公司支付至2005年3月31日止所欠付租金9.8万元，尽管是在前诉调解书里所确定的租金数额基础上转化而来，但是由于双方和解协议约定的履行期限在原裁判文书可申请执行的期限之外，应视为是对原私权法律关系的变更。所以应当视为一个新的协议。既然是新的协议，则当然不违背一事不再理的原则。故金海公司的该项诉讼请求应当予以支持，金鑫公司的抗辩主张不能支持。金山区法院判决如下：金鑫公司于本判决生效之日起10日内支付金海公司至2005年3月31日止所欠付租金人民币9.8万元。

---

① 该案例参见：上海市金山区法院判决书（2008）沪一中民二（民）终字第421号载 http://www.chinacourt.org/，2009-12-10访问。

宣判后,金鑫公司不服一审判决,提起上诉。

上海一中院经审理认为,对于金海公司在原审中提出的反诉主张,由于上诉人曾书面承诺分期偿还欠租9.8万元,该承诺书是在法院调解书的基础上双方就欠款数额、还款日期达成的新的协议,被上诉人也接受该承诺,但上诉人未按约履行,同时又未及时将系争房屋内的机器设备搬离,故被上诉人现要求上诉人支付所欠的租金及支付房屋使用费,并不违背一事不再理原则,被上诉人的诉请理应得到支持。原审认定事实清楚,适用法律正确,应予维持,上诉人金鑫公司的上诉请求缺乏依据,不予支持。据此,上海一中院根据《中华人民共和国民事诉讼法》第153条第1款第(1)项的规定,判决:驳回上诉,维持原判。

问:本案中两级法院将执行和解协议的内容视为新的协议的做法是否妥当?

(二) 思考方向

执行和解,是指在民事执行中申请执行人与被申请执行人依法自愿达成协议以变更执行根据确定之内容的行为。执行和解是当事人行使处分权的重要体现。法院裁判文书生效后,当事人就债务履行达成和解协议,之后又重新以和解协议确定的内容起诉的,应区分裁判文书生效后的不同阶段,以决定是否应适用一事不再理原则。

(三) 法律规定

《民事诉讼法》第207条　在执行中,双方当事人自行和解达成协议的,执行员应当将协议内容记入笔录,由双方当事人签名或者盖章。

一方当事人不履行和解协议的,人民法院可以根据对方当事人的申请,恢复对原生效法律文书的执行。

第215条第1款　申请执行的期间为二年。申请执行时效的中止、中断,适用法律有关诉讼时效中止、中断的规定。

《民事诉讼法》(1991)第219条　申请执行的期限,双方或一方当事人是公民的为一年,双方是法人或者其他组织的为六个月。

前款规定的期限,从法律文书规定履行期间的最后一日起计算;法律文书规定分期履行的，从规定的每次履行期间的最后一日起计算。

《民诉法意见》第266条 一方当事人不履行或不完全履行在执行中双方自愿达到的和解协议，对方当事人申请执行原生效法律文书的，人民法院应当恢复执行，但和解协议已履行的部分应当扣除。和解协议已经履行完毕的，人民法院不予恢复执行。

《执行规定》第86条 在执行中，双方当事人可以自愿达成和解协议，变更生效法律文书确定的履行义务主体、标的物及其数额、履行期限和履行方式。

和解协议一般采取书面形式。执行人员应将和解协议副本附卷。无书面协议的，执行人员应将和解协议的内容记入笔录，并由双方当事人签名或盖章。

第87条 当事人之间达成的和解协议合法有效并已履行完毕的，人民法院作执行结案处理。

《执行解释》第28条 申请执行时效因申请执行、当事人双方达成和解协议、当事人一方提出履行要求或者同意履行义务而中断。从中断时起，申请执行时效期间重新计算。

（四）学理分析

执行和解，是指在民事执行中申请执行人与被申请执行人依法自愿达成协议以变更执行根据确定之内容的行为。执行和解是当事人行使处分权的重要体现。法院裁判文书生效后，当事人就债务履行达成和解协议，之后又重新以和解协议确定的内容起诉的，应区分裁判文书生效后的不同阶段，以决定是否应适用一事不再理原则。

首先，依据《民事诉讼法》关于申请执行期限的相关规定，在法院裁判文书生效后，当事人未在可申请执行期限内向法院申请强制执行，债权人将丧失申请法院强制执行该裁判文书的权利，该债权转化为自然债权。在此情况下，基于各种合法的因素，如果原裁判文书确定的债务人作出愿意履行债务的承诺，当事人达成履行债务的协议，则债务人实际上明确作出了愿意履行该原本不可申请强制执行之债务的意思表示，应当认为当事人之间成立了一个新的法律关系。在此情况下，如果债务人届期不履行债务，则法院不保护债权人的债权将有违法律的公平正义，债权人有权依据该和解协议向法院提起诉讼，并不构成对一事不再理原则的违背。

其次，裁判文书生效之后，在可申请执行的期间内，如果当事人自行和解约定的债务履行期限在可申请执行的期限之内，则债务人届期不履行债务的情形，债权人完全可以依据生效裁判文书向法院申请强制执行；如果债权人怠于向法院申请强制执行，以致使超过申请执行的期限，则债权人将丧失申请法院强制执行该裁判文书的权利，该债权转化为自然债权，如果债权人以该和解协议向法院重新提起诉讼，构成对一事不再理原则的违反。

再次，如果自行和解约定的债务履行期限在可申请执行的期限之外，如债务人届期不履行债务，则由于 1991 年《民事诉讼法》不适用诉讼时效的中止或中断，债权人此时将丧失申请法院强制执行原生效裁判文书的权利。但值得注意的是，设置申请执行期限制度的法律意义在于督促当事人及时行使权利、履行义务，以维护稳定的民事法律关系，并尽量节约诉讼成本。其所惩罚的是怠于行使权利人。然而在这种情形中，债权人并未怠于行使其权利，其只是基于对债务人承诺的信赖，才导致超过申请强制执行的期限。换言之，导致超过申请执行期限的过错在于债务人，并非债权人，其与在裁判文书生效后，完全不履行自己的权利，致使超过申请执行期限的情形有本质的不同，应区别对待。在此种情形下，因当事人之和解协议乃当事人真实意思表示之结果，应视为是对原私权法律关系的变更，其所约定之履行期限等应得到遵守，如对方当事人不履行其债务，债权人依据该和解协议向法院起诉乃其正当之权利，不构成对一事不再理原则的违反。法院认为司法程序是以国家强制力作保障的，如履行义务的一方未能在法律文书规定的期限内履行义务，则经相对方申请即启动强制执行的程序，但当履行义务的一方向主张权利的一方重新承诺履行义务的期限（这种期限在可提出申请执行的法定期限之外），而主张权利的一方也接受该承诺的情况下，即构成新的协议。

总之，应当许可上述新的协议，因为该新协议一旦产生，双方的权利义务以新协议为准，这一方面有利于减轻债务人的压力，也有利于社会和谐；如果不允许这种新协议的产生，则一方面违背权利处分原则，更不利于社会和谐。既然是新的协议，则当然不违背一事不再理的原则。所以，本案中一审、二审法院支持金海公司的反诉请求的处理是正确的。

由于在实务中经常出现中债务人利用执行和解协议拖延申请执行期限，致债权人欲再次申请执行原执行判决时，发现执行期限已经届满，已经不能申请强制执行，而以执行和解协议内容起诉又经常被以“一事不再理”的缘由不予受理，最高人民法院在 2008 年 12 月发布的《执行解释》第 28 条中明确规定，在执行程序中，当事人双方达成执行和解协议的，发生申请执行时效中断的效果。所以,本案如果发生在《执行解释》颁行以后,若金鑫公司利用执行和解协议拖延履行义务,则金海公司可以在其不切实履行和解协议的任何时候再次申请强制执行原生效法律文书所载明的债务。

(五)自测案例

案例163

执行过程中,法院能否进行调解?①

2006年4月1日晚,江某驾驶皖D-12446号重型货车在扬州市南通东路某工地运输货物,当行驶至该工地门前向右转弯时,与骑电动自行车的刘某相撞,刘某当场死亡。扬州市交警部门作出事故认定,江某与刘某承担事故的同等责任。经扬州市广陵区人民法院判决,江某赔偿刘某亲属李某等各项费用共计18万余元。判决生效后,江某并未履行义务。

执行过程中,经查,江某仍在扬州干活,并有重型自卸车一台。执行法官于2007年1月15日依法对该车进行了查封并开回法院。该车被查封后,被执行人江某主动来到法院,表示愿意主动履行义务,但由于经济确实困难能否先行给付17万,希望执行法官进行调解。

2007年2月14日上午,申请人李某来到广陵区法院,在执行法官主持下双方进行了协商,经过一番交谈,李某见江某态度诚恳且生活也确实困难,主动提出自己放弃部分款项,双方达成和解协议。当日下午,江某把协议确定的款项送到法院,执行法官当时就将所有款项交给了李某。

问:执行过程中,人民法院能否进行调解?

四、参与分配与执行竞合

参与分配,是指在执行程序中,经申请执行人申请,人民法院根据已经生效的确定金钱给付的法律文书,将作为被执行人的公民或者其他组织的

① 本案例参见江伟、常廷彬编著:《以案说法——执行篇》,中国人民大学出版社2007年版,第103—104页。

全部或主要财产查封、扣押或冻结后，申请执行人以外的其他对同一债务已经取得金钱债权执行根据的债权人，因该被执行人无财产可供执行或其他财产不足清偿全部债务，在被执行人的财产执行完毕前，申请加入已经开始的执行程序，人民法院将执行所得对各债权人平均清偿的一种执行分配制度。

执行竞合，又称执行程序的竞合，是指在民事执行程序中，两个或两个以上的债权人同时或先后以不同的执行名义对同一债务人的特点财产，申请法院强制执行，而各债权人的请求之间相互排斥，各个债权人的权利难以同时获得完全满足的一种竞争状态。广义的执行竞合包括了参与分配，而狭义的执行竞合不包括参与分配。

（一）案情简介

案例164

青岛福登房地产开发有限公司债务纠纷强制执行案[①]

青岛福登房地产开发有限公司成立于1993年3月，属中美合资公司。其注册资本为人民币6800万元（其中中方占75%，美方占25%）。青岛福登房地产开发有限公司开发建设青岛市政府对面占地26亩的“福泰广场”（写字楼一座、商住楼一座及商业裙房、娱乐设施等建筑物），总建筑面积98830平方米，已售出房产58065.14平方米，现尚有未出售房产40765.79平方米。青岛福登房地产开发有限公司由于系青岛胶州信用社诉青岛泗海国际运输服务有限公司贷款纠纷案的担保人，青岛市中级人民法院于1997年10月9日查封了“福泰广场”写字楼第1—20层，于1997年11月5日查封了公寓楼第1—28层。经山东省高级人民法院二审判决，青岛福登房地产开发有限公司以74套共计10996.2平方米近8000万元的房产代泗海公司偿还了贷款。之后，又先后有六七十家银行、施工单位、供料单位等债权人纷纷向青岛市中级人民法院及各区法院、外地法院起诉青岛福登房地产开发有限公司。

① 本案例参见青岛市中级人民法院编：《青岛法院判例精粹》，法律出版社2001年版，第199—200页。

截至对该案集中执行完毕前,已向法院申请执行取得执行依据的债权人为58人,债权总额为2.57亿元人民币。而现在被法院查封的能够分配的房产价值仅为人民币8900万元,一般债权的清偿比例为34%。青岛福登房地产开发有限公司除剩余被查封的房产外,已无其他财产可供执行,这些房产普遍存在重复查封的现象,许多房产已被查封了三到四次,借款合同案件查封的多是抵押合同上的抵押房产,有的案件查封的房产要比抵押的房产多,还有部分由福登公司协助执行查封的房产。青岛市中级人民法院为规范执行秩序,公平保护债权人的合法权益,于1998年10月决定,将分散与各区市法院的执行人为青岛福登房地产开发有限公司的58件案件调至中级人民法院执行庭适用“参与分配制度”统一集中执行。

问:什么是参与分配制度?申请参与分配应具备何种条件?其与执行竞合的区别在什么地方?

(二)思考方向

参与分配,是指在执行程序开始后,申请执行人以外的其他债权人,因债务人的财产不足以清偿全部债权时,向人民法院申请就所有债权公平受偿的制度。执行竞合,是指民事执行中两个或两个以上的申请执行人针对同一被执行人的统一特定财产,同时或先后根据不同的民事执行根据向法院申请强制执行,从而在各申请执行人之间产生的相互竞争、权利请求难以同时得到满足(各权利请求最终都能得到满足,只是满足分先后顺序)的完全紧张状态。①

(三)法律规定

《民事诉讼法》第94条第1、4款 财产保全限于请求的范围,或者与本案有关的财物。

……

财产已被查封、冻结的,不得重复查封、冻结。

---

① 汤维建主编:《民事诉讼法学》,北京大学出版社2008年版,第538页。

《民诉法意见》第102条　人民法院对抵押物、留置物可以采取财产保全措施,但抵押权人、留置权人由优先受偿权。

第282条　人民法院在执行中已依照民事诉讼法第二百二十一条、第二百二十三条的规定对被执行人的财产查封、冻结的,任何单位包括其他人民法院不得重复查封、冻结或者擅自解冻,违者按照民事诉讼法第一百零二条的规定处理。

第297条　被执行人为公民或者其他组织,在执行程序开始后,被执行人的其他已经取得执行依据的或者已经起诉的债权人发现被执行人的财产不能清偿所有债权的,可以向人民法院申请参与分配。

第298条　申请参与分配,申请人应提交申请书,申请书应写明参与分配和被执行人不能清偿所有债权的事实和理由,并附有执行依据。

参与执行分配申请应当在执行程序开始后,被执行人的财产被清偿前提出。

第299条　被执行人为公民或者其他组织,在有其他已经取得执行根据的债权人申请参与分配的执行中,被执行人的财产参照民事诉讼法第204条规定的顺序清偿,不足清偿同一顺序的,按照比例分配。清偿后的剩余债务,被执行人应当继续清偿。债权人发现被执行人有其他财产的,可以随时请求人民法院执行。

《执行规定》第88条　多份生效法律文书确定金钱给付内容的多个债权人分别对同一执行人申请执行,各债权人对执行标的物均无担保物权的,按照执行法院采取执行措施的先后顺序受偿。

多个债权人的债权种类不同的,基于所有权和担保物权而享有的债权,优先于金钱债权受偿。有多个担保物权的,按照各担保物权成立的先后顺序清偿。

一份生效法律文书确定金钱给付内容的多个债权人对同一被执行人申请执行,执行的财产不足清偿全部债务的,各债权人对执行标的物均无担保物权的,按照各债权比例受偿。

第90条　被执行人为公民或其他组织,其全部或主要财产已被一个人民法院因执行确定金钱的生效法律文书而查封、扣押或冻结,无其他财产可供执行或其他财产不足清偿全部债务的,在被执行人的财产被执行完毕前,对该被执行人已经取得金钱债权执行依据的其他债权人可以申请对该被执行人的财产参与分配。

第91条 对参与被执行人财产的具体分配,应当由首先查封、扣押或冻结的法院主持进行。

首先查封、扣押、冻结的法院所采取的执行措施如系为执行财产保全裁定,具体分配应当在该院案件审理终结后进行。

第92条 债权人申请参与分配的,应当向其原申请执行法院提交参与分配申请书,写明参与分配的理由,并附有执行根据。该执行法院应当将参与分配申请书转交给主持分配的法院,并说明执行情况。

第93条 对人民法院查封、扣押或冻结的财产有优先权、担保物权的债权人,可以申请参加参与分配程序,主张优先受偿权。

第94条 参与分配案件中可共执行的财产,在对享有优先权、担保权的债权人依照法律规定的顺序优先受偿后,按照各个案件债权额的比例进行分配。

第95条 被执行人的财产被分配给个债权人后,被执行人对其剩余债务应当继续清偿。债权人发现被执行人有其他财产的,人民法院可以根据债权人的申请继续依法执行。

《执行解释》第25条 多个债权人对同一被执行人申请执行或者对执行财产申请参与分配的,执行法院应当制作财产分配方案,并送达各债权人和被执行人。债权人或者被执行人对分配方案有异议的,应当自收到分配方案之日起十五日内向执行法院提出书面异议。

第26条 债权人或者被执行人对分配方案提出书面异议的,执行法院应当通知未提出异议的债权人或被执行人。

未提出异议的债权人、被执行人收到通知之日起十五日内未提出反对意见的,执行法院依异议人的意见对分配方案审查修正后进行分配;提出反对意见的,应当通知异议人。异议人可以自收到通知之日起十五日内,以提出反对意见的债权人、被执行人为被告,向执行法院提起诉讼;异议人逾期未提起诉讼的,执行法院依原分配方案进行分配。

诉讼期间进行分配的,执行法院应当将与争议债权数额相应的款项予以提存。

(四)学理分析

参与分配,是指在执行程序开始后,申请执行人以外的其他债权人,因债务人的财产不足以清偿全部债权时,向人民法院申请就所有债权公平受偿的制度。在采一般破产主义的国家(如德国、日本等),其破产制度普遍适用于公民、法人和其他组织,债权人可以利用破产制度对债务人的总财产进行一般的强制执行,从而获得公平清偿;而我国采取有效破产主义,仅对法人可以适用破产制度,公民和其他组织则无适用的可能。然而,债务人财产应供其所有债权人公平受偿已是一般法律原则,公民或其他组织在资不抵债时,各债权人无从利用破产制度获得公平清偿,即违反了这一法律原则。对此,最高人民法院通过司法解释建立了参与分配制度,旨在将无法以破产制度解决的问题放置于个别执行程序中解决。所以,我国的参与分配制度是为了弥补有效破产主义的缺陷。

根据《民诉法意见》第 297 条至第 299 条的规定,申请参与分配应当具备下列条件:(1) 债务人必须是公民和其他组织,不能是法人,因为在我国法人的破产适用专门的破产程序。(2) 参与分配的债权人必须符合法律的规定,即债务人的债权人必须是两个或两个以上,债权人必须已取得执行根据或者已经起诉,并请求对同一债务人的财产强制执行;(3) 债权人的债权必须是金钱债权或已经转化为金钱请求的债权;(4) 必须是债务人的所有财产不足以清偿所有债权;(5) 参与分配申请应在执行程序开始后,被执行财产被清偿前提出。

执行竞合有广义和狭义之分。广义的执行竞合,是指相同或不同的债权人对于同一债务人,就已开始实施民事执行的财产,再申请执行或申请参与分配,以实现自己的私权。狭义的执行竞合,是指数个权利人在同一时期以不同的执行根据,申请法院执行同一债务人的同一特定财产,从而导致不同执行根据的执行相互排斥,各个权利人的请求无法同时满足的执行状态。广义的执行竞合,包括参与分配,狭义的执行竞合则不包括。本书所称执行竞合是指狭义的执行竞合,它与参与分配存在一定的区别。体现在:(1) 参与分配所针对的财产是债务人的所有财产,而执行竞合只针对债务人的特定财产。(2) 参与分配是债务人的财产不足清偿所有债务时始发生;而执行竞合是由于债务人的同一特定财产无从满足多个债权人根据合法执行根据所提出的权利请求,但债务人仍然存在其他财产。(3) 参与分配的债权必须是金钱债权,关于物的交付请求权和作为不作为请求权的执行,如不能转化为金钱债权的,不得参与分配;而执行竞合则对此没有要求。

（五）自测案例

案例165

许某、王某、吴某、贾某诉宏盛面粉加工厂买卖合同纠纷四案申请强制执行案①

许某、王某、吴某、贾某与宏盛面粉加工厂买卖合同纠纷四案，经某县人民法院审理后，分别作出判决，宏盛面粉加工厂偿还许某小麦款8万元，偿还王某小麦款6万元，偿还吴某玉米款4万元，偿还贾某玉米款3万元，合计21万元。案件受理费、保全费由宏盛面粉加工厂承担。判决生效后，宏盛面粉加工厂未按时履行义务，为此，许某、王某、吴某、贾某先后分别向法院申请强制执行。在执行过程中，许某向法院提供了被执行人宏盛面粉加工厂的财产情况，并积极配合、协助法院处理被执行人的财产。因被执行人宏盛面粉加工厂的财产仅有厂房一处，法院依法公开拍卖了被执行人的该项财产，拍卖标的款为19万元。但关于执行标的款的分配，许某认为，自己最先向法院申请强制执行，按照法院采取执行措施的先后顺序的规定，自己享有优先受偿权；且自己在执行过程中，向法院提供被执行人的财产状况，积极配合、协助法院执行，自己理应优先受偿。但王某、吴某、贾某则主张按照比例分配。

问：本案该如何进行财产分配？

五、执行救济

执行救济，是指因民事执行行为违反法律规定或民事执行根据错误给执行当事人或案外人的合法权益造成侵害而设定的一种程序保障获实体补救性质的权利保护制度。我国现有的民事执行救济制度包括执行异议、案外人异议和执行回转三部分。

执行异议，是指民事执行中，执行当事人、利害关系人认为执行法院已经实施的执行行为违反法律规定侵害其合法权益而向执行法院提出的异议。

① 本案例来自 http://www.110.com/falv/falvanli/zhixinganli/list-3197-3.html，2009-11-1 访问。

案外人异议,是指民事执行中,申请执行人和被执行人以外的人因对执行标的的主张全部或部分的权利而向执行法院提出的异议。

执行回转,是指民事执行程序完毕后,因原来的执行根据被依法撤销,法院依申请或职权,以新的执行根据为基础,运用强制措施迫使原申请执行人将执行所得之利益全部或部分的退还给原被执行人从而使民事执行程序回到原初状态的一种制度。[1]

(一)案情简介

案例166

袁某申请执行重庆英铭实业发展有限公司房屋租金案[2]

袁某在申请执行与重庆英铭实业发展有限公司(以下简称“英铭公司”)民间借贷一案中,向法院申请冻结被执行人英铭公司在罗某处的租金收益。法院在执行中到房地产管理机关查询,该房屋的产权未作登记,英铭公司承认向罗某出租的房屋归其所有,在罗某处的租金法院可以执行。于是法院认定在罗某处的租金应由英铭公司收取,并将该租金执行给申请人袁某。

后案外人林某向法院提出异议,认为该房屋的产权归其所有,租金应由其收取,要求法院将袁某已收租金返还给林某。后法院查明,林某系英铭公司工作人员,该房屋系林某向香港合兴公司购得,因为种种原因至今未办理产权登记。由于香港合兴公司与英铭公司具有关联关系,并且林某系英铭公司工作人员,所以林某向罗某出租该房屋时,罗某一直以为林某代表英铭公司并与其订立了租赁合同,该租金应由林某收取后交付给英铭公司。英铭公司现无可供执行的财产。

问:本案能否适用执行回转制度?

---

① 汤维建主编:《民事诉讼法学》,北京大学出版社2008年版,第544—545页。

② 本案例选自:http://china.findlaw.cn/susong/mshsusong/ssal/4642_2.html,2009-8-12日访问。

（二）思考方向

执行回转的条件是：(1) 执行程序已经结束；(2) 原有的执行根据被依法撤销；(3) 有对原来的执行根据进行明确否定的，新的具有给付内容的生效法律文书；(4) 原申请执行人拒绝退还其依据原来的执行根据所获得之利益。进行执行回转必须同时满足这四个要件，如果不具备这四个构成要件，则不能进行执行回转。

（三）法律规定

《民事诉讼法》第 202 条 当事人、利害关系人认为执行行为违反法律规定的，可以向负责执行的人民法院提出书面异议。当事人、利害关系人提出书面异议的，人民法院应当自收到书面异议之日起十五日内审查，理由成立的，裁定撤销或者改正；理由不成立的，裁定驳回。当事人、利害关系人对裁定不服的，可以自裁定送达之日起十日内向上一级人民法院申请复议。

第 204 条 执行过程中，案外人对执行标的提出书面异议的，人民法院应当自收到书面异议之日起十五日内审查，理由成立的，裁定中止对该标的的执行；理由不成立的，裁定驳回。案外人、当事人对裁定不服，认为原判决、裁定错误的，依照审判监督程序办理；与原判决、裁定无关的，可以自裁定送达之日起十五日内向人民法院提起诉讼。

第 210 条 执行完毕后，据以执行的判决、裁定和其他法律文书确有错误，被人民法院撤销的，对已被执行的财产，人民法院应当作出裁定，责令取得财产的人返还；拒不返还的，强制执行。

《执行规定》第 81 条 被执行人被撤销、注销或歇业后，上级主管部门或开办单位无偿接受被执行人的财产，致使被执行人无遗留财产清偿债务或遗留财产不足清偿的，可以裁定由上级主管部门或开办单位在所接受的财产范围内承担责任。

第 109 条 在执行中或执行完毕后，据以执行的法律文书被人民法院或其他有关机关撤销或变更的，原执行机构应当依照民事诉讼法第二百一十条的规定，依当事人申请或依职权，按照新的生效法律文书，作出执行回转的裁定，责令原申请执行人返还已取得的财产及其孳息。拒不返还的，强制执行。

执行回转应重新立案，适用执行程序的有关规定。

第110条　执行回转时，已执行的标的物系特定物的，应当退还原物。不能退还原物的，可以折价抵偿。

（四）学理分析

从本案的执行过程来看，造成将案外人的财产执行给申请人的原因在于申请人提供的财产线索不实、被执行人英铭公司作虚假的陈述以及协助执行人罗某的误解。法院在执行过程中并不违法。显然，申请人应将租金返还给案外人。关键是申请人拒不返还，怎样来保护案外人的合法权益呢？在现有的法律规定中，只有关于执行回转的规定与之类似。但本案能否适用执行回转的规定呢？

法律及司法解释对执行回转，只有《民事诉讼法》第210条、《执行规定》第109条、第110条有明确规定，《民事诉讼法》第210条规定“执行完毕后，据以执行的判决、裁定和其他法律文书确有错误，被人民法院撤销的，对已经被执行的财产，人民法院应当制作裁定，责令取得财产的人返还；拒不返还的，强制执行”。

《执行规定》第109条规定“在执行中或执行完毕后，据以执行的法律文书被人民法院或其他有关机关撤销或变更的，原执行机构应当依照《民事诉讼法》第210条的规定，依当事人的申请或依职权，按照新的生效法律文书，作出执行回转的裁定”。

根据执行回转的相关规定，执行回转的构成要件是：(1) 案件部分财产或全部财产已经执行完毕；(2) 据以执行的判决、裁定和其他法律文书因确有错误被人民法院或其他有关机关撤销；(3) 新的生效法律文书确定因执行原判决、裁定而获得利益一方当事人部分或全部返还所取得的财产。(4) 应当返还财产者拒不返还。具备了上述条件，人民法院应当依申请或依职权重新立案，适用执行程序的有关规定执行回转。

从法律及司法解释的上述规定看，执行回转的当事人发生在原判决、裁定和其他生效法律文书确定的当事人之间，主要原因是原生效法律文书所确定的权利义务关系错误而被纠正。目的是在于纠正因执行根据错误而导致的执行工作的失误，使案件当事人之间的权利义务关系恢复到执行前的正常状态。执行回转并不发生在任何一方当事人与不确定的案外人之间。

本案的特殊情况显然超出法律对“执行回转”设定的条件：(1) 本案的执行根据并无错误不可能被撤销。(2) 本案的错误纯属执行工作的失误，与执行根据无关。(3) 因被执行人无可供执行的财产，无法用被执行人应尽义务的其他财产来弥补案外人的损失,也不可能适用国家赔偿来赔偿案外人的损失(因为,执行中并无违法行为,不符合国家赔偿的前提条件;案外人也只要求取得利益的人返还并不主张国家赔偿)而只能用申请人从案外人处获得的利益返还案外人。(4) 案外人林某的异议是在执行程序已经结束后提出的,而我国现有的案外人异议制度的适用必须是在执行程序中,申请执行人和被申请执行人以外的人因对执行标的的主张全部或部分的权利而向执行法院提出的异议。所以本案也不能适用案外人异议制度,实质上也没有适用案外人异议制度的基础。因为执行机构没有对该财物进行实际控制,执行标的物已经为申请执行人袁某所占有。

综上,本案不能适用执行回转的规定,也不能适用案外人异议制度。对这种由于执行工作的失误而导致的财产的错误移转,我国法律及相关司法解释均未作出明确的规定。结合本案的情况,案外人林某可以凭法院的撤销冻结和提取裁定向原申请执行人人提起不当得利之诉,在法院判决后以裁判文书作为执行依据,申请对原申请执行人进行强制执行,以维护自己得合法权益。但这样会加重当事人的负担,对案外人来说显然是不公平的。所以我们认为在《民事诉讼法》进行重新修订时,应该将这种因执行工作的疏漏而导致的错误执行案外人财产的情形纳入执行回转制度中去,这样才能更好地保护案外人的合法权益。①

(五)自测案例

案例167

国防科工委司令部管理局对深圳市中级人民法院强制执行深圳南丰工贸公司房产异议案②

申请执行人:海南电子集团公司(以下简称“海南公司”)

被执行人:深圳南丰工贸公司(以下简称“南丰公司”)

执行异议人:国防科工委司令部管理局(以下简称“管理局”)

---

① 学理分析部分参见徐雄、宋锡鹏:从民间借贷案看执行回转的立法疏漏。载 http://china.findlaw.cn/susong/mshsusong/ssal/4642_2.html,2009-8-12 日访问。

② 本案摘自最高人民法院执行工作办公室编:《强制执行指导与参考》2002 年第 1 辑(总第 1 辑),法律出版社 2002 年版。

海南公司与南丰公司购销合同纠纷一案，深圳市中级人民法院于1994年12月1日作出[1994]深中法经一字第105号民事判决。宣判后，海南公司不服，提起上诉，广东省高级人民法院于1995年12月23日作出[1995]粤法经一上字第327号民事判决书，终审判决南丰公司偿还海南公司人民币10371817.57万元及利息。

终审判决生效后，南丰公司未能在判决规定期限内履行义务，1996年3月海南公司向深圳市中级人民法院申请执行。执行法院查明：在一审期间，深圳市中级人民法院于1994年6月15日保全查封了南丰公司所有的位于深圳市的下列房产：园岭新村91栋208、506、406房；熙龙大厦6楼F、G、H座，11栋E、D座；房地产大厦17楼C座等。然而，执行法院在执行中发现上述房产分别于1995年5月15日、12月23日分两批过户到南丰公司的上级主管部门国防科工委司令部管理局名下。对此，深圳中院以[1996]深中法执字第6=116号民事裁定书裁定该房屋产权过户登记无效。管理局遂以案外人身份向深圳市中级人民法院提出异议，深圳中院随后驳回了管理局的异议，并委托拍卖行将上述房产于1997年7月7日予以拍卖。

此时，管理局向最高人民法院反映：深圳市中级人民法院强行拍卖案外人财产，侵害其利益，请求最高人民法院监督处理。

问：案外人的异议是否成立，深圳市中级人民法院的执行是否正确？

第三十二章　民事执行措施

一、对一般非金钱财产的执行措施

对一般非金钱财产的执行包括对动产、不动产的执行和对其他财产的执行两部分,其具体的执行措施主要有查封、扣押、冻结、拍卖、变卖、抵债六种。其中,查封、扣押、冻结属于控制性执行措施;拍卖、变卖、抵债属于处分性执行措施。

(一) 案情简介

案例168

该查封是重复查封还是轮候查封?①

周某是一名建筑工头。因工程急需资金,2008 年 4 月 1 日和 17 日其分别马某借款共 19 万元并约定利息。后因周某不及时还款,马某将周某诉至宾阳县人民法院,要求周某立即归给欠款本金 19 万元及利息。该案在审理过程中,法院根据马某的申请依法对周某所有的、位于宾阳芦圩镇广场南路新明园的一套房屋进行诉讼保全。后该案双方当事人调解达成协议,周某同意以 228400 元价格将查封的房屋抵偿马某,而马某则负责偿还周某以该房屋为抵押物在银行申请的贷款。双方达成调解协议生效后,马某替周某偿还了银行的贷款。但双方在办理房屋交接过户手续过程中,周某因欠债太多,先后又被多个债权人另案起诉至宾阳县人民法院,法院也根据权利人的申请,对还在当时周某名下的该套房屋先后三次进行查封。后马某去办理该房屋过户手续时被房

---

① 本案例参见:http://data.110.com/a146066.html,2009-12-20 访问。

管部门拒绝，理由是宾阳县人民法院对该房屋还有多个查封裁定未撤，不能将房屋过户给马某。于是马某找到宾阳县人民法院要求撤销之后的几个查封裁定以便其办理过户手续。

问：宾阳县人民法院对同一财产进行多次查封的行为是否正确？

（二）思考方向

查封，是指人民法院采取的通过直接控制，张贴封条、公告等足以公示的方式对被执行人的一般非金钱财产进行封存，从而禁止被执行人转移或处分的执行措施。查封的价值应当与被执行人履行债务的价值相当。轮候查封，是指两个或两个以上的人民法院对于同一财产进行查封时，以先办理查封手续的人民法院为准，后办理查封手续的人民法院作轮侯处理。[①] 重复查封是两个或两个以上人民法院对于同一财产在同一期间同时进行查扣的行为，它与轮候查封的区别在于重复查封是违法的，轮候查封是不违法的。重复查封具有“同时性”而轮候查封具有“前后相序性”

我国《民诉法意见》第282条规定了“禁止重复查封”条文，但实践中常常被债务人利用来作为逃避、拖延履行债务的手段，针对这一现象，最高人民法院在2004年颁行的《关于人民法院民事执行中查封、扣押、冻结财产的规定》第28条规定了轮候查封制度。轮候查封是对“禁止重复查封”的必要的补充。本案的特殊性在于同一法院能否根据不同债权人的申请对同一财产进行轮候查封。从设立轮候查封制度的目的来看是为了解决多个债权对同一执行标的物受偿的先后顺序问题。所以本案法院的先后几次的轮候查封有其法理基础。

（三）法律规定

《民事诉讼法》第94条第4款　财产已被查封、冻结的，不得重复查封、冻结。

第221条　人民法院查封、扣押财产时，被执行人是公民的，应当通知

① 江伟、常廷彬编著：《新版以案说法——执行篇》，中国人民大学出版社2007年版，第175页。

被执行人或者他的成年家属到场;被执行人是法人或者其他组织的,应当通知其法定代表人或者主要负责人到场。拒不到场的,不影响执行。被执行人是公民的,其工作单位或者财产所在地的基层组织应当派人参加。

对被查封、扣押的财产,执行员必须造具清单,由在场人签名或者盖章后,交被执行人一份。被执行人是公民的,也可以交他的成年家属一份。

第222条 被查封的财产,执行员可以指定被执行人负责保管。因被执行人的过错造成的损失,由被执行人承担。

《民诉法意见》第282条 人民法院在执行中已依照民事诉讼法第二百二十一条、第二百二十三条的规定对被执行人的财产查封、冻结的,任何单位包括其他法院不得重复查封、扣押或擅自解冻,违者按照民事诉讼法第一百零二条的规定处理。

《最高人民法院关于人民法院民事执行中查封、扣押、冻结的财产的规定》对已被人民法院查封、扣押、冻结的财产,其他人民法院可以进行轮候查封、扣押、冻结。查封、扣押、冻结解除的,登记在先的轮候查封、扣押、冻结即自动生效。其他人民法院对已登记的财产进行轮候查封、扣押、冻结的,应当通知有关登记机关协助进行轮候登记,实施查封、扣押、冻结的人民法院应当允许其他人民法院查阅有关文书和记录。其他人民法院对没有登记的财产进行轮候查封、扣押、冻结的,应当制作笔录,并经实施查封、扣押、冻结的人民法院执行人员及被执行人签字,或者书面通知查封、扣押、冻结的人民法院。

《执行规定》第90条 被执行人为公民或其他组织,其全部或主要财产已被一个人民法院因执行确定金钱给付的生效法律文书而查封、扣押或冻结,无其他财产可供执行或其他财产不足清偿全部债务的,在被执行的财产被执行完毕前,对该被执行人已经取得金钱债权执行依据的其他债权人可以申请对被执行人的财产参与分配。

(四)学理分析

根据《民事诉讼法》第94条第4款和《民诉法意见》第282条的规定,我国在执行程序中设立了"禁止重复查封原则",即在执行法院依法对被执行人的财产查封后,任何单位包括其他法院都不得对该执行标的物再行查封、扣押,否则后来的查封、扣押行为无效。但在实践中,这一原则经常被债务人恶意利用来逃避、拖延对债务的履行,一些地方的法院也出于"对本地经济的保护",通过抢先对被执行人的财产进行查封来达到阻碍外地法院的查封工作。针对这一情况,最高人民法院在2004年规定了轮侯查封制度作为对"禁止重复查封原则"的必要的、有益的补充。轮候查封是指两个或两个以上的人民法院对于同一财产进行查封时,以先办理查封手续的人民法院为准,后办理查封手续的人民法院作轮候处理的执行措施。"这一制度对于解决不得重复查封在实务中的弊端,保护不同生效法律文书所确定的债权人的合法权益,提高执行效率,具有重要意义。"①

轮候查封规定最早是出现在2004年2月10日,最高人民法院、国土资源部、建设部联合发布的法发[2004]5号文件,即《关于人民法院执行和国土资源房地产管理部门协助执行若干问题的通知》中。同年10月26日最高法出台的《最高人民法院关于人民法院民事执行中查封、扣押、冻结财产的规定》中以司法解释的形式将明确了该项制度。该规定第28条:"对已被人民法院查封、扣押、冻结的财产,其他人民法院可以进行轮候查封、扣押、冻结。查封、扣押、冻结解除的,登记在先的轮候查封、扣押、冻结即自动生效。其他人民法院对已登记的财产进行轮候查封、扣押、冻结的,应当通知有关登记机关协助进行轮候登记,实施查封、扣押、冻结的人民法院应当允许其他人民法院查阅有关文书和记录。其他人民法院对没有登记的财产进行轮候查封、扣押、冻结的,应当制作笔录,并经实施查封、扣押、冻结的人民法院执行人员及被执行人签字,或者书面通知实施查封、扣押、冻结的人民法院。"从上述规定可以看出,对同一财产,先查封的法院依据法律规定可自行处分被查封财产;而后查封的法院在同一时间也可以查封该财产,只不过该查封暂不发生法律效力,等到先查封法院对被查封财产的处分行为完毕并对该财产予以解除查封后,后查封的法院所实施的查封行为才会自动生效。如果被查封的财产在第一次处分执行完毕后也无剩余价值那轮候查封是无实际意义。但在上述规定中表述中对轮候查封用的是"其他人民法院",但从轮候查封制度的设立目的来看是为了解决多个债权对同一执行标的物的受偿的先后顺序问题。对执行法院是否同一则显得不是那么重要,所以笔者以为不但对同一法院根据不同的债权文书可以进行轮候执行,而且对同一债权人依据不同的债权依据也可以实施轮候债权,唯此才能真正保护不同生效法律文书所确定的债权人的合法权益,提高执行效率。最高人民法院在2006年1月10日在对江苏省高级人民法院《关于同一法院在不同案件

① 江伟、李浩主编:《民事诉讼法》(第三版),高等教育出版社2004年版,第482页注。

中是否可以对同一财产采取轮候查封、扣押、冻结保全措施问题的请示》作出答复中也明确,设立轮候查封、扣押、冻结制度,目的是为了解决多个债权对同一执行标的物受偿的先后顺序问题。因此,根据《最高人民法院关于人民法院民事执行中查封、扣押、冻结财产的规定》第 28 条规定的精神,只要不是同一债权,不论是不是同一个债权人,受理案件的法院是不是同一个法院,都应当允许对已被查封、扣押、冻结的财产进行轮候查封、扣押、冻结;同一法院在不同案件中也可以对同一财产采取轮候查封、扣押、冻结保全措施。

综上,宾阳县人民法院对周某所有的房屋进行的后几次查封属于轮候查封,因在第一案件处理时已将查封的房屋处理完毕无剩余价值,因此后几次查封已自动失效无实际意义,房管部门应依照法律相关规定为马某办理该房产过户手续。

(五)自测案例

案例169

轮候查封中应如何分配财产?①

2008 年 6 月 28 日,张某因周某不履行生效法律文书确定的义务,向法院申请执行。在执行过程中,法院于同年 7 月 6 日依张某的申请依法查封了周某所有的杨树多层板 56 平方米。同年 7 月 10 日,同一法院依另一诉讼案件中原告娄某的财产保全申请轮候查封了该 56 平方米杨树多层板。同年 8 月,娄某亦向法院申请执行。在执行中,娄某申请参与分配该查封财产。

问:娄某的请求能否获得法院的许可?

二、对行为请求权的执行措施

对行为请求权的执行措施,是指人民法院采取的确保申请执行人的作为或不作为请求权得以实现的执行措施。包括对可替代行为请求权的执行

① 本案例参见:http://data.110.com/a136083.html,2009-12-11 访问。

措施和对不可替代行为请求权的执行措施两类。对可替代行为的强制执行时,若被执行人拒不履行,人民法院可以强制其履行;也可以委托有关单位或他人完成,由此发生的费用由被执行人承担。对于执行根据所确定的不可替代行为,被执行人拒不履行的,经教育,被执行人仍不履行的,人民法院应当按照妨害执行行为的有关规定处理。

(一) 案情简介

案例170

不凡帝范梅勒糖果(中国)有限公司申请执行案①

不凡帝范梅勒糖果(中国)有限公司(下称"不凡帝中国公司")是国际知名的意大利不凡帝范梅勒股份有限公司在中国境内的生产销售代理商,是"阿尔卑斯 Alpenliebe"注册商标和知名商品"阿尔卑斯 Alpenliebe"高级牛奶糖特有装潢的独占许可使用人。然而,福建省晋江市永和许福记兄弟食品有限公司(下称"许福记公司")为谋取非法利益,在其生产、销售的"珠穆朗玛 Zomliamma"高级牛奶糖的包装袋、包装纸上擅自使用了与"阿尔卑斯 Alpenliebe"注册商标及"阿尔卑斯 Alpenliebe"高级牛奶糖特有装潢相近似的标识和商品装潢,造成购买者误认。永金批发部则大量销售了该侵权商品,两单位共同侵犯了不凡帝中国公司注册商标独占许可使用权和知名商品特有装潢独占许可使用权。为此,不凡帝中国公司向上海市第二中级人民法院提起诉讼。法院经审理判决:许福记公司和永金批发部应停止生产、销售侵权产品,在《中国食品报》、《解放日报》和《新民晚报》上公开赔礼道歉,并分别赔偿不凡帝中国公司经济损失人民币98万元和人民币2万元。

因许福记公司与永金批发部未履行法院生效判决,不凡帝中国公司向上海市第二中级人民法院申请强制执行,要求两被执行人公开致歉,并赔偿其相应经济损失。

---

① 王承晔、张文如:《"公开道歉"——不凡帝范梅勒糖果(中国)有限公司申请执行案》,载《人民法院报》2007年4月2日。

执行中,经上海市第二中级人民法院执行法官耐心的法制教育及说服工作,永金批发部最终以现金方式自动履行了全部债务。但本案另一被执行人许福记公司始终以各种理由拒绝履行义务,并用变相威胁等方法千方百计地干扰执行工作。法院通过冻结、划拨、查封、拍卖等执行措施顺利的对本案的金钱债务进行了强制执行。但对“公开道歉”的执行却遇到了困难。虽经法院多次做工作,许福记公司一直拒绝按生效判决在指定报纸上刊发道歉声明。为实现上述判决内容,经申请执行人同意,2006年6月5日,上海市第二中级人民法院分别在《中国食品报》、《解放日报》、《新民晚报》上以公告方式刊载了本案如下侵权事实及判决主要内容:“因被执行人福建省晋江市永和许福记兄弟食品有限公司在生产、销售‘珠穆朗玛 Zomliamma’高级系列牛奶糖的行为中侵犯了申请执行人不凡帝范梅勒股份有限公司生产的‘阿尔卑斯 Alpenliebe’高级系列牛奶糖注册商标权、知名商品特有装潢权和不凡帝范梅勒糖果(中国)有限公司生产、销售的‘阿尔卑斯 Alpenliebe’高级系列牛奶糖注册商标独占许可使用权、知名商品特有装潢独占许可使用权,本院依法作出民事判决,责令福建省晋江市永和许福记兄弟食品有限公司在有关报刊上刊登致歉声明,向申请执行人赔礼道歉、消除影响。被执行人在执行过程中未履行上述判决内容,本院特将上述判决内容予以公告。公告费用由被执行人承担。”

问:“公开道歉”的判决能否通过法院以公告的方式刊载判决主要内容的形式予以强制执行?

(二)思考方向

本案中对“公开道歉”的执行是通过法院在媒体上公开判决书的形式到达了预期的社会效果。但对于“公开道歉”这种极具身份特性不可替代的行为的执行将其运用这种移花接木的方式变相予以替代执行在理论上还存在障碍,尚需进一步探讨。合理的做法是不断完善我国的间接执行制度,以真正达到不可替代行为判决所期望的法律效果。

（三）法律规定

《民事诉讼法》第102条　诉讼参与人或者其他人有下列行为之一的，人民法院可以根据情节轻重予以罚款、拘留；构成犯罪的，依法追究刑事责任：

……

（六）拒不履行人民法院已经发生法律效力的判决、裁定的。

人民法院对有前款规定的行为之一的单位，可以对其主要负责人或者直接责任人员予以罚款、拘留；构成犯罪的，依法追究刑事责任。

《民诉法意见》第254条　强制执行的标的应当是财物或者行为……

《执行规定》第60条　被执行人拒不履行生效法律文书中指定的行为的，人民法院可以强制其履行。

对于可以替代履行的行为，可以委托有关单位或他人完成，因完成上述行为发生的费用由被执行人承担。

对于只能由被执行人完成的行为，经教育，被执行人仍拒不履行的，人民法院应当按照妨害执行行为的有关规定处理。

《关于审理名誉权案件若干问题的解答》第11条　侵权人拒不执行生效判决，不为对方恢复名誉、消除影响的，人民法院可以采取公告、登报等方式，将判决的主要内容及有关情况公布于众，费用由被执行人负担，并可依照民事诉讼法第一百零二条第六项的规定处理。

台湾地区“强制执行法”第128条　依执行名义，债务人应为一定之行为，而其行为非他人所能代为履行者，债务人不为履行时，执行法院得定债务人履行之期间。债务人不履行时，得拘提、管收之或处新台币三万元以上三十万元以下之怠金。其续经定期履行而仍不履行者，得再处怠金。

（四）学理分析

“公开道歉”是通过公开表示歉意以抚慰受害人并且以达到消除侵权行为影响的效果为目的的行为，它是加害人的一种认错行为。根据《最高人民法院关于适用〈中华人民共和国民事诉讼法〉若干问题的意见》第254条的规定：“强制执行的标的应当是财物或者行为”，由此可见，作为生效法律文书中指定的行为，登报公开道歉可以强制执行。

在对行为的强制执行中可以分为对可替代行为请求权的执行措施和对

不可替代行为请求权的执行措施两类。对可替代行为的强制执行时,若被执行人拒不履行,人民法院可以强制其履行;也可以委托有关单位或他人完成,由此发生的费用由被执行人承担。对于执行根据所确定的不可替代行为,被执行人拒不履行的,经教育,被执行人仍不履行的,人民法院应当按照妨害执行行为的有关规定处理。而公开致歉,带有明显的身份性质,行为主体是特定的,究其效果,只有义务人亲自实施才能完全实现,故该行为应属不可替代行为。对不可替代行为,人民法院不能直接代替履行,一般是采取间接强制执行方法,即通过罚款、拘留等类似手段,对被执行人施加压力,迫使其自动履行。

按照最高人民法院《执行规定》第60条及《民事诉讼法》第102条之规定,对于"公开道歉",法院可以通过罚款、拘留乃至追究被执行人刑事责任等强制手段,迫使被执行人履行。但是,这种执行手段,带有很大的惩罚性,容易造成矛盾激化,在有其他执行手段的情况下,不宜首先考虑采用。更为重要的是,我国目前没有设立完善的间接执行制度,在行为请求权执行中,如果对有履行能力而拒不履行的被执行人采取罚款、拘留等措施,不能依据间接执行制度,进行数次处罚,以敦促其自觉履行义务,只能按照对妨碍执行的处罚规定作出一次处罚,如果处罚后被执行人仍然拒绝赔礼道歉,还是达不到判决所要达到的消除影响的预期效果。

因此,本案在我国间接强制执行具体规定缺失的情况下,参照《最高人民法院关于审理名誉权案件若干问题的解答》第11条的规定来办理。本案"公开道歉"判决虽不是针对侵犯名誉权,但从"恢复名誉、消除影响"的判决本义上看,则与该规定是一致的。前述司法解释明确"公开道歉"可以由人民法院以法院公告形式,在指定刊物上以公告方式将案件侵权事实及生效判决予以公示,并规定公告费用由被执行人承担。这种方式,虽然不是被执行人以其个人名义主动致歉,但从结果上看,同样可达到维护申请执行人声誉的社会效果,实现判决之目的,由于本案申请执行人对此也予以认可,故法院最终采取了这种执行方法。

将案件侵权事实及生效判决予以公示的方式,虽在本案执行中取得了预期的效果,申请执行人也对法院执行工作表示了满意。但这种缺少被执行人的履行意思表示,将"公开道歉"这种极具身份关系特性的行为通过移花接木的方式将不可替代的行为转化为可替代行为的方式予以执行,在理论上存在一定的障碍。明智的做法依然需要通过不断完善间接执行制度以真正达到不可替代行为判决所希求的执行效果。

（五）自测案例

案例171

发电邮侮辱诽谤他人　法院责令其在局域网道歉①

原告刘某原是广州一家网络工程公司的员工，2004年5月19日离职，被告陈某是该公司的经理。当年6月10日，原告刘某通过其电子邮箱收到原公司的同事转发给她的《人不自爱，必自取其辱》的文章，后查明该文原件的发件人为被告原公司经理，主题为《致公司全体同事的公开信》，发送对象为全体员工。被告在信中采取直接点名的方式，描述刘某“人不自爱……必自取其辱……一个心智不健全的人，其行为表现多么渺小可怜……”等等。刘某以陈某侵犯名誉权为由向广州市天河区人民法院起诉，要求陈某赔偿精神抚慰金1万元，并在该公司的内部网络上公开赔礼道歉。此案经一审、二审审理后，两审人民法院均认为，这篇文章已构成对原告刘某名誉权的侵害。法院终审判决被告陈某赔偿原告精神抚慰金1万元，并在该公司的内部网络上公开赔礼道歉，消除给刘某造成的不良影响，道歉内容由法院审核。判决生效后，因被告不履行判决，刘某向法院申请强制执行。

在强制执行“在内部网络上赔礼道歉”判决时，广东省天河区人民法院以陈某为道歉人，拟定了一封《道歉函》，明确表明侵害人实施了侵害行为及其侵权性质，并表明了其道歉目的。由于侵权人陈某是针对公司局域网内的人群发布侮辱诽谤电子邮件，而不是直接放置在公开性质的网页上针对不特定、多数人群，因此，天河区人民法院将审查后的《道歉函》同样以邮件的形式在该公司的内部网络上向同样范围内的人群发送，并强制要求这封《道歉函》邮件在网络中必须保留15天。法院则在此期限内定期派出技术人员到该公司检查信件保留的情况。

问：天河区人民法院的执行措施是否得当？

---

① 本案例参见：http://news.qq.com/a/20060403/001150.htm，2009-12-12访问。

三、保障性执行措施

保障性执行措施，是指为了保证生效法律文书的顺利进行，对拒不履行生效法律文书的被执行人所采取一系列强制措施。的根据我国《民事诉讼法》和《民诉法意见》、《执行规定》等司法解释的相关规定，保障性执行措施包括对妨害民事执行行为的强制措施、搜查、办理有关财产权证照的转移手续、强制支付迟延履行利息或迟延履行金、继续履行、限制出境、在征信系统记录或通过媒体公布不履行信息等。

（一）案情简介

案例172

被执行人已有可供执行财产还应否限制出境?①

个体老板张X高在一次过量饮酒后不幸窒息身亡。因其生前多年从事汽车驾驶培训生意，收入颇丰，张X高的突然死亡未留有遗嘱，因此围绕张X高死后留下的大量遗产，在张X高前妻及子女、现任妻子及子女还有张X高非婚生的子女间展开了遗产争夺战。案件起诉到宾阳县人民法院，经二审终审，法院判决张X高的现任妻子蒙某应补偿给前妻子女张某等379万多元。判决生效后，蒙某不自动履行生效判决确定的义务。2009年3月，张某向法院申请强制执行。在执行阶段法院依法查封了属于蒙某所有的多处房产。在案件尚未执行完毕，2009年4月，申请执行人张某了解到蒙某已经和一马来西亚人办理了婚姻登记手续准备离开中国，于是张某等向法院申请限制被执行人蒙某出境。

问：法院能否根据张某的申请限制蒙某出境？

（二）思考方向

为了解决困扰我国司法实践的民事案件“执行难”问题，2007年在新修订的《民事诉讼法》第231条新增加了限制被执行人出境的保障性制裁措

① 本案例参见：http://data.110.com/a146067.html，2009-12-11访问。

施,以避免被执行人通过出境来逃避生效法律文书所确定的债务。

(三) 法律规定

《民事诉讼法》第231条　被执行人不履行法律文书确定的义务的,人民法院可以对其采取或通知有关单位协助采取限制出境,在征信系统记录、通过媒体公布不履行义务信息以及法律规定的其他措施。

《中华人民共和国公民出境入境管理法》第8条第2款第(2)项　人民法院通知有未了结民事案件不能离境。

《执行解释》第36条　依照民事诉讼法第二百三十一条规定对被执行人限制出境的,应当由申请执行人向执行法院提出书面申请;必要时,执行法院可以依职权决定。

第37条　被执行人为单位的,可以对其法定代表人、主要负责人或者影响债务履行的直接责任人员限制出境。

被执行人为无民事行为能力人或者限制民事行为能力人的,可以对其法定代理人限制出境。

第38条　在限制出境期间,被执行人履行法律文书确定的全部债务的,执行法院应当及时解除限制出境措施;被执行人提供充分、有效的担保或者申请执行人同意的,可以解除限制出境措施。

第39条　依照民事诉讼法第二百三十一条的规定,执行法院可以依职权或者依申请执行人的申请,将被执行人不履行法律文书确定义务的信息,通过报纸、广播、电视、互联网等媒体公布。

媒体公布的有关费用,由被执行人负担;申请执行人申请在媒体公布的,应当垫付有关费用。

(四) 学理分析

本案中对于申请执行人张某要求限制蒙某出境的申请法院应否支持,合议庭内部意见分歧很大:一种意见认为:法院不应该限制蒙某出境。理由是法院已经查封了被执行人蒙某的多处房产,已经为该案的全部执结奠定了基础,变现只是时间问题,因此不应限制蒙某出境,否则对蒙某是不公平的。

另一种意见认为:法院应当限制蒙某出境。理由是法院虽然查封了被执行人的财产,但是这些财产还未拍卖,能否变现?能否足够清偿申请执行人的债权还不得而知,因此限制蒙某出境是合理合法的。

《中华人民共和国公民出境入境管理法》第8条第2款第(2)项规定:"人民法院通知有未了结民事案件不能离境"。如果说这一法律条文中"未了结民事案件"不够明确具体的话,2007年10月我国新修订的《民事诉讼法》是非常明确具体的,第231条规定:"被执行人不履行法律文书确定的义务的,人民法院可以对其采取或通知有关单位协助采取限制出境,在征信系统记录、通过媒体公布不履行义务信息以及法律规定的其他措施。"这一法律条文以法律的形式,明确多部门共同协作,形成综合治理"执行难"工作的格局,从各方面加强对被执行人的约束,促使被执行人不得不自觉、主动履行裁判,成为解决执行难的一个重要手段。虽然本案的蒙某有大量可供执行财产,但在这些财产未得到变现前,案件能否执结情况还不得而知,而且要对上些财产进行拍卖,还需要被执行人蒙某的积极配合。何况限制蒙某出境还在一定程度上能促进被执行人自动履行,因此法院限制蒙某出境是有法可依的。

(五)自测案例

案例173

慈溪县人民法院执行新举措——在县电视台公布"老赖"名单①

2008年9月,慈溪县人民法院在县电视台连续几天公布本县一批拒不执行法院生效裁判的"老赖"黑名单,此举在慈溪县引起了轩然大波。一些老赖为了面子偷偷前往法院主动履行了债务,而另一些人则认为法院这一举措侵犯了隐私权,准备就法院这一行为向相关部门投诉。

问:法院公布老赖们的黑名单是否符合法律规定?

---

① 本案例源自央视经济频道:《经济与法——正在执行栏目》2008年9月播出。

案例174

上海某区法院的“悬赏令”①

2007 年 12 月,上海市某小区贴出了一张某区法院的悬赏令,要求小区居民检举小区某业主张某某夫妇的财产线索。原来张某某夫妇系某一民事生效判决的债务人,但其一直不履行法院的生效判决,法院多次前往张某某夫妇住处进行调查,发现张某某夫妇名下只有一套120 平方米的住房,其装修非常豪华,但张某某夫妇坚持自己除此外别无其他财产,基于“人民法院采取执行措施时,应当保留被执行人及其所抚养家属的生活必需费用和生活必需品”的规定,执行人员不能强制查封该房屋。于是,某区人民法院执行人员根据申请执行人的申请进行了悬赏执行,即在小区门口贴出了这张要求小区居民积极检举张某某夫妇的财产线索并给予检举者一定奖金的悬赏令。没过多久,就有居民反映张某某夫妇经常出入股市交易场所,法院根据这一线索果然发现了张某某夫妇在股市的资金并顺利进行了执行,对张某某夫妇拒不履行生效判决的行为,某区人民法院作出了拘留 15 天的处罚决定。

问:法院以悬赏令的方式调查被执行人财产线索的举措是否恰当?

① 本案例源自央视新闻频道:《今日说法》2007 年 12 月播出。

第七编　港、台民事诉讼程序

第三十三章　香港民事诉讼程序

香港特别行政区设立终审法院、高等法院、区域法院、裁判署法庭和其他专门法庭。

终审法院是香港最高司法机关和最高上诉法院，除对涉及国防、外交等国家行为无司法管辖权外，对香港其他刑事、民事等案件均拥有终审权。

高等法庭分为上诉法庭和原讼法庭，上诉法庭的司法管辖权限为：受理来自原讼法庭对任何民事案件或事宜中作出的任何判决或命令的上诉；对区域法院判决的民事案件和刑事案件提起的上诉；对土地审裁处的裁决提起的上诉；同时也可以对其他审裁处提出的法律问题作出裁决。对上诉法庭作出的裁决不服的可以向终审法院上诉。原讼法庭的司法管辖权包括初审和某些案件的上诉审管辖权。但原讼法庭初审的民事案件都是比较重大的案件，受案金额一般在12万港元以上，没有最高金额的限制。对原讼法庭的裁决不服的可以向上诉法庭提起上诉，但有部分案件也可以直接向终审法院上诉。

区域法院拥有有限的民事审裁权。在民事管辖权方面，主要有：合约、准合约、侵权的申索、收回土地或楼宇的诉讼等。

土地审裁处是根据《土地审裁处条例》设立的专门审理涉及土地或建筑物的权益纠纷方面的案件，该审裁处是一所记录法庭。土地审裁处所审理的案件大都是涉及土地和建筑物的权益纠纷案件，标的额一般较大且社会影响比较广泛。

劳资审裁处是香港专门处理涉及雇员的薪酬或福利的劳资纠纷的机

构。其受理的案件主要是涉及《雇佣条例》或《学徒制度条例》的规定而引起的申索。

小额钱债审裁处主要受理因债务、服务费、财务损害、已售货物、消费而引起的各类申索。对小额钱债审裁处的裁决不服的也是向高等法院原讼法庭上诉。①

(一) 案情简介

案例175

世纪争产案②

1990 年 4 月,曾是香港最大的房地产商之一的王德辉在驾车由马会返家的途中被绑匪驾车掳走,此后便杳无音讯。王德辉的父亲王廷歆在王德辉失踪超过 7 年后,于 1999 年向香港高等法院要求判令王德辉法律上死亡,并出示了王德辉于 1968 年立下的遗嘱,要求法院确认其将所有财产留给其父的遗嘱。王德辉的妻子龚如心却向法院出示了王德辉于 1990 年所立的遗嘱,内容称王德辉所有的遗产均留给他的妻子龚如心。双方均聘请笔迹专家鉴定笔迹。

2002 年 11 月 21 日香港高院原讼庭在经过 171 天的审讯后,裁定龚如心所出示遗嘱属伪造,龚如心败诉。龚如心不服判决,提出上诉。

2004 年上诉庭裁定龚如心所提供的王德辉签名属伪造,驳回了她的上诉。2005 年 7 月,龚如心上诉至香港特区终审法院。

2005 年 9 月 16 日下午,香港特区终审法院裁定香港华懋集团主席龚如心胜诉,可获逾 400 亿港元遗产。68 岁的"亚洲第一富婆"终于笑到了最后。

试根据这一案例分析香港各级的民事司法管辖范围。

① 详细参阅汤维建主编:《民事诉讼法学》,北京大学出版社 2008 年版,第 569—572 页。

② 本案例参见:http://hm.people.com.cn/GB/42273/5565036.html,2009-12-20 访问。

（二）思考方向

香港的民事诉讼制度属于英美法系，审级制度为三审终审。一般以诉讼标的额作为司法管辖权划分的标准，本案所涉金额为400亿港元，所以其第一审法院为高等法院的原讼法庭、第二审为高等法院的上诉庭、第三审为终审法院。

（三）法律规定

《香港高等法院条例》第12条 （1）原讼法庭是高级纪录法院。（2）原讼法庭的民事司法管辖权由以下各方面组成：（a）与英格兰高等司法院的大法官法庭、家事法庭及皇座法庭所具有并行使的原讼司法管辖权及权限的性质及范围相类的原讼司法管辖权及权限；及（b）任何其他由法律赋予高等法院的司法管辖权，不论是原讼或上诉司法管辖权。

《香港高等法院条例》第13条 （1）上诉法庭是高级纪录法院。（2）上诉法庭的民事司法管辖权由以下各方面组成：（a）来自原讼法庭在任何民事讼案或事宜中作出的任何判决或命令的上诉；（b）根据《区域法院条例》（第336章）第63条提出的上诉；及（c）任何其他由法律赋予上诉法庭的司法管辖权。

《香港终审法院条例》第21条 民事司法管辖权

终审法院的民事司法管辖权包含处理根据本部及根据任何其他法律提出的上诉。

《香港终审法院条例》第22条 民事上诉

（1）在以下情况下，可向终审法院提出上诉（a）如上诉是就上诉法庭就任何民事讼案或事项所作的最终判决而提出的，而上诉争议的事项所涉及的款额或价值达$1000000或以上，或上诉是直接或间接涉及对财产的申索或有关财产的问题，或直接或间接涉及民事权利，而所涉及的款额或价值达$1000000或以上，则终审法院须视提出该上诉为一项当然权利而受理该上诉；（b）如该上诉是就上诉法庭就任何民事讼案或事项所作的其他判决而提出的，不论是最终判决或非正审判决，而上诉法庭或终审法院（视属何情况而定）认为上诉所涉及的问题具有重大广泛的或关乎公众的重要性，或因其他理由，以致应交由终审法院裁决，则上诉法庭或终审法院须酌情决定终审法院是否受理该上诉；

……

(四) 学理分析

香港的法律制度从总体上说属于普通法的法律制度,具有普通法的各种基本特征,其中最为显著的特征就是没有一个完整的具有内在逻辑层次的法律体系。但是,作为规范司法审判程序的民事诉讼制度方面的法律,香港的立法却表现出其特有的规律和完整性。具体而言,香港目前的民事诉讼法相关的主要法条包括《香港终审法院条例》、《香港高等法院条例》、《区域法院条例》、《土地审裁处条例》、《劳资审裁处条例》、《小额钱债审裁处条例》、《陪审团条例》、《证据条例》、《婚姻诉讼条例》等。

香港特别行政区设立终审法院、高等法院、区域法院、裁判署法庭和其他专门法庭。

终审法院是香港最高司法机关和最高上诉法院,除对涉及国防、外交等国家行为无司法管辖权外,对香港其他刑事、民事等案件均拥有终审权。终审法院民事司法管辖权包括以下两类案件:(1) 争议的案值达到100万港元以上且经上诉法庭裁判的案件;(2) 上诉法庭或终审法院认为上诉所涉及的问题具有重大广泛的或关乎公众的重要性,或因其他理由,以致应交由终审法院裁决的案件,但是,此类案件是否受理则由上诉法庭或终审法院酌情决定。

高等法庭分为上诉法庭和原讼法庭,上诉法庭的司法管辖权限为:受理来自原讼法庭对任何民事案件或事宜中作出的任何判决或命令的上诉;对区域法院判决的民事案件和刑事案件提起的上诉;对土地审裁处的裁决提起的上诉;同时也可以对其他审裁处提出的法律问题作出裁决。对上诉法庭作出的裁决不服的可以向终审法院上诉。原讼法庭的司法管辖权包括初审和某些案件的上诉审管辖权。但原讼法庭初审的民事案件都是比较重大的案件,受案金额一般在12万港元以上,没有最高金额的限制。对原讼法庭的裁决不服的可以向上诉法庭提起上诉,但有部分案件也可以直接向终审法院上诉。

区域法院拥有有限的民事审裁权。在民事管辖权方面,主要有:合约、准合约、侵权的申索、收回土地或楼宇的诉讼、根据衡平法而提出的申索、扣押财物、雇员赔偿案件(申索款额并无上限)、性别歧视、残疾及家庭岗位歧视案件、婚姻案件(包括离婚、赡养费、管养权及领养儿童)等。

土地审裁处是根据《土地审裁处条例》设立的专门审理涉及土地或建筑物的权益纠纷方面的案件,该审裁处是一所记录法庭。土地审裁处所审理的案件大都是涉及土地和建筑物的权益纠纷案件，标的额一般较大且社会影响比较广泛。

劳资审裁处是香港专门处理涉及雇员的薪酬或福利的劳资纠纷的机构。其受理的案件主要是涉及《雇佣条例》或《学徒制度条例》的规定而引起的申索。此外，该审裁处还处理涉及违反雇佣合约条款（不论是在香港履行还是在香港以外履行的合约）的案件，即违反学徒合约条款的申索。从数额上说，每宗案件中必须至少有一名申索人的申索款项超过8000元，或申索人数超过10名，劳资审裁处才会受理。若劳资纠纷中，申索人数不超过10人，而每人的申索款项均不超过8000元，则案件会被移交至小额薪酬索偿仲裁处处理。

小额钱债审裁处主要受理因债务、服务费、财务损害、已售货物、消费而引起的各类申索。至于因工资、收回土地、赡养费、诽谤等提出的申索小额钱债审裁处并不受理。对小额钱债审裁处的裁决不服的也是向高等法院原讼法庭上诉。

本案中王德辉的遗产高达400亿港元，所以初审法院是高等法院的原讼庭、二审法院是高等法院的上诉庭、三审法院是香港终审法院。将一个案件的一审、二审均放置在同一个法院不同法庭进行审理，这与我国大陆地区的诉讼管辖制度大相径庭，如何把握回避制度的适用，其法理基础何在，这都值得我们对香港的法律体制做更深入的研究。

（五）自测案例

案例176

售货员首日上班被发现怀孕遭解雇　控告雇主歧视①

据香港《文汇报》报道，香港一名怀孕近6个月的女售货员，首日上班换上制服后，被分店助理销售经理发现怀有身孕，经理即以工作可能影响其胎儿为由，发放当天薪金后将她解雇。

---

① 本案例参见：http://hm.people.com.cn/GB/42275/10641895.html，2009-12-26访问。

女售货员日前透过平等机会委员会入禀，控告前雇主违反《性别歧视条例》，向对方追讨3万多元收入损失及情感伤害赔偿。

原诉人为黄某，答辩人为 Gerber Far East 1959 Ltd。入禀状指，原诉于去年6月证实有孕，并于去年9月获答辩人聘用为售货员，并获安排于10月5日到位于尖沙咀的分店上班，却因怀孕即日被解雇。

问：这个案件是否属于香港劳资审裁处的管辖范围？

第三十四章　台湾民事诉讼程序

诉，是指特定原告针对特定被告、向法院提出的审判特定的实体主张的请求。在台湾民事诉讼理论研究中，诉由三要素组成，包括当事人、诉讼标的和诉的声明（应受判决事项之声明）。诉的合并，是指法院将两个或两个以上彼此之间有关联的单一之诉合并到一个诉讼程序中进行审理和判决的制度。如果在同一案件中原告或者被告为多数的情形，称为诉的主观合并或诉的主体合并。若同一原告对同一被告主张数个诉讼标的，而于同一宗诉讼中提起，即构成诉之客观合并。诉的客观合并又可分以下几类：

（一）单纯的合并，意指同一原告对同一被告，以一诉状同列数请求，向法院请求判决的诉的合并。

（二）预备的合并，意指原告为了预防其提起的一个诉讼没有理由，而同时提起不能并存的另一个诉，若第一个诉无理由时，可对另一个有理由的诉进行判决。这种合并称为预备的合并。

（三）选择的合并，意指原告合并起诉，主张数个给付不同的请求，被告在数个请求中，选择一个请求进行给付的诉的合并。如请求判令被告交付 X 型冰箱一台或 Y 型录音机一个。

（四）重叠的合并，意指原告合并起诉，主张数个请求，以单一的声明而获得同一目的的数个请求的诉的合并。如：甲无权占有乙所有的土地时，乙可基于侵权行为法律关系请求甲返还土地，也可以基于所有权法律关系，请求乙返还土地。

当事人，是指以自己的名义向法院要求保护私权的人及相对人。当事人能力，即诉讼权利能力，也即作为民事诉讼当事人的一般资格。台湾学界把当事人能力划分为实质的当事人能力和形式的当事人能力。

所谓实质当事人能力，是指因具有民法上权利能力而享有当事人能力则。有实质当事人能力的包括自然人、法人、外国法人、胎儿。

所谓形式当事人能力，是指无民法上权利能力但却具有诉讼上当事人能力者。主要指非法人团体。

（一）案情简介

案例177

台湾地区“最高法院”七十一年台上字第二三八八号判决①

原告甲主张其于1976年5月向案外人丙购买坐落于台北市忠孝路某号房屋一栋，并已经办理了所有权移转登记手续。被告乙自1976年6月起一直无权占有系争房屋，后甲向法院起诉要求乙腾退房屋，法院确定判决要求乙将房屋腾让给甲。房屋收回后，甲又以乙自1976年6月起一直无权占有系争房屋，使原告甲无法为使用收益之故，要求法院判令乙依侵权行为或不当得利法则，以每月租金新台币3300元计算，请求被告赔偿损害或返还不当得利。法院经审理后对甲所主张的两个法律关系的事由，即侵权和不当得利都进行了认定并判决支持甲的诉讼请求，乙不服该判决，遂上诉至台最高法院。

台最高法院认为该诉属于诉的合并中的重叠合并的形态，原审法院对甲所提的两个请求的理由都进行认定并判决乙败诉存在不当。

台最高法院判决要旨：查被上诉人（原告）本于上诉人（即被告）无权占有系争房屋之同一事实，依据侵权行为或不当得利之法律关系，请求上诉人赔偿损害或返还不当得利，此种诉之形态，学者谓之重叠的合并；诉讼标的有数项，而仅有单一之声明，法院就原告所主张之数项标的逐一审判，如其中一项标的的请求为无理由时，仍须就他项标的之请求审判；若认其中之一项请求为有理由，即可为原告胜诉之判决，就他项标的无须更为审判，法院如就数标的同时判决，则为法所不许。原审未见及此，遂认被上诉人得本于侵权行为或不当得利法律关系，请求上诉人赔偿损害或不当得利，自有未和。

（二）思考方向

重叠的合并，意指原告合并起诉，主张数个请求，以单一的声明而获得同一目的的数个请求的诉的合并。法院在审理时，只需就其中一个有理由

① 陈计男著：《程序法之研究（二）》，三民书局民国84年版，第21页。

的请求进行审理就可满足原告的诉讼主张，所以没有必要再对其他的请求进行审理。

（三）法律规定

《民事诉讼法》第126条 原告增加诉讼请求，被告提出反诉，第三人提出与本案有关的诉讼请求，可以合并审理。

第53条第1款 当事人一方或者双方为二人以上，其诉讼标的是共同的，或者诉讼标的是同一种类、人民法院认为可以合并审理并经当事人同意的，为共同诉讼。

《民事证据规定》第34条第3款 当事人增加、变更诉讼请求或者提起反诉的，应当在举证期限届满前提出。

《民诉法意见》第184条 在第二审程序中，原审原告增加独立的诉讼请求或原审被告提出反诉的，第二审人民法院可以根据当事人自愿的原则就新增加的诉讼请求或反诉进行调解，调解不成的，告知当事人另行起诉。

台湾地区“民事诉讼法”第40条 ……胎儿有当事人能力……

第248条 对于同一被告之数宗诉讼，除定有专属管辖者外，得向就其中一诉有管辖权之法院合并提起之；但不得行同种诉讼程序者，不在此限。

第204条 当事人以一诉主张之数项标的，法院得命分别辩论；本诉及反诉亦同。

第449条 第二审法院认上诉为无理由者，应为驳回之判决。

原判决依其理由虽属不当，而依其他理由认为正当者，应以上诉为无理由。

（四）学理分析

重叠的合并，意指原告合并起诉，主张数个请求，以单一的声明而获得同一目的的数个请求的诉的合并。在传统诉讼标的理论下，诉讼标的的识别根据以实体法上的请求权为基础，有多少个实体法上的请求权，就有多少个诉讼标的。这就产生了在实体请求权竞合的时候，原告就可以根据不同的请求权提起两个重叠的合并之诉，这又可以分为两种情况：(1) 原告合并起诉数个请求，但其诉的声明是为同一给付；如：甲乘坐公交车，因司机紧急刹车而跌倒摔伤,甲可基于公交公司违约提出赔偿,也可基于侵权提出赔偿。但诉讼目的都一样,就自己所受的损失获得公交公司的赔偿。(2)原告合并起诉,主张数项请求,其请求之标的为可导致同一法律效果之数个形成权者。如:甲对乙提起离婚之诉,主张数种离婚之事由。

但根据新诉讼标的理论,由于不以实体请求权作为识别诉讼标的的根据,而是以诉的声明和案件事实作为根据。所以在实体请求权发生竞合时,如果诉的事实理由和诉的声明只有一个,则不管在实体法上存在着多少个请求权,其诉讼标的只有一个,至于实体法上的请求权仅仅只是诉讼请求的权利根据的竞合,如在上述"公交车事件中",诉的声明是要求加害人赔偿损失,至于是基于侵权行为所产生的请求权,还是基于违约而产生的请求权,这些都是诉讼请求的权利根据,而不是诉讼标的。①

从台湾地区"最高法院"的判决要旨可以看出,台湾地区"最高法院"在审理该案时所持的依然是旧诉讼标的理论。即诉讼标的的产生是以实体法上的请求权为根据的,一个法律构成要件产生一个实体请求权,有多少个实体请求权就有多少个诉讼标的。或者说整个台湾民事诉讼制度所秉持的都是就诉讼标的理论,否则也不可能在法律条文中明确提出重叠合并之诉的概念,因为重叠合并之诉是旧诉讼标的的产物。根据台湾地区"民事诉讼法"第204条的规定,法院就重叠合并之数诉,得进行分别辩论,但因重叠的合并之诉,仅有单一之声明,所以法院不能进行分别判决。在对本案进行判断时,台湾地区"最高法院"认为上诉法院对重叠合并之诉的所有请求权都进行判断是不当的,因为"重叠的合并之诉,虽系以数诉讼标的合并提起诉讼,但其声明为单一,法院审理结果若其中一诉为有理由时,其他合并之诉,即因解除条件之成就,发生诉之撤回效果,故法院不但毋庸为裁判,且更不得为裁判,否则即构成诉外裁判之违法"②。

我国大陆地区在实务中已多次出现过类似案例,但从我国《民事诉讼法》的规定来看,虽然已经有诉之合并制度,却对诉之合并的类型尚未进行更进一步的细化,这无疑是一个重大的缺失,亟须根据实务的需求从理论上进行合理论证,以填补这一空白。

---

① 江伟主编:《民事诉讼法》(第三版),高等教育出版社2007年版,第59页。

② 陈计男著:《程序法之研究》(二),三民书局民国84年版,第21—30页。

（五）自测案例

案例178

为给胎儿讨遗产诉公婆①

2008年初，王女士和李先生经人介绍相识，同年10月登记结婚。婚后没几天，王女士被查出怀有身孕。不幸的是结婚仅一个月，李先生就遇车祸去世。在清理李先生的遗产时，王女士发现一张户名为李先生的存折，内有存款2万元，存款日期为2006年8月。

对于这份遗产，李先生的父母认为这是儿子的婚前个人财产，要求与王女士进行平均分割。但王女士不同意，她认为自己腹中的胎儿也应有分割的权利。因双方意见无法达成一致，王女士起诉到法院，为腹中胎儿主张权利。开庭时，王女士的公婆称，孕妇腹内的胎儿在法律上不具有继承人的主体资格，不享有继承权。

法院审理后认为，《继承法》规定，遗产分割时，应当保留胎儿的继承份额。因李先生死亡时没有留下遗嘱，他个人遗产应按法定继承方式分配。据此，法院在考虑胎儿预留份额的情况下，判决王女士和公婆各分割李先生2万元遗产的1/4，留出5000元遗产给胎儿，由王女士保管。

若该案发生在台湾地区，试根据我国台湾地区《民事诉讼法》的规定列出本案的适格原告。

① 本案例来源于：http://www.bokee.net/dailymodule/blog_view.do? id = 351597，2009-12-11访问。

自测案例答案申请表

尊敬的老师：

您好！感谢您一直以来对北大出版社图书的关爱。北京大学出版社以“教材优先、学术为本”为宗旨，主要为广大高等院校师生服务。为了更有针对性地为广大教师服务，满足教师的教学需要、提升教学质量，在您确认将本书作为教学用书后，请您填好以下表格，通过电子邮件发回，我们确认后，将向您提供自测案例答案。在您教学过程中，若有任何建议也都可以和我们联系。

书号/书名			
您的姓名			
系			
院校			
您所主授课程的名称			
每学期学生人数		学时	
您目前采用的教材	书名________ 作者______ 出版社________		
您的联系地址			
联系电话			
E-mail			
您对北大出版社及本书的建议：			

我们的联系方式：

北京大学出版社法律事业部

地　　址：北京市海淀区成府路205号　　联系人：李铎

电　　话：010-62757785　　传　真：010-62556201

电子邮件：bjdxcbs1979@163.com

网　　址：http://www.pup.cn

北大出版社市场营销中心网站：www.pupbook.com

本案例配套教材

民事诉讼法学
汤维建　主编
定价：58.00元
ISBN 978-7-301-13650-8/D•2035

【内容简介】 本书体现了民事诉讼法学研究及立法、司法解释的最新成果，并增加了历年私法考试真题精选，这种体例安排既符合民事诉讼法学的基本原理，同时也能与我国现有法律渊源相兼容，从结构上消除了纯粹的注释法学痕迹，学术性更强。

【作者简介】 汤维建，中国人民大学法学院教授、博士生导师。